Serena Vitale

PUSCHKINS KNOPF

Roman

Aus dem Italienischen von
Irmengard Gabler

S. Fischer

Die italienische Originalausgabe erschien 1995
unter dem Titel ›Il bottone di Puškin‹
bei Adelphi Edizioni, Mailand.
© 1995 by Serena Vitale
Für die deutsche Ausgabe:
© 1997 S. Fischer Verlag GmbH, Frankfurt am Main
Satz: Wagner GmbH, Nördlingen
Druck und Bindung: Franz Spiegel Buch GmbH, Ulm
Printed in Germany
ISBN 3-10-091002-8

Inhalt

Für Rosanna

Der Kritiker: wißbegierig und wohlgesinnt ...
M. ZWETAJEWA

Ich teile die Ansicht jener Gelehrten, die da glauben, daß
Puschkins private Tragödie nicht erörtert werden sollte. Sie zu
tabuisieren wäre gewiß im Sinne des Dichters. Wenn ich dies
Thema dennoch erwähne, so allein wegen all der widerwärtigen Lügen, welche darüber geschrieben und allzu bereitwillig
geglaubt wurden ... Wenn wir heute, dank einer großen An-
zahl von wiederentdeckten Dokumenten, diese Lügen aus der
Welt schaffen können, dann ist es unsere Pflicht, dies auch zu
tun ...
A. ACHMATOWA

Vorbemerkung

Sämtliche russischen Eigennamen erscheinen in der heutzutage gebräuchlichen deutschen Schreibweise. Eine Ausnahme bilden die Namen »Puschkin« und »d'Anthès« im ersten Kapitel, »Depeschen aus Sankt Petersburg«. Hier wurde die Schreibweise der Originaldokumente beibehalten. Russische Vor- und Zunamen deutscher und französischer Herkunft (im besonderen die Namen von Adeligen baltischer Abstammung) werden in ihrer korrekten Form wiedergegeben. Im Namenregister erscheint in Klammern ihre im Russischen übliche Schreibweise. Bei einigen Personen (deutscher, französischer usw. Abstammung) haben wir jedoch (schon um die Rekonstruktion der verwandtschaftlichen Bande zu erleichtern) die Namen, wie sie in den russischen Quellen erscheinen, unverändert übernommen. Bei den Zunamen von Adeligen deutscher Abstammung haben wir das Wörtchen »von« fortgelassen, da es in dem bereits seit Generationen in Rußland eingebürgerten Adel nicht mehr gebräuchlich war. Wir haben es nur beibehalten, wenn es in der Unterschrift der zitierten Personen erschien.

Alle Wörter und Sätze in Anführungszeichen sind Zitate; die entsprechenden Quellen werden am Ende des Buches angegeben.

Sämtliche Verse und Prosafragmente, die in dem Kapitel »Puschkins Knopf« ohne Erwähnung des Autors erscheinen, sowie das Gedicht *Erinnerung* (S. 230) stammen von Puschkin.

Um in einer an sich schon sehr verwirrenden Geschichte Verwechslungen zu vermeiden, haben wir einen der Protagonisten fast immer »Georges d'Anthès« genannt, auch wenn er offiziell

Georges de Heeckeren hieß, mit diesem Namen Schriftstücke signierte, von anderen Personen so genannt (wenngleich nicht immer) und in offiziellen Dokumenten und Briefen usw. als solcher aufgeführt wurde. Seit Mai 1836 (und bis zu seinem Tod) führte Georges d'Anthès den Namen »de Heeckeren«; erst einige seiner Nachkommen zogen es vor, sich »de Heeckeren-d'Anthès« zu nennen.

Depeschen aus Sankt Petersburg

»...Rußland hat soeben den größten und bekanntesten Dichter seiner Zeit verloren, Herrn Alexandre Pouschkin. Auf dem Höhepunkt seines dichterischen Schaffens ist er im Alter von nur 37 Jahren der schweren Verwundung erlegen, die er sich bei einem Duell zuzog. Die Einzelheiten des tragischen Vorfalls sind nun einziges Gesprächsthema in Rußlands Hauptstadt; leider ist anzumerken, daß der Verstorbene das Unglück mit einem blindwütigen, geradezu frenetischen, sein maurisches Blut verratenden Haß selbst herbeigeführt hatte. Pouschkin hatte sich mit seinem Schwager Georges de Heeckeren duelliert, einem gebürtigen Franzosen, den der holländische Gesandte Baron Heeckeren an Sohnes Statt angenommen hatte. Der junge Mann, dessen Geburtsname d'Antès lautet, dient als Offizier bei den *chevaliers gardes* und heiratete unlängst die Schwester von Frau Pouschkin ...«

MAXIMILIAN VON LERCHENFELD-KÖFERING, GESANDTER DES KÖNIGREICHS BAYERN, 29. JANUAR 1837.

»... Ein junger Franzose, Herr Dantès, der im vorigen Jahr von dem holländischen Gesandten Baron Heeckeren in aller Form und den gesetzlichen Bestimmungen gemäß an Kindes Statt angenommen worden war, vermählte sich vor wenigen Tagen mit der Schwester der Frau Puschkin. Letztere ist eine Dame von auffallender Schönheit und die Gemahlin des Dichters Puschkin, der sich in Rußlands Literatur wohlverdienten Ruhm erwarb, vor allem als Verfasser von Verserzählungen ... Der über alle Maßen reizbare und eifersüchtige Poet argwöhnte eine Liaison zwischen seiner Ehefrau und seinem Schwager, woraufhin er die Beherrschung verlor und letzterem einen Brief sandte, dessen vulgärer, beleidigender Ton ein Duell unumgänglich werden ließ ...«

OTTO VON BLOME, GESANDTER DES KÖNIGREICHS DÄNEMARK, 30. JANUAR 1837.

»... Dieses Duell wird von allen Schichten der Bevölkerung, im besonderen aber vom mittleren Stand, als ein großes Unglück angesehen, zum einen, weil die Dichtungen des Herrn Pouchkine sehr beliebt waren, zum anderen, weil das Nationalgefühl des Volkes zutiefst verletzt ist von dem Umstande, daß ein französischer Offizier im Dienste des Landes das russische Reich um seinen herausragendsten Poeten brachte. Zudem ist anzumerken, daß besagter Offizier sich vor kaum zwei Wochen mit der im Hause des Verstorbenen lebenden Schwester von Pouchkines Ehefrau vermählt hat, und es heißt, der Offizier habe sich nur zu dieser Verbindung entschlossen, um frei von jeglicher Verdächtigung seine häufige Anwesenheit im Hause Pouchkine zu rechtfertigen. Hierzulande sind Duelle eine Seltenheit, und die russische Gesetzgebung sieht für Duellanten die Todesstrafe vor ...«

GEORGE WILDING DI BUTERA E RADOLI, BOTSCHAFTER DES KÖNIGREICHS NEAPEL UND BEIDER SIZILIEN, 2. FEBRUAR 1837.

»... Herr Pouchkinn hatte eine junge, wunderschöne Ehefrau, die ihm bereits vier Kinder geschenkt hatte. Meinungsverschiedenheiten mit Herrn Danthées, der dieser jungen Frau nachstellte, führten schließlich zu dem für Pouchkinn verhängnisvollen Duell. Nach dem tödlichen Schuß blieb er noch 36 Stunden am Leben. Während dieser Zeit erbrachte Seine Majestät, der Kaiser, wieder einmal einen Beweis der unendlichen Güte und Großherzigkeit, die Sein Wesen auszeichnen. Nachdem Ihm zu vorgerückter Stunde gemeldet worden war, daß Herr Pouchkinn sich duelliert hatte und daß sein Zustand mittlerweile ohne Hoffnung war, ließ Er dem Dichter ein Schreiben überbringen,

12

in dem Er ihm verzieh und ihm riet, seine christlichen Pflichten zu tun. Und um ihm seine Sterbestunde zu erhellen, versprach Er ihm, sich um seine Witwe und seine Kinder zu kümmern ...«

KARL LUDWIG VON FICQUELMONT, BOTSCHAFTER DES KÖNIGREICHS ÖSTERREICH, 2. FEBRUAR 1837.

»... In der Zeit vom Tode des Herrn Pouschkine bis zur Überführung seines Leichnams in die Kirche sollen 50 000 Menschen aus allen Schichten des Volkes ihrem toten Dichter die letzte Ehre erwiesen haben; viele Zunftmeister hätten darum gebeten, so heißt es, den Sarg des Verstorbenen tragen zu dürfen; es war sogar die Rede davon, die Rösser auszuspannen und den Leichenwagen vom Volke ziehen zu lassen; die Huldigungen, die man dem Verstorbenen erwies, der zu Lebzeiten als ein unverbesserlicher Atheist gegolten, gingen so weit, daß die Verantwortlichen der Stadt die öffentliche Ordnung gefährdet sahen. Sie beschlossen also, die Begräbnisfeierlichkeiten (ursprünglich geplant in der Isaak-Kathedrale in der Nähe der Admiralität) andernorts zu begehen, und ließen den Toten bei Nacht heimlich fortschaffen ...«

AUGUST VON LIEBERMANN, GESANDTER DES KÖNIGREICHS PREUSSEN, 2. FEBRUAR 1837.

»... Das Begräbnis des Herrn Pouchkin wurde in aller Pracht begangen und war sehr ergreifend. Die Häupter sämtlicher ausländischer Gesandtschaften waren zugegen, mit Ausnahme des Grafen Durham und des Fürsten Souzzo, beide krank, des Baron Heckeren, nicht eingeladen, und des Herrn Liebermann, der die Teilnahme verweigert hatte, nachdem ihm zu Ohren gekommen war, daß besagter Dichter in seiner Jugend liberale Ansichten vertreten hatte; in Wahrheit verlief Pouchkins Jugend ebenso stürmisch wie die vieler genialer Männer ...«

KARL AUGUST VON LÜTZERODE, GESANDTER DES KÖNIGREICHS SACHSEN, 6. FEBRUAR 1837.

»... Baron Heeckeren sen. hat sich mit der Bitte an den Hof gewandt, man möge ihn seines Ministeramtes entheben. Es ist noch ungewiß, welche Strafe sein Sohn, der sich als russischer Offizier vor dem Militärgericht verantworten muß, verbüßen wird, aber man vermutet, daß er, seiner militärischen Würden beraubt, wieder auf freien Fuß gesetzt werden wird, da die Schmähungen, die sein Schwager gegen ihn gerichtet hatte, einen Kampf auf Leben und Tod unumgänglich werden ließen ...«

GUSTAF AF NORDIN, SEKRETÄR DER GESANDTSCHAFT DES KÖNIGREICHS SCHWEDEN UND NORWEGEN, 6. FEBRUAR 1837.

»Der Kaiser hat sich gegenüber der Witwe und den Kindern des verstorbenen Herrn Pouschkinn als äußerst großzügig erwiesen. Die Dame wird fortan eine Pension von 6000 Rubel, ein jedes der vier Kinder eine von 1500 Rubel erhalten ... Dieser generösen Geste des Kaisers ging bereits eine andere voraus: Seine Kaiserliche Hoheit, wissend um Wesen und Denkweise des Schriftstellers, hatte einen Freund desselben beauftragt, vor seinem Ableben sämtliche Schriften zu verbrennen, die seiner nicht würdig waren ...«

LUIGI SIMONETTI, GESANDTER DES KÖNIGREICHS SARDINIEN, 9. FEBRUAR 1837.

»... Seine Kaiserliche Hoheit hat das Todesurteil, welches unlängst von einem Militärtribunal gemäß den Bestimmungen des russischen Rechts über den jungen Baron Heeckeren verhängt worden war, in eine Verbannung aus dem russischen Reich umgewandelt, und so wurde der Baron gestern von einem Soldaten an die Grenze begleitet und auf diese Weise aus der russischen Armee entlassen. In dieser Geste ist wieder einmal die Sanftmut und Güte Seiner Majestät zu loben, zumal alle bislang aufgrund eines Duells bestraften russischen Offiziere zu einfachen Soldaten degradiert wurden ...«

CHRISTIAN VON HOHENLOHE-KIRCHBERG, GESANDTER DES KÖNIGREICHS BADEN-WÜRTTEMBERG, 20. MÄRZ 1837.

»... Die Anschuldigung gegen den holländischen Minister in Pouschkins beleidigendem Brief ist zu eindeutig, als daß sie nicht ein jeder verstanden hätte, und wahrlich nicht sehr schmeichelhaft für Seine Durchlaucht, den Minister. Er hat daher, als Folge der tragischen Umstände, den Hof mit Allerhöchster Erlaubnis verlassen. Seine Kaiserliche Hoheit verweigerte ihm eine Audienz, schenkte ihm allerdings ein Tabaksdöschen ...«

GEORGE LAMBTON, COUNT OF DURHAM, GESANDTER DES KÖNIGREICHS GROSSBRITANNIEN, 22. APRIL 1837.

Der *Chouan*[1]

»Baron d'Anthès – dreimal verflucht sei sein Name«, schrieb 1842, fünf Jahre nach Puschkins Tod, Nikolaj Michailowitsch Smirnow. Seither ist jener Name wohl dreitausendmal, zehntausendmal verflucht worden, erlangte dieselbe Bedeutung wie Blasphemie und Gottesmord. Für immer gebrandmarkt, erscheint er im Personenregister als »D'Anthès Georges Charles, Baron ... Mörder von Puschkin, Adoptivsohn von L. Heeckeren« – wobei das Wort »Mörder« wie ein Beruf oder ein Titel klingt. Und so ist er für alle Zeit in den einen Augenblick gebannt, der den Fluch Rußlands über ihn brachte, erstarrt in der Gebärde des Schießenden (Tschjornaja Retschka, trübes Licht der untergehenden nördlichen Sonne, ein vorgestreckter Arm, ein leblos im Schnee liegender Mann).

Der Köder, mit dem der Tod Puschkin in sein düsteres Reich lockte, war ein schöner Jüngling, lebenslustig, leutselig, unbefangen – ein Glückskind. Mit seiner hochgewachsenen, athletischen Gestalt, dem blonden, welligen Haar, den weichen Zügen, dem Schnurrbart und den blauen Augen eroberte Georges d'Anthès sich die Herzen im Sturm. Jeder mochte ihn, überall war er willkommen. Auf Abendgesellschaften hatte er alle Hände voll zu tun: Er hofierte die gefeierten Petersburger Schönheiten, belustigte die soldatische Jugend mit Anekdötchen aus der Kaserne und gewagten Witzen, schmeichelte *ma-*

---

1 Während und nach der Frz. Revolution königstreuer Aufrührer in der Vendée (A. d. Ü.).

mans und *tantes* mit wohlgeübten Komplimenten, begegnete mit gebührender Achtung, aber ohne seinem heiteren Wesen Gewalt anzutun, Würdenträgern, Staatsmännern, Diplomaten, hohen Offizieren und Mitgliedern der kaiserlichen Familie. Sobald die ersten Noten der Polonaise erklangen, ging er zum Angriff über. Er warf sich mit Leidenschaft in den Tanz, mit einer Art trunkener Begeisterung, nicht etwa wie die gleichgültigen Dandys, die ihre Füße träge über den Tanzboden schleiften, als hätten sie eine lästige Pflicht zu erfüllen: Bei ihm war jeder einzelne Muskel gespannt, wenn er aufstampfte, trafen seine Absätze laut schallend auf das Parkett, und bei den *entrechats* hoben seine Beine sich mühelos vom Boden. Er war keiner jener *ultra-fashionables*, die erst spät auf einem Fest zu erscheinen pflegten, nur um es alsbald wieder zu verlassen, gar noch vor der Mazurka, dem berauschenden Höhepunkt einer jeden Ballnacht, dem magischen Moment für manch ein verliebtes Stelldichein: Er verabschiedete sich erst – erhitzt, rotgesichtig und erschöpft – nach dem *cotillon* und hatte noch immer ausreichend Kraft für ein letztes Wortspiel oder einen jener schmachtenden Blicke, die die Fächer schneller schlagen ließen und bis zum Morgengrauen die in rosa Maroquin gebundenen Tagebücher mit Seufzern und Sehnsüchten füllten. Dieser emsige Kavalier bemühte sich nach Kräften, alle Damen zufriedenzustellen: Er tanzte nicht etwa nur mit den hübschesten oder reichsten heiratsfähigen Mädchen, sondern scheute sich nicht, auch betagte Gattinnen ruhmreicher Veteranen mit Inbrunst in seinen Spezialistenarmen herumzuwirbeln; er wußte zu gefallen und zu schmeicheln und hofierte die Damen mit Ausdauer und Leidenschaft, vor allem die verheirateten, und von den verheirateten bevorzugt diejenigen mit großzügiger Moral, da er bei ihnen beharrlicher und ungestümer zu Werke gehen und mit den gewagteren Witzen aus seinem schier unerschöpflichen galanten Repertoire prahlen konnte, ohne ein Donnerwetter schamhafter Entrüstung auszulösen. Niemand sah ihn jemals traurig oder verdrossen. Sogar inmitten seiner Altersgenossen wirkte er wie ein frecher Lausejunge, ein lustiger Schelm, wenn er komische Schmollgrimassen schnitt, auf Tische und Diwane sprang, den Damen um den Hals fiel und jämmerlich zu weinen vorgab. Er trieb seine Späße mit sich und den anderen, bis die Leute sich mit tränenden Augen bogen vor Lachen. Bald hatte er sich in den vornehmsten Kreisen Petersburgs eine gesicherte Stellung errungen, war ein beliebtes Accessoire auf jedem Fest als liebenswerter Galan, als Possenreißer, doch vor allem als ein ausgezeichneter, unermüdlicher Tänzer. Einige hatten an seinem Gebaren eine etwas anmaßende Arroganz zu bemängeln, andere seine Angewohnheit, mit seinen Eroberungen zu prahlen. Einmal wurde er von jemandem, der ihn auf dem Opernball beobachtet hatte, als »Roßknecht« bezeichnet, doch die meisten mochten diesen sympathischen Jungen, zumal er niemandem gefährlich wurde, da seine glorreichen Eroberungen allesamt im Rhythmus einer einzigen Ballnacht verblaßten – äußerst lange und auszehrende Nächte im Petersburg der 30er Jahre des 19. Jahrhunderts. Während seiner Dienstzeit im Regiment Ihrer Majestät der Kaiserin des Russischen Großreiches wurde er vierundvierzigmal gerügt, wegen Zuspätkommens, unentschuldigter Abwesenheit und mangelnder Disziplin: Einmal schalt er mit allzu lauter Stimme seine Männer, ein anderes Mal ließ er sich gemütlich in den Sattel fallen, noch ehe er den Befehl zum Bequemsitzen ausgesprochen hatte, zündete sich am Ende einer militärischen Übung oder Parade eine Zigarre an, bestieg eine Kutsche, ohne zu warten, bis die ranghohen Offiziere sich entfernt hatten, oder trat bei Freiübungen gar im Schlafrock, den Soldatenumhang lässig über die Schultern geworfen, vor die Zelte. Während seine Vorgesetzten ihn mit zusätzlichen Wachschichten bestraften, imponierte seinen Kameraden diese ungemein französische, ungemein pariserische Nonchalance gegenüber den martialisch starren Grundsätzen der russischen Armee. Man verzieh ihm so manches, weil er so viel Fröhlichkeit ausstrahlte, so unbefangene Reden führte, so wortgewandt und schlagfertig war. Der Großherzog Michail Pawlowitsch, der für sein Leben gern Witze und Wortspiele hörte, liebte seine Gesellschaft über alle Maßen. Sogar Puschkin lachte wohlwollend, als d'Anthès ihn, der mit seiner Gattin Natalie und den beiden unvermeidlichen Schwägerinnen Katherine und Alexandrine einen Salon betreten hatte, als einen »*Pacha à trois queues*« bezeichnete.[1] »*D'Anthès, on vous dit un homme à bonnes fortunes*«, stichelte einmal Graf Apraxin; mit der Schlagfertigkeit wahrhaft geistreicher Männer versetzte der Leibgardist: »*Mariez-vous, Monsieur le Comte, et je vous le prouverai.*«[2] Eines Tages lud General Grünewaldt ihn zusammen mit drei weiteren *chevaliers gardes* zum Abendessen ein. Der Bursche servierte gerade den ersten Gang, als die Petroleumlampe an der Decke auf die Tafel herabstürzte, ölige Spritzer auf Speisen und Gäste schleuderte und damit den Abend unwiderruflich verdarb. Kaum hatte er die Wohnung des Vorgesetzten verlassen, verewigte d'Anthès das Geschehen mit folgenden zweideutigen Worten: »*Grünwald nous fait manger de la vache enragée assaisonnée d'huile de lampe.*«[3] Als dies dem General zu Ohren kam, vermied er es fortan, die Leibgardisten im Regiment zum Essen einzuladen, aber der Scherz machte schnell die Runde in den Kasernen der Schpalernaja-Straße, drang von dort in die Salons und festigte den Ruhm des *jeune, beau, insolent d'Anthès.*

Er wurde am 5. Februar 1812 in Colmar geboren, wo seine Familie ein sogenanntes *hôtel particulier* besaß, obwohl sie die meiste Zeit auf ihrem Landsitz Soultz verbrachte, den Jean Henri d'Anthès bereits im Jahre 1720 erworben hatte. Georges

---

1 »Pascha mit drei Anhängseln« – zweideutig aufzufassen.

2 »D'Anthès, man erzählt sich, Sie hätten viel Glück bei den Frauen.« – »Heiraten Sie doch, lieber Graf, dann will ich es Ihnen gerne beweisen.«

3 Wörtlich: »Grünwald serviert uns eine tollwütige Kuh, gewürzt mit Lampenöl.« – Ein Wortspiel, zumal »eine tollwütige Kuh essen« soviel bedeutet wie »am Hungertuch nagen«. Doch die Leibgardisten bedurften keiner Erklärung, ebensowenig die Gäste der Petersburger Salons. In der höheren russischen Gesellschaft sprach man fast ausschließlich französisch, und was d'Anthès' Russischkenntnisse anbelangt, so beherrschte er höchstens die wenigen Sätze, die er benötigte, um Befehle zu erteilen oder auszuführen.

d'Anthès' Ururgroßvater stammte aus Weinheim in der Pfalz und hatte sich im Elsaß angesiedelt, um vor Ort das Erbe seines Vaters zu verwalten, die Hochöfen in Belfort und die Silberminen in Giromagny; später leitete er die Gießerei in Oberbrück und gründete die Hieb- und Stichwaffenmanufaktur Klingenthal. Tüchtig und unternehmungsfreudig, sicherte sich Jean Henri d'Anthès die Herrschaft über Blotzheim samt Schloß, etliche Güter der Fugger und das Lehen Brinkheim; in Burgund erstand er die Güter Longepierre, Villecomte und Vernot. Im Dezember 1731, zwei Jahre vor seinem Ableben, verlieh ihm der König den Titel eines Barons. Sein Sohn Jean Philippe und nach diesem sein Enkel Georges Charles wußten das Familienvermögen wohl zu nutzen und festigten ihren gesellschaftlichen Rang, indem sie sich mit französischen und deutschen Adelshäusern verschwägerten. Mit dem Sturm von '89 begann dann der Niedergang des Hauses d'Anthès: Georges Charles mußte aus Frankreich fliehen, seine Besitzungen wurden beschlagnahmt. Sein Sohn Joseph Conrad hatte sich an einer Verschwörung beteiligt, die im Juni 1791 die Flucht Ludwigs XVI. nach Varennes vorbereitete, und fand Zuflucht bei einem deutschen Onkel, Baron von Reuttner. Am 10. Prairial des Jahres V kehrte Georges Charles d'Anthès mit seinem Sohn nach Soultz zurück, und man verzieh ihm seine Flucht; am 16. Brumaire des Jahres X kam er wieder in den Besitz der Familiengüter. 1806 vermählte sich Joseph Conrad mit der Adeligen Maria Anne Luise von Hatzfeld aus Magonza. Mit der Restauration kehrten schließlich wieder Heiterkeit und Wohlstand ein in der Familie d'Anthès. Joseph Conrad, bereits Mitglied des oberrheinischen Staatsrates, erhielt 1823 einen Sitz in der Abgeordnetenkammer, den er bis 1828 innehatte; »er trat nie auf die Tribüne und unterbrach Debatten lediglich, um sie zu beenden, weswegen er bald den Beinamen ›der Schlußbaron‹ erhielt«. Nach der Revolution von 1830 zog er sich bitter enttäuscht über die politischen Umwälzungen auf sein Gut Soultz zurück und widmete sich fortan ausschließlich dem Privatleben.

Die Ereignisse im Juli 1830 sollten auch das Leben von Georges d'Anthès entscheidend prägen, dem Drittgeborenen und ersten männlichen Nachwuchs von Joseph Conrad. Nachdem der junge Mann seine Studien am Lycée Bourbon in Paris zu Ende gebracht hatte, trat er 1829 in die Kadettenakademie Saint-Cyr ein; im darauffolgenden Jahr setzte er sich mit anderen Königstreuen für den abgesetzten Herrscher ein. Der Versuch mißlang, und da er seine Feindseligkeit gegenüber Louis Philippe, dem »Bürgerkönig«, unverhohlen kundtat, mußte er Saint-Cyr verlassen. Auf dem heimatlichen Gut jedoch konnte er sich weder an das Landleben gewöhnen noch an die Atmosphäre in seiner Familie. Baron Joseph Conrad hatte gezwungenermaßen eine ganze Horde von Verwandten, von der Julimonarchie ins Elend gestürzt, bei sich aufgenommen, war wegen seines fehlenden Geschäftssinns betrogen worden von ehrlosen Verwaltern und Ratgebern und daher vollkommen ruiniert. 1832 verlor Georges d'Anthès allzu früh seine Mutter und mit ihr auch die Hoffnung auf eine Zukunft seines Landes, denn er gehörte zu den Partisanen, die im Gefolge der Herzogin de Berry vergeblich versucht hatten, die Vendée zu den Waffen zu rufen. Soultz und Frankreich wurden ihm bald gänzlich unerträglich, und so beschloß er, seinem martialischen Ruf zu folgen und in ein ausländisches Regiment einzutreten. Zuerst begab er sich nach Preußen, wo wichtige verwandtschaftliche Beziehungen ihm die Gunst des Prinzen Wilhelm sicherten, doch der ihm angebotene Rang eines Unteroffiziers genügte seinem Ehrgeiz nicht. So riet ihm der preußische Thronfolger, sein Glück doch in Rußland zu versuchen, zumal sein Schwager, Nikolaj I., einen französischen Legitimisten gewiß wärmstens willkommen heißen würde. Am 24. September 1833 übersandte Graf von Gerlach Georges d'Anthès ein Empfehlungsschreiben Wilhelms von Preußen an Generalmajor Adlerberg, einen hohen Beamten im russischen Kriegsministerium. Ausgestattet mit besagtem Brief und einer bescheidenen Summe Geldes, machte der junge Mann sich auf die Reise nach dem fernen, unermeßlich großen, unbekannten Rußland. Dort lebten einige Verwandte mütterlicherseits: die

Grafen Nesselrode und die Grafen Musin-Puschkin. Aufgrund der Letztgenannten, die wie die Puschkins vom Radscha abstammten, der im 12. Jahrhundert in Kiew gelebt und Wsewolod II. gedient hatte, war Georges d'Anthès ein Verwandter – zwei- oder dreihundertsten Grades – von Alexander Sergejewitsch Puschkin, Dichter.

»Auf seiner Reise durch Deutschland zog er sich eine Erkältung zu; zuerst maß er dem keine besondere Bedeutung bei, da er sich für körperlich robust hielt, doch bald schon verschlimmerte sich sein Zustand, und eine akute Lungenentzündung fesselte ihn an das Bett einer Herberge in einem entlegenen Provinzstädtchen. Hier, am Lager des einsamen, verlassenen Reisenden im fremden Land, verstrich die Zeit nur langsam, und die beängstigenden Anzeichen eines nahen Todes mehrten sich. Da er sich von niemandem Hilfe erhoffen durfte, schwand d'Anthès' Vertrauen auf seinen glücklichen Stern nach und nach. Doch plötzlich kam Leben in die bescheidene Herberge. Dem Lärm polternder Wagen folgte Stimmengewirr; der Wirt gab sich mit einem Mal ganz geschäftig, die Mägde liefen eilfertig hin und her ... Wie sich herausstellte, handelte es sich bei den Wagen um die des holländischen Gesandten Baron Heeckeren, der an den russischen Hof zurückkehrte, um dort seines Amtes zu walten. Ein Achsenbruch nötigte ihn zu einer unfreiwilligen Rast. Während des Essens bemühte der redselige Wirt sich redlich, den düsteren, verdrossenen Gast zu zerstreuen und aufzumuntern, und verglich dessen unglückliche Lage mit der eines anderen: ein allein reisender französischer Jüngling sei durch eine schlimme Krankheit schon seit geraumer Weile unter seinem Dach festgehalten. Teils aus Langeweile, teils aus Neugierde beschloß der Baron, sich den jungen Mann anzusehen. Und so sollte die erste Begegnung der beiden Männer an d'Anthès' Krankenlager stattfinden. D'Anthès erzählte später, den Alten habe beim Anblick seiner aussichtslosen Lage und seiner hohlen Wangen das Mitleid so sehr übermannt, daß er fortan nicht mehr von seiner Seite gewichen sei. Er habe ihn wie eine zärtliche Mutter aufopfernd gepflegt. Die Kutsche sei längst wieder zur Abfahrt bereit gewesen, aber der Botschafter habe nicht im Traum an eine Fortsetzung der Reise gedacht. Er habe statt dessen geduldig gewartet, bis d'Anthès wieder bei Kräften gewesen sei, und als er dessen Reiseziel erfahren, habe er dem jungen Manne angeboten, sich ihm anzuschließen und unter seiner Obhut nach Petersburg zu fahren. Man kann sich denken, mit welcher Freude dieser die Einladung annahm!«

Eine ländliche Herberge in Deutschland, ein todkranker Reisender, ein Wagenzug, eine unfreiwillige Rast, ein plötzlicher Aufruhr, aufgeregte Stimmen, die durch den Nebel des Deliriums ans Ohr des Kranken dringen ... Die Verdrossenheit des Neuankömmlings ob der unvorhergesehenen Änderung seiner Pläne, die Langeweile, das Geschwätz eines Wirts, eine Treppe, eine Tür, der Anblick eines unbekannten Jünglings mit schönen, vom Leid gezeichneten Zügen, der von Fieber geschüttelte Leib, der leere Blick auf die dunklen Umrisse am Bett. Die aufopfernde Pflege, das langsame Wiederaufschlagen der Augen in der Welt, die Dankbarkeit für den Menschen, der ihn dem Tode entrissen hatte, kurze Spaziergänge mit ihm in der Umgebung der Herberge, dann im Wäldchen außerhalb des kleinen Ortes, lange Gespräche, Geständnisse, Pläne ... Wie sehr möchten wir doch an ein solch günstiges, stürmisches Eingreifen des Zufalls glauben, an ein solch anrührendes und romantisches Sichkreuzen von Schicksalen im Schatten von Krankheit und Tod! Doch Vorsicht: Diese Version der Geschehnisse finden wir nämlich in der ausführlichen, zu Beginn dieses Jahrhunderts erschienenen Erzählung von Alexandra Petrowna Arapowa, Tochter der Witwe Puschkins aus zweiter Ehe. Diese Dame schilderte Dinge, die weit zurücklagen und die sie auf indirektem Wege erfahren hatte oder aus Quellen, an deren Unparteilichkeit ernsthafte Zweifel bestehen. Und vor allem schrieb sie – mit leidenschaftlicher, Beifall heischender, vor Sensationslust triefender Feder und einem kaum verhohlenen Groll gegen Puschkin –, um das Andenken der verstorbenen Mutter, der Rußland den Tod seines größten Dichters noch immer nicht verziehen hatte, gegen »ungerechte, häufig beleidigende Urteile« zu verteidigen. So müssen wir berechtigterweise vieles von dem, was die Arapowa erzählt, in Zweifel ziehen, auch die erste Begegnung von Puschkins zukünftigem Mörder, Georges d'Anthès, mit seinem zukünftigen Adoptivvater, Jacob van Heeckeren.

Wir wissen nicht, an welchem Tag genau d'Anthès russischen Boden betrat. Da sich bislang alle Welt auf die Version der Arapowa stützte, hielt man den 8. Oktober 1833 für das Datum seiner Ankunft; an jenem Tag, lesen wir in den *Petersburger Nachrichten*, fuhr der Dampfer Nikolaj I. im Hafen von Kronstadt ein, nach einer Reise von 78 Stunden, mit 42 Passagieren an Bord, darunter der holländische Gesandte Baron Heeckeren. War d'Anthès wirklich einer dieser 42 Passagiere, dann übertreibt die Geschichte von der schweren Erkrankung und langsamen Genesung nicht wenig: Am 24. September befand er sich noch in Berlin, am 5. Oktober schiffte er sich bereits in Lübeck ein. Dies jedoch ist erst der erste Knoten in diesem Knäuel aus Unstimmigkeiten, Widersprüchen, Halbwahrheiten, zuweilen absichtlichen Lügen, das es zu entwirren gilt, wenn man über das Ende Puschkins – auch über dessen ferne Ursprünge – Nachforschungen anstellen will.

Aus einem alten Register, heute in einem Archiv in Nantes aufbewahrt, erfahren wir, daß Georges Charles d'Anthès, »Gutsbesitzer, 22 Jahre, geboren in Colmar (Oberrhein)«, erst am 2. November 1833 seine Ankunft in der französischen Botschaft in Petersburg kundgab. Er war in der Englischen Herberge in der Galernaja-Straße[1] abgestiegen, zweite Etage, Zimmer 11.

Louis Metman, Georges d'Anthès' Enkel, schrieb: »Das bei vielerlei Gelegenheit von Kaiser Nikolaj I. bekundete Interesse an freundschaftlichen Verbindungen nach Deutschland und Ruß-

---

1 Zu deutsch »Gefängnis-Straße«: hellseherische Wahl des Schicksals.

land, ... ein Zug, den uns zeitgenössische Porträts als sehr gefällig darstellen, verhalf dem jungen Offizier schon bald ins Rampenlicht der Petersburger Salons. Er hatte das Glück, Baron Heeckeren-Beverweerd zu begegnen, dem Gesandten des holländischen Königs am russischen Hof, und besagter Baron, angetan von Georges d'Anthès' klugem, umgänglichem Wesen, fand Gefallen an ihm und begann einen regelmäßigen Briefwechsel mit seinem Vater.« Die Begegnung zwischen dem jungen Franzosen und dem holländischen Gesandten hätte dieser Aussage zufolge erst stattgefunden, nachdem d'Anthès in Petersburg angekommen war und nachdem er sich das Wohlwollen des Zaren und die Sympathie der Salons zu erringen gewußt hatte ... Wem soll man nun glauben? Gewiß ist nur, daß bereits am 9. Dezember 1833 Joseph Conrad d'Anthès ein Schreiben Jacob van Heeckerens beantwortete: »Ich kann Ihnen gar nicht genug danken für all die Aufmerksamkeiten, die Sie meinem Sohne angedeihen lassen. Ich kann nur hoffen, er möge sich Ihrer Gunst als würdig erweisen. Der Brief Eurer Exzellenz hat mich gänzlich beruhigt, zumal ich nicht leugnen kann, daß mir sein Schicksal sehr am Herzen liegt. Ich hegte die Sorge, er könne aufgrund seiner arglosen, leichtfertigen Art in Kreise geraten, die ihm schaden könnten. Um so leichter ist mir nun ums Herz, da ich erfahre, daß Sie ihn unter Ihre gütigen Fittiche zu nehmen geruhten. Ich hoffe sehr, er wird seine Prüfung bestehen ...«

Ein Freund Puschkins, Konstantin Karlowitsch Danzas, erinnerte sich: »D'Anthès besaß unter anderen auch ein Empfehlungsschreiben an die Gräfin Ficquelmont, die bei der Kaiserin in besonderer Gunst stand. Dieser Dame verdankt d'Anthès den Auftakt zu seinen Erfolgen in Rußland. Im Verlaufe einer ihrer Abendgesellschaften stellte sie ihn der Herrscherin vor, und d'Anthès hatte das Glück, die Aufmerksamkeit Ihrer Majestät auf sich zu ziehen ... Damals lebte in Petersburg der berühmte Schlachtenmaler Ladurnère ... Der Herrscher pflegte zuweilen dessen Atelier in der Eremitage aufzusuchen, und bei solcher

Gelegenheit bemerkte er auf der Leinwand des Künstlers einige Skizzen von Louis Philippe[1]. Er fragte Ladurnère: ›*Est-ce que c'est vous, par hasard, qui vous amusez à faire ces choses-là?*‹ – ›*Non, Sire!*‹ entgegnete Ladurnère, ›*c'est un de mes compatriotes, légitimiste comme moi, Mr. d'Anthès.*‹ – ›*Ah! D'Anthès, mais je le connais, l'Impératrice m'en a déjà parlé*‹,[2] sprach der Herrscher und äußerte den Wunsch, ihn zu sehen. Ladurnère ließ d'Anthès, der sich beim Eintreten des Zaren hinter einem Paravent verborgen hatte, aus seinem Versteck hervortreten. Der Kaiser begann ein wohlwollendes Gespräch mit ihm, und d'Anthès, die Gelegenheit beim Schopfe packend, bat ihn schüchtern, im russischen Militär dienen zu dürfen. Der Herrscher erteilte ihm gnädig seine Erlaubnis.« Wieder möchten wir nur allzu gerne an ein so günstiges Eingreifen des Zufalls glauben, doch bis Januar 1834 gab Gräfin Dolly Ficquelmont, Gattin des österreichischen Botschafters in Petersburg, weder Empfänge noch Bälle, die von den Kaiserlichen Hoheiten beehrt worden wären, sondern führte ein eher zurückgezogenes Leben: Die Wintersaison war noch nicht eröffnet worden, als ihr das verfrühte Hinscheiden ihrer geliebten Cousine Adèle Stackelberg Anfang November 1833 Trauer auferlegte; eine Verbrennung am Fuß bot ihr dann die willkommene Entschuldigung, um ihre wunde Seele von menschlicher Gesellschaft fernzuhalten. Die Begebenheit mit ihr, d'Anthès und der Herrscherin, so wie Danzas sie schilderte, hätte also erst stattfinden können, als d'Anthès sich bereits auf seine Aufnahmeprüfung vorbereitete. Irgend jemand täuscht sich hier ganz eindeutig oder vergißt oder verwechselt etwas, und schon sind der Wahrheit die aufgeblähten, verwaschenen Züge der Legende verliehen. In jeder ihrer möglichen Varianten aber umschimmert Georges d'Anthès das fun-

---

1 »Von dessen birnenförmigem Kopf«, erklärt eine spätere Quelle. Es handelte sich also um Karikaturen.

2 »Amüsieren Sie sich zufälligerweise mit derlei Dingen?« – »Ich nicht, Majestät! Ein Landsmann von mir, Herr d'Anthès, auch er ein Legitimist.« – »Ach, d'Anthès, den kenne ich. Die Kaiserin hat mir bereits von ihm erzählt!«

kelnde Stäubchen eines glücklichen Sterns, umweht ihn das
laue Lüftchen eines günstigen Winds: Er war in der Tat ein
Liebling der Götter.

Im Gegensatz zu seinem jungen Schutzbefohlenen war Baron
Jacob Derk Anne Borchard van Heeckeren-Beverweerd, der
1823 nach Petersburg gekommen war, zuerst als Geschäftsträger, dann als Botschafter der Niederlande, nicht bei jedermann
beliebt; viele fürchteten seine scharfe Zunge, sein heimtücki-
sches, hinterlistiges Wesen. Dolly Ficquelmont war noch nicht
lange in Rußland, als sie über ihn schrieb: »... Er gilt als ein
Spitzel Nesselrodes, und dieser Verdacht kennzeichnet ihn und
seinen Charakter am besten.« Und nachdem sie ihn gründlicher
kennengelernt hatte: »... Ich kann kaum leugnen, daß er
schlecht ist, zumindest seinen Worten nach, doch wünsche und
hoffe ich, die Gesellschaft möge ihm Unrecht tun ...«, »... obwohl ich ihn für einen gefährlichen Menschen halte, bin ich
doch geschmeichelt, ihn in meinem Salon begrüßen zu können.« Die Beschreibung der Gräfin Ficquelmont ist das barm-
herzigste Urteil über den Baron. Nach Puschkins Tod sollte sich
die Schlinge von Abscheu und Verachtung um den holländischen Gesandten enger ziehen: »Alte Schlange«, »verschlage-
nes Subjekt, berechnend und ruchlos«, »böser, selbstsüchtiger
Mensch, dem für seine Ziele jedes Mittel recht schien ... In
ganz Petersburg als Schandmaul bekannt, säte er viel Zwietracht; alle, die sein wahres Wesen einmal durchschaut hatten,
mußten ihn hassen«, »ein verruchter alter Mann, stets höhnisch
lächelnd, sich überall einmischend«, »ein höchst unmoralischer
Mensch«, »bekannt für seine verderbten Neigungen. Er umgab
sich mit jungen Männern von schamloser Liederlichkeit, deren
Leidenschaft darin bestand, über anderer Leute Liebeshändel
zu klatschen und allerlei Ränke zu schmieden auf diesem Gebiet.«

Hohe Stirn wegen beginnender Kahlköpfigkeit, überlanges Gesicht, undurchdringliche helle Augen, griechisches Profil, sinn-

liche Lippen, dichter Backenbart, schmale Schultern, schmächtiger Wuchs. Er war unverheiratet und suchte auch keine weibliche Gesellschaft. Sein Gebaren war distinguiert und höflich, seine Erscheinung überaus elegant, er war gebildet und liebte die Musik und gute Bücher. Er sammelte Gemälde großer Künstler, Skulpturen, alte Möbelstücke, Silber, Bronze, Kristall, flämisches Leinen, und so war sein Haus am Newskij Prospekt – »winzig, doch ein wahres Schmuckkästchen« – bis obenhin voll mit derlei Dingen. In den Salons war er ein gern gesehener Gast, da er als »*causant et amusant*« galt und die lustigsten Geschichten zu erzählen wußte, so daß »die Leute herzhaft lachten«. Er verkehrte in den erlesensten Häusern des Petersburger Hochadels. Von klarem Verstand, umsichtig und durchtrieben, verfolgte er nicht nur die großen Ereignisse der Geschichte mit gespannter Aufmerksamkeit, sondern auch jedes leise Raunen in den Salons und benutzte für seine Berichte nach Den Haag alles, was seine Ohren – groß und fächerförmig – aus den unterschiedlichsten, geheimsten Quellen zu erlauschen vermochten. Von der Wahrheit hatte er eine dehnbare Auffassung, seine Worte »waren nie auch nur im mindesten aufrichtig gemeint«. Alle erinnern sich seiner als »alt«, obschon er 1833 erst zweiundvierzig Jahre alt wurde. Auch Puschkin sagte einmal mit drohender Stimme: »Mit dem Sohn ist es aus. Jetzt geht es dem Alten an den Kragen.« An einem Tag, dessen genaues Datum wir nicht kennen, an einem Ort in Europa, dessen genaue Koordinaten uns fehlen, trat dies bissige Individuum, dessen Herz wohl alles andere war als zartfühlend, wie »eine Fügung Gottes« in das Leben von Georges d'Anthès, damals noch Frankreichs *bon enfant*, doch schon bald Rußlands *homme fatal*. Heeckeren griff d'Anthès vor allem in finanzieller Hinsicht unter die Arme, da die hundert Louisdor, die sein Vater ihm alljährlich zukommen ließ, bei weitem nicht ausreichten, um die Kosten für die aufwendige Ausstattung zu decken, die im eindrucksvollen, exklusiven, ausschließlich den Sprößlingen des ältesten und reichsten russischen Adels vorbehaltenen Garderegiment erforderlich war. Im allgemeinen konnte d'Anthès sich keinerlei Luxus leisten, und so zeigte er sich zu Beginn seines Petersburger Aufenthaltes in höchst unpassender, altmodischer Gewandung: im langen, schwarzen Frack über grauen, rot paspelierten *culottes*.

Komplizen der Göttin Fortuna waren einflußreiche Empfehlungsschreiben. Am 5. Januar 1834 schrieb Graf Adlerberg an Georges d'Anthès: »General Suchozanet sagte mir heute, lieber Baron, daß er Sie unmittelbar nach dem Dreikönigsfest prüfen wird und hofft, Sie möchten alles an einem Vormittag erledigen, sofern die betroffenen Professoren allesamt am selben Tage abkömmlich sind. Der General versicherte mir, er habe bereits Herrn Heeckeren fragen lassen, wo Sie zu finden seien, damit man Sie beizeiten das Datum des großen Tages wissen lasse; Sie täten gut daran, ihn aufzusuchen und seine Anweisungen einzuholen. Er versprach mir, nicht allzu hart zu sein, wie Sie es nennen, aber an Ihrer Stelle würde ich mich nicht darauf verlassen; versäumen Sie auf keinen Fall, das Gelernte gut zu wiederholen, damit Sie gerüstet sind ... P. S. Der Kaiser fragte mich, ob Sie im Begriffe seien, Russisch zu lernen. Ich bejahte dies auf gut Glück, da ich mich zu entsinnen glaubte, Ihnen einen Russischlehrer empfohlen zu haben.« Befreit vom Nachweis russischer Sprachkenntnisse und militärischer Reglements, bestand Georges d'Anthès am 27. Januar 1834 die Aufnahmeprüfung, wobei er seine zahlreichen Wissenslücken mit Humor wettzumachen wußte. Man erzählte sich, er habe auf die Frage, an welchem Fluß Madrid gelegen sei, zugegeben, die Antwort nicht zu kennen, aber sogleich hinzugefügt und damit der strengen Prüfungskommission ein Lächeln entlockt: »Und dabei habe ich mein Pferd schon darin getränkt!« Am 8. Februar wurde er zum Fahnenjunker der Leibgardisten ernannt und sechs Tage später in die siebte Kompanie der Reserve einberufen.

Am 26. Januar 1834 schrieb Puschkin in sein Tagebuch: »Baron d'Anthès und Marquis Pina, zwei *chouans*, werden ohne weiteres als Offiziere in die Garde aufgenommen. Die Garde protestiert.« Bald sollte der Dichter bekannt werden mit Georges d'Anthès: Vielleicht an dem Tag, als er gemeinsam mit Danzas in einem berühmten Petersburger Restaurant speiste und an der *table d'hôte* neben den jungen Franzosen zu sitzen kam. Lassen wir sie einstweilen im Dumé vor blutigem Roastbeef, Trüffeln, Pâté aus Straßburg, in feuchtfröhlicher, polternder Männerrunde, noch nicht ahnend, wie sehr sie einander bald hassen würden, und sinnieren währenddessen, den Ereignissen vorgreifend, ein wenig über das nicht sehr ruhmreiche Schicksal der beiden *chouans* auf russischem Boden: Dem Marquis Pina wird es gar nicht erst gelingen, in die Garde aufgenommen zu werden, er wird statt dessen als Soldat im Regiment der Zamoscskij-Jäger dienen, Tafelsilber stehlen und daraufhin entlassen werden; Baron d'Anthès wird degradiert und des Landes verwiesen werden, weil er es seiner reinsten Stimme, seiner Sonne beraubt hat.

»Kaiserin Alexandra Fjodorowna schreibt ihre Memoiren ... Werden sie die Nachwelt erreichen?« – fragte sich Puschkin. Zusammen mit einem Teil der Memoiren der Friederike Luise Charlotte Wilhelmine von Preußen, seit dem 1. Juli 1817 Alexandra Fjodorowna, Gattin von Nikolaj Pawlowitsch Romanow, haben ihre Tagebücher in der Tat die Nachwelt erreicht: winzige Hefte, eng beschriftet mit Notizen in deutscher Sprache, heimliche Zuflucht einer zarten Seele, seit je an eine Glückseligkeit und an eine Freude gewöhnt, die ihr die Welt hinter tausend rosenfarbenen Schleiern verbargen. Sie war schön, die soundsovielte deutsche Herrscherin auf dem Thron der Romanows, und ihre blonde, durchscheinende Anmut betörte auch Puschkin: »Die Kaiserin gefällt mir über alle Maßen, obwohl sie bereits 35 oder gar 36 Jahre alt ist.« Aus der Nähe betrachtet wirkte sie wie ein kleines Mädchen, das den ersten Blick ins Leben wirft: Sie hatte sich jene Art von Unschuld bewahrt, die von der Unkenntnis des Bösen herrührt, »sprach vom Unglücklichsein wie von einem Mythos«. Sie liebte es, zu gefallen und mit den Männern auf arglose Weise zu kokettieren, und sie tanzte für ihr Leben gern. Sie tanzte bis spät in die Nacht hinein und setzte damit ihren zerbrechlichen Körper einer harten Belastungsprobe aus. Sie tanzte ausgezeichnet und glich dabei einer zarten Sylphide, einem Geschöpf zwischen Himmel und Erde, einer »Tochter der Luft«. Den Tagebüchern der tanzenden Kaiserin verdanken wir die Eintragung über das aller Wahrscheinlichkeit nach erste Erscheinen des *chevalier garde* Georges d'Anthès in der gehobenen Petersburger Gesellschaft: »28. Februar 1834 ... Um halb elf begaben wir uns zu den Ficquelmonts, und ich kleidete mich in Dollys Zimmer um: Ich trug ein weißes, lilienbesetztes Kleid, herrlich ... aber meine Lilien waren schon bald verblüht. Danteze[1] blickte lange zu mir herüber ...« Sollte d'Anthès wahrhaftig die Unverfrorenheit besessen haben, die Zarin mit ausgiebigen Blicken zu mustern? Und die Zarin, war auch sie den unwiderstehlichen Augen des Franzosen verfallen? Wir brauchen uns gar nicht erst in boshaften Verdächtigungen zu ergehen: Für einen anderen jungen Gardeoffizier schlug – arglos und keusch – Alexandra Fjodorownas Herz. Sie hatte wohl das bewundernde Staunen, das beifällige Strahlen jener weit aufgerissenen blauen Augen bemerkt, die auf sie und auf Nikolaj I. starrten, der in der Uniform der österreichischen Husaren noch größer und beeindruckender wirkte als sonst, und auf die edelsteinfunkelnde, von Orden glitzernde Menge, eine neue Welt, die dem jungen Fremdling großzügig ihre Pforten auftat.

Obwohl ihn eine solch edle Zeugin der Geschichte verewigt, bleibt der Name Georges d'Anthès in den Gesellschaftschroniken Petersburgs bis zum Winter 1835/36 unerwähnt. Das erstaunt uns nicht weiter: Für die führenden Kreise der Haupt-

---

1 Nicht nur die deutschstämmige Kaiserin buchstabierte seinen Namen falsch: Er wurde Dantais geschrieben, dann wieder Dantesse oder gar Dantest; die Kameraden in der Garde erinnerte er komischerweise an *dentiste* (»Zuerst war er Dentist, nun ist er schon Arzt«, spötttelten sie, als Heeckeren ihn adoptiert hatte, weil dessen Name ähnlich klang wie das russische Wort *lekar'*, »Arzt«); ins Russische ging er ein als Dantes.

stadt war d'Anthès lediglich ein Held der *cotillons*, ein sympathischer, geselliger Franzose, der dank einflußreicher Beziehungen in die Leibgarde aufgenommen worden war. Es erstaunt uns allerdings, daß sein Name sogar den wenigen wahren Freunden des holländischen Botschafters unbekannt war – Otto von Bray-Steinburg zum Beispiel, Geschäftsträger von Bayern. In den Briefen, die er seiner Mutter Sophie nach Mitau schrieb, sprach Graf Otto mehr als einmal von Baron Heeckeren, »ein höchst geistreicher Mensch, sehr unterhaltsam und mir sehr zugetan«, »eher kalt, im allgemeinen alles andere als gütig, aber denen, die er mag, sehr gefällig…«, erwähnte dabei aber mit keinem Wort d'Anthès, der doch beharrlich ein und aus ging in der eleganten Privatresidenz neben der holländischen Botschaft. Unter den Diplomaten bildeten die beiden ein »eigenes Team«, ihre Freundschaft wuchs und festigte sich, und Bray war äußerst besorgt, als Heeckeren erkrankte: »… Ich verbringe so viel Zeit an seiner Seite, wie ich nur kann, und bedaure zutiefst meine Unfähigkeit auf dem Gebiet der Krankenpflege. Sein Zustand ist so desolat, daß er die Gegenwart eines Freundes kaum noch wahrnimmt…« – doch kein einziges Wort über d'Anthès, der doch gewiß lange, bange Stunden am Krankenbett des Botschafters zugebracht hatte. Am 19. Mai 1835 erzählte Bray seiner Mutter: »Neulich begleitete ich Heeckeren bis nach Kronstadt… Ich nahm mit aufrichtigem Bedauern Abschied von diesem Freund, der viel dazu beigetragen hat, mir den Aufenthalt in dieser Stadt zu verschönen. Er wird meinen Gewohnheiten ebenso fehlen wie meinen Gefühlen, und hier werde ich keinen Ersatz finden für ihn, weder was ersteres noch was letzteres anbelangt. Er reist nach Baden-Baden… Wir fuhren auf einem Boot Alexej Bobrinskij von Kronstadt zurück nach Petersburg, während eines fürchterlichen Sturms, und obschon ganz entsetzlich indisponiert, mußten wir selbst die Arbeit von Matrosen tun…« – doch kein einziges Wort über d'Anthès, der doch ebenfalls an Bord gewesen war. So fahl, so farblos war demnach die Persönlichkeit des französischen Offiziers, daß sie keiner Erwähnung wert war? Oder schwiegen die Vertrauten des

Botschafters absichtlich über seinen jungen Freund? Weshalb?

Georges d'Anthès an Jacob van Heeckeren, Petersburg, 18. Mai 1835: »Mein teurer Freund, Sie können sich nicht vorstellen, wie sehr mich Ihr Schreiben freute und welch ein Stein mir vom Herzen fiel, weil ich befürchtet hatte, die Seekrankheit könne Ihnen Magenkrämpfe bereiten ... Wir hatten weniger Glück bei unserer Überfahrt, denn sie war ein höchst lächerliches und zugleich außergewöhnliches Unterfangen, Sie entsinnen sich doch gewiß, wie scheußlich das Wetter war, als wir Sie verließen. Nun, es wurde schlimmer und schlimmer, kaum daß wir die offene See erreicht hatten ... Bray, der alle möglichen Geschichten über das großartige Schiff erzählt hatte, wußte nicht mehr, welchen Heiligen er zuerst anflehen sollte, und begann alsbald, uns nicht nur das an Bord verspeiste Mahl erneut aufzutischen, sondern alles, was er seit acht Tagen zu sich genommen hatte. Und dabei stöhnte und jammerte er in den höchsten Tönen und in allen Sprachen ...«

Paris, Frühsommer 1989 (152 Winter und 153 Frühjahre seit dem Tag, an dem Georges d'Anthès Puschkin tödlich traf), eine Wohnung im 16. Arrondissement, ein Dachboden, ein abgewetzter, grauer Koffer, alte Urkunden des betagten, vornehmen Hausherrn, Photographien, Ansichtskarten, Drucke, private Briefe, und plötzlich, tausendmal erträumt und bereits aufgegeben, ein Bündel alter Briefe – aus einem anderen Jahrhundert, gleichsam aus einer anderen Welt.

Verschollen – versteckt? – seit mehr als eineinhalb Jahrhunderten im Privatarchiv der Familie Heeckeren: die Briefe, die Georges d'Anthès ab Mai 1835 an Jacob van Heeckeren schrieb, sind ein geradezu wundersamer Fund für den, der die Hintergründe von Puschkins letztem Duell erforscht. Eine plötzliche Anwandlung von Großzügigkeit von seiten der geflügelten Gottheit der Korrespondenz wollte einem Mann – und dessen Gedanken und Gefühlen – Stimme verleihen, von dem man nichts wußte (zumindest was den in Rußland verbrachten Teil seines überaus langen Lebens betrifft) als die eine oder andere Anekdote und die entsetzliche Schuld. Die Legende verpflichtet: der soundsovielte *coup de théâtre* in der Geschichte von Georges d'Anthès, könnte man sagen. Auch der soundsovielte *coup de fortune?* Wir lassen die Frage offen.

Die schädliche Wirkung wollener Unterhemden

D'Anthès an Heeckeren, Petersburg, 18. Mai 1835:
»... Es ist mir unmöglich, Ihnen zu beschreiben, welche
Leere Sie hinterlassen haben. Sie werden wohl ähnlich empfinden, denn obschon Sie mich oft recht mürrisch empfingen (ich
spreche natürlich von den Tagen, in denen Sie so in Eile waren),
wußte ich, daß Sie es genossen, ein wenig mit mir zu plaudern,
denn Ihnen wie auch mir war es ja inzwischen zum Bedürfnis
geworden, einander zu jeder Stunde des Tages zu sehen. Ich
kam in dem Glauben nach Rußland, dort nur Fremde zu finden,
und so waren Sie für mich eine echte Offenbarung! Denn wenn
Sie sagen, Sie seien mir nur ein Freund gewesen, so ist das nicht
ganz richtig, weil ein Freund niemals all das getan hätte, was
Sie, ohne mich zu kennen, für mich getan haben; Sie haben
mich regelrecht verzärtelt, und ich war bereits daran gewöhnt,
denn an das Glück gewöhnt man sich ja bekanntlich schnell,
und zu alledem eine Nachsicht, wie ich sie bei meinem eigenen
Vater nie gefunden hätte; nun, da ich plötzlich umgeben bin von
Neidern, die mir meine Stellung mißgönnen, werden Sie sich
wohl denken können, wie sehr ich den Unterschied fühle und
wie schmerzlich mir zu jeder Stunde des Tages bewußt wird, daß
Sie nicht mehr bei mir sind ... Leben Sie wohl, mein Lieber,
werden Sie gesund und amüsieren Sie sich nach Kräften ...«

Ehe wir fortfahren, sei mir eine kurze Bemerkung gestattet:
Selbst nach einer recht freien Übersetzung – dem gelegent-
lichen Einfügen eines Punktes oder eines Kommas, der summa-
rischen Auffrischung der Zeitenfolge, der Wiederherstellung

35

wild gewordener Zusammenhänge – bedarf es für die schriftlichen Äußerungen von Georges d'Anthès eines ebenso nach-
sichtigen wie beflissenen Lesers, der willens ist, nötigenfalls
korrigierend einzugreifen, um Fehler aller Art zu tilgen und
eine Syntax zu ordnen, deren argloser Umgang mit den Regeln
der Grammatik die mangelnde Vertrautheit des Briefeschreibers
mit dem Bücherlesen verrät. Selbst Louis Metman sagte über
den Großvater: »Weder in seiner Jugend noch in späteren Tagen
brachte er der Literatur auch nur das mindeste Interesse entgegen. Seine Angehörigen erinnern sich nicht, ihn jemals bei der
Lektüre irgendeines Buches gesehen zu haben.«

In der zweiten Maihälfte reiste Baron Heeckeren nach Baden-
Baden – zum einen um die Kur anzutreten, die ihm von Doktor
Sadler verordnet worden war, nachdem die Cholera ihn um ein
Haar ins Grab gebracht hätte, zum anderen um Joseph Conrad
d'Anthès kennenzulernen, der sich mit seinem zweiten Sohn,
Alphonse, in das Kurstädtchen begeben hatte. Heeckeren wollte
mit ihm über ein Projekt sprechen, mit dessen Verwirklichung
er schon seit einiger Zeit liebäugelte, nämlich, Georges seinen
Namen zu geben und ihn zum Erben seines Vermögens einzusetzen. Es würde nicht einfach sein für ein Mitglied des holländischen Hochadels, einen Franzosen zu adoptieren, der in der
russischen Leibgarde diente, einen 23jährigen Aristokraten,
dessen leiblicher Vater sich überdies bester Gesundheit erfreute.
Da sich Baron Heeckeren der zahlreichen Hindernisse bewußt
war, die seinem Vorhaben im Wege standen, war er fest entschlossen, seine schärfsten diplomatischen und dialektischen
Waffen einzusetzen. Daß sein König ihm wohlgesinnt war, das
wußte er, immerhin hatte er ihm stets treue Dienste geleistet
und die Rechte des kleinen Holland bei einem der mächtigsten
Höfe Europas vertreten, aber zuerst mußte er Georges' recht-
mäßigen Vater dazu bewegen, sein Einverständnis zu geben.
Anfangs sondierte er das Terrain mit äußerster Behutsamkeit.
Vielleicht schilderte er ihm während eines nachmittäglichen
Spaziergangs durch Baden-Badens schattige Alleen oder

abends nach einer Partie Whist die entsetzliche Prüfung, die das Schicksal ihm auferlegt hatte, das bange Gefühl von Nutzlosigkeit, das einen Mann ohne Nachkommenschaft befällt, wenn er dem Tod ins grinsende Antlitz blickt. Vielleicht gestand er ihm seine tiefe Sehnsucht nach einer Familie: Die seine hatte ihm den Übertritt zum katholischen Glauben nie verziehen und behandelte ihn seither mit einer schroffen, geradezu feindseligen Distanziertheit. Vielleicht beschrieb er ihm auch den nicht eben leichten Stand seines Sohnes, der mutterseelenallein in einem fernen, kalten, fremden Land, umgeben von Neidern den Launen seiner lebhaften, ungestümen, ja verwegenen Natur hilflos ausgeliefert war. Jedenfalls wußte er Joseph Conrad d'Anthès' Vertrauen zu gewinnen und sein Herz zu rühren. Ende Juni bestärkte dies ein Brief von Georges: »Mein armer alter Herr ist geradezu hingerissen, und er schreibt, es sei ganz und gar unmöglich, mir mehr Zuneigung entgegenzubringen, als Sie es tun, mein Bild verlasse Sie keinen Augenblick, Dank, tausend Dank, mein Lieber.« Dem zukünftigen – wie soll man sagen – Mitvater versprach Jacob van Heeckeren, ihn auf seinem Gut Soultz zu besuchen, sobald sein gesundheitlicher Zustand es ihm gestatten würde.

Am 21. Mai begab Georges d'Anthès sich nach dem fünfundzwanzig Werst von der Hauptstadt gelegenen Pawlowsk, wegen der alljährlich dort stattfindenden Sommermanöver der Leibgarde. Er nächtigte in dem übelriechenden Gemeinschaftsraum einer Isba, den er mit mehreren Bauern teilte, verlebte auszehrende Tage in dieser verrohten Umgebung und fand nur mit Mühe ein ruhiges Plätzchen und ein wenig Muße, um dem fernen Freund zu schreiben: »Eine Übung nach der anderen, ein Manöver nach dem anderen, und dies alles bei abscheulichem, nie wenigstens zwei Tage beständigem Wetter, mal ist es zum Ersticken heiß, dann wieder so kalt, daß man nicht weiß, wohin man sich verkriechen soll.« Dagegen hätte er die Wochen in der Vendée als angenehme Sommerfrische empfunden; Rußland werde von einem unbeugsamen Soldaten regiert, der seinen

Untertanen, der Welt und sich selbst gerne seine Macht und die eiserne Disziplin seiner Streitkräfte vor Augen führe. Die einzig positive Seite des beschwerlichen Frondienstes seien die rauschenden Feste zu Ehren vornehmer Gäste wie Friedrich, Kronprinz der Niederlande. »Und die Kaiserin erweist mir auch weiterhin ihre Gunst, denn sobald auch nur drei Offiziere aus dem Regiment eingeladen werden, bin einer davon ich.« Als die Garde endlich aus Pawlowsk abzog, um in Nowaja Derewnja Quartier zu beziehen, stürzte Georges d'Anthès sich Hals über Kopf in das mondäne Leben der »Inseln«, ein Spinngewebe kleiner Eilande, dank deren Petersburg seinen Einfluß in den Finnischen Meerbusen hinein ausweitet, ein Labyrinth aus Wiesen, Wäldern, Gärten, von zahllosen Flüssen, Bächen, Kanälen durchzogen und von Teichen und Tümpeln übersät. Seit gut einem Jahrzehnt pflegte die Petersburger Aristokratie in dieser Gegend ihre Sommerfrische zu verbringen; und so gab es dort elegante, komfortable Datschen, ein Theater mit französischen Schauspielern und sogar ein Kurbad[1] mit einem prachtvollen Salon für Empfänge. Es verging kein Tag – außer wenn abends ein Ball stattfand –, an dem nicht sogenannte *parties de plaisir* veranstaltet worden wären, Picknicks, Bootsfahrten, Ausflüge zu Pferde. In jenem Sommer erregten dort drei Amazonen beträchtliches Aufsehen aufgrund der Eleganz, mit der sie die Vollblüter des hochgeschätzten Polotnjanyj-Zawod-Gestüts zu reiten wußten: die drei Gontscharow-Schwestern. Die jüngste und hübscheste von ihnen war Puschkins Gemahlin. Sie verbrachten den Sommer auf Tschjornaja Retschka, neben Nowaja Derewnja gelegen, und in ihrer Gesellschaft gab sich der französische Offizier noch fröhlicher und galanter. Nach dem Manöver-Alptraum hätte dieser zweite russische Sommer für ihn in jeder Hinsicht ein glücklicher sein können, wären da nicht diese unangenehmen Magenschmerzen gewesen, die ihn seit etlichen Monaten quälten; »... machen Sie sich nur keine Sorgen«, be-

---

1 Offensichtlich importiert; die Kaiserin trank dort gern Emser Wasser.

38

ruhigte er Heeckeren, »bis zu Ihrer Rückkehr nach Petersburg bin ich wieder ganz der alte, und dann werde ich Sie umarmen und drücken, bis Sie schreien.«

Puschkin an Alexander Christoforowitsch Benckendorff, Petersburg, 26. Juli 1835:

»Sehr geehrter Herr Graf, es kostet mich eine große Überwindung, Sie gerade jetzt, da Sie mir so viel Güte erweisen, noch mit zwei weiteren Bitten zu behelligen. Dennoch wage ich es in aller Offenheit, mich an den Mann zu wenden, der mir vom Himmel gesandt zu sein scheint. Meine Schuldenlast von 60 000 Rubel besteht zur Hälfte aus Ehrenschulden. Um sie begleichen zu können, wäre ich gezwungen, mir Geld zu leihen, wodurch meine Schwierigkeiten sich verzweifachen würden und ich womöglich genötigt wäre, erneut die Großzügigkeit des Kaisers in Anspruch zu nehmen. Ich bitte Eure Exzellenz daher inständig, mir einen großen Gefallen zu erweisen: Geben Sie mir doch die Möglichkeit, 30 000 Rubel zurückzuzahlen und diese Summe als ein Darlehen zu betrachten; Sie würden den Betrag zurückerhalten, indem Sie bis zur Begleichung der Schuld mit der Zahlung meiner Einkünfte aussetzten. Ich hoffe auf Ihre Nachsicht und bleibe Ihr treuer, aufrichtiger Diener ...«

Heeckeren bewies d'Anthès auch aus der Ferne seine Zuneigung, indem er ihm Geldgeschenke schickte, die dieser stets charmant zurückwies und dabei einen erstaunlichen Sinn für Sparsamkeit erkennen ließ, obgleich ihm doch sein leiblicher Vater nicht selten vorzuwerfen pflegte, das Geld »mit vollen Händen« auszugeben.

»Mein lieber Freund«, schrieb d'Anthès in einem Brief, »Sie hegen in einem fort Zweifel an meinem Wohlbefinden, obwohl Sie mir doch vor Ihrer Abreise eine Summe überließen, mit der es sich durchaus angenehm leben läßt ... Wenn ich nichts von Ihnen fordere, dann deshalb, weil ich nichts benötige, und da ich noch lange nicht beabsichtige, ins Grab zu sinken, haben wir alle Zeit der Welt, das Geld, das Sie mir stets so großzügig offerieren, gemeinsam auszugeben.« Doch ungeachtet dieser wohlmeinenden Proteste schickte der Baron auch weiterhin Geschenke und Geld und beglich unbezahlte Rechnungen seines Schützlings. Der war verwirrt, ja beunruhigt angesichts solcher Großzügigkeit und tat seinem zwanglosen Umgangsfranzösisch unnötig Gewalt an bei dem Versuch, dem Manne seine Dankbarkeit zu bezeigen, der sich nach Kräften bemühte, ihm all seine Bedürfnisse, all seine Wünsche zu erfüllen und ihm eine glückliche Zukunft zu gewährleisten, ohne Schatten und Nöte, unter der Obhut eines neuen, liebevollen Vaters. Eine Zukunft, die leider Gottes ferner lag als geplant, untersagte doch die holländische Gesetzgebung Personen unter fünfzig Jahren eine Adoption. »Ich brauche keine Papiere und Urkunden und Dokumente«, schrieb d'Anthès, als er von dem unerwarteten Hindernis erfuhr, »ich habe doch Ihre Freundschaft, die hoffentlich währt, bis Sie fünfzig sind, und das gilt mir mehr als alle Urkunden dieser Welt«. Getröstet von den einfühlsamen Worten seines Günstlings, suchte der Botschafter weiter nach einem möglichen Ausweg aus der unerfreulichen Sackgasse der Bürokratie und schmiedete Pläne, obwohl Georges es ihm fürsorglich verboten hatte: »Als die Ärzte Ihnen dazu rieten, Petersburg zu verlassen, so geschah dies nicht nur wegen einer Luftveränderung, sondern auch, um Sie von Ihren Geschäften fernzuhalten und Ihrem Geist eine kleine Ruhepause zu gönnen ... Werden Sie erst wieder ganz gesund, dann haben wir noch Zeit genug, unser Leben dort zu verbringen, wo das Klima für Sie günstiger ist, und seien Sie sicher, daß wir überall glücklich sein werden...« Heeckeren war bereits im Begriff, in der Umgebung der Stadt Freiburg ein Anwesen zu erstehen und sich dort endgültig niederzulassen. Er hatte schon des öfteren mit dem Gedanken gespielt, Rußland und seinem unmöglichen Klima den Rücken zu kehren, und in Petersburg hieß es, er habe an die Gesandtschaft in Wien gedacht. Der besonnene, Hirngespinste mißbilligende d'Anthès ließ sich diesmal von der Begeisterung seines Wohltäters mitreißen: »Dann sind wir alle eine Familie, weil auch Sie jetzt dazugehören … Drei Stunden von Freiburg entfernt besitzt mein Vater ein großes Gut am Ufer des Rheins, und es läßt sich doch gewiß ein Anwesen finden, das an das seinige angrenzt. Das ist wirklich eine ganz ausgezeichnete Idee, und da Sie nun auch meinen Bruder mögen, können wir alle heiraten und zusammen leben und immer füreinander dasein.«

Georges d'Anthès kränkelte. Und der nordische Sommer hatte seine Tücken: Auf den Inseln zog abends eine Feuchtigkeit auf, die einem durch Mark und Bein ging, bliesen ungesunde, salzhaltige Winde durch die Balken der Datschen von Nowaja Derewnja, verwandelten plötzliche Regengüsse das süß duftende Paradies in einen stinkenden Morast, so daß man meinen konnte, es sei von einem Tag auf den andern Herbst geworden. Eines Nachts, Ende August, kam der *chevalier garde* erhitzt aus dem Salon des Kurhauses, wo er mit der üblichen glühenden Inbrunst getanzt hatte, und fuhr leichtsinnigerweise in einer offenen Kalesche nach Hause. Am folgenden Morgen konnte er das Bett nicht verlassen: Er atmete schwer, zitterte am ganzen Leib, Stirn und Brust waren glühend heiß; der sogleich herbeigerufene Doktor Sadler diagnostizierte eine Rippenfellentzündung. D'Anthès versuchte, Heeckeren die Nachricht von seiner Erkrankung so schonend wie möglich beizubringen; heftig in Sorge, vervielfachte der Botschafter Ratschläge, Empfehlungen und konkrete Beweise seiner väterlichen Fürsorge.

Puschkin an seine Gattin Natalja Nikolajewna (Michailowskoje, 21. September 1835):
»… Du kannst Dir nicht vorstellen, wie lebhaft meine Phantasie hier arbeitet, allein in diesen Mauern oder in den Wäldern, wo niemand mich am Denken hindert, und so sinniere ich, bis sich mir der Kopf dreht. Worüber? Das will ich Dir sagen: Wovon sollen wir leben? Mein Vater wird mir kein großes Vermögen hinterlassen: Und die Hälfte davon habe ich bereits durchgebracht; die Deinigen stehen vor dem Ruin. Der Zar will weder, daß ich mich aufs Land zurückziehe, noch, daß ich Jour-

nalist werde. Und weiß Gott, Bücher für Geld schreiben kann ich nun einmal nicht. Wir haben nicht einmal den hundertsten Teil eines sicheren Einkommens, dafür aber sichere Ausgaben in Höhe von 30 000 Rubel. Alles hängt an mir und an der Tante. Doch weder ich noch die Tante werden ewig leben. Was danach kommt, das weiß Gott. Ich bin traurig. Küsse mich, vielleicht verscheucht das die trüben Gedanken. Wie töricht von mir, Du bist ja vierhundert Werst weit fort.«

Wollte man Louis Metmans Beschreibungen glauben, so hatten »die liebevolle Hingabe und die Ausgeglichenheit des holländischen Botschafters eine wohltuende Wirkung auf das hitzige Wesen eines Dreiundzwanzigjährigen, der in der feinen Gesellschaft seine ungestüme Natur zügeln mußte ...« Liest man jedoch d'Anthès' Briefe, so ist man eher geneigt, das Gegenteil daraus zu schließen, denn es scheint fast, als sei der jüngere der beiden Männer der bei weitem maßvollere, vernünftigere. Im August 1835 beschloß der Botschafter, nachdem er erfahren hatte, daß in Italien die Cholera wütete, seine Pläne zu ändern und früher als vorgesehen nach Rußland zurückzukehren, aber Georges riet ihm davon ab: »Sie wissen, wie gerne ich Sie wiedersehen würde, aber ich sprach erst gestern mit Sadler ... Er meinte, Sie dürften, wenn Sie wieder vollständig genesen möchten, unter gar keinen Umständen vor Ablauf eines Jahres heimkehren, und fügte hinzu, daß das russische Klima Sie sonst töten würde, und so können Sie sich denken, daß ich Sie nach dieser vertraulichen Mitteilung auf keinen Fall heimkehren lassen darf ... Verbringen Sie den Winter in Wien oder in Paris, und kehren Sie erst im Frühling wieder zurück, wenn Sie ganz genesen sind.« Immer war es Georges, der zur Mäßigung mahnte, der mit gesundem Menschenverstand urteilte: »Wenn Du sagst[1],

---

1 Nach vielen Briefen und einigem Zögern entschloß er sich endlich zum vertraulichen »Du«: »Mein Lieber, Sie sind wirklich ein Kind, wie können Sie nur so darauf bestehen, daß ich Sie duze, als könne das ›Du‹ dem Gedanken einen höheren Wert verleihen und als wäre ich weniger ehrlich, wenn ich Ihnen sage, daß ich Sie mag, als wenn ich sage, daß ich Dich mag.

Du würdest es nicht überleben, wenn mir etwas zustieße, ja glaubst Du dann, mir sei noch nie dergleichen in den Sinn gekommen? Aber ich bin vernünftiger als Du, weil ich derlei finstere Gedanken nicht hüte und pflege, sondern verscheuche wie einen bösen Traum. Was würde denn aus unserem Leben, wenn wir uns, statt es zu genießen, unserer Phantasie überließen und uns über jedes Unglück ereiferten, das uns widerfahren könnte? Unser Dasein würde uns zur beständigen Qual.« Anstatt sich wie ein leiblicher Vater über Georges' Besonnenheit zu freuen, war der Baron gekränkt, denn zuweilen hätte er sich von dem jungen Mann mehr Leidenschaft und weniger Vernunft gewünscht. Hin und wieder befiel ihn eine quälende Ungewißheit ob der Gefühle seines künftigen Sohnes, eine bange, düstere Unruhe, die sich in versteckten Vorwürfen und säuerlichen Anspielungen äußerte. Nach der hundertsten Schwierigkeit, die sich ihm in der immer verworrener werdenden Angelegenheit der Adoption in den Weg stellte, warf er Georges vor, nicht ebenso enttäuscht zu sein wie er – und der junge Mann mußte ihn beruhigen: »Ich bin sicher, Du wirst in Bälde einen Brief erhalten, der uns alle beide glücklich macht. Ich sage ›uns beide‹, weil Du in Deinem Brief so tust, als sei ich glücklich über das, was geschieht …« Der Botschafter warf seinem Schützling vor, seine Gefühle für ihn seien schal, nur leeres Gewäsch, und bezichtigte ihn der Schreibfaulheit. Georges rechtfertigte sich: »Zuweilen sind meine Briefe so kurz, daß ich mich schäme, sie Ihnen zu schicken, und so warte ich, bis ich Sie mit dem neuesten Klatsch über die braven Petersburger Bürger aufheitern kann.«

Mit seinen Klatschgeschichten versuchte d'Anthès, das Liebesvakuum zu füllen, über das Heeckeren sich beklagte. So erzählte er ihm beispielsweise, was sich bei der Hochzeit ihres

---

Und außerdem ist es eine Angewohnheit, die ich in Gesellschaft ablegen müßte, weil Sie in derselben ein Amt bekleiden, welches es einem jungen Mann wie mir nicht gestattet, *sans façon* zu sein.«

gemeinsamen Freundes Martschenko zugetragen hatte: Als der Priester leise die Vermählungsformel vorgesprochen hatte, »*Moi, Jean, l'épouseur* . . .«, war ihm besagter Jean, stolz auf seinen Kammerherrentitel, ins Wort gefallen: »*Moi, Gentilhomme de la Chambre*«, und ganz Petersburg hatte über ihn gelacht. Er erzählte ihm den tausendsten Skandal, der das Leben seiner Schauspielerfreunde erschüttert hatte: Nachdem der Schauspieler Paul Mignet entdeckt hatte, daß die berühmte russische Ballerina Jewdokija Istomina ihn mit dem Pariser Gast seines Kollegen La Ferrière betrog, hatte er letzteren geohrfeigt, da die Untreue unter seinem Dach begangen worden war; um das Ganze auf die Spitze zu treiben, hatte daraufhin La Ferrière gefordert, der Beleidiger möge schriftlich bestätigen, daß er ihm kein Haar gekrümmt habe, und dies lächerliche Schriftstück wurde zusammen mit dem Programm des Französischen Theaters in der ganzen Stadt verteilt. D'Anthès berichtete ferner über die Vorgänge in der »diplomatischen Familie«: Graf von Lerchenfeld, Gesandter des Königreichs Bayern und ein ganz fürchterlicher Geizkragen, war bei einem Picknick nur mit einem Bratenrest, ein wenig Brot und Soße erschienen; Graf von Bray hatte sich bis über beide Ohren in eine Kammerzofe der Kaiserin verliebt, wurde jedoch mit Argusaugen von seiner Mätresse Josephine Ermolowa bewacht, die im Sommer 1835 ihrem rechtmäßig Angetrauten einen hübschen Bastard geschenkt hatte. Er erzählte ihm von den zotigen Späßen seiner Regimentskameraden: Ein paar Übermütige hatten von einer Loge des Alexandrinskij-Theaters aus ein höchst intimes männliches Utensil mit Konfetti gefüllt auf eine Schauspielerin geworfen, deren Auftritt ihnen mißfallen hatte – »und der Kaiser entsann sich dessen, was er uns hatte sagen lassen, bevor er ging, nämlich daß er, sofern ihm auch nur das Geringste zu Ohren käme, die Schuldigen gnadenlos in die Armee versetzen würde; ich möchte nicht an ihrer Stelle sein, denn die armen Teufel haben sich ihre Karriere verdorben, und das eines Scherzes wegen, der weder ausgesprochen komisch noch besonders geistreich war, so daß sich die Sache in keiner Weise lohnte.«

44

Und wir fragen uns: Wo sind denn der vielgerühmte Übermut, die Kühnheit und das unbekümmerte, heitere Wesen von Georges d'Anthès?

»Heißblütiges Füllen aus der kalten Tundra«: So besang ein Dichter, vielleicht Maffei, die russische Aristokratin Julija Samoyloff (Julija Pawlowna Samojlowa), die sich 1828 in Mailand niedergelassen hatte. Sie war am 30. Januar 1828 auf dem denkwürdigen Ball des Grafen József Batthyáni in die hohe Mailänder Gesellschaft eingeführt worden und hatte seither alles darangesetzt, eine Legende zu nähren: die Mailänder Russin mit den skandalösen Liebesabenteuern, der exzentrischen Lebensweise, der Großzügigkeit gegenüber den Armen, den unvergeßlich prunkvollen Festen, bei denen die Navigli, ein bescheidener Ersatz für die Newa, sich nächtelang mit Gesang und Lichtern belebten. Immer wenn sie in ihre Heimat reiste, entfachte sie einen Skandal. Im August 1835 schrieb d'Anthès an Heeckeren: »Ich vergaß, Ihnen Einzelheiten zu erzählen von Julies Aufenthalt in Petersburg: ... Zu Anfang war ihr Haus eine regelrechte Kaserne, weil sämtliche Regimentsoffiziere ihre Abende bei ihr verbrachten, und Sie können sich denken, was dort vor sich ging; dennoch wurden die Regeln der Sittlichkeit nie bis zum Äußersten strapaziert, weil gemunkelt wurde, Julie leide an Gebärmutterkrebs.« An ihrem Geburtstag veranstaltete Julija Samojlowa ein großes Fest auf dem Gut Slawjanka – »Ich war nicht dabei, habe jedoch unglaubliche Dinge darüber gehört, die aber, soviel ich weiß, gar nicht stimmen. Sie soll zum Beispiel Bauernmädchen befohlen haben, auf den Maibaum zu klettern, und wenn dann eines herunterfiel, sollen die Zuschauer gejohlt haben vor Freude, Bauernburschen sollen um die Wette galoppiert sein und Bäuerinnen rittlings auf ungesattelten Pferden gesessen haben, und derlei Scherze mehr, und das größte Unglück war, daß Alexander Trubezkoj sich einen Arm brach auf dem Heimweg ... Dem Kaiser kamen diese Gerüchte zu Ohren, auch das von Alexanders gebrochenem Arm, so daß er am folgenden Tag auf dem Demidow-Ball sehr wütend war und vor vierzig Personen zu unserem General sagte: ›Die Offiziere deines Regiments machen also noch immer Dummheiten, sie sind wohl erst zufrieden, wenn ich ein halbes Dutzend von ihnen in die Armee versetzt habe, und was diese Frau anbelangt‹, damit war Julie gemeint, ›die wird sich erst beruhigen, wenn ich sie von der Polizei aus der Stadt jagen lasse‹ … Es tut mir leid um Julie, die eine herzensgute Person ist, denn ich war zwar nicht in ihrem Haus, sah sie aber doch recht häufig; ich möchte sagen, daß ich es für besser hielt, nicht hinzugehen, zumal der Kaiser alle Männer, die bei ihr verkehrten, so unmißverständlich gerügt hatte.« Je häufiger wir d'Anthès' Stimme hören, desto blasser wird vor unseren Augen das Bild des jungen, zügellosen, dreisten Draufgängers, das uns so viele Zeugen übermittelt haben. Waren sie blind? Logen sie? Oder gab es zwei d'Anthès: den einen für die Welt, den anderen für den Mann, dem er alles verdankte, ohne den er, wie er sagte, »nichts war«? Und was verband den zweiten, verborgenen d'Anthès über seine Wertschätzung und Dankbarkeit hinaus mit jenem Manne? Was dies betraf, so gab es für Alexander Trubezkoj, den *chevalier garde*, der sich auf dem Heimweg von der ländlichen Orgie einen Arm gebrochen hatte, keinen Zweifel: »Er beging viele Dummheiten, alles harmlose Jugendsünden, bis auf eine, von der wir allerdings erst viel später erfuhren. Ich weiß nicht, wie ich es sagen soll: Er war Heeckerens Geliebter, oder Heeckeren war sein Geliebter … Damals war Homosexualität in höheren Kreisen weit verbreitet. Da d'Anthès ständig hinter irgendeiner Frau her war, ist anzunehmen, daß er in seinem Verhältnis zu Heeckeren lediglich eine passive Rolle spielte.«

Unter seinen gleichaltrigen russischen Waffenbrüdern mit ihren wilden Sitten, ihrer Liederlichkeit und Waghalsigkeit wirkt Georges d'Anthès wie eine albinotische Fliege. Es war noch Sommer, als er dem Botschafter schrieb: »Wieder Aufregung in unserem Regiment. Vor wenigen Tagen haben Sergej Trubezkoj und ein paar andere Kameraden nach einem mehr als üppigen

46

Mahl in einem Restaurant außerhalb der Stadt auf dem Heimweg die Fassaden sämtlicher Häuser an der Straße demoliert: Sie können sich vorstellen, welches Spektakel diese Sache tags darauf auslöste.« Später informierte er Heeckeren über die Folgen der Heldentat: »Das zu erwartende Donnerwetter ist da, Trubezkoj, Gervet und Tscherkasskij sind in die Armee versetzt worden ... Da siehst Du, daß man sich ruhig verhalten muß, wenn man auf dem Prospekt frische Luft schnappen will, und wie wenig es braucht, um in Teufels Küche zu kommen, denn der Himmel ist eindeutig bewölkt, sogar außerordentlich bewölkt, daher muß man sehr vorsichtig sein und klug, wenn man sein Schiff, ohne zu kentern, voranbringen will.« Wenn d'Anthès seine kleine Nußschale umsichtig durch die aufschäumende russische Flut manövriert, vernünftig inmitten all der Entfesselung, mäßig inmitten all der Exzesse, als ein gleichmütiger, unparteiischer Beobachter, erscheint er uns wie ein nicht allzu entfernter Verwandter von Hermann, dem Helden in Puschkins *Pique-Dame.* Hermann beobachtet jede Nacht endlose Partien Pharao, ohne sich jemals selbst am Spiel zu beteiligen; nüchtern, beherrscht, ohne die freigebigen Umgangsformen und Mittel der Kameraden, fest entschlossen, nicht in der Hoffnung auf Überflüssiges das Notwendige zu opfern, lebt er unter dem Siegel von »Sparsamkeit, Mäßigung und Fleiß«. Er besitzt jedoch »das Wesen Napoleons und die Seele Mephistos«: Die Nachricht, daß Gräfin *** eine unfehlbare Kartenkombination kenne, mit der jedes Spiel zu gewinnen sei, verwirrt, ja vergiftet seinen Geist; besessen von dem wunderbaren Geheimnis, sucht er nach einer Gelegenheit, es ihr zu entlocken. Zuletzt offenbart es ihm das Gespenst der alten Gräfin, deren Tod er verschuldet hat: »drei, sieben, As« – und Hermann spielt und gewinnt märchenhafte Summen, bis eine heimtückische Pikdame ihm von der dritten Karte aus zublinzelt und ihn mit einem Schlag um Geld und Verstand bringt. Mit dieser finsteren Erzählung und mit dem Lächeln, das aus dieser Finsternis hervorleuchtet, hatte Puschkin 1833 endgültig mit den romantischen Mephistos abgerechnet und zum ersten Mal den Söhnen und Enkeln Napoleons den Krieg erklärt, die neu gestählt gegen die fernen russischen Lande zogen. Von den Höhen seiner Prosa herab – mit dem klaren, schmucklosen, jeglicher Psychologie abholden Stil des 18. Jahrhunderts – verurteilte er Balzacs »*marivaudage*« und Stendhals »falsche Beredsamkeit«: Es war jedoch nicht nur eine Frage des Stils: Insgeheim verachtete und fürchtete Puschkin die Rastignacs und Sorels, diese ehrgeizigen Fanatiker, eroberungssüchtigen Männer, die beharrlich und behutsam ihr eigenes Glück schmieden. Die Literatur nimmt das Leben vorweg – folgt ihm nicht nach oder imitiert es: D'Anthès, dieser zähe, scharfsinnige, sparsame Karrierist, stets darauf bedacht, keinen falschen Schritt zu tun, schlau alle Kräfte auf sein Reich der Schönheit und der guten Laune verwendend, dieser »Mann mit dem praktischen Verstand … der nach Rußland kam, um sein Glück zu machen«, wird alles verlieren, was er sich lange und geduldig aufgebaut hat, weil er den Verlockungen des Überflüssigen erliegt, das in Gestalt einer bezaubernden Herzdame erscheint. Die Literatur korrigiert das Leben: Mit der *Pique-Dame* jagte Puschkin d'Anthès zum Teufel und mit ihm alle Helden Balzacschen Gepräges. Nicht für immer jedoch: Klüger, gebildeter, entschlossener, ärmer an Geld, dafür reicher an Ideen, bereits russifiziert, bereits »raskolnikow«, sollten die »dantès« nach Petersburg zurückkehren und erneut morden.

Puschkin an seine Ehefrau (Trigorskoje, 25. September 1835):
»… Bist Du gesund, mein Herz? Und was machen meine Kinderchen? Kommst Du mit dem Haus zurecht? Stell Dir vor, ich habe bis jetzt noch keine Zeile geschrieben – und nur, weil ich in Sorge bin. In Michailowskoje fand ich alles beim alten, außer daß meine Njanja nicht mehr lebt und daß während meiner Abwesenheit gleich neben dem alten Pappelhain eine Familie kleiner Pappeln emporgewachsen ist, bei deren Anblick ich zornig werde wie zuweilen beim Anblick der jungen *chevaliers gardes* auf den Bällen, auf denen ich nun nicht mehr tanze. Doch da kann man nichts machen: Alles um mich herum sagt

48

mir, daß ich alt werde, zuweilen sogar auf gut russisch. Gestern zum Beispiel traf ich eine Bauersfrau und konnte nicht umhin, ihr zu sagen, daß sie sich verändert hat. Da sagt sie doch prompt zu mir: ›Auch du, Väterchen, bist alt und häßlich geworden.‹ Obwohl ich wie meine gute Njanja sagen kann: Schön bin ich nie gewesen, wohl aber jung. Das ist alles nicht so schlimm, nur darfst Du nicht bemerken, Liebste, was mir selbst nur allzu deutlich vor Augen steht. Was tust Du, während ich fort bin, meine Schöne? ...«

D'Anthès an Heeckeren, 18. Oktober 1835:
»... Bevor ich Ihnen den neuesten Petersburger Klatsch erzähle, möchte ich über mich und meine Gesundheit sprechen, die meines Erachtens nicht ist, wie sie sein sollte. Seit der Erkältung, die ich mir im Bade zugezogen habe, bin ich so mager geworden, daß ich bereits ernstlich in Sorge war, also ließ ich den Arzt rufen, der mir versicherte, ich sei nie gesünder gewesen, diese Schwäche sei ganz natürlich nach einer Rippenfellentzündung, eine Folge des großen Blutverlusts; dennoch hat er mir verordnet, wollene Unterhemden zu tragen, weil er behauptet, ich sei sehr anfällig für Erkältungen und dies sei das einzige Mittel, sie zu verhüten; ich gestehe Ihnen ganz offen, daß diese Arznei meine finanziellen Möglichkeiten ganz erheblich übersteigt und daß ich nicht weiß, wie ich mir die Hemden beschaffen soll, die doch viel zu teuer sind, noch dazu, da ich sie ständig tragen müßte. Ich bräuchte demnach viele davon ...«

Im Oktober kam Baron Heeckeren auf das Landgut Soultz, dem er bereits Anfang August einen kurzen Besuch abgestattet hatte. Man hieß ihn dort mit dankbarer Freude willkommen, überhäufte ihn mit Aufmerksamkeiten, und er nahm glücklich an den warmen Festlichkeiten teil und genoß die einfachen Freuden des Landlebens. Er nutzte den langen Elsaßaufenthalt, um Papa d'Anthès aus seiner katastrophalen finanziellen Lage zu helfen, wofür dieser ihm blindes Vertrauen schenkte: Der Baron schätzte die Besitzungen, berechnete Einkünfte und Ausgaben,

studierte alte Urkunden, beriet sich mit Advokaten und Nota-
ren, verhandelte mit Schuldnern und Gläubigern, ließ einen
ehrlosen Verwalter hinauswerfen, riet zu Kürzungen der Ausgaben und schlug gewinnbringende Verbesserungen vor, was die
Bebauung von Weinbergen und Kornfeldern betraf. Er verweilte
länger, als er ursprünglich geplant hatte, und gelangte erst Mitte
Dezember nach Paris. Von dort aus verkündete er Georges den
ersehnten Ausgang des Adoptionsverfahrens und erwarb sich
damit dessen herzlichen Dank: »Ich liebe Dich mehr als all
meine Angehörigen zusammen, ich muß es Dir endlich gestehen.«

»Seit 1812«, schrieb Fürst Butera im Januar 1836, »diesem für
die französischen Armeen so unseligen Jahr, hat man hier keinen so strengen Winter mehr erlebt.« Behindert von Schnee und
Eis, mußte der neue Botschafter Frankreichs ganze dreiund-
vierzig Tage reisen, bevor er endlich nach Petersburg gelangte.
(Und als er dort ankam – o Ironie des Schicksals –, wurden in
allen Kirchen Gottesdienste gefeiert zum Gedenken an den Sieg
über Napoleon.) Jener grausame russische Winter, dessen sind
wir sicher, wäre tödlich gewesen für den Gardeoffizier aus Colmar, der so empfindlich war gegen Feuchtigkeit und Zugluft,
hätte Baron Heeckeren ihm nicht das nötige Geld gesandt für
die teuren Flanellunterhemden, ihm nicht die Erlaubnis erteilt,
seine elegante Kutsche zu benutzen und seinen warmen Diplo-
matenpelz zu tragen. Nicht einmal der schlaue, weitblickende
holländische Gesandte konnte vorhersehen, welche Zerstörung,
welche Vernichtung seine freigebigen Aufmerksamkeiten an-
richten würden.

D'Anthès hatte schon recht bald begriffen, daß in Rußland, »obschon im Norden gelegen, das Blut heiß ist«. In diesem endlosen, wilden Land geschahen unerhörte, unglaubliche Dinge:
»Beinahe hätte ich vergessen, Dir zu erzählen, was seit einigen
Tagen Stadtgespräch ist, es ist wirklich gruselig, und wenn Du es
einem meiner Landsleute anvertrauen würdest, dann wäre der

imstande, einen hübschen Roman daraus zu machen; die Geschichte geht so: In der Umgebung von Nowgorod steht ein Frauenkloster, in dem es eine Nonne gab, deren Schönheit weithin gepriesen wurde. Ein Dragoner verliebte sich bis über beide Ohren in sie und stellte ihr ein ganzes Jahr lang nach; da willigte sie schließlich ein, ihn zu empfangen, jedoch unter der Bedingung, daß er zu Fuß und ohne Begleitung käme. Am vereinbarten Tag verließ er gegen Mitternacht das Haus, begab sich an den vereinbarten Ort und fand dort die Nonne, die ihn schweigend in das Kloster einließ. Als er in ihre Zelle kam, war dort ein köstliches Mahl vorbereitet mit allen erdenklichen Sorten Wein; nach dem Essen wollte er die Zweisamkeit nutzen und begann also, der Dame seine Liebe zu gestehen; nachdem sie ihm eine Weile ungerührt zugehört hatte, fragte sie ihn, wie er ihr seine Liebe zu beweisen gedenke, da versprach er ihr alles, was ihm gerade in den Sinn kam, unter anderem, daß er sie, sofern sie das wolle, entführen und heiraten würde. Sie aber war mit nichts zufrieden, bis ihr der Soldat, zum Äußersten bereit, versprach, alles tun zu wollen, was sie von ihm verlange; nachdem er dies hatte beschwören müssen, nahm sie seine Hand und führte ihn an einen Schrank, darin ein Sack verborgen war; wenn er den zum Fluß hinuntertragen würde, sagte sie, dann bräuchte er nur wiederzukommen, und sie würde ihm alles gewähren; der Soldat war einverstanden, und sie führte ihn aus dem Kloster; er aber hatte kaum zweihundert Schritte getan, als ihm übel wurde und er zu Boden stürzte. Zum Glück war ihm einer seiner Kameraden von weitem gefolgt und hatte in der Nähe des Klosters auf ihn gewartet; der wollte ihm nun zu Hilfe eilen, doch es war zu spät: Die Unselige hatte ihn vergiftet, und er konnte nur noch den Hergang der Geschichte erzählen, bevor er starb, und als die Polizei den Sack öffnete, fand sie darin die Hälfte eines gräßlich verstümmelten Mönchs ...«

Was sich vor d'Anthès' Augen – leer, ausdruckslos wie aus blauem Glas – abspielte, erinnerte ihn an Geschichten in Büchern, von denen er nur gehört hatte: »Platonow, dieser arme

Teufel, ist seit drei Wochen in einem bedauernswerten Zustand, er ist so heftig in die kleine Prinzessin B. verliebt, daß er sich in seinem Haus eingeschlossen hat und niemanden sehen will, nicht einmal seine Angehörigen ... Er weigert sich, mit seinem Bruder und seiner Schwester zu sprechen, und klagt über eine schwere Krankheit: Sein Getue wundert mich, er ist doch ein intelligenter Mensch, und dennoch liebt er mit einer Heftigkeit, wie man es sonst nur in Romanen findet. Da verstehe ich es wohl, denn schließlich wollen die vielen leeren Seiten ja gefüllt sein, aber bei einem Mann von gesundem Menschenverstand wirkt das doch ungemein albern; ich hoffe, er gibt seine Tollheit bald auf und ist wieder ganz der alte, weil er mir doch sehr fehlt.« Der vernünftige, besonnene d'Anthès konnte ja nicht ahnen, daß er selbst bald einer dieser albernen »armen Teufel« sein würde, liebestoll wie eine Figur im Roman – einem ebenso verworrenen, blutig endenden Roman wie die, die in seinem geliebten, fernen Frankreich geschrieben wurden.

In der zweiten Dezemberhälfte konnte Georges d'Anthès Jacob van Heeckeren endlich von seiner vollständigen Genesung berichten: »Nun bin ich Gott sei Dank vollends genesen, zwar bin ich in Wolle gehüllt wie eine Wöchnerin, doch hat dies den zweifachen Vorteil, mich warm zu halten und meine Kleider auszufüllen, die wie Säcke an mir hängen, seit ich so erbärmlich mager geworden bin. Ich möchte Dir auch kurz schildern, wie ich lebe: Ich esse alle Tage zu Hause, mein Diener hat sich mit Panins Koch geeinigt, der mir für sechs Rubel am Tag ein sehr schmackhaftes und üppiges Mittag- und Abendessen zubereitet, und ich bin der Überzeugung, daß gerade diese wenig abwechslungsreiche Kost mir guttut, weil meine Magenschmerzen fast ganz verschwunden sind.« Er verriet dem fernen Freund aber bei weitem nicht alles. Schweigend überging er seine immer häufigeren abendlichen Eskapaden sowie seine neuen Bekannten: Pjotr Walujew, Alexander und Andrej Karamzin, Klementij und Arkadij Rosset – allesamt Freunde von Puschkin. Über sie gelangte d'Anthès in den Kreis des Dichters.

Am 1. Januar 1836 um 12 Uhr folgte eine lange Prozession dem Kaiser und seiner Familie in die Kirche des Winterpalais, um der feierlichen Neujahrsmesse beizuwohnen. Eine Stunde später nahm Alexandra Fjodorowna im Beisein des Großkämmerers Litta und des Großzeremonienmeisters Woronzow-Daschkow die Neujahrswünsche entgegen, die die Gäste ihr in strenger hierarchischer Reihenfolge entboten: Damen des Staates, des Hofes, der Stadt, Mitglieder des Staatsrats, Senatoren, Generäle, Generalstabsoffiziere, erste Ränge des Hofes, zweite Ränge usw. Als Kammerjunker und Beamter IX. Klasse war Puschkin einer der letzten, die der Herrscherin ein gesegnetes neues Jahr wünschten. Am selben Tag feierte Nikolaj I. sein zehnjähriges Herrscherjubiläum mit einem Maskenball, zu dem 35 000 Gäste aus allen Schichten der russischen Gesellschaft geladen waren. Von sechs Uhr abends an begann eine gewaltige Menschenmenge in den Winterpalast zu strömen – in den Weißen und den Goldenen Saal, den Konzertsaal, den Runden Saal, den Marmorsaal, den Feldmarschallsaal, den Saal des Heiligen Georg, die Gemäldegalerie, die Eremitage, das Theater der Eremitage. Um neun Uhr, begleitet vom Thronfolger und den übrigen Mitgliedern der kaiserlichen Familie, betraten Nikolaj I. und seine Gemahlin den Goldenen Saal, um den Tanz mit einer Polonaise zu eröffnen. Zwei Stunden später speisten 485 Auserwählte im Theater der Eremitage; für die anderen Gäste waren mehrere Buffets mit durststillenden Getränken bereitgestellt. Es war kurz vor Mitternacht, als Alexandra Fjodorowna, die in anderen Umständen war, von leichter Übelkeit erfaßt wurde; kurz darauf zog sich das Kaiserpaar zurück und erklärte das Fest für beendet. Nicht einmal inmitten der großen Menschenmenge des Winterpalastes blieb Natalja Nikolajewna Puschkina unbeachtet; auch sie war guter Hoffnung, im fünften Monat, aber sie litt nicht und schien mit jeder Schwangerschaft nur noch schöner zu werden. Nicht einmal inmitten der großen Menschenmenge des Winterpalastes ließ Georges d'Anthès sie auch nur für einen Moment aus den Augen.

Etwa am 10. Januar 1836 schrieb Puschkin an Naschtschokin: »Meine Familie mehrt sich, wächst heran, lärmt um mich herum. Jetzt ist es, glaube ich, weder an der Zeit, sich über das Leben zu ärgern, noch, das Alter zu fürchten ...« Zuerst hatte er geschrieben: »... noch, den Tod zu fürchten«, doch der stets wachsame Dämon der Selbstkritik hatte ihn sofort zurechtgewiesen, und so hatte der Dichter das Wort »Tod« durchgestrichen, das sich zwischen die anderen Worte geschlichen und seine düsteren Gedanken verraten hatte. Dann fuhr er fort mit seinem heiteren Hymnus an Gott Hymen: »Der Junggeselle langweilt sich unter Menschen: Der Anblick der heranwachsenden Generation macht ihn zornig; nur der Familienvater kann die Jugend um ihn her ohne Neid beobachten. Daraus folgt, daß es gut war zu heiraten ...«

In literarischen Kreisen und unter den Vertrauten Puschkins wußte man, daß der Dichter die Herausgabe einer literarischen Zeitschrift plante, nach dem Vorbild der englischen *Quarterly Review*. D'Anthès hatte ein klein wenig Russisch gelernt und wagte bereits unbeholfene Wortspiele in dieser so komplizierten Sprache. Er wußte zum Beispiel, daß *kvartal'nyj nadziratel'* »Polizeirevier des Viertels« hieß, und eines Tages (im Hause Karamzin oder Wjazemskij?) fragte er Puschkin: »Weshalb nennen Sie Ihre Zeitschrift nicht einfach *kvartal'nyj nadziratel'?*« Der Dichter verzog das Gesicht zu einem gezwungenen Lächeln, fast einer Grimasse gleich. Das Wortspiel[1] erschien ihm ebenso ungehobelt wie zweideutig: Wollte der Franzose sich etwa lustig machen über Natalja Nikolajewnas Wachtmeister, ihren eifersüchtigen Zerberus?

D'Anthès an Heeckeren, Petersburg, 20. Januar 1836: »Mein lieber Freund, es ist wirklich unverzeihlich, daß ich Deine zwei hübschen, amüsanten Briefe nicht sofort beantwor-

---

1 Mit *quarterly*, »vierteljährlich«, auf russisch *ezekvartal'nyj*, und *kvartal'nyj*, »Viertel«.

tet habe, aber weißt Du, abends muß ich zum Tanz, morgens auf die Reitbahn, und nachmittags muß ich schlafen, das ist seit vierzehn Tagen mein Leben, und wie es aussieht, liegen noch mindestens ebenso viele Tage dieser Art vor mir, und was am schlimmsten ist, ich bin verliebt, bis über beide Ohren! Ja, ich habe den Verstand verloren, sie hat mir ganz und gar den Kopf verdreht, ich will Dir aber nicht verraten, wer sie ist, denn ein Brief geht nur allzu leicht verloren, aber versuche, Dir das lieblichste Geschöpf in ganz Petersburg vorzustellen, dann wirst Du wissen, wie sie heißt, und das Qualvollste an meiner Lage ist, daß auch sie mich liebt und wir einander auf keinen Fall sehen können, weil ihr Mann geradezu abstoßend eifersüchtig ist. Ich vertraue Dir dies alles an, mein Lieber, weil Du mein bester Freund bist und ich weiß, daß Du Anteil nehmen wirst an meinem Schmerz, doch um Himmels willen, zu niemandem ein Wort, und erkundige Dich bitte nicht, wem ich den Hof mache, Du würdest sie ruinieren, ohne es zu wollen, und ich wäre untröstlich, denn, siehst Du, ich würde alles für sie tun, nur um ihr zu gefallen, das Leben, das ich seit einer Weile führe, ist eine einzige Qual: Es ist schrecklich, wenn man sich liebt und sich das nur zwischen den *ritournelles* zweier *contredanses* sagen kann; vielleicht dürfte ich Dir dies alles gar nicht anvertrauen, und Du wirst mich womöglich für töricht halten, aber mein Herz quillt über, ich muß mir ein wenig Luft machen. Ich bin sicher, Du wirst mir meine Tollheit verzeihen, ich gebe ja zu, daß es eine ist, aber ich kann einfach nicht mehr klar denken, obwohl ich es sehr nötig hätte, weil diese Liebe mir das Leben vergällt; sei aber ganz unbesorgt, ich werde vorsichtig sein, bis heute war ich so vorsichtig, daß das Geheimnis nur ihr und mir gehört . . . Ich sage es Dir noch einmal: Kein Wort zu Bray, denn er korrespondiert mit Petersburg, und es genügte ein Hinweis von ihm an seine ehemalige Gemahlin, um uns beide ins Verderben zu stürzen! Und Gott allein weiß, was uns dann blühen würde, und so, mein lieber Freund, zähle ich die Tage bis zu Deiner Rückkehr, und diese vier Monate werden für mich wie Jahre sein, weil man in meiner Lage unbedingt einen lieben Menschen

braucht, dem man sein Herz ausschütten kann und der einem
Mut macht. Deswegen sehe ich so schlecht aus, obwohl es mir
nie besserging, aber in meinem Kopf dreht sich alles, so daß ich
keinen Augenblick lang Ruhe habe, weder bei Tag noch bei
Nacht, und dies läßt mich krank und traurig aussehen ... Das
einzige Geschenk, das Du mir aus Paris mitbringen sollst, sind
Handschuhe und Socken aus Florettseide, eine Mischung aus
Seide und Wolle, ein ungemein angenehmer, warmer Stoff und,
wie ich meine, auch nicht allzu teuer, aber sollte ich mich irren,
dann tun wir einfach so, als hätte ich nichts gesagt. Was neue
Kleidung anbelangt, so denke ich nicht, daß ich sie brauche:
Mein Mantel wird halten, bis wir zusammen in Frankreich sind,
und was die Uniform betrifft, so wäre der Unterschied zu gering,
als daß es sich lohnte, einen Gedanken daran zu verschwenden
... Leb wohl, mein Lieber, und sei nachsichtig mit meiner
neuen Leidenschaft, weil auch ich Dich von Herzen liebe.«

Jacob van Heeckeren war nie eifersüchtig auf Georges d'Anthès
gewesen, bislang hatte allenfalls der junge Mann den einen oder
anderen argwöhnischen Zweifel geäußert: »... In den Zeitungen liest man, daß die Cholera in Italien abgeklungen ist,
vielleicht wollen Sie nun doch dorthin reisen, die Augen in diesem Land sind sehr groß und sehr schwarz, und Sie haben eine
empfängliche Seele ...« Und Heeckeren war auch nie den Lie-
beleien seines Schützlings im Wege gestanden: Die Frauen
»rissen sich um ihn«, und der feurige *chevalier garde* wußte aus
seinem Charme den größten erotischen Nutzen zu ziehen; das
lag in seiner Natur. Der Botschafter hatte keine Einwände geäußert gegen d'Anthès' lange Beziehung zu einer verheirateten
Frau – der »Gemahlin«, wie sie in ihrem persönlichen Wort-
schatz hieß. Und als Georges ihm im November 1835 verkündet
hatte, daß er die Geliebte verlassen würde, war er nicht besonders erstaunt: Er hielt ihn für einen Schmetterling, der von einer
Blüte zur nächsten flatterte. Der Junge verheimlichte ihm nichts
und brüstete sich gerne mit seinen Eroberungen: »Bitten Sie
Alphonse, Ihnen meine letzte Flamme zu zeigen, und sagen Sie

mir, ob ich nicht einen guten Geschmack habe und ob man bei solch einem Mädchen nicht leicht die Regel vergißt, die besagt, man solle nur mit verheirateten Frauen anbändeln ...« Baron Heeckeren sah sich bereits nach einer guten Partie um für Georges – im russischen, französischen, deutschen Adel: Er wollte für ihn ein Mädchen finden mit einem wohlklingenden Namen und einem handfesten Vermögen, eines Tages würde der *chevalier garde* seine militärische, er selbst seine diplomatische Laufbahn beenden, und sie könnten den Rest ihres Daseins gemeinsam verbringen, »wie eine Familie«. Als er d'Anthès' glühendes Geständnis las, dachte Heeckeren, es handle sich dabei um das hundertste Strohfeuer, das in den Umarmungen der hundertsten »Gemahlin« erlöschen würde. Er kannte Georges' Beharrlichkeit und auch die geringe Tugend der Petersburger Damenwelt: Von der »Liebestollheit« würde bald nur noch ein ehebrecherisches Verhältnis übrig sein, das die Sinne eines jungen Mannes befriedigen konnte und bei dem die gute Gesellschaft bereitwillig ein Auge, notfalls auch alle zwei, zudrückte. Diesmal aber hatte der junge Offizier, dessen Jagdrevier für gewöhnlich hinter den Theaterkulissen lag, etwas zu kühn nach oben geblickt und ein Auge auf eine der schönsten Frauen Petersburgs geworfen, für deren Liebreiz nicht einmal der Zar unempfänglich war.

Heringe und Kaviar

Die Schönheit folgte ihr nach wie ein leuchtender Schatten, eilte ihr voraus mit der Beharrlichkeit bleibender Beinamen: »die liebliche Gemahlin«, »die wunderschöne Ehefrau«, »die strahlende Hausherrin«, »die schöne Natalie«, »anmutige Frau«, »herrliches Geschöpf«; für niemanden war sie einfach nur Natalie, Natalja Nikolajewna Puschkina, geborene Gontscharowa. Wo immer sie auftauchte, stellte ihre Erscheinung alle anderen Frauen in den Schatten; wer sie nur vom Hörensagen kannte, beeilte sich, sie aus der Nähe zu sehen, um herauszufinden, ob sie die herausragende Stellung, die man ihr in den Petersburger Salons zuerkannt hatte, auch verdiente: War sie in der Tat die Schönste, schöner noch als Elena Sawadowskaja, Nadeschda Sollogub, Sofja Urusowa, Emilija Musina-Puschkina, Awrora Schernwall von Vallen? Stets verließ sie die Arena als Siegerin. In Petersburg gab es keinen Jüngling, der sich nicht insgeheim nach ihr verzehrte; ihre strahlende Schönheit und ihr magischer Name betörten jedermann; junge Männer, die sie nicht persönlich kannten, sie noch nicht einmal von fern gesehen hatten, glaubten allen Ernstes, in sie verliebt zu sein. Sie war hochgewachsen, »gertenschlank«, hatte ein schneeweißes, duftendes Décolleté, eine ungemein zierliche Taille, einen zarten Hals, der das Köpfchen trug »wie der Stengel einer Lilie«, und ein ovales Gesicht von elfenbeinerner Blässe. Ihre Züge waren von klassischer Vollkommenheit, ihre Augenbrauen wie schwarzer Samt, ihre Wimpern lang und schwarz wie ihr Haar, das sie hoch aufgesteckt oder im Nacken zum Knoten gewunden trug gleich einer »schönen Kamee«, während Locken zart ihre

Schläfen umspielten. Ein »unbestimmtes Sehnen« lag in ihrem Blick: ein kaum merklicher Strabismus, Augen, die vielleicht um wenige Millimeter zu nahe beieinanderstanden, durchscheinende, changierende Augen, zwischen Grün, Grau und Kastanienbraun; Augen, die an Stachelbeeren erinnerten. Diese winzige Unvollkommenheit erhöhte nur noch mehr den Zauber ihrer Züge, in denen alles Anmut war und Ausgewogenheit, ein weiches Zusammenspiel von Linien und Flächen.

»Die kleine Gontscharowa war einfach hinreißend als Didos Schwester«, hieß es Weihnachten 1829 auf dem Ball, den Dmitrij Wladimirowitsch Golizyn, Generalgouverneur von Moskau, zu Ehren des Kaiserpaares veranstaltet hatte, das zu Besuch in der alten Hauptstadt weilte. Nachdem sie dem *tableau vivant* entstiegen war, nahm die jüngste der Gontscharow-Schwestern die Glückwünsche des Zaren entgegen; als sie am 18. Februar 1831 Rußlands berühmtesten Dichter heiratete, stieg sie für immer in ein lebendes Bild und war abwechselnd Venus, Psyche, Madonna, Engel, Muse, Göttin, Euterpe. Was immer sie an ihrem gertenschlanken Leib trug (»Wohin, um alles in der Welt, verschwindet bei dieser Frau das Essen?« fragten sich nicht nur neidische Damen), wurde mit regem Interesse zur Kenntnis genommen: »das hochgeschlossene Kleid aus schwarzem Atlas«, »der pelzgefütterte Mantel aus blauem Samt«, »das weiße Kleid, der runde Hut und die rote Stola, locker um die Schultern drapiert«, »das Kostüm der Sonnenpriesterin«, »der leichte, weit schwingende, schwarze Mantel«, den sie im Haus trug, »die Boa«, die Puschkin am Bett der kranken Mutter streichelte. Sogar ein Mann, Ajwazowskij geheißen und Maler von romantischen Seestücken, beschrieb sie in allen Einzelheiten wie für ein *Journal des Dames*: »elegantes weißes Kleid, Mieder aus schwarzem, schwarz paspeliertem Samt, kanariengelber Strohhut mit breiter Krempe, lange, weiße Handschuhe«.

Die Weichheit ihrer Züge, der Liebreiz ihrer Gestalt, die Eleganz ihrer Kleider löschten bei denen, die Natalja Nikolajewna kannten und häufig besuchten, jeden anderen Eindruck aus. Wenigen gelang es, durch die herrliche Hülle hindurch in ihre Seele zu blicken. Spärlich sind die Worte, die von ihr überliefert werden: »Mein Gott, wie hast du mich mit einer Dichterei gelangweilt, Puschkin! ... Ich bitte Sie, lesen Sie ruhig weiter ... ich will inzwischen einen Blick auf meine Kleider werfen«, »lesen Sie nur, ich höre ohnehin nicht zu.« Doch das sind unzuverlässige Zeugnisse, Andenken, die der Groll nachträglich verfälschte. Für unsere Ohren bleibt Natalja Nikolajewna stumm. Jeder Versuch, ihre lebendige Stimme zu vernehmen, scheitert an einer lautlosen Wand des Schweigens. Ihre Briefe an Puschkin sind verschwunden, wir wissen nicht einmal, wie viele es waren. Vielleicht hat sie sie selbst vernichtet, Erinnerungen an eine schmerzhafte Vergangenheit, vielleicht sind sie auch erhalten geblieben, liegen vergessen im Familienarchiv irgendeines europäischen Adelshauses, vergraben unter anderen vergilbten Blättern. Nur Echos sind uns davon geblieben, Nachklänge in den Briefen ihres Mannes: Natalie schilderte ihm ihren Gesundheitszustand und den ihrer Kinder, informierte ihn über die Dienerschaft, die sie am Anfang ihrer Ehe nicht recht zu führen wußte, beklagte die endlosen Geldsorgen, plauderte über Hochzeiten und Verlobungen, hielt ihn über den neuesten Klatsch aus der Hauptstadt auf dem laufenden, beschrieb ihm die Garderobe ihrer Rivalinnen auf Festen und Bällen. All dies war geprägt vom Stil ihres Standes und ihrer Zeit, glich unzähligen anderen Briefen, die unzählige andere junge Petersburgerinnen schrieben; nichts darüber, was ihr Herz bewegte, nichts, was die Empfindungen der Schönen für das Biest, der Venus für Vulcanus erklären könnte – bis auf ihre Eifersucht.

Natalie hegte unentwegt Zweifel an der Treue ihres Gatten (und an Gründen fehlte es ihr wahrhaftig nicht), und Puschkin bemühte sich nach Kräften, seine Unschuld zu beteuern: »Ich benehme mich tadellos, also hast Du keinen Grund, mir zu grollen ...«, »Ich stelle keinen jungen Mädchen nach, kneife keine Postmeistersgattinnen, flirte nicht mit Kalmückinnen, und vor ein paar Tagen wies ich sogar eine Baschira ab, trotz der nur allzu verzeihlichen Neugierde eines Reisenden«, »Ich mache der Sollogub nicht den Hof, ich schwöre es bei Gott, auch der Smirnowa nicht«. Ein- oder zweimal mußte der Dichter am eigenen Leib erfahren, wie kräftig das zarte Händchen seines Engels zuschlagen konnte, und lachend, fast beifällig, erzählte er seinen Freunden von diesen Ohrfeigen. Schmerz, Schande, Schmach, Launen einer gedemütigten Venus? Dies zu erfahren ist uns leider nicht vergönnt. Wir kennen den Zauber ihrer Glieder, jede Einzelheit ihrer unvergleichlichen Erscheinung, doch wir sind gezwungen, aus anderer Menschen Worte zu erraten, was ihr Herz bewegte – aus den Briefen, die ihr Mann an sie richtete, aus d'Anthès' Worten, als er sich Heeckeren anvertraute. So hat das Schicksal sie für alle Zeit gewollt: als ein stilles, stummes Standbild der Schönheit. Und ab und zu fragen wir uns, ob sie zu echten Gefühlen, echten Empfindungen überhaupt fähig war, ob ihr solches nicht von den beiden Männern, für die sie zum unseligen Streitapfel wurde, aus Liebe in den Mund gelegt worden war. Nur einer einzigen Leidenschaft Natalies sind wir uns gänzlich gewiß, nämlich der Leidenschaft für das Tanzen: Es verscheuchte ihre angeborene Zurückhaltung und ließ sie all der heiter-vergänglichen Salongenüsse teilhaftig werden, jener Berauschtheit ohne jede Tiefe, die einen tausend hübsche Dinge sagen ließ, welche die Vernunft nicht so meinte, einem leichten Hirnfieber gleich, herbeigeführt von der Musik, den Lichtern, der Verwirrung, den vielen Menschen, einer Euphorie, die beim Erscheinen des kleinsten Gedankens schwindet und im ersten Morgenlicht verfliegt.

Und nun die schicksalhafte Frage: Weshalb nahm sie Puschkins Antrag an (diese mehrmaligen, bangen, ungeduldigen Anträge), obwohl der Dichter ständig bankrott, ein Ketzer und ein Ränkeschmied war und auf Porträts jenem »possierlichen, klugen Tierchen« glich, das typisch war für afrikanische Länder? Er hatte ihr doch nichts zu bieten, weder Reichtümer noch Titel, noch eine annehmbare Zukunft. Weshalb also? Gab ihre Mutter sie dem erstbesten Bewerber zur Frau, der vor ihrem beschränkten Horizont erschien? War es der eitle Wunsch, einen Namen zu tragen, bei dessen Klang ganz Rußland aufhorchte? War es die Sorge, möglichst schnell dem bedrückenden moskowitischen Elternhaus zu entfliehen? Vielleicht alles zusammen, und dazu ein wirres Gefühl, das eher der Furcht als der Liebe verwandt war. Nicht etwa der Furcht, als alte Jungfer zu enden: Immerhin war sie das schönste heiratsfähige Mädchen in ganz Moskau. Dem Grauen, der Scheu vor etwas Unbekanntem, das über sie kam und sie mit sich fortriß: Schicksal, Kraft, Leidenschaft, Poesie.

Die ersten Lebensjahre verbrachte sie teils in Moskau, teils auf den Landgütern der Familie und teils in Polotnjanyj Zawod, der gutgehenden Manufaktur, die einst für die Flotte Peters des Großen die Segel geliefert hatte und noch immer das beste Tuch und das beste Papier im Lande fabrizierte. Anfang des neunzehnten Jahrhunderts verspielte das Familienoberhaupt, ein verschwendungssüchtiger Tyrann, das beträchtliche Vermögen der Gontscharows durch Pfandleihen, Hypotheken und sinnlose Ausgaben und hinterließ bei seinem Tode einen Schuldenberg von eineinhalb Millionen Rubel. Von seiner Ehefrau getrennt und geistig angeschlagen, kehrte Afanasij Nikolajewitsch Gontscharow von einer ausgedehnten Vergnügungsreise aus dem Ausland zurück, in Begleitung seiner neuen Geliebten Babette, der »französischen Wäscherin«, wie man sie in seinem Hause nannte, das immer luxuriöser, zugleich aber auch mehr und mehr von Zerwürfnissen und widerstreitenden Interessen gebeutelt wurde. Nachdem er unsanft seines Amtes als Geschäftsführer des väterlichen Unternehmens enthoben worden war, siedelte Nikolaj, der einzige männliche Nachkomme von Afanasij Gontscharow, 1815 samt Ehefrau und vier von fünf Kindern nach Moskau über. Nur Natalie, »Tascha«[1], die Lieblingsenkelin des Despoten, war in Polotnjanyj Zawod geblieben. Eines Tages – mit sechs oder sieben Jahren – wurde auch die wunderschöne Tascha nach Moskau geholt. Dort nahm man ihr zuallererst den

---

1 Von »Natascha«, einer Verkleinerungsform von »Natalja«.

Zobelpelz, ein Geschenk des Großvaters, ab; ihre Mutter ließ Muffe daraus nähen. Das Mädchen mußte Luxus, Liebkosungen und Sonderrechte vergessen; sie mußte Polotnjanyj Zawod vergessen, mitsamt seinen vielen hundert Bediensteten, dem riesigen Park, den Treibhäusern, in denen Pfirsiche und Ananas gediehen, den Spielen im Freien, den Pferden und Stallungen, der großen Reitbahn. Statt dessen mußte sie sich an das strenge Regiment im Hause Gontscharow gewöhnen, das eine Frau mit herrischem, verbittertem, launischem Wesen führte, die oft böse und gewiß sehr unglücklich war. Nur selten bekamen die Kinder ihren Vater zu sehen, der, wie er selbst gern von sich sagte, ein »gebrochener Mann« war. Nikolaj Afanasjewitsch Gontscharow – er litt an seelischen Störungen, außerdem war sein Verstand vom Alkohol getrübt – bewohnte in dem großen Gebäude in der Nikitskaja-Straße einen eigenen Flügel, in den man ihn verbannt hatte, damit seine gewalttätigen Ausbrüche kein Aufsehen erregten; war er bei klarem Verstand, klangen von dort die herzzerreißenden, schwermütigen Weisen seiner Geige herüber. Seine Gemahlin pflegte ihn nur abends aufzusuchen, während sie sich in der Nacht, wie man munkelte, in jenen Teil des Hauses begab, der der männlichen Dienerschaft vorbehalten war, um dann bei Tage ihre bigotte Seele für die nächtlichen Sünden büßen zu lassen, indem sie unablässig betete, großzügige Almosen verteilte, Pilger, Bettler und Ordensleute bei sich beherbergte. Ihre mütterliche Autorität drückte sich in äußerst strengen Verboten und Strafen aus, nicht selten in schmerzhaften Schlägen. Vor allem den Töchtern flößte sie furchtsamen Respekt ein und erzog sie zu blinder, stummer Unterwerfung. Unfähig, das mütterliche Erbe und die Leibrente, die ihr der Schwiegervater zuerkannt hatte, zu verwalten, wurde sie mit der Zeit krankhaft geizig. Außerdem trank sie. So war es vor allem sie – mit ihren unentwegten Klagen, Zornausbrüchen und Zänkereien –, die Puschkin bereits wenige Monate nach der Hochzeit dazu trieb, Moskau zu verlassen und statt dessen nach Zarskoje Selo überzusiedeln. Dann kam Petersburg.

»Unsere gestrige *grande soirée* war köstlich: Wir hatten viele Gäste. Frau Puschkina, die Ehefrau des Dichters, erschien zum
ersten Mal in der Gesellschaft: Sie ist eine große Schönheit, und
ihre ganze Erscheinung umweht ein Hauch von Poesie. Sie ist
prächtig gebaut, hat regelmäßige Züge, einen reizenden Mund
und einen schönen, wenn auch unsteten Blick; an ihrem Antlitz
ist etwas Süßes, Zartes. Ich kann noch nichts über ihre Konversation sagen; so etwas läßt sich in einer Menge von hundertund-
fünfzig Menschen auch schwerlich feststellen, aber ihr Gatte
behauptet, daß sie Geist besitzt. Was ihn betrifft, so ist er in
ihrem Beisein kein Dichter mehr; mir schien, er durchlebte all
die kleinen Ängste und bangen Sorgen eines Gatten, der
wünscht, seine Frau möge von der Gesellschaft gut aufgenommen werden.« (Dolly Ficquelmont, 26. Oktober 1831)

In Gesellschaft sprach sie für gewöhnlich nicht viel, und »die
Damen fanden sie ein wenig eigenartig«. Während der Tanz-
pausen war sie schweigsam und scheu, hielt den Gazellenblick
gesenkt, als trage ihr Kopf nur schwer die Last der eigenen
Schönheit. Erst in vertrauter häuslicher Umgebung oder in der
Wohnung von Freunden fand sie die Sprache wieder – und redete sogar zu viel. Als besäße er keine Tiefe, keinen Resonanz-
boden, prallten von ihrem zarten Alabasterleib die Stimmen der
anderen ab, denn ihren Freundinnen und Schwestern, ihrer
Tante und ihrem Ehemann erzählte sie jede Galanterie, jedes
Kompliment der zahlreichen Bewunderer, die sie in den Salons
umschwärmten. Sie prahlte mit ihren beständigen, unfehlbaren
Triumphen in der Gesellschaft, und ihr eitles Zwitschern rührte
Puschkin. Bewundernde Blicke und Huldigungen von seiten
anderer Männer schmeichelten ihm geradezu, und doch war er
stets auf der Hut: »Ich habe ein Donnerwetter von Dir erwartet,
zumal Du meinen Berechnungen zufolge den Brief nicht vor
Sonntag erhalten haben kannst, und statt dessen bist Du so ruhig, geduldig, heiter – eine wahre Freude. Was hat das zu
bedeuten? Solltest Du mir etwa Hörner aufgesetzt haben?«,
»Ich danke Dir für Dein Versprechen, nicht zu kokettieren; ich

habe es Dir zwar gestattet, aber Du solltest meine Großzügigkeit lieber nicht über Gebühr strapazieren«,»Ich mache Dir keinen Vorwurf. All das liegt in der Natur der Sache: Sei nur jung, denn Du bist ja jung, und herrsche, denn Du bist eine Königin ... Ich hoffe, daß Du rein und aufrichtig zu mir bist und daß wir uns so wiedersehen, wie wir uns verlassen haben ...« Puschkin war zwar eifersüchtig, hatte aber dennoch ein grenzenloses Vertrauen zu seiner »Madonna mit dem Silberblick«. Mehr als die Angst, betrogen zu werden, bekümmerten ihn manche Eigenarten Natalies; dies prachtvolle Geschöpf, Petersburgs unangefochtene Königin, der heimliche Traum zahlloser Männer, der Neid vieler Frauen, hatte zuweilen etwas Provinzielles, Gewöhnliches an sich, das sie als »Moskauerin« auswies. Er verzieh ihr dies immer wieder, hörte aber nicht auf, ihr deshalb zuweilen sanft die Ohren langzuziehen, sie zurechtzuweisen. Es sei vulgär, meinte er, den Freundinnen die Verehrer abspenstig zu machen, sich mit seinen Eroberungen zu brüsten, mit reichen Gutsbesitzern zu flirten, die Gouverneursgattin von Kaluga zu empfangen, Kaufmannstöchter zu besuchen, sich mit gewöhnlichen Bittstellern in Vorzimmern zu drängeln, inmitten des Pöbels Feuerwerke zu bestaunen, drittklassige Salons aufzusuchen, im Haus adeliger Damen von zweifelhaftem Ruf zu tanzen. Zuweilen erinnerte ihn seine herrliche Göttin an eine jener Frauen, die Fürst Metternich verächtlich als *petites femmes* zu bezeichnen pflegte. Das ist ihre Jugend, dachte Puschkin und lehrte sie weiterhin mit mildem Eifer die Geheimnisse geistiger Eleganz und die ausgefallensten Kniffe des Snobismus. Doch er konnte auch grob werden:»Offensichtlich gefällt es Dir, wenn die Hunde mit dem Schwanz wedeln und Dir nachlaufen wie einer läufigen Hündin, deren F... sie wittern, lustig fürwahr! ... Es ist nicht schwer, ledige Schmarotzer dazu zu bringen, Dir hinterherzurennen; Du brauchst nur in aller Öffentlichkeit kundzutun: ›Die Sache gefällt mir.‹ Das ist das ganze Geheimnis der Koketterie. *Wo ein Trog ist, kommen die Säue.* Wozu willst Du Männer empfangen, die Dir den Hof machen? Man weiß nie, welcher von ihnen die Gelegenheit beim Schopfe packt.

Lies die Fabel von A. Ismailow über Foma und Kusma. Foma gab Kusma Kaviar und Heringe zu essen. Da verlangte Kusma zu trinken, aber Foma gab ihm nichts. Da schlug Kusma, der Schweinehund, sie windelweich. Ismailow leitete folgende Moral davon ab: Ihr schönen Frauen, laßt die Männer keine Heringe essen, wenn ihr ihnen nicht auch zu trinken geben wollt... Amüsiere Dich, kleine Frau, aber nicht zu heftig, und vergiß mich nicht. Ich sterbe vor Verlangen, Deine Frisur à la Ninon zu sehen, Du mußt ja bezaubernd aussehen. Weshalb hast Du nicht schon früher daran gedacht, Dir den Kopfputz dieser alten Hure anzueignen? Beschreibe mir Deine Wirkung auf den Bällen, die, wie ich Deinen Briefen entnehme, bereits begonnen haben müssen...« Im darauffolgenden Schreiben entschuldigte er sich zwar für seine abfälligen Worte, versäumte aber dennoch nicht, sie zu mahnen: »Ninon, die Hure, deren Frisur du trägst..., sagte oft: *Il est écrit sur le cœur de tout homme: à la plus facile...*[1] Nimm Rücksicht auf mich. Füge den unumgänglichen Problemen eines Mannes nicht auch noch die familiären Sorgen der Eifersucht usw., usw. hinzu – ganz zu schweigen von den Hörnern, über die ich im übrigen erst kürzlich bei Brantôme eine ganze Abhandlung las...«

»Die poetische Schönheit der Frau Puschkina rührt mich zutiefst. Es liegt etwas Ätherisches, Ergreifendes in ihrem Wesen; diese Frau kann nicht glücklich sein, da bin ich ganz sicher! Ihr steht das Leid ja förmlich auf der Stirn geschrieben. Alles lächelt ihr zu, sie scheint vollkommen glücklich, und das Leben zeigt sich ihr von der strahlenden, frohen Seite; und dennoch ist ihr Kopf geneigt, scheint ihre ganze Gestalt zu sagen: ›Ich leide.‹ Sie wird es wohl auch nicht leicht haben als Gattin eines Dichters wie Puschkin.« (Dolly Ficquelmont, 12. November 1831)

---

1 »Auf dem Herzen eines jeden Mannes steht geschrieben: Es soll der Frau gehören, die am leichtesten zu haben ist...«

»Die Ehefrau des Dichters Puschkin war zweifellos die Schönste auf dem Fest. Sie gleicht einer Muse, einer Hore Raphaels. Wjazemskij sagte zu mir: ›Die eine Puschkina erinnert mich an ein Poem, die andere[1] an ein Wörterbuch.‹« (Sophie Bobrinskaja, 3. September 1832)

»Ich verbiete Dir nicht, zu kokettieren, aber ich fordere von Dir Kälte, Anstand und Würde.« Dabei hatte die Kälte der »kleinen Gontscharowa« – jene mysteriöse Gleichgültigkeit, jene kühle Stumpfheit – Puschkin über die Maßen erschreckt und geängstigt, als er sich noch mit den eigenen quälenden Zweifeln und mit den tausenderlei praktischen Hindernissen herumschlagen mußte, die der Hochzeit im Wege standen. Damals hatte er der künftigen Schwiegermutter geschrieben: »Nur die Gewohnheit und der lange vertraute Umgang könnten mir die Zuneigung Ihrer Tochter erwerben; ich kann nur hoffen, daß sie mich mit der Zeit liebgewinnen wird, auch wenn ich ihr nichts zu bieten habe; selbst wenn sie zustimmt, die Meine zu werden, kann ich in ihrem Jawort nur die Gleichgültigkeit ihres Herzens sehen.« Er war offener, als es die Umstände und die Etikette verlangten, weil er irgend etwas zu spüren meinte. Und seine bösen Ahnungen erschreckten ihn: »Gott ist mein Zeuge, daß ich bereit bin, für ihre Liebe zu sterben, doch die Vorstellung, sterben zu müssen und sie als lustige Witwe zu hinterlassen, frei, sich bereits am nächsten Tag einen neuen Ehemann zu erwählen – diese Vorstellung ist die Hölle.«

»Frau Puschkina, die Gattin des Poeten, feiert große Erfolge; man kann sich keine schönere Frau denken, kein poetischeres Aussehen; und doch scheint sie weder sehr klug noch besonders phantasievoll zu sein.« (Dolly Ficquelmont, 15. September 1832)

---

1 Gräfin Emilija Karlowna Musina-Puschkina.

Puschkin wollte dies strahlende, zarte, leidenschaftslose Rätsel unbedingt lösen. Während der Hochzeitsfeierlichkeiten fielen ein Kreuz und ein Ring zu Boden, erlosch eine Kerze: »*Tous les mauvais augures!*«[1] rief der abergläubische Bräutigam. Dann aber ließ ihn sein Glück die unseligen Vorzeichen vergessen. Er wurde ein ungemein zärtlicher Ehemann, stellte freilich auch hohe Ansprüche: Er wollte Natalie die überlegene Anmut der Selbstkontrolle, der Distanziertheit beibringen, wollte ihre gleichgültige Kälte in bewußte Kälte umwandeln, in stolze Zurückhaltung, wie das Eis der Gletscherhöhen, das dem normalen Sterblichen versagt ist. Bei Tatjana Larina war ihm das einst gelungen: Er war dieser leidenschaftlichen Wilden in einem entlegenen Winkel der russischen Provinz begegnet, im zweiten Kapitel des *Eugen Onegin*; im achten Kapitel hatte der erfahrene Pygmalion sie bereits in einen vollkommenen Abdruck des *comme il faut* verwandelt. Verheiratet mit einem älteren, ungeliebten General, betritt das ehemalige Bauernmädchen, nun Dame der Gesellschaft, einen Salon, und bewundernde Blicke folgen ihren Schritten: Sie kennt keine Hast, spricht nicht, blickt den Gästen nicht forsch in die Augen, äußert keine Schmeicheleien, stellt sich nicht zur Schau, heischt nicht nach Beifall, kokettiert nicht – »niemand hätte an ihrer Erscheinung etwas finden können, was die gute Gesellschaft Londons despotisch mit dem Wort ›*vulgar*‹ zu umschreiben pflegte«. In dieser Frau spiegelt sich die Muse des reifen Puschkin, kühl, überlegen in ihrer nüchternen Pracht, Tochter eines ewigen Nordens der Seele. Doch die leichten Wunder der Poesie sind im wirklichen Leben nicht ebenso leicht zu bewerkstelligen. Können wir Natalie guten Gewissens tadeln, anklagen, hassen, nur weil sie einem so hochfliegenden Vorbild, einer so drastischen Poetik des *Nicht*-Seins nicht gewachsen war?

---

1 »Alle schlechten Vorzeichen!«

»Die Schönste gestern war natürlich die Puschkina. Wir nennen sie ›die Poetische‹, zum einen ihres Mannes wegen, zum andern aufgrund ihrer himmlischen, unvergleichlichen Schönheit. Man möchte sie am liebsten stundenlang betrachten, wie ein Wunderwerk unseres Schöpfers!« (Dolly Ficquelmont, 22. November 1832)

Zwischen einer Mazurka und einem *cotillon* führte Natalja Nikolajewna ein Leben, das dem aller russischen Ehefrauen ihres Standes und ihrer Zeit glich: Sie gebar Kinder, wies die Dienerschaft an, wählte die Datscha für den Sommer, begab sich zur Anprobe in die Ateliers von Madame Stichler und Monsieur Durier, schrieb an ihren Bruder Dmitrij, um Geld, »einen schönen Landauer nach der neuesten Mode« oder das nötige Papier für die herausgeberischen Unternehmungen ihres Gatten von ihm zu erbitten, bemühte sich, den Prozeß voranzutreiben, den ihr Großvater gegen seinen ehemaligen Verwalter angestrengt hatte, versuchte, ihre Schwestern unter die Haube zu bekommen, tat ihr Bestes, das Leck im Haushaltskonto abzudichten, verhandelte mit Verlegern und Buchhändlern, half Puschkin, so gut sie es vermochte. Und dennoch gelingt es uns nicht, sie uns bei diesen Tätigkeiten, in diesen Kleidern vorzustellen – und wenn doch, dann scheint es uns, als habe sie sich für einen Augenblick aus ihrem eigentlichen Rahmen fortgeschwungen, als sei sie für einen Augenblick von ihrem Marmorsockel herabgestiegen. »In Erwartung ihrer Equipage stand Natalja Nikolajewna am Eingang, an eine Säule gelehnt, und die militärische Jugend, vor allem die Leibgardisten, scharte sich um sie und erging sich in Komplimenten. Ein wenig von der Gruppe entfernt, neben einer anderen Säule, stand versonnen Alexander Sergejewitsch, ohne sich auch nur mit einem Wort an der Unterhaltung zu beteiligen« – die Skulptur eines unbedeutenden Künstlers aus dem 19. Jahrhundert: eitle Schönheit und reife Nachdenklichkeit. Nicht einmal nach dem Tod ihres Gatten entkam Natalja Nikolajewna ihrem Statuenschicksal. In einem Brief an Sophie Bobrinskaja äußerte die Kaiserin ihre Betrübnis bei dem Gedanken an »diese junge Frau am Grabe, einem Todesengel gleich, von marmorner Blässe, die sich die Schuld gibt am blutigen Ende ihres Gatten.«

Von den Briefen, die Natalie an Puschkin schrieb, ist uns nur die kurze Nachschrift erhalten, die sie einem Brief ihrer Mutter beifügte: »Ich zögere, Dir zu schreiben, *weil ich Dir nichts zu sagen habe*, außerdem gab ich vor ein paar Tagen einem Bekannten auf der Durchreise Grüße für Dich mit. Auch Mama wollte den Brief erst mit der nächsten Post fortschicken, aber sie fürchtete, Du könntest Dich sorgen, wenn Du einige Tage keine Nachricht von mir erhieltest. Also hat sie beschlossen, Müdigkeit und Erschöpfung zu besiegen, die sich ihrer wie auch meiner bemächtigt hatten, da wir den ganzen Tag in der frischen Luft waren. Aus Mamas Brief wirst Du ersehen, daß wir alle bei bester Gesundheit sind; dem habe ich nichts hinzuzufügen; ich beende nun dies Schreiben und küsse Dich zärtlich, bei nächster Gelegenheit will ich Dir mehr schreiben. Lebe denn wohl und vergiß uns nicht.«

Von dem, was Georges d'Anthès an Heeckeren schrieb, entsinnen wir uns im Moment nur eines einzigen Satzes: »Sagen Sie Papa und meinen Geschwistern, daß ich ihnen nicht schreibe, *weil ich nichts zu sagen habe*, was ich ihnen hätte schreiben können, werden sie von Ihnen erfahren, der Sie das weit besser können als ich.«

Und die kursiven Passagen stammen von uns, weil wir meinen, daß in jenem identischen »nichts« – nicht nur »nichts zu sagen« – bereits der Keim von allem Folgenden verborgen liegt.

»*Ame de dentelles*«[1] sagte man von Natalja Nikolajewna.

Als Puschkin starb, hatte sie vier Kinder und war vierundzwanzig Jahre alt.

---

1 »Seele aus Spitzen«.

Zions Höhen

Am 1. Februar 1836 versetzte Puschkin beim Pfandleiher Schischkin für 1250 Rubel einen Schal von Natalja Nikolajewna (weiß, aus Kaschmir, mit breiter Fransenbordüre).

Er begann unter einem bösen Stern, der Karneval des Jahres 1836. Seit Tagen trieb sich ein Mönch durch die Straßen der Hauptstadt und warnte das gläubige Volk: Es würde von der Pest und anderen schrecklichen Qualen heimgesucht, wenn es sich noch einmal der Schlemmerei und Trunksucht hingäbe. Doch niemand schenkte ihm Gehör. Am 2. Februar, dem ersten Tag der Faschingswoche, unterbrach ein brueghelscher Aufruhr die feierliche Stille, den steifen, barock-klassizistischen Dünkel der Stadt des heiligen Petrus. Eine jubelnde Menge drängte sich durch die Gassen, rutschte von den verschneiten Ufern auf die zugefrorene Newa, strömte auf den Platz vor der Admiralität, der sich in einen riesigen Jahrmarkt verwandelt hatte mit Bretterbuden, in denen Zauberer, Jongleure, Akrobaten, Dompteure, Komödianten und Balalaikaspieler ihre Kunst zum besten gaben. Das närrische Treiben sollte allerdings nur wenige Stunden dauern. Noch am selben Tag geschah ein entsetzliches Unglück und breitete einen Trauerflor über das Palmyra des Nordens: Innerhalb weniger Minuten stand die Bude des Zauberers Lehmann in Flammen, nachdem die harzigen Stützsparren im Inneren unversehens Feuer gefangen hatten. Auf diesem grausigen Scheiterhaufen verbrannten bei lebendigem Leib viele hundert Menschen, und ebenso viele erlitten schwerste Brandverletzungen. Der Kaiser höchstpersönlich eilte an den

Ort des tragischen Unglücks und half beim Betätigen der Wasserpumpen, wobei er seine heilige Person den Flammen aussetzte und sich die Kleider versengte. Um neun Uhr abends kam ein Bote Nikolajs I. in die Assemblée: Seine Majestät verstünde nicht, so erklärte er den Vorsitzenden, wie man nach einem so unseligen Geschehen noch tanzen konnte. Doch der Ball hatte bereits begonnen und konnte weder aufgehoben noch aufgeschoben werden. Bei einer spontanen Sammlung spendeten die Gäste 10 000 Rubel zugunsten Verletzter und Hinterbliebener; gleich darauf tanzten sie weiter, von Trauer überschattet. Die Tragödie auf dem Platz der Admiralität beschäftigte nun die Salons, in denen man nur noch über Puschkin gesprochen hatte. Um sein jüngstes Bravourstück zu stigmatisieren: Mit seinem Gedicht *Lukulls Genesung* hatte er einem Minister übel mitgespielt, einem hohen Würdenträger des Kaiserreichs, und damit die ohnehin bereits tiefe Kluft noch verbreitert, die ihn von den Mächtigen trennte, vom reaktionären Petersburg der Verwaltung und Bürokratie, von Konformisten, Frömmlern und Scheinheiligen. Gram und Bestürzung schwanden erst wieder aus den Salons der Hauptstadt, als die liebreizende Alexandra Wasiljewna Kirejewa aus Moskau ankam; sie war atemberaubend schön und lenkte die Gespräche wieder in eitle Bahnen: War sie hübscher als die Zawadowskaja, die Sollogub, die Urusowa-Radzwill, die Musina-Puschkina, die Schernwall? Konnte ihre klassische Schönheit sich gar mit der romantischen von Natalja Nikolajewna Puschkina vergleichen? Nein, dachten viele, das konnte sie nicht. Und Petersburg tanzte weiter, vom frühen Nachmittag bis zum Morgengrauen, bis zur *folle journée* des 9. Februar. Dann strömte man in die Kirchen, um sich erschöpft den Fastengebeten hinzugeben.

Wer Puschkin Anfang Februar begegnete, erinnert sich seiner als »äußerst verdrießlich« – düster, gallig, reizbar, bereit, sich wegen jedes vermeintlichen Anschlags auf seinen guten Namen zu ereifern, wegen jeder kleinen Beleidigung, die ihm in seiner Verbitterung gewaltig erschien. Innerhalb weniger Tage war er dreimal – durch Worte, Taten, Gedanken – beinahe in ein Duell verstrickt worden. Er wurde ausfallend gegenüber Semjon Chljustin, einem Gast, der gedankenlos die beleidigenden Anspielungen wiederholt hatte, die in der Zeitschrift *Bibliothek des Lesens* erschienen waren.

»Es macht mich wütend, wenn anständige Menschen die Dummheiten von Schweinehunden und Kanaillen in den Mund nehmen ...«, sagte Puschkin und endete mit dem drohenden Ausspruch: »Das ist zuviel! Die Angelegenheit muß andernorts bereinigt werden.« Sergej Soboljewskij, der sich bereitwillig als Sekundant zur Verfügung stellte, konnte den Kampf mit einer einfühlsamen Versöhnungsgeste gerade noch verhindern. In diesen Tagen erhielt Puschkin aus Twer ein Schreiben von Wladimir Sollogub; nach einem unverständlich langen Schweigen rechtfertigte sich sein junger Bekannter wegen des unangenehmen Mißverständnisses vor einigen Monaten, erklärte, er stehe dem Dichter ab sofort zur Verfügung, und schien beinahe geschmeichelt, dessen Gegner bei einem Duell zu sein. In seinem Antwortschreiben wies Puschkin »die Erklärung, die er nicht gefordert hatte« zurück und verschob die Ehrenbegegnung auf Ende März, da er dann auf der Durchreise in Twer sein würde. Am 5. Februar schließlich schrieb Puschkin an den Fürsten Nikolaj Grigorjewitsch Repnin: Ihm sei zu Ohren gekommen, daß eine Person von zweifelhafter Reputation ein wenig schmeichelhaftes Urteil über ihn abgegeben hatte: »... Als Edelmann und Familienvater muß ich auf meine Ehre und den Namen achten, den ich meinen Kindern hinterlassen werde ... Ich bitte Eure Durchlaucht, mich gnädigst beraten zu wollen, wie ich mich zu verhalten habe.« Die gelassene Antwort des Fürsten Repnin vermochte das Schlimmste zu verhüten. Die Schuldenlast, die ermüdenden Verhandlungen mit den Zensoren, die vulgären Attacken vulgärer Zeitungsschmierer, der Wirbel, den er mit seinem *Lukull* verursacht hatte: Nicht einmal dies erklärt seine Besessenheit, mit der ganzen Welt abzurechnen.

Auf den Entwurf des Briefes an Wladimir Sollogub kritzelte Puschkin Zahlen: 2500 x 25 = 75 000. Das waren die fünfundsiebzigtausend Rubel (2500 Abonnements zum Preis von je 25 Rubel), die er alljährlich mit dem *Zeitgenossen* verdienen wollte, der Zeitschrift, die endlich vom Zensoren-Komitee erlaubt worden war. Er hatte vergessen, die Ausgaben und die Launen der Leserschaft miteinzubeziehen.

Im Morgengrauen des 5. Februar verlor die Kaiserin das Kind, das sie im Schoß getragen hatte: Ungeachtet der vorausgehenden Unpäßlichkeiten hatte sie wieder einmal zu heftig getanzt. An jenem Abend mußte Alexandra Fjodorowna daher auf den ersten großen Ball verzichten, der im Hause von Fürst George Wilding di Butera e Radoli in Petersburg stattfand. Gleichzeitig mit der Geburt des Thronfolgers im Königreich beider Sizilien feierte der Engländer (der exotische Titel stammt von seiner ersten Ehefrau, einer sizilianischen Adeligen, die früh verstorben war) seine unlängst erfolgte Ernennung zum Botschafter Neapels am Hofe der Romanows und seine ebenfalls unlängst erfolgte Vermählung mit Fürstin Warwara Petrowna Polier, einer zweifachen Witwe von legendärem Reichtum. Warwara Polier war eine geborene Fürstin Sachowskaja, und ihre Familie hatte sich lange Zeit gegen diese erneute Verheiratung gewehrt, eine *mésalliance* mit einem Ausländer, der Rußland um eines seiner größten Besitztümer bringen konnte.[1] Herbeigeströmt, um den glücklichen Ausgang einer so heftig umstrittenen Liebe zu feiern, die lange Zeit verheimlicht werden mußte, entdeckte Petersburg in der prachtvollen Residenz derer von Butera den Beginn einer anderen, nicht minder rührenden, verbotenen Romanze – und auch ihr Held war ein Ausländer namens Georges. Als das blutjunge Ehrenfräulein Marija Mörder wieder zu

---

1 Wenn er ein Abenteurer war, stets auf der Jagd nach Titeln und Mitgift, wie ein paar böse Zungen behaupteten, hatte Fürst Butera wirklich Pech. Er starb nämlich bereits 1841, ohne Erben, und hinterließ im Herzen seiner Frau einen unvergänglichen Schmerz und im Herzen Rußlands endlose Besitztümer, drei- oder viermal so groß wie die Insel Sizilien.

Hause war, schrieb es in ihr Tagebuch die noch lebhaften Eindrücke des Abends:

»Auf der Treppe Reihen von Dienern in prunkvollen Livreen. Seltene Blumen verströmten einen süßen Duft. Welch unbeschreiblicher Luxus! Nachdem wir die Stufen erklommen hatten, befanden wir uns mit einem Male in einem herrlichen Garten – vor uns eine Reihe von Salons, reich verziert mit Blumen und Grün. In den weiträumigen Gemächern erklangen die betörenden Töne eines unsichtbaren Orchesters. Wie in einem verwunschenen Schloß. Der große Saal mit seinen Wänden aus weißem, goldverziertem Marmor glich einem Feuertempel – er glühte ... In der Menge bemerkte ich d'Anthès, doch er sah mich nicht. Es ist übrigens durchaus möglich, daß er anderes im Sinn hatte. Mir schien, als glitten seine Augen bang über die Menge – wie um jemanden zu suchen –, bis sein Blick plötzlich auf einer Türe verharrte, und er verschwand in den angrenzenden Raum. Nach einer Weile kam er zurück, diesmal mit Frau Puschkina am Arm. Bis an meine Ohren drangen die Worte: ›Abreisen – denken Sie im Ernst daran? Das glaube ich nicht, das war doch nicht Ihre Absicht ...‹ Der Ausdruck, mit dem diese Worte gesprochen wurden, ließ keinen Zweifel an der Wahrheit meiner Beobachtungen: Sie sind hoffnungslos ineinander verliebt! Nachdem wir nicht länger als eine halbe Stunde beim Tanz geblieben waren, gingen wir zum Ausgang: Der Baron tanzte die Mazurka mit Frau Puschkina. Wie glücklich sahen die beiden aus!«

D'Anthès an Heeckeren, Petersburg, 14. Februar 1836:
»Mein lieber Freund, nun ist der Fasching vorüber und mit ihm ein Teil meiner Qualen, ich glaube wirklich, ein wenig ruhiger geworden zu sein, seit ich sie nicht mehr alle Tage sehe, außerdem können jetzt nicht mehr alle kommen, sie bei der Hand nehmen, ihre Taille umfassen und mit ihr sprechen, genau wie ich, nein, leichter als ich, weil sie ein ruhiges Gewissen haben. Es ist dumm, es sich einzugestehen, aber ich scheine tatsächlich an Eifersucht zu leiden, was ich niemals für möglich

gehalten hätte, denn ich war in einem Zustand steter Gereiztheit und fühlte mich sehr unglücklich. Als wir uns dann das letzte Mal sahen, führten wir ein klärendes Gespräch, es war entsetzlich, aber es tat mir gut; dieser Frau wird wenig Verstand nachgesagt, dabei ist es unmöglich, mehr Taktgefühl, Anmut und Klugheit zu beweisen, als sie es tat bei dieser Unterredung, und es war schwer zu ertragen, da es doch um nichts Geringeres dabei ging, als einem Manne zu entsagen, den sie liebt und der sie anbetet, ihre Pflichten ihm gegenüber zu verletzen: Sie schilderte mir ihre Lage mit so viel Hingabe, erflehte mein Erbarmen mit solcher Aufrichtigkeit, daß ich besiegt war und keine Worte fand; wenn Du wüßtest, wie sie mich tröstete, weil sie wohl sah, daß ich nahe daran war, die Fassung zu verlieren, und daß mein Zustand beängstigend war, und als sie zu mir sagte: ›Ich liebe Sie, wie ich noch niemals geliebt habe, aber fordern Sie nie mehr von mir als mein Herz, da alles andere nicht mir gehört und ich nur glücklich sein kann, wenn ich all meine Pflichten treulich erfülle; beweinen und lieben Sie mich stets, wie Sie es jetzt tun, meine Liebe wird Sie belohnen‹, weißt Du, da wäre ich vor ihr auf die Knie gefallen, um ihre Füße zu küssen, wenn wir allein gewesen wären, und ich versichere Dir, daß seither meine Liebe zu ihr nur noch größer geworden ist; aber jetzt ist es nicht mehr dasselbe, ich bete sie an und achte sie, wie man ein Geschöpf anbetet und achtet, mit dem man auf immer verbunden ist. Verzeih mir, mein Lieber, daß ich meinen Brief damit beginne, über sie zu sprechen, doch sie und ich sind eins; wenn ich daher von ihr spreche, spreche ich auch von mir, und Du tadelst mich in jedem Brief, sagst mir, ich solle mich nicht gar zu sehr verbreiten über dieses Thema ... Mir geht es weit besser, ich sagte es Dir schon, und ich beginne Gott sei Dank wieder aufzuatmen, denn meine Qual war unerträglich: Fröhlich sein und vor allen lachen zu müssen, vor allen, die einen täglich sehen, während man den Tod im Herzen trägt, ist eine grauenhafte Folter, und ich möchte sie nicht einmal meinem erbittertsten Feind wünschen; und doch wird sie einmal belohnt, weil für einen Satz wie den, den sie mir sagte, ich glaube, ich werde ihn Dir senden, da Du doch der einzige Mensch bist, der ebenso viel Platz einnimmt wie sie in meinem Herzen, und ich an Dich denke, wenn ich nicht gerade an sie denke, aber sei nicht eifersüchtig, mein Lieber, und verletze nicht mein Vertrauen zu Dir: Du wirst immer dasein, während die Zeit sie ändern wird, und dann wird nichts mehr mich an die Frau erinnern, die ich so sehr liebte, während mich alle Tage, die ich aufgehen sehe, mein Teuerster, an Dich binden und mich daran erinnern, daß ich ohne Dich ein Niemand wäre.«

Die Protagonisten in *Eugen Onegin*, Puschkins Verserzählung, sind zum einen der Held, der dem Werk den Namen gab, ein Petersburger Dandy, den ein verfrühter Lebensüberdruß zernagt, und zum anderen Tatjana Larina, ein zur Melancholie neigendes Mädchen aus dem niederen Landadel, das sich an romantischer Lektüre ergötzt, eine verträumte Freundin des Mondes. Ihre Geschichte ist einfach: Tatjana verliebt sich in Eugen, öffnet ihm ihr Herz in einem Brief, wird von ihm abgewiesen: »Verschwenden Sie Ihre Reize nicht an mich, der ich Ihrer in keiner Weise würdig bin«; nach vielen Jahren, als er sie in Gesellschaft wiedersieht – gänzlich verwandelt, eine faszinierende, unerreichbare Königin der Salons –, fühlt sich Eugen unwiderstehlich zu Tatjana hingezogen, gesteht ihr nun seinerseits in einem Schreiben seine Liebe und wird von ihr abgewiesen. Eine schmucklose Spiegelgeschichte, ein nüchternes Diptychon, in dessen Zentrum sich ein unnützer, absurder Tod drängt und das Spiel der Umkehrungen mit einem Trauerflor trübt: Onegin wird von Lenskij wegen einer belanglosen, aber zynischen Beleidigung zum Duell gefordert und tötet den jungen Freund. All dies geschieht mit der wilden Symmetrie, der gnadenlosen Banalität des Lebens. So verfehlen sich Menschen, die vielleicht füreinander bestimmt gewesen wären, so trifft man stets im unpassenden Augenblick auf das Glück, so vergiftet ein unsichtbarer Feind, ein grausamer Tyrann die Herzen und verstümmelt Existenzen. Doch ist er nicht nur ein Feind, weil er den Menschen einen unsagbaren, zarten Genuß vergönnt: die

Sehnsucht nach dem, was hätte sein können, aber nicht war und deshalb in einem geheimen Winkel der Seele immerzu leise bebt, dort, wo der Schmerz sich mit warmer Heiterkeit vermischt; nicht nur ein Tyrann, weil er den Dingen den qualvollen Zauber des Unfertigen verleiht, des vom Leben nicht Entstellten, Verzerrten, Verkrüppelten. Nicht nur Tyrann, wenn er lächelt und Mitleid hat mit seinen Opfern, zum lustigen Komplizen des Erzählers wird und ihm gestattet – nimm nur, amüsiere dich! –, sich seiner Spielsachen zu bedienen: winziger Wägen, die vollgeladen sind mit Figürchen in Frack und Krinoline und klingen von Gelächter, Seufzern, Hymnen und Madrigalen. Wie sehr hatte es ihm, Puschkin, doch gefallen, sich zu den lärmenden Fahrgästen zu gesellen und eine gewaltige Menge an Freunden und Feinden, an alten und neuen Bekannten dazuzupferchen! Und beim Spielen, indem er mit seinem Kumpan, dem Zufall, traurige und frohe Handlungen ersann, hatte er ein unerhörtes Experiment gewagt: Er hatte die Literatur als Heldin auf den Kutschbock gehoben und Hauptfiguren den Gesetzen des Lebens unterworfen, die vor Literatur nur so troffen – Typen, »Parodien«, die er aus der Tonerde verschlungener, geliebter, überwundener Bücher formte.

Georges d'Anthès kannte *Eugen Onegin* nicht, konnte ihn nicht kennen. Und so fragte er sich verwundert, woher die Geliebte ihre wohlgesetzten, klugen Worte nahm, als sie ihm alles bis auf ihr Herz verweigert hatte. Wir glauben es zu wissen: aus *Onegin* 8, XLVII: »Ich liebe Sie – heut darf ich's klagen –, doch hat ein andrer mich gefreit; ihm bleib ich treu für alle Zeit.« Die aufrichtigen, edlen Worte, die Tatjana Larina zum hehren Sinnbild von Tugend und Pflichtgefühl weihten, eine »Apotheose der russischen Frau«, kamen Natalja Nikolajewna Puschkina im heikelsten Augenblick ihrer Karriere als Ehefrau zu Hilfe, und so wäre alles noch einmal glimpflich ausgegangen, hätten Sittsamkeit und Poesie den Sieg davongetragen, wenn nicht …

Puschkin, ein Meister des Ungesagten, der plötzlichen Ungewißheit, hatte Tatjana und Eugen für alle Zeit auf dem Höhepunkt von Schmerz und Schönheit festgehalten, in unangefochtene Gipfel gehoben. Während wir bereits wieder talabwärts
gehen, stellen wir uns noch die Frage: Werden sie sich jemals
wiedersehen? Wird sie ihren niemals ganz erloschenen Gefühlen nachgeben? Wird sie ihren Gatten betrügen? Wird der sich
eine Kugel durch den Kopf jagen? Eine andere lieben? Werden
sie jemals glücklich sein? ... Das Leben aber ist ein gieriger
Verleger, fordert unentwegt neue Kapitel erfolgreicher Bücher.
Und so entriß es Puschkin mit Gewalt seinen Roman, den es für
einen Augenblick mit Vollendung plagiiert hatte, um ihn eigen-
mächtig fortzusetzen – schlampig, prosaisch, den Erwartungen
einer Leserschaft Genüge tuend, die nach verworrenen Intrigen
und heftigen Gefühlen *à la Balzac* gierte. D'Anthès blieb nicht
etwa starr, »wie vom Blitz getroffen«. Er brannte vor Begierde,
ging erneut zum Angriff über, ließ kein Mittel unversucht, um
Natalie wiederzusehen, ihr das ersehnte Jawort zu entlocken. In
seiner Verzweiflung bat er Heeckeren um Trost und Zuspruch:
»Nun liebe ich sie, glaube ich, noch mehr als vor zwei Wochen!
Kurzum, sie ist zu einer fixen Idee geworden, die mich keinen
Augenblick verläßt, mit mir schläft und wacht und mich in einem fort quält: Nur mit Mühe konnte ich meine Gedanken
sammeln, um Dir zu schreiben, obwohl das mein einziger Trost
ist, denn wenn ich Dir von ihr erzähle, habe ich das Gefühl, mir
sei eine Last vom Herzen genommen. Ich habe mehr denn je
Grund zur Freude, weil ich mir Zutritt zu ihrem Haus verschaffen konnte, nur wird es, denke ich, so gut wie unmöglich sein,
sie allein zu sehen, und dennoch muß es mir gelingen, weil ich
sonst nicht mehr ruhig leben kann: Es ist gewiß verrückt, sich
allzu lange gegen das ungünstige Schicksal zu wehren, aber zu
früh den Rückzug anzutreten ist feige. Kurzum, mein Lieber,
nur Du kannst mir helfen in meiner Not, sage mir doch, was soll
ich tun? Ich werde Deinen Rat befolgen wie den meines besten
Freundes, weil ich geheilt sein möchte bei Deiner Rückkehr,
keinen anderen Gedanken im Sinn haben möchte als die

Freude, Dich wiederzusehen und bei Dir zu sein; ich weiß, daß es nicht recht ist von mir, Dir dies alles zu erzählen, weil es Dich quält, aber ich muß ein wenig selbstsüchtig sein, um mir Erleichterung zu verschaffen; vielleicht wirst Du mir verzeihen, daß ich davon angefangen habe, wenn Du siehst, daß ich zuletzt noch eine Neuigkeit habe, die Dir den schlechten Geschmack vertreiben wird: Ich wurde vor ein paar Tagen zum Oberleutnant befördert ... Ich schließe diesen Brief, mein Teuerster, in der Überzeugung, daß Du mir nicht gram sein wirst, weil er so kurz ist, aber siehst Du, ich habe nur sie im Kopf, von ihr könnte ich Dir die ganze Nacht erzählen, aber das würde Dich langweilen.« Und zum hundertsten Mal kam ihm der holländische Botschafter zu Hilfe – mit liebevollen Ratschlägen und strengen Vorwürfen, wie ein echter Vater, der sich um die Zukunft seines Sohnes sorgte, um die Gesundheit seines Körpers und seiner Seele. Aber auch mit boshaften Unterstellungen wie ein eifersüchtiger Geliebter: War Georges wirklich sicher, daß diese Frau rein war wie eine Lilie?

D'Anthès trug einen Goldring mit dem Miniaturporträt von Henri V., dem Sohn des Duc de Berry, der erst nach dessen Tod das Licht der Welt erblickte und auf den die französischen Legitimisten ihre ganze Hoffnung setzten; er sollte den Thron zurückerobern, den Louis Philippe bestiegen hatte. Eines Abends, im Hause des Fürsten Wjazemskij, sagte Puschkin lachend, d'Anthès trage das Bild eines Affen an seinem Finger. Da versetzte der Leibgardist, indem er die Hand hob, damit der Ring für alle sichtbar sei: »Sehen Sie sich dieses Gesicht gut an, gleicht es nicht aufs Haar dem des Herrn Puschkin?«

D'Anthès an Heeckeren, Petersburg, 6. März 1836:
»Mein lieber Freund, ich habe lange gezögert, Dir zu schreiben, weil ich Deinen Brief mehrere Male lesen mußte: Ich habe alles darin gefunden, was Du mir versprochen hattest: Du hast mir wieder Mut gegeben, meine Lage zu ertragen; ja, es ist wahr, der Mensch hat immer ausreichend Kraft in sich, um das

80

zu besiegen, was er wirklich besiegen möchte, und Gott ist mein Zeuge, daß ich beschloß, als ich Deinen Brief erhielt, diese Frau Dir zuliebe aufzugeben. Meine Entschlossenheit war groß, aber Dein Brief war ja auch so gütig, so voller Wahrheit und zärtlicher Freundschaft, daß ich keinen Augenblick lang zögerte, und seither hat sich mein Gebaren ihr gegenüber vollkommen geändert: Ich meide sie nun mit derselben Sorgfalt, mit der ich sie vorher zu sehen suchte, ich spreche mit ihr mit all der Gleichgültigkeit, die ich aufzubringen vermag, aber wenn ich nicht auswendig gelernt hätte, was Du mir schriebst, hätte ich wohl längst den Mut verloren ... Gott sei Dank konnte ich mich bezähmen, und von der unbändigen Leidenschaft, von der ich Dir in meinen Briefen schrieb, ist nur noch Hingabe und Bewunderung geblieben für die, die mein Herz gar so heftig schlagen ließ. Nun, da alles ausgestanden ist, laß mich Dir sagen, daß Dein Schreiben zu streng war und Du die Sache zu tragisch nahmst, indem Du mir sagtest, Du wüßtest wohl, daß Du mir nichts bedeutest, mein Brief sei voller Drohungen gewesen, das war wirklich eine allzu harte Strafe für mich ... Du warst nicht minder streng, als Du von ihr sprachst und andeutetest, sie habe bereits vor mir für jemanden ihre Ehre opfern wollen, denn siehst Du, das ist unmöglich – daß es Männer gibt, die um ihretwillen den Verstand verloren, glaube ich wohl, sie ist schön genug, doch daß sie sie erhört haben soll, nein: weil sie noch nie jemanden mehr geliebt hat als mich und weil es in letzter Zeit genügend Gelegenheiten gegeben hätte, bei denen sie mir alles hätte geben können, und, mein Lieber – nichts, nie, niemals! Sie war weit stärker als ich, bat mich mehr als zwanzig Mal, Erbarmen zu haben mit ihr und ihren Kindern, ihrer Zukunft, und sie war so schön in diesen Augenblicken (welche Frau ist das nicht), daß ich, hätte sie gewünscht, ich möge ihr widersprechen, nicht viel Eifer an den Tag gelegt hätte, weil sie, wie ich bereits sagte, so schön war, daß man sie für einen Engel hätte halten können; kein Mann auf Erden hätte ihr in dem Augenblick nicht geholfen, so groß war die Achtung, die sie gebot, und so blieb sie rein, kann ihr Haupt noch immer hoch tragen, vor allen Menschen. Keine andere Frau hätte sich betragen wie sie, gewiß gibt es viele, die häufig die Worte Tugend und Pflichterfüllung im Munde führen, sie aber nicht im Herzen tragen; ich sage Dir das nicht, damit Du das Opfer, das ich Dir bringe, auch zu schätzen weißt, ich werde in diesem Punkt ja stets in Deiner Schuld sein, sondern damit Du siehst, welch falsche Schlüsse man ziehen kann, wenn man nach Äußerlichkeiten urteilt. Etwas anderes: Bevor ich Deinen Brief erhielt, hatte merkwürdigerweise nie jemand mir gegenüber ihren Namen erwähnt; nachdem Dein Brief angekommen war, ging ich noch am selben Abend auf den Hofball, und da neckt mich doch wahrhaftig der Thronfolger mit ihr, woraus ich schließen mußte, daß die Leute mir etwas angemerkt hatten, was jedoch sie betrifft, so bin ich ganz sicher, daß niemand sie verdächtigt, und ich liebe sie zu sehr, um sie bloßstellen zu wollen, und wie ich Dir bereits sagte, ist ohnehin alles aus, und so hoffe ich, daß Du mich bei Deiner Rückkehr völlig genesen vorfindest ... Hier eine weitere Geschichte, die in unserem Regiment vorgefallen ist und einiges Aufsehen erregte. Wir mußten Thiesenhausen hinausjagen, den Bruder der Gräfin Panina, und auch Nowosilzew, einen Offizier, der erst vor kurzem ins Regiment gekommen war. Diese Herren hatten eine Art Bankett veranstaltet mit Offizieren der Infanterie, und kaum waren sie angetrunken, haben sie sich gestritten und geohrfeigt. Statt sich aber gegenseitig eine Kugel durch den Kopf zu jagen, umarmten sich die Burschen, regelten die Angelegenheit friedlich und verbargen sie vor ihren Vorgesetzten. Doch am Ende kam ihr unbedeutendes Geheimnis doch ans Licht ...«

Ahnte Puschkin tatsächlich nichts von dem, was die Spatzen von den Dächern pfiffen, ganze Tagebuchseiten füllte und sogar für Mitglieder der kaiserlichen Familie zum Gegenstand scherzhafter Anspielungen wurde? Offensichtlich nicht. »Il l'a troublée« – sagte er von d'Anthès und seiner Frau zu einem Freund: Er hatte die beiden beobachtet und begriffen. Erfahren durch seinen langjährigen, erfolgreichen Kampf gegen die Reihen der

Ehemänner –»listige, an Faublas geschulte Männer, argwöhnische Greise, würdevolle Hahnreie, stets mit sich, dem Essen und ihrer Gattin zufrieden« –, hatte er die vorteilhaftere Taktik gewählt, mit der er weniger lächerlich wirkte: eine diskrete Kontrolle aus gebührlichem Abstand, ein geduldiges Warten. Er war sicher, daß es nicht zum gefürchteten Äußersten kommen würde. Aber tief in ihm wühlte ein dumpfer Schmerz.

Am 13. März versetzte er für 650 Rubel beim Pfandleiher Schischkin eine Bréguet-Uhr und eine silberne Kaffeekanne.

Mit einem jähen, heftigen Getöse fängt zur großen Freude der Petersburger die dichte Eisdecke des Flusses an zu bersten. Zuerst entsteht ein Netz von Rissen, das sich dann durch den Druck des unter ihm gefangenen Wassers immer weiter ausdehnt, und die weißen Eisblöcke beginnen langsam, kaum wahrnehmbar zum Meer hin zu wandern, um sich dann, behindert durch das Schwemmeis, das vom Ladogasee herunterkommt, mit Ächzen und Donnern übereinanderzuschieben, aneinanderzudrängen, aufeinanderzustapeln, wobei sie bizarre, kantige Skulpturen schaffen und zuletzt, schon besiegt, geräuschvoll dem eigenen Tod entgegenrasen. Bald wird der letzte Schnee schmelzen, werden die hölzernen Gehwege und die gepflasterten Straßen von braunem Matsch bedeckt sein, wird tagelang der Schlamm die Wege glitschig und unsicher machen. Und doch freuen sich die Petersburger: Der Frühling kommt ins Land. Die Eisschmelze der Newa setzte in diesem Jahr am 22. März ein, im hellen Licht der Sonne, die nach drei endlosen Monaten der Abwesenheit wieder aus ihrem Versteck hervorgetaucht war. Ganz Petersburg ergoß sich auf die Spazierwege entlang dem Fluß. Auch Georges d'Anthès nutzte die günstige Witterung, um auszugehen, sich zu erholen, von seinem Liebesschmerz zu genesen. Und so begann er, eifrig das Haus des Fürsten Alexander Barjatinskij aufzusuchen, eines Kürassiers der Garde. Dieser junge, sympathische und großzügige Kamerad hatte eine ganz reizende siebzehnjährige Schwester, Marija, die im selben Jahr debütieren sollte. Aber die Zerstreuungen halfen wenig.

D'Anthès an Heeckeren, Petersburg, 28. März 1836:

»... Ich wollte Dir schreiben, ohne sie zu erwähnen, aber ich gestehe ganz offen, daß mein Brief auf diese Weise nicht vorangeht, und dann schulde ich Dir ohnehin Rechenschaft über mein Tun nach dem letzten Brief; ich hielt, was ich versprach, in einem Zeitraum von mehr als drei Wochen habe ich nur viermal mit ihr gesprochen und von gänzlich belanglosen Dingen, und Gott ist mein Zeuge, daß ich zehn Stunden ohne Unterlaß von ihr sprechen könnte, würde ich auch nur die Hälfte von dem sagen, was ich empfinde, wenn ich sie sehe; ich gestehe Dir offen, daß das Opfer, das ich Dir bringe, gewaltig ist. Ich muß Dich schon so sehr lieben, wie ich es tue, um Wort halten zu können, und ich hätte nie geglaubt, den Mut zu besitzen, in der Nähe einer Frau zu leben, die ich so sehr liebe, ohne sie aufzusuchen, obwohl ich genügend Gelegenheit dazu hätte, da ich Dir, mein lieber Freund, nicht verhehlen kann, daß ich noch immer verrückt bin nach ihr; aber Gott selbst ist mir zu Hilfe gekommen: Gestern hat sie ihre Schwiegermutter verloren, so daß sie mindestens für einen Monat im Haus wird bleiben müssen, und die Unmöglichkeit, sie zu sehen, wird wahrscheinlich dafür sorgen, daß ich nicht mehr diesen schrecklichen Kampf mit mir ausfechten muß – zu ihr gehen oder nicht? –, der immer wieder aufs neue entbrennt, sobald ich alleine bin, und ich gestehe Dir, daß ich in letzter Zeit Angst hatte, allein zu Hause zu bleiben, und daher unentwegt ausgegangen bin, und Du sollst wissen, daß ich voller Ungeduld Deine Rückkehr herbeisehne und weit davon entfernt bin, sie zu fürchten, daß ich die Tage zähle, bis ich wieder jemanden in meiner Nähe habe, den ich lieben kann, weil mein Herz überquillt, ich muß lieben dürfen, um nicht so wie jetzt allein zu sein auf dieser Welt, und diese sechs Wochen des Wartens erscheinen mir wie Jahre ...«

Am 11. April reiste Puschkin in den Verwaltungsbezirk Pskow, um seine Mutter im Friedhof des Klosters Swjatyje Gory bestatten zu lassen. Er mochte »jene Erde ohne Würmer, ohne Feuchtigkeit, ohne Lehm« und entbot dem Kloster eine kleine Spende, um auch sich selbst ein Grab an diesem heiteren, geräumigen Ort zu sichern. Er verabscheute die überfüllten Friedhöfe der Städte mit ihren Gräbern, die sich aneinanderdrängten wie gierige Gäste eines ärmlichen Banketts.

Am 14. April vermerkte ein Beamter des Justizministeriums, K. N. Lebedew, in seinem Tagebuch: »Ich habe Puschkins *Zeitgenossen* erhalten. Haben sich dafür drei Monate des Wartens gelohnt? ... Verschen, Artikelchen, Geschichtchen, kritische Analysen ... So sollte man das Ganze nicht in Angriff nehmen, nicht Literatur zum Scherz, nicht ausschließlich Literatur sollte ein *Zeitgenosse* bringen. Unsere Zeit ist ihm überlegen ... Wozu dieser vertrauliche Ton? ... Die Erzählungen des Herrn Gogol: Kann man Erzählungen solcher Art überhaupt veröffentlichen?«

Ende April schrieb d'Anthès Heeckeren zum letzten Mal, um ihm zu sagen, mit welcher Ungeduld er seine Rückkehr erwartete – »Ich zähle die Minuten, jawohl, die Minuten« –, und bedankte sich für die Medizin gegen seinen Liebeskummer, die der Baron ihm vorgeschlagen hatte: »Sie hat gewirkt ... ich beginne allmählich, wieder ein wenig aufzuleben, und hoffe, ein Landaufenthalt wird mich gänzlich heilen, weil ich sie auf diese Weise monatelang nicht sehen werde.« Auf diese vortreffliche Arznei, zu der der Botschafter geraten hatte, spielte Puschkin wohl an, als er Natalie aus Moskau schrieb: »... Und über Dich, mein Herz, sind Gerüchte im Umlauf, die ich noch nicht ganz verstehe, denn der Ehemann erfährt ja bekanntlich immer als letzter, was seine Gemahlin so treibt, aber offenbar hast du mit Deiner Koketterie und Grausamkeit jemanden in eine solche Verzweiflung gestürzt, daß er, um sich zu trösten, einen ganzen Harem von Schauspielschülerinnen um sich geschart hat. Das ist nicht gut, mein Engel: Bescheidenheit ist die schönste Tugend eures Geschlechts ...«

Um 4 Uhr 17 am Nachmittag des 3. Mai verdüsterte sich die Sonne. Die Augen gen Himmel erhoben, verstummte ganz Petersburg. Es war eine Sonnenfinsternis, »eine der schönsten des Jahrhunderts«, aber das Volk sah darin ein unseliges Vorzeichen.

Am 13. Mai ging der holländische Gesandte in Kronstadt von Bord des Schiffes *Alexandra*; er kam zurück, schwer beladen mit Geschenken, Geschichten und mit Liebe. Er hatte auch die Urkunden bei sich, die die Adoption von Georges d'Anthès belegten.

Puschkin an seine Frau (Moskau, 18. Mai 1836):
»... Hier bei uns in Moskau ist Gott sei Dank alles ruhig: Die Prügelei von Kirejew und Jar hat viel Entrüstung ausgelöst in der ehrbaren Gesellschaft. Naschtschokin verteidigt Kirejew mit einfachen, einsichtigen Argumenten: Weshalb ist es eine Schande, wenn ein Husarenleutnant sich betrinkt und darangeht, den Wirt zu verprügeln, der sich dies dann seinerseits nicht gefallen läßt? Als wir damals den Deutschen in der *Roten Taverne* reinen Wein einschenkten, ließen die sich das auch nicht so einfach gefallen. Meiner Ansicht nach ist Kirejews Prügelei weit verzeihlicher als das ruhmreiche Mahl Eurer Petersburger Gardeoffiziere und deren vernünftiges Gehabe, denn spuckt man einem von denen ins Auge, wischt er es sich flugs mit einem Batisttüchlein ab, so groß ist seine Angst, nicht mehr in den Anitschkow eingeladen zu werden, flöge die Sache auf. Vor ein paar Minuten hat Brjullow mich verlassen, der zu Besuch bei mir war. Er wird demnächst nach Petersburg reisen, und zwar schweren Herzens, da er das Klima und die Knechtschaft fürchtet. Ich versuche, ihn zu trösten und zu ermutigen, aber mir rutscht ja selber das Herz in die Hose, wenn ich nur daran denke, daß ich jetzt als Journalist tätig sein werde. Als ich noch

ein anständiger Mann war, mußte ich mir Strafpredigten von Polizisten anhören ... Was wird nun aus mir werden? ... Es war der Teufel, der mich in Rußland mit Seele und Talent zur Welt kommen ließ!«

Am 21. Mai, im Verlaufe einer Privataudienz, informierte Baron Heeckeren den Zaren von der Adoption des Leibgardisten Georges d'Anthès; am folgenden Tag bat er Graf Nesselrode, den russischen Außenminister, er möge dafür Sorge tragen, daß sein »Sohn« in sämtlichen offiziellen Dokumenten fortan als Charles de Heeckeren geführt werde.

Christian von Hohenlohe-Kirchberg an Graf von Beroldingen, Sankt Petersburg, 23. Mai 1836:
»... Baron Heeckeren ... bemerkte bei seiner Rückkehr, daß sich die Stimmung gegen ihn verändert hatte, sowohl in der Gesellschaft als auch bei Hofe, wo man es nicht über die Maßen eilig zu haben schien, ihn zu empfangen. Der Baron besitzt eine scharfe Zunge und nicht viele Freunde in dieser Stadt, und aus diesem Grunde, denke ich, erwies sich in seinem Fall das Sprichwort ›Abwesende sind stets im Unrecht‹ als besonders zutreffend. Baron Heeckeren adoptierte vor kurzem einen jungen Baron d'Anthès ..., der seit wenigen Jahren dank seiner Fürsprache im russischen Militär dient.[1] Diese Adoption ist Gesprächsthema vieler Salons in Sankt Petersburg und gibt Anlaß zu wenig schmeichelhaften Scherzen auf Kosten der Herren Heeckeren ...«

Am 23. Mai, in der Datscha von Kamennyj Ostrow, die sie für den Sommer gemietet hatten, gebar Puschkins Frau ihm eine zweite kleine Natalja. Bis in die letzten Junitage verbot Tante Zagrjashskaja der Wöchnerin, ihr Zimmer im Zwischengeschoß zu verlassen, weil sie die Feuchtigkeit fürchtete, die die Mauern hinaufzog.

---

1 Also war er nicht im rechten Augenblick hinter einem Paravent hervorgetreten. Die Botschafter sind dem Teufel immer einen Schritt voraus.

Während Georges d'Anthès für einen Teil der weiblichen Bevölkerung Petersburgs mit einem Schlag eine respektable Partie wurde (wegen seines neuen, bedeutenden Namens, vor allem aber wegen der Jahresrente von 80 000 Rubel, die sein neuer Vater ihm zahlen wollte), sprachen andere boshaft von den »drei Heimatländern und zwei Familiennamen« des französischen *chevalier garde* und noch boshafter von dem plötzlichen Verlangen des holländischen Gesandten nach Vaterschaft. Es begannen Gerüchte zu kursieren, denen zufolge Georges »de Heeckeren« ein Verwandter des Botschafters war, sein Neffe oder gar sein leiblicher Sohn, oder ein unehelicher Sohn des holländischen Königs, Karls X. Hatte Baron van Heeckeren selbst derlei Vermutungen in Umlauf gebracht, um seine Tat zu rechtfertigen, ihr einen geheimnisvollen, romantischen Nimbus zu verleihen? Vielleicht. Fest steht jedenfalls, daß die phantasievollen Stimmen Petersburgs ihm in jener heiklen Angelegenheit sehr zugute kamen, also tat er nichts, sie zu widerlegen – er begnügte sich mit einem bedeutungsvollen Schweigen, einem vielsagenden Lächeln, einem jähen Flackern in verträumten Augen.

Am Morgen des 23. Mai schrieb van Heeckeren an Baron Verstolk van Soelen, den holländischen Außenminister, um ihm seinen ausführlichen Meinungsaustausch mit Vizekanzler Nesselrode zum Thema der noch immer heiklen Frage Belgiens zu schildern, das sich sechs Jahre zuvor gewaltsam von Holland abgespalten hatte. Er wollte seinen Bericht gerade beenden, als er die offizielle Einladung des Hofes erhielt, die er seit Tagen bereits mit Ungeduld erwartet hatte. Sogleich begab er sich in den Elaginpalast und schloß dann, nachdem er in die Botschaft zurückgekehrt war, seine Depesche mit einer detaillierten Schilderung der herzlichen Unterredung, die er mit den Kaiserlichen Hoheiten Rußlands geführt hatte: einer Unterredung, die eine bedeutende Rolle spielen soll in unserer Geschichte, wenn Puschkins tödliches Duell sich auf ungewöhnliche und gänzlich unerwartete Weise mit den öffentlichen und privaten Angelegenheiten des Hauses Oranien verweben wird. Jedoch alles zu seiner Zeit.

Jacob van Heeckeren an Johan Verstolk van Soelen, Sankt Petersburg, 23. Mai 1836:
»... Nachdem Seine Majestät meine Ehrerbietung mit gewohnter Huld entgegengenommen hatte, schilderte Er mir in aller Ausführlichkeit die familiären Verhältnisse Seiner Königlichen Hoheit, des Prinzen von Oranien ... Seine Majestät, aus naheliegenden Gründen ein inniges Gefühl der Zuneigung hegend für Ihre Königlichen Hoheiten, sprach offen über das sprunghafte Wesen der Frau Fürstin und bemerkte mit Bedauern, daß Monseigneur, der Prinz von Oranien, keine größere Nachsicht walten ließ gegenüber dieser unerfreulichen Anlage und nicht mehr Anstrengungen unternahm, die Harmonie wiederherzustellen, deren Fehlen Ihm ein gefährliches Vorbild zu sein scheint für die erhabenen Söhne Ihrer Königlichen Hoheiten, welche nicht vertrauensvoll in die Zukunft blicken können ... Als ich den Audienzsaal verließ, begab ich mich zur Kaiserin ... Ohne Umschweife fragte Ihre Majestät mich, weshalb wir ein so kräftiges Heer an den Grenzen aufgestellt haben, und fügte hinzu, daß dies heutzutage doch gänzlich unnütz sei und nur dazu diene, die Neigungen des Prinzen von Oranien zu befriedigen, dem das Leben in Den Haag nicht zu gefallen scheine.«

Ah, die ruhigen, grünenden Kurorte im Herzen Europas mit ihren berühmten Bädern, ziselierten Krügen, prächtigen Pforten und dem silbernen Glöckchen auf der massiven Holztheke der *réception*, das aufgeregter und heller zu klingeln scheint, wenn es russische Gäste ankündigt, weil diese Vornehmheit und allerlei schrullige Einfälle versprechen, dem Personal in den Kasinos reichlich Trinkgeld und den gefräßigen Mücken viel saftiges Barbarenblut bieten! Wir sind ihnen unendlich dankbar, denn als Baron Heeckeren nach Petersburg zurückkehrte und damit den einzigen Faden kappte, der uns unmittelbar mit der Wahrheit verband (sofern Georges d'Anthès in seinen Briefen an ihn die Wahrheit sprach), verließ der junge Andrej Karamzin, bedroht von der Schwindsucht, Petersburg für eine ausgedehnte Kur- und Studienreise. Und schenkte uns damit einen neuen, wertvollen Informationsfluß – aus Rußland in die Schweiz, nach Deutschland, Frankreich und Italien.

Am 28. Mai schrieb Fürstin Katherine Meschtscherskaja, geborene Karamzina, an ihren Bruder Andrej: »Wir haben von der Herrin des Schlosses Pargolowo, der Fürstin Butera, die Erlaubnis erhalten, uns ihr elegantes Heim aufschließen zu lassen, und so haben wir in einem schönen, strahlend frischen, nach Blumen duftenden Saal das ausgezeichnete Picknick verzehrt, das wir mitgebracht hatten ... Crément und Sillery flossen in Strömen in die Kehlen unserer Kavaliere, die die Tafel allesamt mit geröteten Wangen und heiterem Gemüt verließen, vor allem d'Anthès.« Am 5. Juni schrieb Sophie Karamzina an ihren Stiefbruder Andrej: »Unsere Lebensgewohnheiten ... sind stets dieselben, wir haben jeden Abend Gäste, darunter fast immer d'Anthès, den zwei Manöver täglich (nach Ansicht des Großfürsten können sich die Leibgardisten nämlich allesamt nicht auf den Pferden halten) recht mitzunehmen scheinen, der aber ansonsten fröhlicher und amüsanter ist denn je; er fand sogar eine Möglichkeit, uns bei unseren Ausflügen zu Pferde zu begleiten.« Und am 8. Juli, nach dem Fest von Peterhof: »Ich habe fast all unsere Freunde und Bekannten wiedergesehen, darunter auch d'Anthès, dessen Erscheinen mich sehr freute, ich gebe es zu. Es scheint, als neigte das Herz dazu, sich immer ein wenig an die Menschen zu gewöhnen, die man alle Tage sieht. Er kam gerade lässig die Stufen herabgeschlendert, als er mich bemerkte, und da nahm er die letzten Stufen in einem Satz und lief auf mich zu, errötend vor Freude ... Wir tranken dann alle gemeinsam Tee bei uns, so gut es eben ging, da nicht genügend Tassen und Stühle für alle zur Verfügung standen, und um elf Uhr abends machten wir uns schließlich auf den Weg, ich am Arm von d'Anthès, der mich sehr gut unterhielt mit seinen drolligen Späßen und Verzweiflungsanfällen (noch immer wegen der schönen Natalie), auch sie ungemein komisch.« Ein leichter Schwindel erfaßt uns bei dem Gedanken an die Auferstehung des lustigen, leutseligen, galanten, amüsanten d'Anthès – bei dem Gedanken an das unglaublich vitale, überschwengliche Gespenst eines Mannes, den die Briefe an den holländischen Botschafter für immer begraben zu haben schienen.

Die Muse ist eine eigenwillige Primadonna, die sich nur selten zu den Sterblichen herabläßt und den Terminkalender ihrer Ausflüge in die Welt peinlich genau organisiert, um ihre Wirkung so recht genießen zu können. Im Sommer des Jahres 1836 – wieder einmal kalt und regnerisch, eine schlechte Parodie südlicher Winter – schenkte sie Puschkin plötzlich eine Aufmerksamkeit, die sie ihm seit geraumer Zeit verweigert hatte, so als wolle sie die Biographen zu Intrigen anstacheln: In jenem Sommer, der sich als der letzte seines Lebens erweisen sollte, machte sich der Dichter, im Aufwind schöpferischen Glücks – wie bei einem Sterbenden, dessen Wangen sich wieder färben und dessen Atem ruhiger wird und leicht unter dem geheimnisvollen Zustrom neuer Kräfte, der dem Ende vorausgeht – oder auch im Schatten einer finsteren Vorahnung, an seinen Schwanengesang. Im Ernst: In Kamennyj Ostrow, wo er *Die Hauptmannstochter* wiederaufnahm und zu Ende führte, wo er seine historischen Nachforschungen fortsetzte und für den *Zeitgenossen* an die zehn Artikel schrieb, fand Puschkin zur Dichtkunst zurück. Zwischen Juni und August verfaßte er einen kurzen Zyklus erhabener, geheimnisvoller Gedichte: Neben *Exegi Monumentum ...* und *Nach Pindemonti*, die in keiner Chrestomathie fehlen dürfen, enthält er lichte Grabesvisionen, nüchterne Meditationen über biblische Themen, schmerzvolle geistige Übungen. Es war für ihn eine Zeit der Einkehr, und er schenkte dem Fastengebet des syrischen Mönchs Ephräm Gehör: »... Gib nicht, o Herr, den Geist der Herrschsucht, jener Schlange, / die lauert im Versteck, den Geist, der töricht spricht, / Verzagter Trägheit Geist gib meiner Seele nicht! / Doch meine Sünden

91

laß, o Gott, mich immer sehen, / mit meinem Bruder laß nie ins Gericht mich gehen, / und es belebe mir im Herzen deine Huld / den Geist der Demut, Lieb und Keuschheit und Geduld.« Von einem anderen Gedicht, das unvollendet blieb, kennen wir nur die erste Strophe:

»Vergebens fliehe ich zu den fernen Höhen Zions, / denn die hungrige Sünde ist mir auf den Fersen. / So folgt der Löwe, die Nase im trockenen Sand, / gierig des Hirschen duftendem Lauf.« Es wäre vermessen, Mutmaßungen anzustellen, welche endgültige Form Puschkin diesen Versen und dem gesamten Zyklus verliehen hätte, wenn das Schicksal ihm mehr Zeit gelassen hätte; es wäre vermessen, als Inspiration des Zyklus von Kamennyj Ostrow, diesem erhabenen Vermächtnis und demütigen Akt der Reue, die persönlichen Nöte anzunehmen, die ihn in diesen Tagen quälten. Es wäre vermessen – doch unser geistiges Auge bewahrt das Bild eines flinken Hirschen in arger Bedrängnis, gehetzt auf Bergeshöhen, die längst unerreichbar sind.

Alexander Wasiljewitsch Trubezkoj war bereits alt, als gleichsam im verborgenen zehn Exemplare einer *Erzählung der Beziehungen zwischen Puschkin und d'Anthès* erschienen, die auf seinen Erinnerungen gründeten. »Damals«, so liest man in dem dünnen Bändchen, »war Nowaja Derewna ein Modeort. Wir waren in Isben einquartiert, die Manöver der einzelnen Regimenter fanden auf dem Gelände statt, wo nun die kleinen Datschen und Gärtchen der ersten und zweiten Linie stehen ... D'Anthès besuchte die Familie Puschkin häufig. Er machte Natascha den Hof, wie allen schönen Frauen (und schön war sie ja), aber er ›belagerte‹ sie nicht, wie wir damals zu sagen pflegten, mit ausgesprochener Beharrlichkeit. Die vielen Billetts an Lisa (Kammerzofe der Puschkina) wollten gar nichts besagen: Zu unserer Zeit war so etwas an der Tagesordnung. Puschkin wußte genau, daß d'Anthès seine Frau nicht belagerte, er war nicht etwa eifersüchtig, d'Anthès war ihm einfach nur *unsympathisch*, wie er sagte, wegen seiner unverschämten Art und seiner indiskreten Reden und weil er sich unentwegt bei den Damen aufhielt. Bei allem Respekt vor Puschkins Genie muß man dennoch sagen, daß er ein ganz unverträglicher Mensch war. Es schien, als habe er unentwegt Angst, jemand könne ihm nicht die gebührende Achtung erweisen; natürlich bewunderten wir seine Muse, er aber war der Ansicht, wir täten dies nicht in genügendem Maße. D'Anthès' Betragen empfand er schlichtweg als beleidigend, und mehr als einmal äußerte er den Wunsch, seinen Besuchen Einhalt zu gebieten. Natalie widersetzte sich ihm nicht. Vielleicht war sie sogar seiner Meinung, aber da sie nun einmal nicht besonders klug war, gelang es ihr nicht, ihren unschuldigen Treffen mit d'Anthès ein Ende zu setzen. Vielleicht schmeichelte es ihr, daß der viel umschwärmte *chevalier garde* ihr zu Füßen lag ... Wäre Natalie nicht von einer geradezu infernalischen Dummheit und d'Anthès dafür weniger verdorben gewesen, wäre die ganze Sache im Sande verlaufen, denn schließlich war zwischen den beiden wirklich nichts vorgefallen, noch nicht – ein Händedruck vielleicht, eine Umarmung, ein Kuß, aber nicht mehr, und diese Dinge waren damals nichts Ungewöhnliches.« Es ist traurig, aber wir können diesem alten Freund und Waffenbruder von Georges d'Anthès leider nicht ganz widersprechen – trotz all der falschen Daten und Ortsangaben, von denen seine *Erzählung* nur so strotzt (sein Erinnerungsvermögen hatte ihn wohl bereits verlassen), trotz einiger augenfälliger Lügen (D'Anthès hatte Natalja Nikolajewna im Sommer 1836 weiß Gott »belagert«), trotz seiner unverhohlenen Abneigung gegen den Dichter. Im übrigen suchen wir in Trubezkojs Worten gar nicht nach der Wahrheit, sondern lediglich, wie um ihn auf uns zu ziehen und in einer Art später Hommage die Luft um Puschkin zu reinigen, den Gestank des Allzuklaren, den Gestank der Kasernenbanalität – auch wenn es sich dabei um die reichen, eleganten Kasernen der Leibgarde handelte –, der ihn zu ersticken drohte.

G und N verlieben sich ineinander. N versagt sich G zugunsten von P, flirtet aber weiterhin mit G. G verzichtet auf N zugunsten von H, verzehrt sich aber weiterhin in Liebe nach N. P und H sind eifersüchtig, beide wegen N, bemühen sich aber, dies zu verbergen. Und zwei weitere Frauen warten bereits ungeduldig hinter der Bühne, wollen ebenfalls die Aufmerksamkeit des Publikums auf sich ziehen in dem Spiel, das einer Burleske des Französischen Theaters in Petersburg immer ähnlicher wird. Die Rede ist von Jekaterina und Alexandrina Gontscharow, »Koko« und »Azinka« für Familienmitglieder und gute Freunde. Auch sie waren schlank, hatten olivfarbene Haut, schwarze Haare und Augen wie ihre Schwester Natalie, doch es war, als hätte die Natur identisches Material anders verteilt, nachlässiger, und am Ende den Abdruck des Zauberhaften vergessen. Der betörend unbestimmte Blick bei Natalie war bei Alexandrine ein ausgeprägteres Schielen, und war Natalie hochgewachsen, besaß sie eine Wespentaille, konnte Katherine wegen ein paar Pfunden weniger und ein paar Zentimeter mehr ohne weiteres als »Hopfenstange« beschrieben werden. Die ständige unmittelbare Gegenwart der Schönsten von ganz Petersburg schadete den beiden älteren Schwestern und verminderte die Zahl der in Frage kommenden Bewerber. Katherine besaß ein leichtfertiges Wesen und einen nicht eben glänzenden Verstand. Alexandrine war scharfsinniger, schroff und in sich gekehrt und neigte zur Schwermut. Zwischen Alexandrine und Puschkin soll in der Zeit, von der unsere Erzählung handelt, ein nicht nur verwandtschaftliches Band bestanden haben, inniger, illegitim – so zumindest urteilten einige. Alle Zeugen aber sind sich einig im Hinblick auf die Liebe, die Katherine für Georges d'Anthès empfand. Schon seit geraumer Zeit machte der *chevalier* auch ihr schöne Augen – um als der nur allzu willkommene Verehrer eines bereits in die Jahre gekommenen heiratsfähigen Mädchens bequemer in das Haus der Geliebten zu gelangen und Puschkins Argwohn zu verscheuchen, um Natalie eifersüchtig zu machen und so zu versuchen, ihre Festung der Keuschheit zu stürmen, oder vielleicht auch nur der eingefleischten Gewohnheit wegen. Und allmählich hatte Kokos Herz sich einem zärtlichen Gefühl geöffnet, das ihr den melancholischen Eintritt ins Reich der alten Jungfern erheblich versüßte. Nur um in der Nähe des Objektes ihrer unmöglichen Begierde zu bleiben, war Katherine Gontscharowa bereit, als »Kupplerin« für Natalie und d'Anthès zu fungieren.

Immer wenn Puschkin nicht schrieb, war er nervös und gereizt: Er konnte nicht länger als ein paar Minuten stillhalten, zuckte zusammen, wenn ein Gegenstand zu Boden fiel, ärgerte sich über das Lärmen der Kinder, öffnete jeden Brief mit banger Sorge. Nachts quälte ihn die Schlaflosigkeit mit ihrem beängstigenden Gefolge, einer gespenstischen Schar von Gläubigern: Frau Obermann, die Holzhändlerin, Raoult, der Weinhändler, der Schneider Rutch, der Kutscher Saweljew, Dmitrijew, der Gewürzhändler, Bellizard, der Buchhändler, der Apotheker Bruns, die Kunsttischler Gambs ... Die rosigen, übereilten Träume von den üppigen Einnahmen aus dem *Zeitgenossen* hatten sich nicht erfüllt: Die Zeitschrift hatte wenig mehr als ein Viertel der vorgesehenen 2500 Abonnements jährlich eingebracht, und mit diesem Geld, wäre es nicht längst ausgegeben, hätte Puschkin mit Müh und Not das Papier bezahlen können, den Druck, die Mitarbeiter. Er war verzagt, niedergeschlagen. Loeve-Veimars, dem französischen Literaten, der ihn in jenem Sommer in Kamennyj Ostrow besuchte, gestand er bitter: »Ich bin nicht mehr beliebt.« Erneut träumte er davon, sich zurückzuziehen, zumindest für eine Weile, auf das Gut seiner Mutter, Michailowskoje, auf dem er einst zwei Jahre in zwangsweiser Abgeschiedenheit verbracht hatte und das ihm nun, da sich in Petersburg ein immer unerträglicher werdender Latrinengestank verbreitete, wie eine friedvolle Zuflucht erschien. Er konnte es nicht tun wegen seiner zahllosen Verpflichtungen als Geschichtsschreiber und »Journalist«, wegen der gierigen Forderungen von Nikolaj Pawlischtschew, dem Ehemann seiner Schwester Olga, der darauf bestand, Michailowskoje zum Verkauf anzubieten. Außerdem wollte Natalie nicht einmal die Möglichkeit in Betracht ziehen, auf dem Lande zu leben.

Am 31. Juli, kurz nach Mittag, bestiegen die Gontscharow-Schwestern ihre Kutsche, um nach Krasnoje Selo zu fahren, wo das Regiment der Leibgardisten das Ende der Manöver feierte. Sie gelangten um vier Uhr nachmittags dort an, und gemeinsam mit drei befreundeten Damen und anderen hochrangigen Gästen genossen sie das ausgezeichnete Mahl, das ihnen die Leibgarde hatte auftragen lassen. Sie beeilten sich, um noch rechtzeitig zum Feuerwerk zu kommen, als ein heftiger Platzregen sie zwang, in der Unterkunft von Hauptmann Petrowo-Solowowo Zuflucht zu nehmen. Als die Kaiserin von ihrer Anwesenheit erfuhr, ließ sie die Damen bitten, bei einem improvisierten Ball unter ihrem Zelt dem Regen zu trotzen. Da die Damen aber lediglich Reisekleidung bei sich hatten, mußten sie die Einladung schweren Herzens ablehnen, verbrachten den Rest des Abends am Fenster ihrer Isba und lauschten den Fanfaren der *chevaliers gardes*. Wohl in dieser Nacht fanden Georges d'Anthès und Natalie Puschkina nach mehr als drei Monaten zum ersten Mal wieder Gelegenheit, für ein paar Minuten alleine zu sein.

Das Feuerwerk wurde auf den ersten August verschoben, den Tag, der den Inseln ihre durch die Manöver zwar sehr in Anspruch genommenen, aber dennoch zum Tanze sehnlichst erwarteten Offiziere wiedergab. Und der August war wie immer ein wahrer Ballrausch, und, wie Danzas sich entsann, »nach ein oder zwei Bällen in den Mineralbädern, auf denen sowohl Frau Puschkina als auch Baron d'Anthès zugegen waren, kursierte in Petersburg plötzlich das Gerücht, daß d'Anthès Puschkins Frau den Hof mache ...« Aber Petersburg hatte dies bereits geahnt: Denken wir nur einmal an Marija Mörder, das Mädchen mit den tausend Augen und den tausend Ohren ... Also mußte etwas Neues die schwatzhafte Aufmerksamkeit der Inseln erregt und Stimmen der Entrüstung verursacht haben: das Benehmen von Georges d'Anthès, wie wir meinen. Denn in jenem kurzen Sommer begann der junge Franzose, mit einem Mal jede Vorsicht außer acht zu lassen, Anstand und Schicklichkeit zu ver-

96

gessen und Natalja Nikolajewna Puschkina »vor aller Augen Zeichen der Bewunderung zu schenken, die bei einer verheirateten Frau höchst unziemlich waren«. Er umwarb zwar weiterhin Katherine, erbleichte aber ein jedes Mal, wenn er Natalie erblickte, suchte unentwegt ihre Gesellschaft, indem er sie zum Tanz aufforderte, sie mit den Augen verschlang und ansonsten jeden Vorwand fand, um mit Freunden und gemeinsamen Bekannten von ihr zu sprechen. Selbst die Kaiserin bemerkte mit Verdruß sein »allzu lässiges Gebaren« und äußerte bei der Gräfin Sophie Bobrinskaja die Sorge, der Umgang mit dem kühnen Freund könne einen schlechten Einfluß haben auf Alexander Trubezkoj, den *chevalier garde*, für den Alexandra Fjodorowna eine Schwäche hatte. Erneut fällt es uns schwer, den ängstlich besorgten Verliebten wiederzuerkennen, der erst vor wenigen Monaten seinem Gönner geschrieben hatte: »Kein Wort zu Bray ... es genügte ein Hinweis von ihm, um uns beide ins Verderben zu stürzen«, »Sei ganz ruhig, ich werde vorsichtig sein ... ich liebe sie viel zu sehr, um sie zu kompromittieren«. Fürchtete d'Anthès das Urteil der Öffentlichkeit nun nicht mehr? Glaubte er etwa, mit einem höheren Dienstgrad, einem neuen Namen und einem neuen Erbe könne er sich alles erlauben? Lag ihm Natalies Ruf nicht mehr am Herzen? Hatte er aufgehört, sie zu achten und zu verehren wie einen Engel vom Himmel? Oder benutzte er gar seine Liebe zu der schönsten Frau Petersburgs, indem er sie so zur Schau stellte, um die giftigen Bemerkungen über die kürzlich vollzogene Adoption, über seine Beziehungen zu Baron Heeckeren verstummen zu lassen? Oder war sein unvernünftiges Betragen nur das unselige Ergebnis einer allzu lange unterdrückten Leidenschaft, deren schwelende Glut in der noch warmen Asche erneut aufloderte, zum Geräusch des Regens auf den Fensterscheiben und der Musik, deren fröhliche Weisen von fern ins Zimmer drangen? Einer einzigen Sache sind wir ganz gewiß: Nur Natalie hätte seinem Werben, das »ungestümer war als üblich«, ein Ende bereiten können. Doch sie tat es nicht.

Am 8. August versetzte Puschkin bei Schischkin für 7000 Rubel das Tafelsilber, das ihm Soboljewskij überlassen hatte, der für längere Zeit auf Reisen gegangen war.

Auf den Inseln erloschen Mutmaßungen, Klatsch, Musik, Liebesglut und Liebesleid; nach dem Hof, der den Elaginpalast am 7. September verließ, kehrten die Leibgardisten am 11. in die Kasernen der Schpalernaja-Straße zurück. Am 12. September reisten auch die Puschkins wieder nach Petersburg und bezogen mit Alexandrine und Katherine eine neue Wohnung am Mojka-Kanal, die im Besitz von Fürstin Sofja Grigorjewna Wolkonskaja war. Nun waren nur noch die Karamzins außerhalb der Stadt, auf Zarskoje Selo. Am 17. September feierte Sophie ihren Namenstag: »Das Essen war hervorragend; zu Gast waren Puschkin und Frau, die Gontscharowas (berückende Geschöpfe mit ihrer Eleganz, ihrer Schönheit und ihren unglaublich schmalen Taillen), meine Brüder, d'Anthès, A. Golizyn, Arkadij und Karl Rosset ... Scalon, Sergej Meschtscherskij, Paul und Nadine Wjazemskij ... Shukowskij. Du kannst Dir vorstellen, daß wir nicht vergessen haben, auch auf Dein Wohl zu trinken. In so guter Gesellschaft verging die Zeit nach Tisch wie im Fluge: Um neun Uhr kamen unsere Nachbarn ... Und bald begann ein richtiger Ball, den alle Anwesenden sehr amüsant fanden, wie sich aus ihren Mienen schließen ließ; nur Alexander Puschkin schaute wie immer traurig, versonnen und aufgebracht drein. Er steckt mich an mit seiner Sorge. Sein unsteter Blick, die Augen grimmig und abwesend, schweift mit nervöser Gespanntheit immer wieder zu seiner Frau und d'Anthès hinüber, der wie stets seine Späße zum besten gibt und sich immer in der Nähe von Katherine Gontscharowa aufhält und jede Gelegenheit nutzt, um Natalie von fern Blicke zuzuwerfen. Mit ihr tanzte er am Ende auch die Mazurka, und es tat weh, Puschkin im Türrahmen stehen zu sehen, schweigsam, bleich und bedrohlich. Mein Gott, welch eine dumme Angelegenheit! Als die Gräfin Stroganowa kam, bat ich ihn, ein wenig mit ihr zu plaudern. Errötend (Du weißt ja, daß sie zu seinen belanglosen kleinen Flirts gehört) schickte er sich an, meiner Bitte Folge zu leisten, als er mit einem Male innehielt und verdrossen kehrtmachte. – Nun? – Nein, da gehe ich nicht hin, da steht schon dieser Graf.[1] – Welcher Graf? – D'Anthès oder wie er sonst heißt, Heeckeren.«

Aus dem Blickwinkel unseres Jahrhunderts betrachtet, wirkt Sophie Karamzinas Kommentar etwas leichtfertig – »*Que c'est bête!*« rief sie angesichts einer Angelegenheit, die in uns Zorn, Mitleid und Unbehagen auslöst. Wir vergessen dabei den großzügigen moralischen Maßstab einer Zeit, in der Liebschaften von verheirateten Frauen keinen Skandal entfachten, wo sogenannte *billets doux*, »Händedrücke, Küsse, Umarmungen« zwischen einer Dame und ihrem Galan, oder auch mehr als das, zum festgesetzten Gesellschaftsritual gehörten – solange niemand öffentlich die Grenzen des Schicklichen überschritt. Wir modernen Puritaner vergessen, daß Puschkin ein Mann des 18. Jahrhunderts war, auch im Alkoven, und wir runzeln die Stirn bei der Vorstellung, der Todgeweihte, der Märtyrer könne eine geheime Liebschaft mit seiner Schwägerin Alexandrina gehabt haben, und versuchen schnell, eine schrille innere Stimme zum Schweigen zu bringen: »Dann ist ihm doch ganz recht geschehen, wenn seine Frau sich mit einem anderen vergnügt hat!« Und wir bemühen uns, das Ganze zu klären: Vielleicht war es kein sündhaftes Verhältnis, vielleicht verband beide nur ihr Unglücklichsein, die Vertraulichkeit des wechselseitigen Verstehens, der Geständnisse, der Anteilnahme am Schmerz des anderen. Schließlich fragen wir uns, weshalb Puschkin, ohne den feudalen Exzessen seines Großvaters väterlicherseits nachzueifern, der den Französischlehrer seiner Kinder hatte hängen lassen, weil er ihn eines Verhältnisses mit seiner Ehefrau verdächtigte, und der diese arme Frau dann bis zu ihrem Tode

---

1 Er wußte sehr wohl, daß d'Anthès ein Baron war, sowohl von Geburts wegen als auch infolge der Adoption. Den Grafentitel dagegen konnten in Rußland auch Untertanen zweifelhafter Herkunft ergattern, sogar mit Hilfe von nicht immer adeligen Gefälligkeiten.

hatte einsperren lassen, seine Stimme nicht erhob gegen Natalie, ihr keinen energischen Rüffler verpaßte. Wer weiß, vielleicht tat er es innerhalb der eigenen vier Wände. Doch in Gesellschaft und sogar vor engen Freunden wollte er den Eindruck erwekken, er sei ganz Sorglosigkeit und Geringschätzung: die einzigen Reaktionen, die der großspurige Schönling, der ungezogene Galan Natalja Nikolajewnas – Ehefrau Cäsars, nein, besser noch, Puschkins – verdiente. Wir erwähnten es bereits: Er wartete. Er wartete, daß mit der Zeit die Wunde in Natalies Herz wieder heilen würde, hielt sich bereit, gegebenenfalls einzugreifen, wenn seine Handlungsweise sich nicht gegen ihn selbst kehren und verraten würde, daß sein Vertrauen zu der jungen, schönen Ehefrau doch nicht grenzenlos war. Er wartete – und forderte damit gleichsam das Schicksal heraus mit dem heimlichen Wunsch, sich auch als Ehemann einzigartig und anders zu erweisen, gefeit gegen alle Gefahren, die einem Mann drohen, der eine allzu junge, allzu schöne Frau besitzt. Er wartete und beobachtete. Doch sosehr er sich auch bemühte, seine wahren Gefühle zu verbergen, den anderen entgingen seine Blicke voller Unruhe, Enttäuschung und Wut nicht.

Am 19. September erhielt er vom Geldverleiher Jurew 10 000 Rubel und verpflichtete sich, sie mitsamt den Zinsen bis zum 1. Februar 1837 zurückzuzahlen.

Zwischen dem 6. und dem 8. Oktober brachte Fürst Iwan Gagarin, der aus Moskau zurückgekehrt war, Puschkin Pjotr Tschaadajews *Philosophischen Brief*, der wenige Tage zuvor im *Teleskop* erschienen war. Puschkin kannte ihn bereits in seiner ersten, französischen Fassung, dennoch las er noch einmal mit größter Aufmerksamkeit das Werk seines Freundes, von dem er in seiner Jugend entscheidende Lebenslehren erhalten hatte: »... In unseren besten Köpfen ist nicht nur Unbedeutendes. Da es ihnen an Verbindungen oder Zusammenhängen fehlt, lähmen die besten Ideen einander in unseren Köpfen wie fruchtloses Blendwerk. Es liegt in der Natur des Menschen, in die Irre zu gehen, wenn er keine Möglichkeit findet, sich an das

Vorausgehende oder an das Nachfolgende anzubinden. Jegliche Standfestigkeit, jegliche Sicherheit geht ihm verloren. Nicht geleitet von einem Gefühl der Stetigkeit, irrt er ziellos einher. Derlei verirrte Individuen gibt es in jedem Land; bei uns aber ist dieser Zug allen gemein ... Einige Freunde haben diese unbekümmerte Verwegenheit, die sich vor allem in den unteren Schichten des Volkes findet, als einen Vorteil gelobt; doch da sie nur wenige Beispiele des nationalen Charakters beobachten konnten, waren sie außerstande, auf die Gesamtheit zu schließen. Sie haben nicht erkannt, daß das gleiche Prinzip, das uns zuweilen so kühn werden läßt, uns zugleich unfähig macht zu tiefen Empfindungen und Ausdauer; sie haben nicht erkannt, daß das, was uns die Unbilden des Lebens gleichgültig ertragen läßt, uns ebenso gleichgültig gegen alles Gute, alles Schlechte, jede Wahrheit, jede Lüge werden läßt ...« Puschkin sann lange nach über diese Seiten.

In der Nacht vom 16. auf den 17. Oktober ließ ein heftiger Nordweststurm die Wasser der Newa auf sechs Fuß acht Zoll ansteigen. Am folgenden Abend waren dann dumpfe Kanonenschläge zu hören, die die Petersburger vor der drohenden Gefahr warnten; sie zerrten an den Nerven, diese Signale einer unberechenbaren Bedrohung. Doch das Wasser sank wieder auf einen unbedenklichen Stand, und das Leben ging wieder seinen gewohnten Gang.

Sophie Karamzina an den Stiefbruder Andrej, Petersburg, 18. Oktober 1836:
»... Wir haben unsere städtischen Gepflogenheiten wiederaufgenommen, unsere Abendgesellschaften, in denen vom ersten Tag an jeder wieder seinen gewohnten Platz einnahm: Natalie Puschkina und d'Anthès, Katherine Gontscharowa an der Seite Alexanders, Alexandrina neben Arkadij, und gegen Mitternacht auch Wjazemskij ... alles wie zuvor ...«

Auch Nikolaj I. las aufmerksam den *Brief*, mit dem Tschaadajew Rußland einen patriotischen Schauder versetzte: »... Einsam in der Welt, haben wir der Welt nichts gebracht, sie nichts gelehrt; wir haben keine einzige Idee in den Krug menschlicher Ideen geschüttet ... nicht ein einziger nützlicher Gedanke keimte in dem unfruchtbaren Boden unserer Heimat; nicht eine einzige große Wahrheit ist in unserem Umfeld hervorgegangen ... Wir haben etwas in unserem Blut, das jeden echten Fortschritt verhindert. Womöglich lebten und leben wir nur, um dereinst unseren Nachkommen, die solch eine Lektion begreifen können, als warnendes Beispiel zu dienen; heute sind wir, was auch immer man sonst über uns sagen mag, nichts mehr als eine Lücke in den Reihen des Geistes ...« Am 22. Oktober schrieb Nikolaj I. mit eigener Hand auf den Bericht von Minister Uwarow folgenden kurzen Beschluß:

»Ich habe den Artikel gelesen und halte seinen Inhalt für ein Durcheinander aus anmaßenden Absurditäten, für die Hirngespinste eines umnachteten Geistes: Dies können wir glaubhaft versichern, doch weder der Redakteur der Zeitschrift noch der Zensor sind zu rechtfertigen. Veranlassen Sie umgehend das Verbot der Zeitschrift.« Am selben Tag schrieb Graf Benckendorff an den Generalgouverneur von Moskau und befahl, ein Experte möge Tschaadajew allmorgendlich untersuchen und ihm ein medizinisches Gutachten erstellen, welches besagen sollte, daß er sich nicht mehr der feuchtkalten Witterung dieser Jahreszeit aussetzen dürfe, da seine Gesundheit Schaden nehmen konnte: Der Narr des Staates wurde unter Hausarrest gestellt.

Puschkins Knopf

Während der letzten Winter ging er den Newskij Prospekt entlang spazieren, auf dem Kopf einen etwas abgewetzten Zylinder und auf dem Leib eine lange, ebenfalls von den Jahren gezeichnete Bekesch. Da er der von den Musen geküßte, von den Göttern geliebte Dichter war, folgten ihm lange, neugierige Blicke. Dabei entdeckten die Aufmerksameren staunend, daß an Puschkins Bekesch, hinten auf Taillenhöhe, dort, wo der Stoff sich in große Falten legte, ein Knopf fehlte.

Kleines Wörterbuch:

Almaviva: Männerumhang mit Kapuze. Auch »spanischer Mantel« geheißen, der Name stammt aus *Figaros Hochzeit.*

Bekesch oder *Bekescha:* Winterumhang für Männer, am Saum und im Innenbereich mit Pelz besetzt. Der Name stammt von dem ungarischen Edelmann Gáspár Békés, einem tapferen Feldherrn und berühmten Dandy aus der Zeit von István Bátory.

Kaftan: langer Männerumhang – von den prächtigen *pardessus* der Bojaren, aus edelsteinbesetztem Brokat, bis hin zu den Kaftans aus grobem Tuch für Bauern und Kaufleute. Vom 18. Jahrhundert an, nach den Reformen von Peter dem Großen, wurde der Begriff auch für das Jackett des europäischen Herrenanzugs verwendet.

Kamerger: von dem deutschen Wort »Kammerherr«. Auf der Galauniform trug der *kamerger* auf Hüfthöhe einen goldenen Schlüssel auf blauem Band.

Kamerjunker: von dem deutschen Wort »Kammerjunker«; Titel bei Hofe, der dem des *kamerger* vorausging.
Linejka: Wagen mit mehreren Sitzplätzen, der einem breiten, von einem Baldachin geschützten Sofa glich; englisch *break.*
Okazija: aus dem französischen *occasion*, »Glücksbote«; jemand, der auf Reisen geht und dem man Briefe und Päckchen anvertraut.
Salop: aus dem französischen *salope*; warmer, rund geschnittener Frauenumhang.

Nachdem er Höfling geworden war, erschien er auf Empfängen nach wie vor in Zivil, mit doppelreihiger Weste, breiter Seidenkrawatte, lässig geschlungen unter den Aufschlägen eines schlaffen, ungestärkten Kragens. Am 16. Dezember 1834 ging er zwar endlich in seiner Kammerjunker-Uniform zum Anitschkow-Palais, doch trug er auf dem Kopf einen unpassenden, übertriebenen Dreispitz mit Federbusch. Graf Alexej Bobrinskij ließ ihm eilig die runde Kopfbedeckung bringen, die die Zeremonie vorschrieb. Diese aber war abgetragen und so voller Pomade, daß Puschkins Handschuhe, gleich nachdem sie sie berührt hatten, klebrig und gelblich wurden. Doch zumindest konnte Nikolaj I., dem die Gewandung des Dichters sonst ein Dorn im Auge war, an diesem Abend zufrieden sein. Mehrmals schon war er stutzig geworden: »*Il aurait pu se donner la peine d'aller mettre un frac* ...«[1], und hatte Puschkin durch Graf Benckendorff eine Rüge erteilt: »... Seine Majestät geruht zu betonen, daß Sie auf dem Ball des französischen Botschafters im Frack erschienen, während all die übrigen Gäste ihre Uniformen trugen ...«, oder im Scherz Natalja Nikolajewna seine Unzufriedenheit wissen lassen: »*Est-ce à propos des Bottes ou des Boutons que votre mari n'est pas venu dernièrement?*«[2]

---

1 »Er hätte sich wenigstens die Mühe machen können, einen Frack anzulegen ...«
2 »Hat Ihr Mann sich neulich wegen der Stiefel oder wegen der Knöpfe nicht sehen lassen?« Aber *à propos des bottes* hat auch die idiomatische Bedeutung »wegen nichts und wieder nichts«.

»... In den 30er Jahren kam ein reicher Amerikaner mit seiner schönen Tochter nach Petersburg ... Bei besonderen offiziellen Anlässen erschien er in der Uniform der amerikanischen Marine; aus diesem Grunde, wenn die Leute aus Höflichkeit das Wort an ihn richteten, sprachen sie über das Meer, die Flotte der Vereinigten Staaten usw. Seine Repliken waren stets ausweichend, und er schien ungern zu antworten. Zuletzt gingen diese Marinegespräche dem Amerikaner so sehr auf die Nerven, daß er zu jemandem sagte: ›Weshalb stellt man mir hier fortwährend Fragen über das Meer? Was kümmert es mich, ich bin doch nicht bei der Marine.‹ – ›Und weshalb tragen Sie dann diese Uniform?‹ – ›Das ist schnell erklärt: Man sagte mir, in Petersburg käme man ohne Uniform nicht zurecht. Als ich mich deshalb auf meine Reise nach Rußland vorbereitete, ließ ich mir für alle Fälle eine Marineuniform nähen, damit ich mich bei Gelegenheit damit brüsten könnte.‹« (Wjazemskij)

Auch die Personen in Puschkins Erzählungen wurden wegen ihrer Kleidung getadelt und aufgefordert, sich anders zu gewanden: »... Er erzählte mir auf höchst amüsante Weise, wie sie seinen Graf Nulin zensierten: Sie fanden, es sei würdelos, Seine Hoheit im Morgenrock darzustellen! Als der Autor fragte, was er ihm statt dessen anziehen solle, schlugen sie ihm einen Frack vor. Auch das Hemd des Mädchens schien ihnen wenig kleidsam: Sie baten ihn, ihr wenigstens einen Salop umzulegen.« Den Zensoren entging nichts. Von Gogols Kalesche, die in der ersten Ausgabe des Zeitgenossen erschien, wurden »einige unanständige Bemerkungen« gestrichen wie: »Der letzte Knopf des Herrn Offizier war offen.«

»Jusupow erbat für Solntschew den Kammerherrntitel. In Petersburg fand man aber, daß für ihn auch der des Kammerjunkers genügte. Doch abgesehen davon, daß er bereits in fortgeschrittenem Alter war, besaß Solntschew in der Höhe wie in der Breite so beachtliche Körpermaße, daß der jugendliche Titel eines Kammerjunkers absolut nicht zu ihm passen wollte, weder zu seinem Gesicht noch zu seiner Leibesfülle ... Also schlug Fürst Jusupow ihn erneut vor, diesmal aufgrund seiner körperlichen Verdienste, und sein Vorschlag wurde angenommen: Solntschew erhielt endlich den Schlüssel. Diese langwierige Prozedur konnte einem Chronisten wie Nejelow nicht entgehen. In seinem Moskauer Bulletin erschien folgender Vierzeiler: ›Da gibt es Leute, die Karriere machen / über Großväter, Väter, Geliebte, / andere über schöne und willige Frauen, / ihn aber trägt nach oben ... sein Wanst.‹« (Wjazemskij)

Es waren seine besten Freunde, die ihn besänftigten, seinen Zorn beschwichtigten. Alexandra Osipowna und Nikolaj Michailowitsch Smirnow hatten ihm geduldig erklärt, daß ihn Nikolaj I., indem er ihn zum Kammerjunker ernannte, beileibe nicht demütigen, sondern ihm nur sein Wohlwollen beweisen wollte, daß an dem Wunsch eines Herrschers, den größten Dichter Rußlands samt seiner Frau an seinem Hof haben zu wollen, nichts Unehrenhaftes sei, daß man einem Beamten IX. Ranges keinen anderen Titel verleihen könne. Im Jahr 1834 war er Kammerjunker geworden. Er hatte es während eines Empfangs im Hause des Grafen Alexej Fjodorowitsch Orlow erfahren; schäumend vor Wut, hatte er derart heftige Worte geäußert, daß jemand ihn hastig in die Bibliothek des Hausherrn führte, um einen Skandal zu vermeiden. Er war davon überzeugt, diesen Titel für »achtzehnjährige Wickelkinder«, die ihre Laufbahn bei Hofe begannen, nur deshalb erhalten zu haben, weil der Hof Natalja Nikolajewna im Anitschkow-Palais tanzen sehen wollte. Ganz Petersburg dachte wie er. Die Verpflichtung, die Kammerjunker-Uniform zu tragen – drei Uniformen, um genau zu sein: einen Galaanzug, einen für den Alltag, und schließlich einen Frack mit besonderem Schnitt –, war die heimtückischste und perverseste Falle, die das Schicksal Puschkin stellte, so als hätten die Parzen selbst die grünen und goldenen Fäden gewirkt. Er sagte, er hätte kein Geld, um sich auszustatten, und so schenkten die Smirnows ihm eine Galauniform: Der junge Fürst Wittgenstein hatte sie nähen lassen, war dann aber zum Militär gegangen und hatte keine Verwendung mehr für sie gehabt, und so war sie ungetragen und nutzlos in der Schneiderei hängen geblieben. Nur um nicht in der Öffentlichkeit in dem verhaßten »Streifenkaftan«[1] erscheinen zu müssen, stahl sich Puschkin heimlich aus der Stadt, schützte Krankheiten vor oder ernste Familienangelegenheiten und erfand alle nur erdenklichen Ausreden. Demaskiert, in flagranti beim Lügen ertappt wie im *petite misère ouverte* beim Boston-Spiel, mußte er Rügen und Vorwürfe entgegennehmen.

»Eines Tages hört der blinde Moltschanow (Pjotr Stepanowitsch) bei sich zu Hause während des Essens, daß sein kleiner Enkel am anderen Ende der Tafel weint und seine Mutter ihn schilt. Er fragt nach dem Grund. ›Er macht Dummheiten‹, antwortet die Mutter, ›er will nicht bleiben, wo man ihn hingesetzt hat, er möchte an seinen vorigen Platz zurück.‹ − ›Wenn man sich vorstellt‹, sagt darauf Moltschanow, ›daß ganz Rußland auf besondere Plätze will, warum sollte nicht auch er das tun? Laß ihn doch sitzen, wo er möchte.‹« (Wjazemskij)

In seinen neuen Höflingskleidern − den dunkelgrünen − wurde Puschkin noch mehr zur Zielscheibe von Feindseligkeiten und Verleumdungen: Nun bezichtigten ihn seine Gegner der Speichelleckerei und Unterwürfigkeit, unterstellten ihm, er habe sein Gewissen beruhigt, um statt dessen ein Plätzchen an der begehrten Sonne des Hofes zu ergattern. Bald kursierten wilde Schmähschriften in Petersburg gegen den frischgebackenen Kammerjunker und ehemaligen Barden der Freiheit.

»Wer hier in Asien einen Brief schreiben möchte, der sollte sich besser des Okazija bedienen.« (Puschkin an Wjazemskij, 20. Dezember 1823)

---

1 Die Goldlitzen, die die Knopfleiste auf der Vorderseite der Alltagsuniform zierten, bezeichnete er als Streifen.

Als er 1833 zum Postdirektor Moskaus ernannt wurde, war Alexander Jakowlewitsch Bulgakow endlich vollends zufrieden, denn in den Briefen schwamm er wie ein Stör in der Oka, die Korrespondenz war sein Element, seine Berufung und schon bald auch sein heimliches Laster. Nun, da ein Großteil dessen, was in Rußland geschrieben wurde, durch seine Hände lief, gelang es ihm nicht, der niedrigen Versuchung zu widerstehen, die Schreiben aufzubrechen. Hatte er sie dann mit Genuß gelesen, lief er schleunigst, um Freunde und Bekannte über Verlöbnisse, Hochzeiten, Streitereien, gehörnte Ehemänner, Scheidungen, Duelle, Krankheiten, Todesfälle, Erbschaftsangelegenheiten und Prozesse zu informieren. Bulgakow war allerdings weit mehr als nur ein verworfenes Individuum: Er war ein Virtuose in einer im Rußland Nikolajs I. weit verbreiteten Aktivität, nämlich der Bespitzelung, dem Abfangen von Briefen. An ihn, den Archetypen des mondänen Chronisten, wandte sich die alte Hauptstadt, um Neuigkeiten über Petersburg und die Provinz zu erfahren, und das Wissen des großzügigen Postdirektors, stets auf dem neuesten Stand, wurde dann mittels weiterer Briefe und vertraulicher Gespräche getreulich weitergegeben, um sich, deftig gewürzt, noch einmal in die Provinz und in Petersburg zu ergießen. Bulgakow war auch ein ergebener Diener des Staates: Immer wenn er in den Worten eines anderen herumschnüffelte und darin Umstürzlerei oder Freidenkerei zu wittern meinte, griff er zur Feder und schrieb ausführliche Berichte an die Dritte Sektion. Er hatte Glück, denn auf diese Weise konnte er das Schöne mit dem Nützlichen verbinden. Da er eine gewisse Schwäche für die Literatur hegte, war er besonders erpicht auf die private Korrespondenz namhafter Schriftsteller, und fiel ihm zufällig einer ihrer Briefe in die Hände, geriet er in einen wahren Glücksrausch, versprach dies doch seiner Intrigantenseele ein unsagbares Vergnügen; solche Kuverts sparte er sich auf bis zuletzt, denn wie ein erfahrener Liebhaber verstand er es, den Augenblick der höchsten Lust so lang als nur irgend möglich hinauszuzögern. Eines Abends im April 1834 fand er einen Brief von Puschkin an dessen Gattin und war außer sich vor

Wonne; von gemeinsamen Petersburger Bekannten wußte er, daß Natalja Nikolajewna zu ihrer Familie aufs Land gefahren war, um sich von einem Abgang zu erholen – eine Folge allzu leidenschaftlichen Tanzens oder, wie manch böse Zungen behaupteten, einer deftigen Tracht Prügel ihres Gatten? Bulgakow erhoffte sich ein paar herzhafte Einzelheiten über diese unerfreuliche Geschichte und las statt dessen, enttäuscht und empört: »... Ich fühle mich krank und habe Angst davor, dem Zaren gegenüberzutreten. Während der gesamten Festlichkeiten[1] werde ich zu Hause bleiben. Ich habe nicht vor, dem Thronfolger meine Glückwünsche zu entbieten; seine Herrschaft, die da kommen soll, werde ich ohnehin nicht mehr erleben. Zaren habe ich bereits drei gesehen: Der erste befahl meiner Njanja, mir die Mütze vom Kopf zu nehmen, und schalt sie wegen mir, der zweite konnte mich nicht leiden, den dritten möchte ich ungern gegen einen vierten eintauschen, auch wenn er mich an der Schwelle zum Greisenalter zum Pagen ernannt hat: Wem es gutgeht, der soll sich's nicht besser wünschen. Mal sehen, wie unser kleiner Alexander mit seinem kaiserlichen Namensvetter zurechtkommt; ich hatte mit dem meinigen so manches Zerwürfnis. Möge Gott verhüten, daß er mir nacheifert: Gedichte schreiben und sich mit den Zaren zanken! Bei den Versen wird es ihm nicht gelingen, seinen Vater auszustechen, und gegen die Gewalt ist der Verstand machtlos ...« Verunglimpfung des Throns, Jakobinergeschwätz! Bulgakow alarmierte auf der Stelle Graf Benckendorff und sandte ihm eine Kopie des Schmähbriefes.

»Bibikow erzählte mir von einer Begebenheit, die er von Benckendorff erfahren hatte. Eines Tages kam ein Gendarm in dessen Kanzlei gelaufen und übergab ihm ein an ihn adressiertes Päckchen, das jemand heimlich vor die Eingangstüre gelegt hatte. Benckendorff öffnete es und fand ein Schreiben an den

---

1 Zu Ehren der Volljährigkeit von Alexander Nikolajewitsch, dem Erstgeborenen Nikolajs I.

Zaren mit der Aufschrift ›äußerst dringlich‹. Er bestieg seine
Kutsche und überbrachte es dem Zaren. Der öffnete es, und was
fand er? – die anonyme Behauptung, Murawjew hätte den Verstand verloren: ›... und um zu beweisen, daß Ihr Staatssekretär
tatsächlich verrückt ist, lege ich eines seiner Werke bei ...‹ Der
Zar sagte: ›Was soll ich mit diesem Brief anfangen? Ich werde
ihn Murawjew schicken und ihn um seine Meinung bitten.‹«
(Wjazemskij)

Puschkin taufte den Punsch »Benckendorff«, weil dies Getränk,
wie er sagte, eine »polizeimäßig abführende« Wirkung auf den
Magen habe und »die Ordnung wiederherstelle«.

»Stratford (Canning) kam im Namen der englischen Regierung
nach Rußland, um über die Griechenlandfrage zu verhandeln.
Er blieb über Ostern in Moskau. Als er den Podnowinskij Prospekt entlangschritt, bemerkte er, daß bei uns, im Gegensatz zu
den englischen Gepflogenheiten, die Polizei überall offen zu sehen ist. ›Das ist nicht schön; gewisse Dinge wollen verhüllt sein:
Die Natur hat, wenn ich mich nicht irre, den Blutkreislauf nicht
ohne Grund vor unseren Augen verborgen.‹« (Wjazemskij)

Graf Alexander Christoforowitsch Benckendorff, Vorsitzender
der Dritten Sektion der Kanzlei Seiner Kaiserlichen Majestät –
ein gewaltiges, allgegenwärtiges Polizei- und Spionagenetz, das
über Handlungen, Gespräche, Gedanken und Träume der russischen Untertanen wachte –, hatte eine grenzenlose Macht in
seinen Händen, allein der des Zaren unterlegen. Er war die po-
lizeiliche Ausprägung des Don Quichotte der Legitimität, der
weltliche Arm des Gendarms eines durch den Wiener Kongreß
sanktionierten Europa.

»Benckendorff (der Vater von Graf Alexander Christoforowitsch) war sehr zerstreut ... Einmal war er auf einem Ball
eingeladen. Das Ereignis endete zu fortgeschrittener Stunde,
und die Gäste verließen das Haus. Am Ende waren nur noch der
Herr des Hauses und Benckendorff übrig und standen einander

gegenüber. Das Gespräch schleppte sich mühsam voran: Beide Männer waren müde und verdrießlich. Es verging noch eine kurze Weile, dann rang der Hausherr sich endlich zu der Frage durch: ›Vielleicht ist Ihr Wagen noch nicht vorgefahren, soll ich meine Pferde anspannen lassen?‹ – ›Was reden Sie da von Ihren Pferden? Ich war gerade im Begriff, Ihnen die meinigen anzubieten!‹ . . . Benckendorff, in dem Glauben, er sei zu Hause, war wütend auf den Gast, der so lange blieb . . .« (Wjazemskij)

Graf Benckendorff besaß erlesene Umgangsformen, eine vollendete Weltläufigkeit und wußte brillant Konversation zu machen. Er war galant zu schönen Frauen, für die er eine leidenschaftliche Schwäche hegte, und ein ganz ausgezeichneter Tänzer. Nichts an ihm verriet den Polizisten. Zuweilen kann Geschichte amüsant sein: Der Mann, der die Bewegungen Tausender von Geheimagenten kontrollierte, die er im gesamten russischen Kaiserreich verteilt hatte, um »Unterdrückte zu beschützen, Verbrechen zu verhüten und verdächtige Personen zu überwachen«, war von einer geradezu infernalischen Zerstreutheit und Vergeßlichkeit.

»›Jemand wies einmal auf einen anderen und sagte: Er ist meine rechte Hand. Wie mag dann erst seine linke ausgesehen haben!‹ bemerkte boshaft Graf Arkadij Morkow.« (Wjazemskij)

Der persönliche Sekretär von Graf Benckendorff, Pawel Iwanowitsch Miller, war ein gebildeter Mann. Er hatte das Lyzeum von Zarskoje Selo besucht und hegte große Bewunderung für dessen berühmtesten Schüler, den Dichter Puschkin. Indem er aus der Zerstreutheit seines Vorgesetzten Vorteil zog, entnahm er häufig dem Fach, das den wichtigsten Akten vorbehalten war – sie sollten dem Zaren persönlich vorgelegt werden –, zahlreiche Puschkinsche Schriftstücke, die über die Schreibtische der Dritten Sektion liefen. Er legte sie in unverfänglichere Fächer, und wenn dann ein wenig Zeit verstrichen war und er sicher sein konnte, daß Benckendorff sie gänzlich vergessen hatte, nahm er sie heimlich fort. Auf diese Weise wollte er den Dichter vor dem allzu aufdringlichen Interesse der Geheimpolizei schützen und sich zudem, wie wir argwöhnen, kostbare Handschriften aneignen – natürlich im höheren, nicht rein materiellen Sinne des Wortes. Obwohl es sich um kein Manuskript handelte, ereilte den in Moskau abgefangenen Brief an Natalja Nikolajewna dasselbe Schicksal: Miller begriff, daß dies Schreiben Puschkin wieder einmal in ernsthafte Schwierigkeiten bringen konnte. Doch es waren bereits Abschriften des kompromittierenden Dokuments in Umlauf (Bulgakow hatte diesmal ganze Arbeit geleistet), und der Kaiser war inzwischen im Bilde. Shukowskij gelang es, den Unwillen Nikolajs I. zu besänftigen. »Die Wogen haben sich wieder geglättet«, schrieb Puschkin in sein Tagebuch. »Der Herrscher war nicht sehr erfreut, als er erfahren mußte, daß ich nicht mit dankbarer Rührung von meiner Ernennung zum Kammerjunker sprach, aber ich kann Untertan und sogar ein Sklave sein, als Knecht und Narr werde ich selbst dem himmlischen Herrscher nicht herhalten. Jedoch, welch tiefe Unmoral in den Gepflogenheiten unserer Regierung! Die Polizei öffnet die Briefe eines Mannes an seine Frau und gibt sie dem Zaren (einem wohlerzogenen und ehrenhaften Mann) zu lesen, und der Zar schämt sich nicht, das zuzugeben … Da kann man sagen, was man will, es ist ein schweres Amt, Autokrat zu sein.«

»Fürst Jusupow erzählt, die Kaiserin (Katharina) habe gern folgende Redensart verwendet: ›Ce n'est pas tout que d'être grand seigneur, il faut encore être poli.‹[1]« (Wjazemskij)

Auch auf die Schwelle zu Puschkins Heim, zu seinem Schlafgemach warf der Zar seinen Schatten – ein sperriger, allwissender Gast aus Stein. Seit geraumer Zeit gab es zwischen Puschkin

---

1 »Ein Edelmann zu sein genügt noch lange nicht, man muß zudem auch höflich sein.«

und Nikolaj I. einen doppelten Diskurs: Begegneten sie einander in der Öffentlichkeit, führten sie joviale Gespräche, tauschten Komplimente, Anekdoten, Meinungen zum Tagesgeschehen; all die heiklen Fragen – Bitten und Zugeständnisse, Bitten und Verweigerungen, Vorwürfe und Rechtfertigungen, Manuskripte und strenge zensorische Randbemerkungen auf diesen Manuskripten liefen über Benckendorff, in besonders heiklen Fragen wurde Wasilij Andrejewitsch Shukowskij zu Rate gezogen, ein glänzender Dichter und der Lehrer des Thronfolgers. Dieser zweifache Diskurs – zwanglos und freundschaftlich, steif und förmlich – paßte zu diesem merkwürdigen Paar, das weit kompliziertere Knoten aneinander fesselte als die, die von der russischen Hagiographie und Dämonologie verewigt worden sind. Mit seiner großmütigen Vergebung, als er Puschkin im Spätsommer des Jahres 1826 aus dem Zwangswohnort befreit und seiner persönlichen Zensur unterstellt hatte, wollte Nikolaj I. bestimmt eine gewisse Wirkung erzielen, wollte zumindest teilweise das Bild des blutrünstigen Tyrannen übermalen, der die Aufständischen des 14. Dezember 1825 teils nach Sibirien, teils zum Teufel geschickt hatte. Seine Großzügigkeit und väterliche Fürsorge waren aber nicht nur Berechnung und Betrug: Der neue Zar war wirklich von dem aufrichtigen Wunsch beseelt, dem verirrten Schäflein zu helfen, diesen jungen Mann auf den rechten Weg zurückzuführen, der zwar hochbegabt war, aber ungestüm und rebellisch gegen jede Form von Disziplin und offen für alle schädlichen Ideen. Nikolaj I., ein steifer, effizienter Ausführer der Ukasse der Geschichte, praktisch veranlagt, schlau, mit der unfehlbaren Spürnase beschränkter Geister, ahnte, daß er Puschkin eines Tages alleine gegenüberstehen würde, um mit ihm den ewigen Zweikampf zwischen Macht und Ohnmacht, Schwere und Leichtigkeit, Jahrhundert und Poesie auszufechten. Und er versuchte, die Ölfarben des Gemäldes zumindest mit dem Helldunkel der *gentilhommerie* zu nuancieren. Auch Puschkin war verärgert über die affektierten Bilder, die einst die Gemächer der Nachfahren schmücken würden, fühlte sich unbehaglich in der Pose des Tyrannenmörders, der er allmählich die des klugen Kaiserberaters vorzuziehen begann, empfand Respekt und Dankbarkeit für den Mann, der so viel Kraft daransetzte – martialische Unbeugsamkeit, Mut, tiefes Ehrgefühl –, um im Nimbus einer Größe zu bleiben, die ihm nicht in die Wiege gelegt worden war.

»An einem kalten Wintertag, bei schneidendem Wind, trifft Alexander Pawlowitsch Frau D***, die die Anglijskaja-Straße am Ufer der Newa entlanggeht. ›Wie kommt es, daß Sie die Kälte nicht fürchten?‹ fragt er sie. ›Und Sie, Majestät?‹ – ›Oh, das ist etwas anderes, ich bin ein Soldat!‹ – ›Wie war das, Majestät, was sagen Sie da? Sie wollen ein Soldat sein?‹« (Wjazemskij)

Um dafür Sorge zu tragen, daß eine Bemerkung, die ihm auf der Seele brannte, Nikolaj I. zu Ohren kam, bediente sich Puschkin des gleichen Mittels, das gegen ihn selbst verwendet wurde: Er zählte auf die wachsame Neugierde der Post. Zuerst warnte er seine Frau, sie möge vorsichtig sein, wenn sie ihm schrieb, da in Moskau jener Schuft Bulgakow säße, der sich weder schämte, seine Nase in die Angelegenheiten anderer Leute zu stecken, noch, »seine eigenen Töchter zu verschachern«, dann begann er – mittels der Briefe an Natalie – von fern einen langen Dialog mit dem Zaren: »Ohne politische Freiheit läßt es sich gut leben, doch nicht ohne die Unantastbarkeit der Familie (*l'inviolabilité de la famille*): Da ist Zwangsarbeit bei weitem leichter zu ertragen. Diese Worte gelten nicht Dir ... «, »auf Ihn bin ich nicht mehr zornig, weil Ihn, *toute réflexion faite*, keine Schuld trifft an der Schweinerei, die Ihn umgibt. Und wer im Abort lebt, der muß sich, ob er nun will oder nicht, an die Scheiße gewöhnen, und ihr Gestank stört ihn nicht mehr, auch wenn er ein Edelmann ist. Wenn ich doch nur saubere Luft atmen könnte!«, »mit Deiner Erlaubnis muß ich wohl meinen Abschied nehmen und mit einem Seufzer der Erleichterung die Kammerjunker-Uniform zurückgeben, die meiner Eigenliebe so wohlgetan hat, und mit der einherzustolzieren ich leider noch keine Gelegenheit fand ...«

114

»Im Jahre 1812 sprach Graf Ostermann, wenn ich mich nicht irre, folgende Worte zu Marquis Paulucci: ›Für Sie ist Rußland wie eine Uniform: Sie haben sie angelegt und werden sie ausziehen, wenn Ihnen danach ist. Für mich aber ist Rußland wie meine Haut.‹« (Wjazemskij)

In Puschkins Leben, stets unter besonderer Aufsicht, brachte der Kammerjunkerntitel einen neuen, überaus strengen Wächter: Graf Julij Litta, Großkämmerer am Hofe der Romanows. Am 15. April 1834, als er an den Hof beordert wurde, wußte der Dichter sofort, daß ihm die wohl hundertste Kopfwäsche bevorstand: Wie viele der anderen Kammerherren und Kammerjunker hatte er die religiösen Osterfeierlichkeiten frühzeitig verlassen und dadurch den Unwillen des Zaren und Littas Entrüstung erregt. Letzterer hatte vor Graf Kirill Alexandrowitsch Naryschkin seiner Empörung Luft gemacht: »*Mais enfin il y a des règles fixes pour les chambellans et les gentilshommes de la Chambre!*« – »*Pardonnez-moi*«, hatte der ihm widersprochen, berüchtigt ob seines scharfen Verstandes, »*ce n'est que pour les demoiselles d'honneur.*«[1] Puschkin ging nicht zu Litta; er rechtfertigte sich schriftlich, wobei er den hundertsten Vorwand gebrauchte.

»In Moskau übersetzte ein Spaßvogel die Worte *le bien-être général en Russie* folgendermaßen: ›Es ist gut, in Rußland General zu sein.‹« (Wjazemskij)

Puschkin fürchtete die Lächerlichkeit mehr als die Cholera, den Teufel oder die Geldknappheit. Er war stets auf der Hut und vergalt prompt jede vorwitzige Äußerung, jede Anspielung, jedes zweideutige Sätzchen, jedes höhnische Grinsen. Dem Großherzog Michail Pawlowitsch, der ihn zu seiner Ernennung zum Kammerjunker beglückwünschte, entgegnete er: »Danke ergebenst, Exzellenz; bisher haben mich alle nur ausgelacht, Sie

---

1 »Schließlich gibt es feste Regeln für Kammerjunker und Kammerherren!« – »Verzeihen Sie, aber die gelten nur für die Ehrendamen.«

sind der erste, der mich beglückwünscht.« Die scharfsinnige Antwort machte sofort die Runde in den Salons, wie alles, was aus seinem Munde kam. »Puschkin sagte ...« war stets eine Garantie für beißenden Sarkasmus und giftigen Humor. Wieder einmal hatte er einen Sieg errungen, wenn auch einen äußerst knappen. Aber er war durch und durch von Galle und ohnmächtiger Wut durchdrungen. Im Juni 1834 schrieb er seiner Frau (dieses Mal vor allem mit sich selber sprechend, ihr die Auszehrung gestehend, die sein Leben zerstörte): »Die Abhängigkeit vom familiären Leben macht einen Mann moralischer. Das Joch, das wir uns aus Eigenliebe oder Notwendigkeit aufbürden lassen, erniedrigt uns. Jetzt betrachten sie mich als Lakaien, über den sie nach Belieben verfügen können. Politisch in Ungnade zu fallen ist besser, als verachtet zu werden.« Er ersuchte den Zaren, ihn seinen Abschied nehmen zu lassen, ihm als letzten Beweis Seiner Gnade die Erlaubnis zu erteilen, weiterhin in den Staatsarchiven arbeiten zu dürfen, um seine Nachforschungen über Peter den Großen fortzusetzen. Nikolaj I. weigerte sich. Zu Shukowskij sagte er: »Ich halte niemanden und werde auch ihn nicht halten. Aber wenn er kündigt, ist es aus zwischen mir und ihm.« Und zu Benckendorff: »Ich verzeihe ihm, aber erklären Sie ihm noch einmal, wie absurd sein Betragen ist und welche Folgen es für ihn haben könnte; was man einem zwanzigjährigen Leichtfuß verzeihen kann, ist einem fünfunddreißigjährigen, verheirateten Mann, der noch dazu Familienvater ist, nicht gestattet.« – »... ist zwischen mir und ihm alles aus« – wie ein erzürnter Vater, ein verletzter Liebhaber. Poet und Zar bildeten, wir sagten es bereits, ein wirklich merkwürdiges Gespann, und einer war empfindlicher als der andere. Das Wohlwollen des Herrschers, das sich mehr als einmal auch in finanzieller Unterstützung ausdrückte (die freilich nicht vergleichbar war mit den hohen Sonderzuwendungen für hochrangige Bewerber und Intriganten: Schließlich war er nur ein Dichter!), lähmte Puschkin, zwang ihn zu Kurzschlußhandlungen und übereilten Entschlüssen, versperrte ihm den einzigen Ausweg aus den gewaltigen Ausgaben, die Petersburg und der

Hof ihm abverlangten, aus der völligen Unfähigkeit, mit Zeit und Geld umzugehen, aus den Schulden, aus dem tragischen Bankrott all seiner naiven Träume vom schnellen Reichtum. Die Treue zu seinem Wort, das er an jenem weit zurückliegenden Septembertag 1826 gegeben hatte (er hatte dem neuen Zaren versprochen, für immer seine feindselige Haltung gegen die Mächtigen aufzugeben), und seine Dankbarkeit – »ich möchte lieber für sprunghaft gelten als für undankbar« – ketteten ihn an einen permanenten Zustand der Unreife, der Unbesonnenheit, an falsche Entscheidungen, und bäumte sich sein Stolz auf, folgten dem stets erniedrigende Rechtfertigungen und zerknirschte Reuegebete.

»Bei einem Empfang bei Hofe schritt Kaiserin Katharina durch die Reihen der Gäste und bedachte einen jeden mit einer freundlichen Bemerkung. Unter den Anwesenden befand sich ein alter Offizier der Marine. Dreimal, als sie an ihm vorüberschritt, fragte die Kaiserin ihn zerstreut: ›Kalt ist es heute, finden Sie nicht?‹ – ›Nein, Mütterchen Majestät, heute ist es ziemlich heiß‹, antwortete der ihr ein jedes Mal. ›Nun gut, Ihre Majestät hat es entschieden‹, sagte der Seemann schließlich zu seinem Nachbarn, ›ich bin also wirklich eine Ausgeburt der Hölle.‹« (Wjazemskij)

Lächelnd hatte er mit 30 Jahren sein neues Glaubensbekenntnis verkündet: »Mein Ideal ist jetzt eine brave Ehefrau / mein sehnlichster Wunsch – ein klein wenig Frieden / und eine Schüssel Suppe ...« Im Herbst 1830, in der Abgeschiedenheit des kleinen Landgutes, das er aufgrund der Quarantäne nicht verlassen durfte, mit der man die Ausbreitung der Cholera in Südrußland einzudämmen suchte, abseits von der Welt zwischen Erinnerungen und Vorahnungen schwebend, vollführte er mit Sorgfalt das Trennungsritual. Er nahm für immer Abschied von *Eugen Onegin*, seinem Lieblingsgeschöpf, sagte Lebewohl zum lärmenden Ruhm eines nationalen Rebellen und zu dessen unregelmäßigem, wildem, freizügigem und halsbrecherischem Nomadendasein. Er nahm sich eine Frau, verließ den unebenen Pfad nimmermüden Aufbegehrens, um flachere, prosaischere, tausendfach begangene Wege zu beschreiten: »*Il n'est de bonheur que dans les voies communes*«[1], zitierte er lächelnd Chateaubriand. Der schimmernde Schleier von Fröhlichkeit verbarg vor den Augen der Welt einen Wirrwarr aus Ängsten, Unsicherheiten und Befürchtungen. Hinter Puschkins Lächeln lauerte die Müdigkeit – zuweilen möchten Poeten, die Auserwählten unter ihnen, die Verfluchten, sich das erhabene Zeichen ihres Auserwähltseins mit einem Schwamm von der Stirn wischen –, lauerte die Angst: Manchmal meinen Poeten, in den harmlosen Stimmen der Nacht – in Boldino rauschten die Pappeln, flirrten unsichtbare Fledermäuse durch die Luft, ächzten die Balken des baufälligen Holzhauses, schlug eine alte Wanduhr dumpf die Stunden – das düstere Stammeln, den unheilverkündenden Käuzchenschrei des Schicksals zu vernehmen. Und sie beschließen (denn schlau sind sie auch), fortan seinen Gesetzen und Verboten zu gehorchen, fügsam die Waffen zu strecken. Keine Streitereien mehr mit dem feindlichen Schicksal, denn sind sie einmal vernünftig geworden, haben die alten, grellen Dichterhüllen abgelegt, werden sie in die zahme, anonyme Herde gewöhnlicher Sterblicher aufgenommen. Eiligst benachrichtigte er Freunde und Bekannte von seiner Verwandlung: »Ich bin jetzt ein Bourgeois, nur ein gewöhnlicher russischer Bürger«, »*le fait est que je suis bonhomme et que je ne demande pas mieux que d'engraisser et d'être heureux – l'un est plus facile que l'autre.*«[2] Er lebte in Zarskoje Selo mit seiner niedlichen kleinen Frau und hatte gerade noch rechtzeitig ein paar Gramm zugelegt, als zum zweiten Mal die Geißel der Cholera auf ihn niederfuhr. Ein Jahr zuvor, in Boldino, war ihm mit zermürbenden Ängsten und panischen Beklemmungsgefühlen die fruchtbarste Zeit seines schöpferischen Lebens beschieden wor-

---

1 »Nur auf den viel begangenen Straßen liegt das Glück.«
2 »Ich bin eben jetzt ein Biedermann, und ich verlange nichts mehr, als fett und glücklich zu werden – das eine ist ebenso leicht wie das andere.«

den; nun machte ihm das Schicksal, boshaft und verächtlich, einen Strich durch sein künftiges beschauliches Dasein *en bourgeois*, im Schatten seines geliebten Lyzeums.

»Als Moskau zum ersten Mal von der Cholera heimgesucht wurde, sagte ein durchaus vernünftiger und nicht etwa ungebildeter Priester aus der Umgebung: ›Denkt, was ihr wollt, aber meiner Ansicht nach ist diese Cholera nur eine Wiederholung des 14. Dezember.‹[1]« (Wjazemskij)

Um sich vor der Seuche und den Unruhen im Volk zu schützen, begab sich am 10. Juli 1831 der Hof nach Zarskoje Selo. Es heißt, das kaiserliche Paar sei durch die Gassen spaziert und sehr angetan gewesen von der zierlichen Erscheinung Natalies und von Puschkins ungewohnter Sanftmut an der Seite seiner blutjungen Ehefrau. Die Fürsprache von Mademoiselle Zagrjashskaja und von Shukowskij, des liebenswürdigen, »von seinem Zögling übertrumpften Lehrers«, tat das übrige: Ende des Jahres 1831 trat der Dichter wieder in kaiserliche Dienste mit einem Gehalt von 5000 Rubeln jährlich und dem Rang eines offiziellen Ratgebers. Während er formal dem Außenministerium unterstand, würde er tatsächlich an einer Geschichte über Peter den Großen arbeiten. Er siedelte über nach Petersburg, wo das Leben kostspielig war. Er wollte seine Eltern unterstützen, indem er sich die Last der schwierigen Verwaltung von Michailowskoje auf die eigenen Schultern lud, und verstrickte sich in nervenaufreibende Familienzwistigkeiten. Lange Zeit verließ ihn seine dichterische Inspiration. Seine neue Arbeit als Historiker begeisterte ihn, erforderte aber auch zeitraubende, ermüdende Recherchen und machte ihn gewiß nicht reich; von der Schilderung des Pugatschjow-Aufstands, die 1834 erschien, ließen sich nur an die tausend Exemplare verkaufen. Die Zensur – die persönliche des Zaren und die der stumpfen Wächter

---

1 Der 14. Dezember 1825 war der Tag des Dekabristenaufstands.

über die literarische Etikette – warf ihm tausend Knüppel in den Weg, weil sie die Veröffentlichung seiner Schriften hinauszögerte und bisweilen sogar verhinderte. Er versuchte sein Glück im Kartenspiel und verlor, wie jeder, der durch mißliche Umstände zum Spiel getrieben wird. Glück und Friede entglitten ihm wie schlüpfrige Schlangen. Und nun zu allem Überfluß auch noch diese Hanswurstuniform – in seinem Alter und bei seinem Ruhm eine infame Beleidigung –, die ihn vollends zur Verzweiflung brachte und das ohnehin kleine Faß seiner Geduld und seines grenzenlosen Stolzes überlaufen ließ. Denn auch Wjazemskij hatte recht: »Trotz der Freundschaft, die mich mit ihm verband, will ich nicht verhehlen, daß er eitel und äußerlich war. Der Schlüssel eines Kammerherrn wäre eine Auszeichnung gewesen, die er wohl zu schätzen gewußt hätte ...«

Geliebte, Zeit ist's, Zeit! Das Herz will Ruh! – Im Fluge
Gehn unsre Tage hin, und jeder nimmt im Zuge
Ein Stückchen Dasein mit! – Ich wollte doch mit dir
Zusammen leben! – Ach, wie bald schon sterben wir!
Glück gibt's nicht in der Welt! Doch Freiheit gibt's und
                                                    Frieden!
Schon lang erträumte ich ein beßres Los hienieden
Und sehnte mich, zu fliehn von hier, der Knechtschaft müd,
Fernhin, wo reine Lust und Schöpferfreude blüht!

Wie in jedem Jahr wurde am 1. Juli in Peterhof der Geburtstag der Kaiserin gefeiert in einem Fest von unbeschreiblicher, pompöser Pracht – einem herrlichen Fest des Nordens, ernst, schwermütig, mit Tausenden von Russen, die in Grabesstille, einer hinter dem anderen, durch die Straßen schritten, ohne auch nur ein einziges Mal zu lachen, wie disziplinierte, der Gruft entstiegene Schatten. In einem Meer von Lichtern und kostbarem Zierat zog die kaiserliche Familie samt Gefolge in langer Prozession auf prächtigen *linejkas* vorüber und bot sich den Blicken ihrer Untertanen dar. Der Festzug stieß auch auf Puschkin, der am Straßenrand eilig voranschritt und auf dem

120

Weg nach weiß Gott wohin war. »Bonjour, Pouchkine!« grüßte ihn der Kaiser. »Bonjour, Sire!« grüßte der Dichter zurück, »in durchaus respektvollem, aber ungezwungenem, mitnichten unterwürfigem Ton«. Eines Sommers, wahrscheinlich 1835, durfte auch er eine *linejka* besteigen: »Seine berühmte, schon reichlich abgenutzte *Almaviva* war über die litzenverzierte Kammerjunker-Uniform geworfen. Er blickte verdrießlich, streng und bleich unter dem Dreispitz hervor. Zehntausende von Menschen konnten ihn sehen, nicht etwa in seinem Glanz als größter Dichter des Volkes, sondern in den Reihen höfischer Lehrjungen.«

»11. März 1831. Erlaß zu den Uniformen der Angehörigen des Kaiserlichen Hofes:

Dem Minister (wenn nicht von militärischem Rang), den Großkämmerern, Großmarschallen, Großmeistern, Großmundschenken ... wird eine Galauniform aus dunkelgrünem Tuch vorgeschrieben, mit Kragen und Ärmelaufschlägen aus rotem Tuch. Goldstickerei nach heutiger Manier: auf Kragen, Ärmelaufschlägen und Patten; breit unter den Letztgenannten und auf den Säumen, schmal auf Nähten und Schößen; auf der Brust Litzen; Goldknöpfe mit dem Staatswappen.

... Zeremonienmeister, Kammerherren und Kammerjunker tragen die gleiche Uniform, nur ohne Stickerei auf den Nähten; diese ist ausschließlich den obersten Rängen des Kaiserlichen Hofes vorbehalten.

Allen obengenannten Rängen ist eine Alltagsuniform vorgeschrieben mit Degen, ähnlich der Galauniform, nur hat sie statt der Goldstickerei auf der Brust goldene Litzen neben den Knöpfen, drei weitere auf den Ärmeln und vier auf beiden Schößen ...

Allen Mitgliedern des Kaiserlichen Hofes wird ein Alltagsfrack vorgeschrieben aus dunkelgrünem Tuch mit Stehkragen aus schwarzem Samt. Dunkle Goldknöpfe mit drei gotischen Lettern, die das Monogramm Seiner Kaiserlichen Hoheit unter der Krone enthalten ...«

Zu denen, die ihn »als einen Lakaien betrachteten«, gehörte auch eine Schar junger Möchtegernschriftsteller, die davon träumten, Kunst und Freiheit, Poesie und Menschenrechte, Roman und Reform miteinander zu vermählen, die die Literatur *au grand sérieux*, oft auch *au grand tragique* nahmen. Ohne geheime Palastverschwörungen, ohne blutige Umstürze bestiegen sie, die Vertreter des vierten literarischen Standes, den Thron der russischen Literatur – noch schüchtern in Wort und Tat, noch den alten Göttern dienend. In Moskau vergoß der Literaturkritiker Belinskij, der Wütende Wissarion, ein paar Krokodilstränen über den Niedergang des Puschkinschen Talents, über den wehmütigen, unerbittlichen Untergang von Phoebus, den nur noch dann und wann ein kurzes Aufblitzen der früheren Größe milderte. Die kriegerischen Söhne und die bereits kriegsmüden Väter hätten sich gerne noch einmal an dem Puschkin von einst berauscht, an seinem freiheitlichen Pathos, den königsmordenden Gesten, dem Byronschen Stolz, den fremdartigen Landschaften, den Brunnen von Bachtschisaraj, den Zigeunern, Zirkassierinnen, Dämonen, den blasphemischen Versen der *couplets sceptiques*, jener atheistischen Gedichtchen. Und viele talentlose Kritiker, gerissene Federfuchser, die für Geld schrieben und darauf bedacht waren, einem breiten, philisterhaften Publikum zu gefallen, stichelten boshaft: »Ja! Herrlich war die unvergeßliche Zeit unserer Literatur, da Puschkins Lyra erklang und er ganz Rußland mit seinen lieblichen Gesängen erfreute. ... Weshalb nur schweigt die Muse des Dichters? Sollte sie schon in die Jahre gekommen sein? ... Ist denn alles Schöne auf Erden so vergänglich? ...« In der russischen Literatur entstand große Verwirrung: Puschkins »schlaffer, träger Prosa« zog man die von Marlinskij oder Baron Brambeus vor, Puschkins Versen die schwülstigen von Benediktow oder die backsteinschweren von Kukolnik, leuchtende Kometen am Himmel der russischen Literatur oder nur kleine Sternschnuppen, die allenfalls eine blasse Spur an ihrem dunklen Firmament hinterlassen würden? Und als Puschkin sich zu den neuen Publikumslieblingen äußerte (»Weshalb auch nicht, von Kukolnik gibt es gute

Verse. Sie sollen gar Gedanken enthalten«), verdächtigte man ihn eines schändlichen Gefühls: des Neids.

»Wir können uns so manchen Dichter denken, der die Feder hält wie ein altes Weib ihr Strickzeug: Während sie ein Nickerchen macht, bewegen ihre Finger sich von selbst, und der Strumpf wird länger. Doch an wie vielen poetischen Füßen sehen wir Strümpfe mit Laufmaschen!« (Wjazemskij)

Der abendliche Schatten fällt auf den »Olymp«, eine Wohnung im Dachgeschoß eines Gebäudes neben dem Winterpalais. Es ist ein Samstag, Mitte der 30er Jahre. Da sind die »Dichter der Puschkin-Ära«: der Herr des Hauses, der elegische Shukowskij, aus allen Poren Güte und Freundlichkeit verströmend, der scharfzüngige Fürst Wjazemskij, der Husar Dawydow, für einige Tage zu Besuch in Petersburg, der sanftmütige Pletnjow, der blinde Kozlow. Die anderen – die anderen »sind entweder tot oder in der Ferne«.[1] Dies sind die Überlebenden der »aristokratischen«, »weltläufigen« Abteilung der russischen Literatur: Shukowskij, Wjazemskij, Puschkin. Das ist die ausgemergelte »Kunst um der Kunst willen«: »Zahme Pegasusreiter in den Uniformen des alten Parnaß«, »weltläufige, feinsinnige Herren, ein wenig unbequem auf Empirediwanen und -stühlen sitzend. Sie pflegen Eleganz und Grazie, genießen die Poesie wie einen guten Laffitte, verehren die Harmonie, schütteln sich angeekelt bei einem kakophonischen Vers oder einem Reim, der nur mit Mühe die Gipfel der Assonanz erklimmt. Bei ihnen sind »*le prince-chimiste*« Odojewskij, ein Erzähler und Liebhaber Hoffmannscher Zauberkunststücke und ein Verehrer Schellings, Graf Wijelgorskij, ein feinsinniger Musikwissenschaftler und Gourmet. Auch ein paar junge Nachwuchstalente sind dabei:

---

1 Tot sind Delwig und Rylejew (letzterer nach dem Dekabristenaufstand hingerichtet); im fernen Sibirien (dorthin verbannt wegen der Umtriebe im Dezember 1825) ist Küchelbecker; fern, nämlich geistig umnachtet ist auch Batjuschkow; Jazykow lebt in Moskau; auch Boratynskij, den jedoch nicht nur die räumliche Entfernung von Puschkin trennt.

Wir sehen sie ehrfürchtig und diskret, mit zurückhaltenden und bescheidenen Mienen; nur Gogol läßt Anzeichen von Mißbehagen erkennen, reckt das exzentrische Profil dem Porträtisten entgegen, wirkt aufgewühlt, unbeholfen, ungeduldig, will schon fliehen – aus dem Salon, aus Petersburg, aus Rußland, aus der Literatur. Puschkin schiebt sich gemächlich ein paar Trauben in den Mund, ohne sich am allgemeinen Gespräch zu beteiligen. Ein Diener beginnt diskret, den abendlichen Tee aufzutragen, und nachdem sie sich mit einem Augenblinzeln verständigt haben, verabschieden sich die Jungen, um die Meister unter sich zu lassen. Der Hausherr geleitet sie ins Vorzimmer: Dort sucht bereits Gogol, ohne abzuwarten, daß die Dienerschaft sich darum kümmere, nervös nach seinem Mantel. In Shukowskijs Salon sind nur noch wenige zurückgeblieben, und nun plaudert Puschkin mit jemandem, der ihm offensichtlich eine sehr komische Geschichte erzählt, da er unversehens die blendend weißen Zähne entblößt und in ein prachtvolles, dröhnendes Gelächter ausbricht. Nutzen wir die kurze Unterbrechung, den schnellen, ein wenig verwirrenden Szenenwechsel, um uns ein paar Fragen zu stellen hinsichtlich der mageren Gruppe von Schriftstellern, die sich eines Abends, Mitte der 30er Jahre, auf dem Olymp bis spät in die Nacht hinein unterhielt. Sind sie von der Geschichte überlebt, ausgeschlossen, besiegt? Sind sie nostalgisch, konservativ? Sind sie – ohne allzu viele Wortverdrehungen – reaktionär? Sollten sich solch überragende Genies nicht eigentlich mit wichtigeren Dingen beschäftigen als mit schöner Literatur und schönen Frauen, ihrem gewaltigen, von gewaltigen Problemen gequälten Land nicht etwas dienlicher sein? Wie stehen sie zu Gut und Böse, was denken sie von der Freiheit, dem Absolutismus, den Leibeigenen?

Ja, für das Publikum sind sie bereits überholt (Puschkin wurde, wenn wir uns erinnern, 1799 geboren), »erbärmliche Anachronismen, darum bemüht, das 18. Jahrhundert wiederaufleben zu lassen«.

Nein, sie selbst sind die Geschichte. Sie sind ins Leben und in die Literatur eingetreten, als Rußland sich Europa aufdrängte als Lektion von Größe und Vielfalt: Wunder der Steppen, prächtiges Byzanz, unbesiegbare Macht, Barbarei und Wildheit, Weite und Kühnheit. Sie entsinnen sich der heroischen, bereits mythischen Kindheit ihres Landes und beharren darauf – plaudernd, scherzend, denkend, schaffend –, sich seinem grauen Alter nicht zu beugen. Denn etwas Merkwürdiges, Schreckliches ist im Organismus Rußland vorgegangen, als habe die frenetische Beschleunigung seines anfänglichen Schwungs es um seinen natürlichen physiologischen Zyklus gebracht und es in eine verfrühte Vergreisung getrieben, seinen jungen, kraftvollen Leib mit den Falten und Warzen blinden Stumpfsinns, polizeilicher Inquisition, starren, künstlichen Formalismus entstellt.

Ja, sie blicken bereits wehmütig zurück, bewahren etwas: kostbare Teilchen der Vergangenheit.

Ja, sie sind Reaktionäre: Sie wehren sich gegen den schlechten Geschmack, die schlechte Poesie, die schlechte Regierung.

Sie können es und tun es auch. Aber ohne die finstere Pose des Richters, des Entlarvers und Henkers.

Gott bewahre uns davor, sie danach zu fragen. Sie würden uns mit einem erstaunten Blick antworten, einem verwirrten Schweigen, einer bissigen Bemerkung, einem verächtlichen Schmollen. Puschkin mit seinem großartigen, schallenden Lachen, bei dem »man bis in seine Eingeweide hinunterblicken konnte«.

Das Gespräch hat eine Wendung genommen, einen eiligen Kreis gezogen, um zum lärmenden Echo eines Gelächters zurückzukehren. Im Mittelpunkt des Kreises liegt das Geheimnis von »Puschkins Zeit« – strahlende Morgenröte und schon wieder trüber Sonnenuntergang. Das Geheimnis eines Dichters, dazu verdammt, niemals alt zu werden (so daß uns sogar d'Anthès' Kugel als Verkörperung eines fernen, göttlichen Plans erscheinen könnte), weder im Leben noch in seiner herrlichen, vollendeten Kunst, die von den meisten wie ein altes, nutzloses Relikt abgelehnt wird: Prometheus, an den Fels ewigen Kindseins gekettet, und verspotteter Methusalem. Als hätte ihm jemand auferlegt, den tragischen Hiat zwischen den Epochen seines Landes zu überwinden, indem er ihm als Gegengabe seine wunderbaren Dichtungen schenkte.

».... Die Gräfin Tolstaja sagte, sie wolle keines jähen Todes sterben: Es sei peinlich, keuchend und atemlos vor seinen Schöpfer zu treten. Sie sagte, ihre erste Sorge im Jenseits sei, das Geheimnis der Eisernen Maske und des ehebrecherischen Verhältnisses von Graf V. und Gräfin S. zu ergründen, das alle in Erstaunen versetzt hatte und Gegenstand von Mutmaßungen und Diskussionen in der Petersburger Gesellschaft war. Die Überschwemmung des Jahres 1824 hinterließ bei ihr einen so starken Eindruck und versetzte sie in eine solche Wut auf Peter I., daß sie sich bereits lange vor den Slawophilen ein Vergnügen daraus machte, in ihrer Kutsche vor das Denkmal von Peter zu fahren und ihm die Zunge herauszustrecken ...« (Wjazemskij)

Wjazemskij war ein ausgezeichneter Dichter, ein raffinierter Kritiker, ein wortgewaltiger Redner und Briefeschreiber, ein leidenschaftlicher, selbstgefälliger Eroberer weiblicher Herzen und ein kluger, scharfzüngiger und zuweilen grausamer Mann. Er war kein Befürworter enthusiastischer Ausbrüche und betrachtete die Dinge stets mit klarer Nüchternheit. Er verglich sich mit einem Barometer, das prompt und zuverlässig Veränderungen in der Atmosphäre anzeigte; ein nutzloses Instrument, behauptete er, denn »wo die Leute nach Gutdünken schwitzen oder frieren und an keine Zeichen glauben, brauchen sie auch keinen Indikator«. In seinen kleinen Bändchen – ein privates Tagebuch, aber zugleich eine köstliche Chronik der *petite histoire* in Gegenwart und Vergangenheit – pflegte er mit peinlicher Genauigkeit die heftigen Gemütsschwankungen Rußlands aufzuzeichnen.

»›Es ist mir nie gelungen, den Unterschied zwischen einer Kanone und einer Haubitze zu begreifen‹, sagte Katharina II. einmal zu einem General. ›Ein gewaltiger Unterschied‹, ant-

126

wortete der, ›ich will es Ihnen erklären, Majestät. Sehen Sie, die Kanone ist eine Sache, die Haubitze eine andere.‹ – ›Ach so, jetzt verstehe ich‹, meinte die Zarin.« (Wjazemskij)

Puschkin liebte Geschichten über Peter, Elisabeth, Katharina, Paul, sammelte Anekdoten über die täglichen Gewohnheiten, Laster und Schwächen, komischen Seiten, Wutanfälle und Witze von Menschen, die bereits vom Nimbus der Legende umgeben waren. In den Gesprächen mit einer entfernten Verwandten Natalies, der über achtzigjährigen Natalja Kirillowna Zagrjashskaja, fand er eine unnachahmliche »geschichtliche Anmut«, und er weihte ihnen ein Kapitel in seinem unvollendet gebliebenen *Table-Talk*. »*Orloff était régicide dans l'âme, c'était comme une mauvaise habitude.*[1] Ich traf ihn einmal in Dresden, in einem Park außerhalb der Stadt. Er setzte sich neben mich auf eine Bank. Wir begannen, über Paul I. zu sprechen. ›Ein ganz abscheulicher Mensch, wie können sie ihn nur ertragen?‹ – ›Und was willst du tun, mein Teuerster? Ihn etwa erwürgen?‹ – ›Weshalb denn nicht, mein Herz?‹ – ›Wie, und du wärest damit einverstanden, daß deine Tochter Anna Alexejewna in die Sache hineingezogen würde?‹ – ›Ich wäre nicht nur einverstanden, ich wäre sogar sehr glücklich.‹ So ein Mensch war das!« So schuf die lebendige Stimme von alten Menschen, die im Jahrhundert ausharrten wie bizarre Relikte, die lebendige Geschichte. So zerriß das Band zwischen den Generationen nicht, weil es dem Andenken ehrwürdiger Augenzeugen anvertraut war. So schob man den bedrohlichen *néant du passé* noch hinaus, der unentwegt lauerte auf Rußland und dessen angeborenen Hang zur Tabula rasa, zur Neugeburt aus der Asche.

»Vieles aus unserer Geschichte kann damit erklärt werden, daß ein Russe, nämlich Peter der Große, einmal versucht hat, Deutsche aus uns zu machen, und daß eine Deutsche, nämlich

---

1 »Orlow war tief im Herzen ein Königsmörder, das war wie eine schlechte Angewohnheit bei ihm.«

Katharina die Große, einmal Russen aus uns machen wollte.«
(Wjazemskij)

»Puschkins Wagen!« – rief der Haushofmeister von der Pforte
eines Petersburger Patrizierhauses den Kutschern zu, die darauf
warteten, ihre Herren nach Hause zu fahren. »Welcher Puschkin?« – erklang eine Stimme aus der Gruppe dicht beieinander-
stehender Männer in Livreen. »Der Dichter Puschkin« – lautete
die Antwort. Ohne Adelstitel kam er aus Salons von Leuten, die
nicht viel hielten von der Literatur und die von dem »Dichter«
nur das eine oder andere giftige Epigramm kannten; als Ab-
trünniger der Freiheit, als Sklave von Mammon und Macht trat
er in das Bewußtsein junger Anbeter von Nützlichkeit und Fortschritt.

Nach Pindemonti

Ich mach mir nichts aus den gerühmten Rechten,
Die manchen Schwirrkopf schwärmen machten,
Und auch das Vorrecht, Steuern anzufechten,
So süß es ist, will ich verachten.
Und wenn die Zarschaft Kriege denkt,
Was kümmert's mich? und ob die Presse unbeschränkt
Die Esel hinters Licht führt, oder zimperlich Zensur
Die Zeitungsspötter scheucht zur Wohlgesinnungsschur –
Nur Worte, Worte sind es und Geschwätz!
Für mich verlang ich beßre Rechte,
Andere Freiheit, anderes Gesetz,
Für das ich öffentlich nicht fechte ...
Vom Zaren abzuhängen oder abzuhängen
Vom Volk – gilt es nicht gleich?
Ob Macht, ob Gunst – ich lass' mich nicht in Pflichten
                              zwängen
Und diene weder Volk noch Reich.
Ich beuge weder das Genick noch mein Gewissen.
Nach Lust und Laune schweif ich hier und dort.

Nur eines will ich: hingerissen
Stehn vor der Schönheit Schöpfungswort.
Stumm und von Eingebung entzückt.
Das ist das Recht, das mich beglückt.

Obwohl seine Familie sehr alt war und die Namen seiner Vor-
fahren bereits in mittelalterlichen Chroniken aufgeführt waren,
hätten viele gelacht, wenn es dem Edelmann Puschkin eingefallen wäre, sich als Aristokrat zu bezeichnen. Mit dem Rang eines
offiziellen Beraters und Kammerjunkers und seinem Status als
Dichter frequentierte er die Häuser der steifen, arroganten Aristokraten, die gerade erst zu solchen geworden waren, die zu-
meist kaum den Namen ihrer eigenen Großväter zu nennen
wußten und deren älteste Wurzeln allerhöchstens bis zu Peter
und Elisabeth zurückreichten: »Offiziersburschen, Chorsänger,
Küchenjungen adeliger Haushalte.«

»Der Lieblingsenkel von Fürst Potjomkin war der verstorbene
N. N. Rajewskij. Potjomkin schrieb ihm einige Verhaltensregeln
auf: ›*Zuallererst stelle dich selbst auf die Probe, damit du siehst, ob
du ein Feigling bist. Bist du keiner, dann stärke deinen angeborenen Mut, indem du dir häufig Feinde suchst.*‹«

Die Nachwelt wird ihn als unschuldiges Opfer verehren, als
Märtyrer der Aristokratie und ihrer Salons. Die Wahrheit ist oft
so einfach: Puschkin hätte keinen Fuß in einen dieser berüchtigten Salons gesetzt, wenn er sie gehaßt hätte – niemand zwang
ihn dazu. Für gewöhnlich tauchte er dort spät auf und verschwand früh, weil er der rastlosen Beweglichkeit seines Geistes
folgte, dem Anstandsbuch des Snobs. Er liebte die Salons. Dort
traf er die Mächtigen und konnte mit ihnen, als plaudere er über
das Wetter oder über einen Ball, ernste Fragen erörtern: »Am
Mittwoch war ich bei der Chitrowo. Lange Unterhaltung mit
dem Großherzog ... Wir sprachen über den Adel ... Ich machte
ihn darauf aufmerksam, daß er in einem Staat entweder gänzlich überflüssig ist oder beschränkt werden muß und einzig

erreichbar sein darf über den Willen des Herrschers ... Was den *tiers état* anbelangt, was ist unser alter Adel denn anderes, mit seinen durch zahllose Teilungen zerstückelten Gütern, seiner Kultur, seinem Haß auf die Aristokratie und all den Ansprüchen auf Macht und Reichtum? Ein ähnlich natürliches Element der Revolte gibt es in Europa nicht mehr. Wer war am 14. Dezember auf dem Platz? Nur Adelige ... Im Zusammenhang mit dem alten Adel sagte ich ihm: ›*Nous, qui sommes aussi bons gentils-hommes que l'Empereur et Vous ... etc.*‹«[1]

Wer Augen hat, um zu sehen (indem er ein wenig abseits steht, in einer Ecke oder an einem Fenster), findet in den Salons ein bewegendes Kompendium der Welt, eine »Enzyklopädie des russischen Lebens« in Miniatur – ohne Bauern und Leibeigene zwar, doch ihnen galten auch nicht in erster Linie Puschkins Sorgen. In den Salons herrschen bestimmte Umgangsformen, mittels deren die Form die heranbrechende Flut des Chaos einzudämmen sucht, Rußlands größten Feind. Dort trifft man viele reiche Menschen – und Reichtum verströmt stets heimliche Harmonie; man trifft auch viele schöne Frauen dort – und die Schönheit auf Erden kündet von der Ordnung anderer Welten. Man wandelt zwischen funkelnden Splittern der Wirklichkeit, von Spiegeln vervielfältigt, die den tröstlichen Trug einer freundlichen Unendlichkeit schaffen; man gleitet über wachsglänzende Parkettböden, hält nach Lust und Laune inne, um ein wenig zu verweilen, und auch die Zeit erscheint wie eine leuchtende Fläche, die man mit seinen Wünschen überwinden kann. Ähnlich den Schritten des Salongängers, ebenso gelassen, elegant, zerstreut, zufällig, waren die Schritte von Puschkins Verstand, der keinerlei feste Strukturen ertrug und in schnelle, zuweilen widersprüchliche Gedankenblitze zerfiel. Von der Zeit der Aufklärung hatte er eine alles verschlingende Neugier geerbt und lehrte unser Jahrhundert die zerrissene Kunst des Fragments – stets mit einem Lächeln auf den Lippen, stets mit einem hochmütigen Funkeln in den hellen Augen. Was Pusch-

---

1 »Wir, die wir ebenso gute Adelige sind wie der Kaiser und Sie ...«

kin jedoch in den Salons mißfiel, in gewissen Salons, waren die dummen, langweiligen *blue stockings*, wenn sie ihn fragten: »Haben Sie nicht etwas Neues geschrieben?« Und vor allem die Leute, die seinem Genie, seiner Einzigartigkeit nicht den gebührenden Respekt zollten.

»Suworow hielt die Fastentage ein. Potjomkin sagte einmal lachend zu ihm: ›Offenbar wollen Sie, lieber Graf, auf dem Rücken eines Störs ins Paradies reiten.‹ Dieser Ausspruch wurde verständlicherweise begeistert aufgenommen von den Höflingen Seiner Durchlaucht. Ein paar Tage später kam einem der speichelleckenden Schmeichler Potjomkins, dem dieser den Spitznamen Senka, der Banduraspieler gegeben hatte, in den Sinn, vor selbigem Suworow zu wiederholen: ›Ist es wahr, Euer Hoheit, daß Ihr auf einem Stör ins Paradies reiten wollt?‹ Suworow wandte sich dem Scherzbold zu und sagte kühl: ›Suworow stellt zuweilen Fragen, aber antworten tut er niemals, merken Sie sich das!‹«

Die Worte fließen natürlich und zwanglos, ohne Hemmnisse, ohne auch nur einmal das Gewebe grimmiger Gedanken, mühevoller Errungenschaften und tausend verworfener Versionen zu entblößen. Die Kunst ist das Modell einer innigen Vertrautheit mit der Welt, einer liebevollen, gelassenen Gewohnheit mit all den ungewohnten Dingen, von denen man spricht – respektvoll, aber ohne Unterwürfigkeit, auf gleicher Ebene aufgrund einer uralten Seelenverwandtschaft. Puschkin dichtete und schenkte uns dabei die Illusion, daß das Sublime nur wenige Schritte von uns entfernt liegt, gutmütig, herzlich, einfach, zuweilen sogar ein wenig komisch.

Und sie werden mit boshaftem Lächeln zu mir sagen:
»Sie sind ein Heuchler, berühmter Poet:
Sie brauchen keinen Ruhm, sagen Sie's ruhig,
Sie finden ihn eitel und wertlos. Weshalb schreiben Sie
                                        dann?«

»Ich? Für mich.« – »Und weshalb lassen Sie Ihre Verse
drucken?«
»Wegen des Geldes.«
»Und da schämen Sie sich nicht?« – »Ich? Warum?«

In einer Erzählung erklärte er *drjan*, die ›dichterische Inspiration‹, mit den Worten Dummheit, Kehricht, Widerwärtigkeit
und spielte auf diese Weise mit den heiligsten Dingen, mit seinen ehrwürdigen Doppelgängern, dem Propheten, dem Seher.
Und spielend sagte er uns, die Poesie sei auch der Ort des
Unrats, wo die Exkremente einsamer Freßgelage der Seele
enden.

... Vrai démon pour l'espièglerie,
vrai singe par sa mine,
beaucoup et trop d'étourderie -
ma foi – voilà Pouchkine ...[1]

Alles an ihm war fremdartig und ungewöhnlich. Die »negride
Häßlichkeit« seines Gesichts, das uneuropäische, schwarz-
braune Kraushaar, die leicht aufgeworfenen »tiefroten, breiten«
Lippen, die stumpfe Nase, die perlweißen Zähne, die olivfarbene Haut, aus der hell die graublauen Augen hervorblitzten,
verliehen ihm einen exzentrischen Charme. Die zwei Ausläufer
seines dichten Backenbarts vereinten sich unter dem Kinn in
einem flaumigen Streifen. Seine Fingernägel waren lang und
krallenförmig. Er war von kleinem Wuchs, mager und machte
hastige, flinke, nervöse Bewegungen. Als er jung war und mit
den Damen vom Lande beim Walzer oder der Mazurka herum-
wirbelte, hielt man ihn dort für einen Ausländer, einen Dämon
oder Freimaurer. Die Befindlichkeit seiner Seele wechselte oft
jäh von düsterer, wolkenumhangener Schwermut zu lichter,

---

1 »... Ein Teufelskerl wegen seiner Neckereien, / ein Affe wegen seines
Gesichts, / viel, ja viel zuviel Leichtsinn – / auf mein Wort – das ist Puschkin ...«

lärmender, kindlicher Fröhlichkeit. Bald stürmisch, bald heiter, bald finster wie das Meer kurz vor dem Sturm, bald schüchtern, bald unverschämt, bald höflich und zartfühlend, dann wieder verdrossen dreinblickend und launisch, nie ließ sich im voraus erraten, in welcher Gemütsverfassung er im nächsten Augenblick sein würde. Packte ihn der Weltschmerz – was in den letzten Jahren immer häufiger vorkam –, dann schritt er im Zimmer auf und ab, die Hände in den Taschen seiner weiten Hosen vergraben, und klagte weinerlich: »Ich bin traurig! Ich habe solche Angst!« Zuweilen schoß ihm das Blut mit solcher Heftigkeit in den Kopf, daß er ihn schleunigst mit kaltem Wasser kühlen mußte. Des Zornes leichte Beute, blickte er Wagnis und Tod unerschütterlich ins Auge, verschanzte sich mit eiskalter Gelassenheit hinter Duellbarrieren. Seltsam an ihm war das Zusammenwirken einer heftigen, impulsiven Leidenschaftlichkeit, die ihn unvorbereitet und wehrlos den Lappalien wie den Tragödien des Lebens in die Hände spielte, und eines klaren, hell leuchtenden Verstands. Im Beisein vieler Menschen war er fast immer ernst, schweigsam und düster. Auf großen Bällen oder überfüllten Empfängen stand er in einer Ecke oder neben einem Fenster und gab vor, sich nicht am allgemeinen Amüsement zu beteiligen; bei anderer Gelegenheit war er dagegen wieder allzu aufgedreht, allzu überschwenglich. Im übrigen hielt er es nie lange aus und war stets einer der ersten, die sich verabschiedeten. Im engeren Kreis war er offen, scherzte, gab Bonmots zum besten, wob duftige Spitzen leichter Konversation, wechselte plötzlich von banalen, regelrecht albernen Gegenständen hin zu tiefgründigen Themen, machte Geständnisse, sprach mit aufrichtiger Betrübnis über Kummer und Sorgen. Feinden gegenüber war er unerbittlich, Angriffen begegnete er mit frostigem Schweigen oder wenigen tödlichen Worten; in der Freundschaft verteilte er freigebig wahre Schätze von Zärtlichkeit, besaß in höchstem Grade das, was die Russen mit »Herzensgedächtnis« bezeichnen. Auch seine Sprache war gespalten: Ein Teil von ihm sprach ein warmes, liebevolles und vertrauliches Russisch, der andere ein kaltes, strenges Französisch aus dem 18. Jahrhundert. Seine Zeitgenossen warfen ihm jedoch eine andere Doppelzüngigkeit vor. Einer von ihnen, W. I. Safonowitsch, erinnerte sich:»... er war ein rätselhaftes, zweigesichtiges Wesen. Er genoß die Gesellschaft von Aristokraten und wollte zugleich für volksnah gelten, frequentierte die Salons, benahm sich dort aber wie ein Rohling, bemühte sich um die Gunst einflußreicher Leute in der guten Gesellschaft, besaß aber keinerlei Anmut im Gebaren und legte eine etwas arrogante Haltung an den Tag. Er war sowohl konservativ als auch revolutionär. Er empfing mit Genugtuung den Kammerjunkerntitel und verkehrte zur gleichen Zeit mit Personen, die dem Hof keine große Sympathie entgegenbrachten. Er schlenderte durch die Salons und beschäftigte sich mit Literatur ...«

Exegi monumentum

Ein Denkmal schuf ich mir in meinem Erdenleben,
Zu dem das Volk wird pilgern noch in fernster Zeit.
Mein unbotmäßiges Haupt wird höher sich erheben
Als Alexanders Säule heut.

Nein, ich vergehe nicht! Mag auch mein Staub verwehen,
In meinen Versen lebt unsterblich fort mein Geist.
Mein Ruhm wird wie ein Stern am Himmel strahlend
                                                    stehen,
Solang man wahre Dichter preist.

In hundert Sprachen hallt mein Wort gewiß einst wider
Im ganzen Russenreich, in seiner Völker Schar.
Wie Slawen heut, so singt der Finne meine Lieder,
Kalmück, Tunguse und Tatar.

Das Volk wird Dankbarkeit und Liebe mir bewahren.
Die Freiheit rühmte ich in gnadenloser Zeit,
Erweckte Mitgefühl für die, die Leid erfahren
Als Opfer der Selbstherrlichkeit.

Mein Genius, fürchte nichts! Gehorsam bist du schuldig

Dem Gott der Dichtkunst nur!... Auf Lorbeer nicht erpicht,
Nimm Lob wie Lästerung mit Gleichmut hin geduldig
Und hadre mit der Dummheit nicht!

Er besaß – dank seines Blutes, der Zeit und des göttlichen Siegels – die Gabe der Distanz. Sie erlaubte es ihm, in seine Kunst
etwas hineinzulegen, was noch Jahrhunderte später die Gemüter zu erhitzen vermag. Mit Hilfe seiner magischen Kristallku-
gel, der Poesie, gelang es ihm, die Angelegenheiten des Herzens
und der Welt aus einer Distanz zu betrachten, wie sie normalen
Sterblichen nur eine Zeit des Leidens und Vergessens ermög-
licht. Diese phantastische Beschleunigung, diese wunderbare
Alchimie, die beim ersten Kontakt mit der verfeinerten Luft der
Verse das Blut aus den Wunden gerinnen läßt, war sein Geheimnis. Im Leben gab ihm das den Anschein einer blasierten
Überheblichkeit, die viele an ihm störte. Er kannte seinen Wert,
und der geringschätzige, scherzhafte und schlichte Ton, mit
dem er über sich selbst zu sprechen pflegte – »Ich habe wieder
etwas geschrieben« (die Verse, die Prosa von Boldino) –, war
auch das Gegenmittel, das Geschmack und Verstand seinem
Größenwahn verabreichten.

»Neulich, bei Pogodin, traf ich Nadeshdin. Er kam mir ziemlich bäuerlich vor, vulgär, langweilig, aufgeblasen, ganz und gar
ohne Manieren. Er hob zum Beispiel das Taschentuch auf, das
mir zu Boden gefallen war.«

Die »Kälte ruhigen Stolzes« war die weltliche Variante des Ar-
chetyps heiliger Vollkommenheit, der von einem fernen, stets
geheimen Ort aus über Puschkins Verse herrscht. Es ist eine
negative Gottheit, die Kehrseite der unruhigen, zappelnden Bewegungen, der Machenschaften und Anstrengungen, der Sehn-
süchte und Leidenschaften der Menschen. Von ihr erhascht
man nur blitzschnelle Reflexe in der Kunst, in der Größe der
Natur, in der Harmonie gesellschaftlicher Formen, in der Ordnung der Rituale. Ihre Stimme dringt nicht bis an unser Ohr,
belehrt nicht, bestraft nicht. Sie mischt sich nicht in die Angele-

135

genheiten der Menschen, denn sie ist in sich vollkommen, mit sich im reinen, braucht weder Opfer noch Priester. Sie ist kalt und unparteiisch, äußerst distanziert und ohne Regung. Man kann sie nicht suchen, ihr nicht folgen, sie nicht lieben; sie gestattet nur die Versenkung.

»Graf Kotschubej wurde im Alexander-Newskij-Kloster begraben. Die Gräfin bat den Herrscher um die Erlaubnis, das Stückchen Erde, in dem ihr Gatte ruhte, mit einem Gitter umgrenzen zu dürfen. Dazu sagte die alte Nowosilzewa: ›Wollen mal sehen, wie es ihm am Tag des Jüngsten Gerichts ergeht. Er wird sich abmühen, über sein Gitterchen zu kriechen, wenn andere schon längst im Himmel sind.‹«

Er verstand es, die Menschen mit wechselnden poetischen Masken zu erstaunen und zu verwirren. Sein Meisterwerk war der Erzähler in *Eugen Onegin*, einem Versroman von einer Reise. Die Geschichte beginnt in der Postkutsche, die Onegin aufs Land hinaus trägt zu seinem todkranken Onkel, macht plötzlich eine brüske Kehrtwendung, eilt zurück nach Petersburg, dem jungen Helden nach, der sich auf einem Schlitten zu einem mondänen Ort begibt, dann zum Restaurant Talon fährt, ins Theater fliegt, sich hastig umkleidet, in einem gemieteten Wagen zu einem Ball der feinen Gesellschaft stürzt, in einer Kutsche nach Hause zurückkehrt, um sich nach diesem wirbelnden Tag endlich zur Ruhe zu begeben. Eine Geschichte, die sich wahrhaft auf zwei Kufen und vier Rädern vorwärtsbewegt. Und wenn der Held erschöpft innehält, eilt die Phantasie seines Schöpfers unermüdlich weiter. Unruhig verirrt sie sich in blitzartigen Assoziationen und plötzlichen Erinnerungen oder schweift ab zu Geständnissen, Überlegungen und lyrischen Ergüssen. »*A propos* ...« – und jedes *A propos* lädt ein zu einer kurzen Plauderei: die zierlichen Füßchen der Frauen, der Zauber der Bühne, die Herzen der Damen, die ländlichen Sitten, die Tagebücher der Mädchen auf dem Lande, die Gesetze des Schicksals, die verdorrte Seele des zeitgenössischen Menschen,

136

die schlechtesten Straßen Rußlands ... Er schweigt nie, unser
junger Reisegefährte. Er verblüfft uns mit Maximen schlichter
Weisheit: »Nun, Feinde hat ja jedermann, doch Gott bewahr
uns vor den Freunden!«, »Ein Weib wird um so heißer lieben, je
kühler man sich abseits hält«, »Wer lebt und urteilt, lernt beizeiten, wie tief verächtlich Menschen sind«, »Ach, Weiberart ist
federleicht«. Zuweilen scheint er uns ein hinfälliger, mürrischer
Menschenfeind: Dann schießt er seine Pfeile auf die leere, boshafte Gesellschaft, die kalte Grausamkeit der Welt, die Tyrannei
der Mode. Sollten dies die Söhne des Jahrhunderts sein, die
Romantiker, die russischen Byrons? Zuweilen, mit seinen Lob-
reden auf die gute alte Zeit, wirkt er wie ein wehmütiger Greis.
Und doch ist seine Stimme voll jugendlicher Anmut, morgend-
licher Freude. Er schweigt nie, unser merkwürdiger Reisegefährte, und lädt auch uns zum Sprechen ein: »Sind deine Vettern
alle, geneigter Leser, hübsch gesund? Dann hörst du auch in
diesem Falle gewiß sehr gern durch losen Mund, was so *Ver-
wandtschaft* meist bedeute: Verwandte sind die biedern Leute,
die man mit Herzensüberfluß verehren, lieben, hätscheln muß
und denen man aus reinstem Triebe zum Wiegenfeste sehr gerührt selbst oder schriftlich gratuliert, damit uns ihre Nächsten-
liebe (Gott soll sie segnen!) für den Rest des Jahres ungeschoren
läßt ...« Unsere Verwandten sind Gott sei Dank alle wohlauf.
Wer weiß, vielleicht wollen wir noch mehr wissen über Eugen.
Gewiß wollen wir das. Also, er und Eugen, sollen wir wissen,
sind gleichaltrig und alte Freunde – alt in der Seele, unwiderruflich verwelkt. Als Invaliden, Gefühlskrüppel, schleppen sie
sich ziellos, freudlos durch die Welt; zuweilen kehren sie mit
ihren Träumen in die Vergangenheit zurück, zum Anfang ihres
jungen Lebens, wie resignierte Sträflinge, die man aus einer
dunklen Zelle unversehens in einen grünen, sonnendurchflute-
ten Hain führt. Ein wirklich wunderbares Bild. Und welch ein
grausames Schicksal für zwei edle Seelen ... Wir trocknen bereits eine Träne, als unserem schwatzhaften Reisegefährten ein
verräterisches Sätzlein entschlüpft: »Ist's wahr, daß all das
einst'ge Glück (wie ich im Scherz oft vorgetragen) nun ohne

Wiederkehr dahin? ...« Er scherzte also; er scherzte und äffte die ausländischen Schriftsteller nach, die heutzutage in Mode sind. Er plauderte, um der Zeit ein Schnippchen zu schlagen, wie viele es tun auf einer Reise. Gewiß, auch um uns zu täuschen: Was wissen wir von ihm, wer ist er eigentlich? Ein Taugenichts vom Lande, ein inkognito reisender Generalinspekteur, ein Umstürzler auf der Flucht vor der Justiz, ein Poet, die Parodie eines Poeten, »mit Engelsfittich, Teufelshuf«? Am Ziel der Reise angelangt, grüßen wir ihn wohlerzogen, danken ihm für die Gesellschaft und die schönen Worte – denn schön waren sie, das können wir nicht leugnen, sie wärmten unser Herz, auch wenn sie die Kälte besangen. Als es plötzlich totenstill wird, beginnen wir, etwas über unseren rätselhaften Reisegefährten zu begreifen. Wer so plaudert, indem er über die Dinge gleitet wie über das glänzende Parkett eines Petersburger Palastes, der kennt den leeren Untergrund des Daseins und weiß dessen flimmernde Erscheinungen vollendet nachzuahmen. Wer so abschweift, von der Bewegung gezwungen, der hat in Schreckensbildern das Ziel der Reise bereits erblickt und entsetzt und fasziniert zugleich den Blick abgewendet: Das Eis ist grauenerregend, das Eis ist verlockend. Deshalb gefällt es Poeten, manchen Poeten, Geschichten zu erfinden.

»Delwig mißfiel die mystische Dichtung. Er sagte: ›Je näher man dem Himmel kommt, desto kälter wird es.‹«

Wie unermüdliche, ergebene Bühnendiener halfen ihm auf der Weltenbühne Schicksalsschläge, Verurteilungen und Unglücksfälle. Sechs Jahre hatte er bis zur großen Begnadigung im Exil zugebracht; zuerst im Süden des Großreiches, dann auf dem Gut Michailowskoje. Der Abstand nährt den Mythos: Man krönte ihn in Quarantäne zur funkelnden Verheißung vaterländischer Dichtkunst, danach zum größten russischen Dichter. Seine Exzentrizität – Hommage an Byron, aristokratische Gewohnheit, Strategie des Dandys, instinktives Unbehagen gegen die verknöcherten Formen des Wirklichen – hatte eine vollkommene Verkörperung gefunden, und zwar in seiner Abwesenheit, seinem beständigen Anderswo-Sein, in einer authentischen oder imaginären Peripherie, die ihn nicht etwa vor den Augen Rußlands verbarg, sondern seine Gestalt auf der Bühne nur um so strahlender zur Geltung brachte, ihr den flammenden Lichterkranz des Märtyrers verlieh, des einsamen Titanen, des ewigen Nomaden. Die Strafen, die unweigerlich auf seine Entgleisungen – politischer, poetischer, amouröser Natur – folgten, stellten ihn vor einen idealen Hintergrund aus einsamen Felsen, brausenden Wogen, jungfräulichen Gipfeln und ländlichen Einsiedeleien: Sein Sankt Helena, sein Mesolongion. Im Exil, im Kerker war er zum Mittelpunkt der Aufmerksamkeit, der Erwartungen und des neugierigen Interesses der Menschen geworden. »Puschkin ist ganz aus Zucker, und sein Hintern aus Äpfeln«, sagte man den Kindern. Wieder in Freiheit, blieb er der unsichtbare, ungreifbare Dichter, indem er rastlos zwischen Petersburg, Moskau und seinen Gütern auf dem Lande hin- und herfuhr, wo er sich einem freiwilligen Hausarrest unterzog, um die träge Inspiration ein wenig anzuspornen. »Wo ist Puschkin? Was macht Puschkin?« – mußten Freunde und Bewunderer sich in einem fort fragen, und mit gleicher Wahrscheinlichkeit konnte man ihn sich in einem Petersburger Salon vorstellen, gähnend oder Gefrorenes in sich hineinschlingend, oder in dem nicht eben glanzvollen Heim der Zigeunerin Tanja oder bei Sofja Astafewna, der bekanntesten Mätresse der Hauptstadt; an einem abseits liegenden Duellort; in einem staubigen Wirtshaus an einer der großen Straßen Rußlands, wo er die kurz zuvor mit einem Poem verdienten Rubel verspielte; bei den Soldaten an der türkischen Front, die ihn, da er Gehrock und Zylinder trug, für einen Kaplan hielten; in einem Herbergszimmer beim keuschen Tête-à-tête mit seiner Muse; ebenfalls in einem Herbergszimmer, mit Fieber und kahlgeschorenem Kopf wegen eines venerischen Leidens im Bett liegend. Müde beschloß er irgendwann, innezuhalten, doch das Schicksal begriff schon bald, daß er ihm wieder einmal zu entrinnen versuchte: In der Maske des zufriedenen, wohlgenährten Bürgers wollte er sich in die Normalität, in die Anonymität flüchten. Doch das ließ es nicht zu: Es schickte ihn nach Petersburg, an den Hof, rief ihn mit gebieterischer Stimme ins Anitschkow-Palais. Dieses Im-Mittelpunkt-Stehen bekommt den Dichtern nicht: Es frißt an der Legende, nagt an der Seele, zerrt an den Nerven. Lassen wir für einen Augenblick Natalies Leidenschaft für Bälle und ihre Abneigung gegen das ländliche Leben außer acht sowie die Verbote des Zaren und seine, Puschkins, Verpflichtung, Majestät wegen jedes Ortswechsels, und sei er noch so unerheblich, wegen jeder Reise, und sei sie noch so unschuldig, um Erlaubnis zu bitten; vergessen wir die 135 000 Rubel Schulden, oder besser, betrachten wir sie in ihrer Funktion als Fürsprecher, als Boten des Schicksals. Sie verdammten Puschkin zu stetiger Anwesenheit, stellten ihn in den Brennpunkt der Aufmerksamkeit, inmitten von tausend glitzernden Operngläsern, die längst nicht mehr wohlgesinnt und neugierig funkelten wie damals, als er sich als Unbekannter glamouröse Auftritte in der Gesellschaft gestattete. Als zerbrechliches, durchsichtiges, vielfach gesplittertes Glas sollte sich auch jener Ort erweisen, jenes »at home«, jene häusliche Privatsphäre, die er sich als letzte windgeschützte Zitadelle des Geistes auserwählt hatte. Dort lauerte die Besessenheit, der Gelassenheit Feindin.

»In einem deutschen Kurort machte ein junger Franzose einer schönen Russin den Hof; sie schien von seinen Aufmerksamkeiten durchaus angenehm berührt. Ihr Gatte, ein Provinzler, witterte nichts von dieser heimlichen Liebelei, die sich da vor seinen Augen anbahnte. Einer seiner Freunde war scharfsichtiger und riet dem Herrn dringend dazu, mit seiner Gattin aufs Land zu reisen, zumal bereits die Jagdsaison begonnen hätte. Er fügte noch hinzu: ›Es ist höchste Zeit, man hört ja bereits das Schallen der Hörner!‹« (Wjazemskij)

Während des Otschakow-Feldzugs war Fürst Potjomkin in die Gräfin *** verliebt. Es gelang ihm, ein Treffen mit ihr zu verein-

baren, und als er sich allein mit der Dame in seinem Haupt-
quartier befand, zog er versehentlich an der Alarmschnur, und
sämtliche Kanonen rings um das Lager wurden abgefeuert. Als
er die Ursache für die Böllerschüsse erfuhr, zuckte der Ehemann der Gräfin ***, ein bissiger, unmoralischer Mensch, nur
die Achseln und meinte: »Soviel Lärm um nichts!«

»Der alte K***, ein zärtlicher, fürsorglicher Ehemann, aber ein
vergeßlicher Vater, fragte seine Frau des öfteren: ›Bitte, meine
Liebe, wer ist der Vater unseres jüngsten Sohnes? Ich kann mich
beim besten Willen nicht daran erinnern.‹ Oder: ›Mir ist doch
tatsächlich der Name des Vaters unseres Sohnes entfallen, des
zweitgeborenen.‹« (Wjazemskij)

Am 19. Oktober 1836, dem heiligen Jahrestag, der die noch lebenden Zöglinge der ersten, ruhmreichen Klasse des Lyzeums
zu einem Fest versammelte, sah man ihn weinen. Er kam mit
einem soeben beendeten Gedicht, meinte entschuldigend, er
habe keine Zeit mehr gehabt, es zu Ende zu schreiben, und
begann zu deklamieren: »Unser lärmendes Fest ist zu Ende, / ist
mit den Jahren stiller geworden, wie wir, / reifer geworden, wie
wir / und schweigt nun versonnen, / leise und wehmütig klingen
die Krüge ...« – an dieser Stelle mußte er innehalten, weil
Schluchzen seine Stimme erstickte. Er zog sich in einen Winkel
zurück, um seine Rührung zu verbergen. An jenem Tag, so sagt
man, war Puschkin sehr müde: Er hatte die letzten Verbesserungen an der *Hauptmannstochter* vorgenommen, den Entwurf
einer ausführlichen Antwort auf Tschaadajews *Philosophischen
Brief* ausgebreitet: »... Was unsere geschichtliche Bedeutungs-
losigkeit anbelangt, so kann ich Ihnen auf gar keinen Fall
zustimmen ... Und Peter der Große, der allein schon Weltge-
schichte ist? Und Katharina II., die Rußland an die Schwelle
Europas führte? Und Alexander, der Sie nach Paris brachte?
Und (Hand aufs Herz) finden Sie denn überhaupt nichts Groß-
artiges an der gegenwärtigen Lage Rußlands, etwas, das die
Historiker von morgen in Erstaunen setzen könnte? Glauben

Sie, wir werden uns von Europa abspalten? Obwohl ich den Kaiser persönlich sehr verehre, so bin ich doch weit davon entfernt, alles, was ich um mich herum sehe, zu bewundern; als Literat bin ich verbittert, als Mann mit Grundsätzen gekränkt – doch ich schwöre Ihnen bei meiner Ehre, daß ich mein Vaterland oder die uns von Gott geschenkte Geschichte unserer Väter gegen nichts auf der Welt eintauschen möchte ...«

»Denn seit Katharinas Zeiten haben wir an Glanz verloren ... Selbst das Hofieren und Umschmeicheln hatte damals etwas Ritterliches: Vieles lag wohl auch daran, daß der Zar eine Frau war. Danach gewann alles den Anschein wohldienenden Lakaientums ... Betrachten wir zum Beispiel den Unterschied zwischen Panin und Nesselrode, diesem zwergenwüchsigen Lakeien – das meine ich nicht etwa im ethischen Sinne, denn da wäre er kein Zwerg, sondern eine verwachsene Mißgeburt, *un vermisseau né du cul de feu son père* oder, um den Gewohnheiten des Herrn Papa besser gerecht zu werden, *un vent lâché du cul de feu son père*, sondern wirklich körperlich ein Zwerg ... Denken Sie darüber, was Sie wollen, aber Rußland braucht auch die physische Präsenz seiner hohen Würdenträger. Und was zum Teufel steckt in diesen Liliputanern? Die Worte Pauls, Gipfel des Despotentums, ›Ihr sollt wissen, daß an meinem Hof nur der groß ist, an den ich das Wort richte, und auch nur, solange ich mit ihm spreche‹, sind mittlerweile die Regel ...« (Wjazemskij)

Er schlenderte den Newskij Prospekt entlang, gemeinsam mit Graf Nesselrode, dem Vizekanzler des russischen Imperiums, und Graf Woronzow-Daschkow, dem Großzeremonienmeister und Mitglied des Staatsrats. »Ich versündige mich nicht gegen die Nachwelt, wenn ich behaupte, daß an Puschkins Bekesch, hinten auf Taillenhöhe, ein Knopf fehlte. Das Fehlen dieses Knopfs fiel mir ein jedes Mal, wenn ich Alexander Sergejewitsch begegnete, unangenehm ins Auge. Man sorgte nicht gut für ihn, das war klar ...« Dieser winzige Makel an Puschkins Kleidung

142

stört und interessiert auch uns, aber wir werden uns nicht durch
einen schiefen Blick auf die Geschichte versündigen wie Herr
Kolmakow: »Man sorgte nicht gut für ihn, das war klar …« In
Puschkins Haus gab es eine Vielzahl Bediensteter, und es oblag
gewiß nicht den Pflichten Natalja Nikolajewnas, sich um seine
Garderobe zu kümmern, wie uns dieser Verfasser geschicht-
licher Dokumente glaubhaft machen möchte, indem er vor
unseren Augen das unpassende, unmögliche Szenario eines
bürgerlichen Interieurs entstehen läßt, inklusive einer lieblosen,
faulen und nachlässigen Ehefrau. Wir werden gewiß nicht so
weit gehen, anzunehmen, daß das Fehlen dieses Knopfs beab-
sichtigt gewesen sein könnte, gewollt, können aber auch nicht
gänzlich umhin, darin eine lichte Stelle zu sehen in der un-
durchsichtigen Geschichte des Kammerjunkers Puschkin, ein
spöttisches Sinnbild, einen lächelnden, verschlüsselten Hinweis, den der letzte Dandy des russischen Imperiums der Welt
gab.

»L'exactitude est la politesse des cuisiniers.«

Denken wir uns die Stelle auf dem Rücken von Puschkins Bekesch als Vers: Gleicht dieser fehlende Knopf nicht ein wenig
dem betonten Akzent, der sich jäh über den Jambus aufschwingt
und im Nichts verschwindet, dabei die Etikette der Prosodie ver-
lacht, den Vers aus den sklavischen Fesseln des Metrums befreit
und ihn stets neu, beweglich, wechselhaft, unberechenbar, launisch, unsagbar elegant und frei werden läßt?

My vsé ucílis' ponemnóglu

(»Wir haben alle mit der Zeit gelernt …«; wir haben zum Beispiel gelernt, daß ein vierfüßiger Jambus folgendes Schema hat:
–/–/–/–/)

cemú-nibud'i kák-nibud'

(»Irgend etwas und irgendwie …«; in zwei Versen sind drei Akzente verschwunden, diesmal von der Leere verschluckt, an der Onegin, Petersburg, die ganze Epoche krankt.)

Die Rückenspange von Woronzow-Daschkow (die betonte Silbe / steht für den Knopf, und die unbetonte – für die Falte): –/–/–/–/

Die Rückenspange von Puschkin:

–/– – –/– –.

Voilà.

Die anonymen Briefe

Liza war in unserer Stadt
mit ihrer Tochter Dolly,
und überall nennt man sie
nur »die nackte Eliza«.
Jetzt sitzt sie im Galakleid
in der österreichischen Botschaft,
als spärlich bekleidetes, betagtes Wahrzeichen,
und zeigt ihre Schultern.
(Puschkin zugeschrieben)

Jelisaweta Michailowna Chitrowo, die Tochter des Generalissi-
mus Kutuzow, der einst über Napoleon triumphiert hatte, kehrte
1826 in ihre über alles geliebte Heimat Rußland zurück, fern
von der sie sich lange Zeit aufgehalten hatte. Drei Jahre später
ließ sich auch ihre Tochter Dolly, die Gemahlin des neuen österreichischen Gesandten, in Petersburg nieder, und von 1832 an
wohnte die Chitrowo bei ihrer Tochter und ihrem Schwiegersohn in dem schönen Quarenghi-Palais, das die österreichische
Botschaft beherbergte. Zuvor war das herrschaftliche Gebäude
an der Newa im Besitz der Familie Saltykow gewesen, und damals war es nicht selten vorgekommen, daß den Dienern zur
Strafe die Köpfe kahlgeschoren wurden; mit den Grafen Ficquelmont erhellte eine strahlende Renaissance die mittelalter-
liche Finsternis, und das Haus wurde schon bald ein Fenster
zum gebildeten, eleganten Europa. Die Matineen der Mutter
und die Soireen der Tochter, der »*ambassadrice*«, waren eine

Pflichtetappe auf den mondänen und intellektuellen Streifzügen durch die Hauptstadt; die Petersburger, entsann sich Wjazemskij, »brauchten keine Zeitungen zu lesen, sowenig wie die Bürger des antiken Athen, die einst unter den Säulengängen und auf dem Marktplatz lebten, philosophische Betrachtungen anstellten und die Vergnügungen des Geistes genossen. So konnte man in besagten Salons Informationen sammeln über sämtliche Themen des Tages, angefangen bei den politischen Auffassungen oder der parlamentarischen Rede eines französischen oder englischen Staatsmanns, bis hin zum Roman oder Bühnenstück eines damaligen Publikumslieblings.« Puschkin war ein beharrlicher Gast der österreichischen Botschafterin; Naschtschokin zufolge soll er eine kurze, heftige Romanze mit der zarten Dolly gehabt haben: eine einzige Liebesnacht, die in ihrer Leidenschaftlichkeit leider bis zum Morgengrauen währte und nur dank der Geistesgegenwart einer alten französischen Magd vom betrogenen Gatten nicht entdeckt worden war. Sollte diese Geschichte wahr sein (die eheliche Treue der heftig umworbenen Gräfin Ficquelmont war nämlich legendär), so fehlt sie in der langen Liste des berühmtesten Don Juan Rußlands. Schwarz auf weiß belegt ist dagegen die tiefe Zuneigung, die Dollys Mutter für Puschkin empfand, eine Frau mit massigen, fülligen Formen, die sich als stattlich bezeichnete und stolz betonte, äußerlich ihrem ebenso verdienten wie unansehnlichen Vater zu gleichen.

Eines Morgens suchte jemand die Chitrowo auf und fand sie noch im Bette liegend. Als er sich verlegen nach einem Plätzchen umsah, wohin er sich setzen konnte, hörte er sie sagen: »Nein, nicht auf diesen Sessel, der gehört Puschkin, nein, nicht auf den Diwan, das ist Shukowskijs Platz, nein, nicht auf diesen Stuhl, der gehört Gogol. *Asseyez-vous sur mon lit, c'est la place de tout le monde.*«[1]

---

1 »Setzen Sie sich doch auf mein Bett, da sitzt alle Welt.«

»Die nackte Eliza« hatte die Angewohnheit, ihre wohlgeform-
ten, nun allerdings in die Jahre gekommenen Schultern zu
entblößen, worüber zahlreiche Witzeleien, sogar in Versform,
im Umlauf waren (»es wäre an der Zeit, den Schleier über die
Vergangenheit zu legen«, »... und Jahr für Jahr / erschreckt sie
uns wieder mit der üppigen Nacktheit greiser Schultern ...«),
Kleider zu tragen, deren großzügige Rückendécolletés ihr
Kreuzbein berührten. Die seltenen Gelegenheiten, bei denen sie
nicht ihre berühmten Schultern entblößte, wurden sogleich in
der *petite histoire mondaine* verewigt: »Sie hält sie bedeckt wie
Gefäße aus Alabaster, damit keine Fliegen sie beflecken.« Auch
ein Ausspruch Dodòs (»*dos-dos*«), den diese noch in ehrwürdi-
gem Alter zu wiederholen pflegte, war zum geflügelten Wort
geworden: »Wie merkwürdig doch mein Schicksal ist – noch so
jung und schon zweimal verwitwet«, und Puschkin zitierte ihn,
als Ende 1830 Großherzog Konstantin Pawlowitsch das aufstän-
dische Polen verlassen mußte: »Auch er kann sagen: noch so
jung und schon zweimal verwitwet, denn er hat Reich und Krone
verloren.«

Auch wenn viele die Gaben der frommen und patriotischen
Eliza bewunderten – ihre heroische Freundschaftsauffassung,
die Großherzigkeit, mit der sie für jemanden eintrat –, lachten
sie doch über ihre beiden verzehrenden Leidenschaften: eine
»christliche« für den Metropoliten Philaret und eine »heidni-
sche« für Puschkin. Sie wollte für Puschkins Seelenheil Sorge
tragen, ihn wie ein verirrtes Lamm zum Glauben zurückführen,
fort von unfrommen, leichtsinnigen Weidegründen, dabei stürz-
ten sie bereits seine kleinsten körperlichen Gebrechen in tiefste
Verzweiflung, und seine Alltagssorgen bereiteten ihr entsetzlichen Kummer. Stets wachsam und fürsorglich, überschüttete
sie ihn geradezu mit Aufmerksamkeiten und Ratschlägen, trat
bei den Mächtigen für ihn ein, hielt ihn über die Neuigkeiten in
der Hauptstadt und in Europa auf dem laufenden, verschaffte
ihm Bücher, die der schnelle, geheime diplomatische Kurier-
dienst aus Paris, Wien und London mitbrachte. Puschkin war

ihr dankbar für die tausend Gefälligkeiten, die sie ihm erwies, und empfand großen Respekt vor diesem üppigen, unbekleideten Wahrzeichen der vaterländischen Geschichte; zugleich aber versuchte er, die glühende Leidenschaft der »fanatischen Alten« in Schranken zu halten, ohne ihren Stolz zu kränken. Einmal hatte er sich ihren martialischen Umarmungen entwunden wie der schöne Joseph aus der Bibel: Der entfloh Potiphars Gemahlin, indem er seinen Umhang abstreifte und in ihren Händen ließ, während Puschkin angeblich seines Hemdes in den feisten Fingern der Chitrowo verlustig ging. Vor seinen Freunden spielte er den Tankred, den eine allzu platzraubende Liebste verfolgte, flehte sie im Scherz an, sie möchten sich doch um das Herz der verzückten »Hermine« bemühen und ihn darin ersetzen. Die Nachwelt fürchtend, beantwortete er die stürmische Flut von Briefen wohlweislich knapp und bündig, die Eliza, ungeachtet der Kälte des Geliebten, ihm in Petersburg, in Moskau, auf dem Lande und auf Reisen schrieb. Eines Tages verlor er die Geduld: »So seid ihr alle, und deshalb fürchte ich mehr als alles in der Welt die wohlanständigen Frauen mit den hehren Gefühlen. Ein Hoch auf die Näherinnen!« Hartnäckig hatte die Chitrowo auch weiterhin ihre Liebesstrümpfe ausgespielt, bis der Dichter ihr schließlich seine bevorstehende Hochzeit verkündet hatte; erst jetzt gab sie blutenden Herzens klein bei und begann ihrer »quälenden Zärtlichkeit« neue Formen zu verleihen: »... Von nun an werden mein Herz und meine innigsten Gedanken ein unergründliches Rätsel für Sie bleiben ... Zwischen Ihnen und mir wird der Ozean sein, doch *früher* oder *später* werden Sie in mir eine Freundin finden – für Sie, Ihre Frau und Ihre Kinder –, die einem Felsen gleicht, an dem ein jedes Schiff zerschellen muß. Zählen Sie auf mich, im Leben wie im Tode, verfügen Sie über mich, in jeder beliebigen Angelegenheit und ohne Skrupel ... ich bin wertvoll für meine Freunde, denn nichts ist mir zu beschwerlich, ich werde zur Bittstellerin bei hochstehenden Personen, lasse mich nicht so leicht abweisen, suche sie immer wieder auf; die Zeit, die Epoche – nichts entmutigt mich ... mein Eifer, anderen *zu Diensten* zu sein, ist einerseits ein Geschenk des Himmels, andererseits das Resultat der gesellschaftlichen Stellung meines Vaters ...«

Anfang November 1836 lasteten drei Ängste auf Jelizaweta Michailowna Chitrowos Seele: das schmerzhafte Geschwür an der Hüfte Nikolajs I. (bevor Eliza das Wort »Herrscher« aussprach, machte sie stets eine weihevolle Pause, um damit ihre grenzenlose Verbundenheit mit dem Hause Romanow zum Ausdruck zu bringen), Folge eines allzu schwungvollen Absitzens vom Pferde, das schwärmerische Büchlein Tschaadajews und die Polemiken gegen das Gedicht *Der Feldherr*, in dem Puschkin keinen Geringeren als Barclay de Tolly besang, den glücklosen, vergessenen Verteidiger Rußlands gegen die Armeen Napoleons. Sie wußte wohl, daß es in keiner Weise in des Dichters Absicht lag, das Andenken ihres Vaters zu beschmutzen, des wahren, einzigen Helden im »Großen Patriotischen Krieg«, und mühte sich nach Kräften, alle Menschen von diesem Glauben zu überzeugen, doch jede Zeile, die ihr Günstling schrieb, löste Entrüstung und Mißbilligung aus, und stets aufs neue litt sie Höllenqualen. »Teurer Freund«, schrieb sie am Morgen des 4. November 1836, »soeben erfahre ich, daß die Zensur eine Hetzschrift gegen Ihre Verse gebilligt hat ... Sie hören nicht auf, mich wegen Ihrer Elegie zu quälen – ich werde für Sie gleichsam zur Märtyrerin, lieber Puschkin, und daher liebe ich Sie nur um so mehr und glaube Ihnen sowohl Ihre Bewunderung für unseren Helden als auch Ihre Zuneigung für mich! Armer Tschaadajew. Es muß ein großes Unglück sein, so viel Haß auf das eigene Land und die eigenen Landsleute im Herzen zu tragen.« Kaum hatte sie ihren wohlklingenden Namen unter das Schreiben gesetzt – »*Élise Hitroff, née Princesse Koutousoff-Smolensky*« –, überbrachte man ihr einen Umschlag, der mit der Post gekommen war; neugierig geworden (die *petite poste* war noch eine Neuheit in der Hauptstadt), öffnete sie ihn und fand darin einen weiteren Brief, der versiegelt und an Puschkin adressiert war. Sie war reichlich verwundert, doch dies anfängliche Staunen wich schon bald der bangen Sorge, die geheimnisvolle Botschaft könne von einem der Feinde des Dichters stammen: Das sagte ihr ihr sechster Sinn, der bereits geschärft war an ihrer Erfahrung mit den Niedrigkeiten der Welt. Mit versonnener Miene und einem unbestimmten, melancholischen Lächeln auf den Lippen verharrte Eliza ein paar Minuten regungslos, um sich lustvoll noch ein wenig ihrer mütterlichen Sorge hinzugeben: Noch einmal würde sie Puschkin beschützen wie ein Fels, sich vor ihn stellen mit ihrem imposanten Leib. Dann wandte sie sich jäh der Wirklichkeit zu und befahl, man möge die beiden Briefe – den ihrigen und den, der per Post gekommen und noch immer versiegelt war – unverzüglich dem Dichter überbringen: Palast der Fürstin Wolkonskaja, Mojka 12.

Ebenfalls am Morgen des 4. November 1836 wollte Pjotr Andrejewitsch Wjazemskij gerade seine Korrespondenz erledigen, als seine Frau zu ihm ins Arbeitszimmer trat und ihm einen merkwürdigen Brief aushändigte, den sie soeben mit der Morgenpost erhalten hatte: einen schneeweißen Umschlag, der ein an Puschkin adressiertes Schreiben enthielt. Fürstin Wjazemskaja war beunruhigt, ihr schwante nichts Gutes, und sie wußte nicht, wie sie sich verhalten sollte. Ob seiner langjährigen Freundschaft mit dem Dichter beschloß Wjazemskij, den zweiten Umschlag zu öffnen. Er las laut, was darin stand, und schleuderte dann das Blatt mit angewiderter Miene ins Kaminfeuer. Er einigte sich mit seiner Frau, niemandem etwas von dem Vorfall zu erzählen. Er konnte ja nicht ahnen, daß die Beleidigung schon um sich griff und alsbald wie ein schleimiger Teppich ganz Petersburg bedecken würde.

Ebenfalls am Morgen des 4. November 1836 ließ Alexandra Iwanowna Wasiltschikowa ihren Enkel zu sich rufen, der bei ihr in der Bolschaja-Morskaja-Straße zu Besuch war. »Denk nur, wie eigenartig! Ich habe soeben einen an mich adressierten Brief erhalten, worin ich ein zweites Schreiben fand, welches versiegelt und mit folgenden Worten beschriftet ist: ›An Alexander

150

Sergejewitsch Puschkin«. Was soll ich damit tun?«< Dem dreiundzwanzigjährigen Wladimir Sollogub – Mitglied des Innen-
ministeriums und Möchtegernliterat – kam die Sache ausgesprochen merkwürdig vor, und er hielt sie für ein Nachspiel des
unangenehmen Vorfalls vor ungefähr einem Jahr.

Wenn er an seine erste Begegnung – und seinen ersten Fauxpas
– mit dem »Giganten der vaterländischen Dichtung« zurück-
dachte, trat ihm noch immer die Schamröte ins Gesicht. Er war
damals Student an der Universität in Dorpat gewesen und hatte
die Weihnachtsferien in Petersburg verbracht, als sein Vater ihn
eines Abends im Theater auf den großen Puschkin aufmerksam
gemacht hatte, der unmittelbar vor ihnen saß. In der Pause hatte
Graf Alexander Iwanowitsch Sollogub dem Dichter seinen Sohn
vorgestellt: »Mein Söhnchen, kennen Sie ihn? Er kritzelt schon
Gedichte.« Am Ende des zweiten Akts hatte der junge Mann
Puschkin in ehrerbietigem Ton gefragt – schließlich wollte er
sein Idol beeindrucken, ihm zu verstehen geben, daß er bereits
bei den richtigen Leuten verkehrte, den *gens du métier* –, ob er
die Ehre habe, ihn im Hause des Schriftstellers X wiederzusehen, bei dessen literarischem Mittwochabend. »Seit ich verheiratet bin, verkehre ich nicht mehr in solchen Häusern«, hatte
der Dichter eisig erwidert, und der vorlaute Student wäre am
liebsten in den morastigen Gedärmen der Stadt von Sankt Peter
versunken. Nachdem er sein Studium abgeschlossen hatte, war
er Puschkin hin und wieder im Hause der Familie Karamzin
begegnet. Und ausgerechnet dort, an einem Oktoberabend des
Jahres 1835 hatte Natalja Nikolajewna Puschkina sich auf Sollogubs Kosten einen Scherz erlaubt, indem sie ihn wegen einer
großen, unglücklichen Liebe neckte. Aufgebracht hatte der
junge Mann sie gefragt: »Wie lange sind Sie eigentlich verheiratet?« – Sie sei doch schließlich kein Kind mehr, hatte er damit
sagen wollen, längst über das Alter hinaus, in dem man sich
derlei Späße über ernste Herzensangelegenheiten erlauben
durfte; und dann war er sofort auf Lenski zu sprechen gekommen, einen Polen und ausgezeichneten Tänzer, Favorit der

Kaiserin und heiß begehrt bei den Damen des *Premier Péters-bourg*. Aufgebauscht durch die sprühende Phantasie der anwesenden Damen (wollte Sollogub Natalja Nikolajewna etwa an ihre Pflichten als verheiratete Frau erinnern? Wollte er auf ihren Umgang mit Lenski anspielen?), klangen Sollogubs Worte wie eine unerträgliche Kränkung in Puschkins überempfindlichen Ohren. Da er von langwierigen Geschäften in der Provinz aufgehalten worden war, hatte Sollogub erst zwei Monate später erfahren, daß der Dichter ihn mittels eines Briefs zum Duell gefordert und sein Schweigen als unehrenhafte Weigerung ausgelegt hatte. Sollogub hatte ihm daraufhin geschrieben (in den ersten Februartagen des Jahres 1836), Puschkin möge das Duell auf Ende März verschieben, wenn er wieder aus Twer zurückkehren würde. Dann hatte der junge Mann sich Pistolen gekauft und einen Sekundanten gewählt, aber der Dichter ließ nichts von sich hören. Statt dessen war Pjotr Walujew nach Twer gereist und hatte ihm erzählt, daß in Petersburg Georges d'Anthès gerade auf unübersehbare Weise Natalja Nikolajewna den Hof mache; da hatten die beiden Freunde gelacht: Puschkin würde sich mit dem einen duellieren, während seine Frau mit einem anderen scharwenzelte. Die Tage vergingen. Im Mai mußte Sollogub Twer für kurze Zeit verlassen, um bei seiner Rückkehr verdrießlich festzustellen, daß Puschkin auf der Durchreise nach Moskau in der Stadt haltgemacht und ihn vergeblich gesucht hatte. Diesmal riskierte der arme Sollogub tatsächlich, daß man ihn für einen Drückeberger hielt, und so bestieg er eine schnelle Postkutsche und eilte noch in derselben Nacht nach Moskau. Der Dichter war bei Pawel Naschtschokin abgestiegen und schlief noch. Er kam in den Salon, im Morgenrock, die Haare zerzaust, die Augen noch vom Schlaf gerötet. Seine Krallennägel zurechtfeilend, entschuldigte er sich, das Treffen so lange hinausgezögert zu haben, und fragte seinen Gegner nach dem Namen seines Sekundanten. Nach einer Weile war das anfängliche Eis gebrochen, und man kam auf literarische Neuigkeiten, den *Zeitgenossen*, zu sprechen: »Die erste Ausgabe war zu schön«, meinte der frischgebackene Verleger, »die zweite möchte ich ein wenig langweiliger machen, um die Leserschaft nicht allzu sehr zu verwöhnen.« Da war Naschtschokin in den Salon gekommen, noch verschlafener als Puschkin, da sie beide die Nacht an einem der Spieltische im Englischen Club verbracht hatten. Trotz der Migräne und des Ärgers über den unbotmäßig frühen Besuch hatte der Hausherr sofort versucht, Frieden zu stiften: Der kleine Wortwechsel als Ursache der Auseinandersetzung rechtfertige doch kein Duell. Puschkin selbst hatte zu Sollogub gesagt: »Glauben Sie denn, ich schlage mich gern mit Ihnen? Aber was soll ich tun? Ich habe nun einmal das Pech, ein öffentlicher Mann zu sein, und das ist, wie Sie wissen, schlimmer, als eine öffentliche Dirne zu sein.« Nach langem Hin und Her hatte sich endlich eine annehmbare Lösung gefunden: Der öffentliche Mann begnügte sich mit einer an die Gattin gerichteten schriftlichen Entschuldigung. Als sei eine schwere Last von ihm genommen, hatte Puschkin Sollogubs Hand gedrückt, um das Ende der Feindseligkeiten zu besiegeln, und sich einer redseligen Heiterkeit hingegeben. Dann, als der junge Mann wieder in Petersburg war, hatte er ihn häufig getroffen. Mehr als einmal war er mit ihm bis zum kleinen Markt geschlendert, wo die beiden große, runde, noch ofenwarme Laibe Weißbrot kauften, an denen sie auf dem Heimweg knabberten und die Stutzer schockierten, die gravitätischen Schrittes den Newskij Prospekt einherstolzierten; mehr als einmal hatten sie literarische Themen erörtert, hatte Puschkin Sollogubs erste Schreibversuche gelobt und ermutigt. Kurzum, sie waren Freunde geworden. Und nun fragte sich Sollogub beunruhigt, was diese geheimnisvolle Botschaft zu bedeuten habe. Gewiß nichts Gutes, dachte er bei sich. Ohne seine Tante von seinen Befürchtungen zu unterrichten, ließ er sich den noch immer versiegelten Umschlag aushändigen und begab sich zum Haus des Dichters.

»Ebenfalls am Morgen des 4. November 1836 ...« – mit der Monotonie eines kleinen, schändlichen Rituals (der Postbote, die zweifache Botschaft, die Überraschung, die unerklärliche

153

Unruhe, die Empörung dessen, der das zweite Blatt las) wiederholte sich die Szene mehr oder minder zur selben Stunde in noch mindestens drei weiteren Häusern Petersburgs: bei den Karamzins, den Grafen Wijelgorskij, den Brüdern Rosset.

Schnellen Schrittes erreichte Sollogub den Newskij Prospekt, überquerte ihn und ging ein paar Meter am Kanal entlang: Das Wasser der Mojka war bei weitem noch nicht zugefroren, strömte noch immer träge dahin, mit wenigen Kräuselungen, und wies an der Stelle, die am weitesten entfernt war von den verschneiten Steinufern, eine dunkelgraue Färbung mit grünlichen Reflexen auf. Er kam zum Haus Nummer 12 und stieg die wenigen Stufen empor. Ein Diener öffnete ihm, meldete ihn dem Hausherrn und geleitete ihn in dessen Arbeitszimmer. An seinem Schreibtisch sitzend, einem großen rechteckigen Tisch aus hellem Holz, erbrach Puschkin das Siegel und überflog schnell die ersten Zeilen des Schreibens. »Ich weiß schon Bescheid«, sagte er, »Jelizaweta Michailowna Chitrowo ließ mir ein identisches Schreiben überbringen. Es ist eine infame Verleumdung meiner Frau. Geben Sie mir Ihr Ehrenwort, mit keinem Menschen darüber zu sprechen. Es ist allerdings so, als habe man Dreck angefaßt: Das ist zwar kein Vergnügen, aber wenn man sich die Hände wäscht, ist die Sache bereinigt. Wenn man von hinten meinen Frack bespuckt, ist es an meinem Diener, ihn zu säubern, nicht an mir. Meine Frau ist ein Engel, über jeden Verdacht erhaben. Hören Sie, was ich Frau Chitrowo schreibe . . .« Er sprach ruhig und gelassen, war nicht besonders aufgebracht und schien dieser unschönen, vulgären Sache nicht viel Bedeutung beizumessen.

Er selbst hatte an jenem Morgen dieselbe Botschaft erhalten. Er hatte sie mehrmals gelesen und kannte ihren Inhalt auswendig. Es war ein kurzer französischer Text, bestehend aus unbeholfen voneinander abgesetzten Blockbuchstaben, und lautete wie folgt:

DIE OBERSTEN KOMTURN UND KAVALIERE DES EHRWÜRDIGEN

HAHNREIORDENS, VERSAMMELT UNTER DEM VORSITZ DES OR-
DENSGROSSMEISTERS, SEINER DURCHLAUCHT D. L. NARYSCH-
KIN, HABEN EINSTIMMIG HERRN ALEXANDER PUSCHKIN ZUM
STELLVERTRETENDEN ORDENSGROSSMEISTER UND ZUM GE-
SCHICHTSSCHREIBER DES ORDENS AUSERKOREN.
DER SEKRETÄR AUF LEBENSZEIT, GRAF J. BORCH.

Cocu – »Hahnrei, gehörnter Ehemann« wie Dmitrij Lwowitsch
Naryschkin, Jagdgroßmeister am Hofe der Romanows und Gemahl der Fürstin Marija Antonowna Swjatopolk-Tschetwertin-
skaja, einst Schönste der Schönen und vierzehn Jahre lang
maîtresse en titre von Alexander I.

Cocu – Hahnrei wie Graf Josif Michailowitsch Borch, offiziel-
ler Ratgeber und Übersetzer im Außenministerium. Über Ljubow Wikentewna Golynskaja, seit 1830 seine Gemahlin, wissen
wir nur das, was Puschkin zu Danzas sagte, als sie an der Kutsche der Borchs vorüberfuhren: »Seine Frau geht mit dem
Kutscher ins Bett.«

Es war die Zeit der anonymen Briefe und verschlüsselten Botschaften in der russischen Hauptstadt. Ende Oktober hatte
Andrej Nikolajewitsch Murawjow, Dichter und hoher Würdenträger der Heiligen Synode, per Post eine Kopie von *Paradise
Lost* erhalten, in der neuen Übersetzung von Chateaubriand,
und irgend jemand behauptete, er habe geweint vor Wut, weil er
dies als Anspielung auf die äußerst zweifelhafte Rolle empfand,
die er in dem skandalösen Fenstersturz von Netschajew, dem
Prokurator der Synode, gespielt hatte. Und im Dezember 1836
wird der Botschafter von Baden-Württemberg schreiben: »Hier
hat sich bereits seit geraumer Zeit die Unsitte eingeschlichen,
den häuslichen Frieden mit der Entsendung anonymer Briefe
zu stören, doch nun greifen die unwürdigen Urheber solcher
Botschaften zu noch weit drastischeren Mitteln: Sie behelligen
gar die Obrigkeiten der Stadt mit ihren Schmierereien ...«

155

Wie begann er sein hassenswertes Werk? Mit einem boshaften Lächeln auf den Lippen, in der Vorfreude auf Puschkins Schmach und ohnmächtige Wut? Wieviel Zeit benötigte er, um den kränkenden Text mehrmals abzuschreiben – behutsam wie jemand, der bemüht ist, die eigene Handschrift zu verstellen? Geschah es in der Abgeschiedenheit eines *cabinet privé*, in der Einsamkeit, die man üblicherweise solch bösem Ansinnen widmet, oder an einem Tisch, der noch die Spuren eines üppigen Festmahls und Trinkgelages aufwies, in einer Atmosphäre trunkener, verantwortungsloser Fröhlichkeit?

Vielleicht wollte der anonyme Briefeschreiber das Messer der Schmähung noch tiefer stoßen, einen schändlichen Vergleich ziehen zwischen der Naryschkina und der Puschkina: Erstere die Geliebte von Zar Alexander, letztere die Geliebte von Zar Nikolaj. Ein infamer Vergleich zwischen dem Mann, der dank seiner Hörner zu Titel, Privilegien und sagenhaften Reichtümern gekommen war, und dem Dichter, dem die Reize seiner schönen Gattin die Gunst des Herrschers und nicht zuletzt die Ernennung zum Kammerjunker verschafft haben sollten. Nichts – kein Vermerk im Tagebuch, kein Andenken, kein Hinweis, kein Gerede – gestattet uns, Natalja Nikolajewna einer Liebschaft mit dem Kaiser zu verdächtigen (zumindest nicht zu Puschkins Lebzeiten). Doch es war für niemanden ein Geheimnis, daß Nikolaj I. sie allen Damen im Anitschkow vorzog. Puschkin selbst hatte einmal Naschtschokin erzählt, daß der Kaiser Natalie den Hof mache wie ein kleiner Leutnant, immer wieder unter ihren Fenstern auf- und abschritt, nur um einen Blick oder ein Lächeln von ihr zu erhaschen. Mehr wissen wir nicht, und die außerehelichen Liebschaften des Zaren blieben nie geheim – schon gar nicht die, um die sich eine Geschichte rankte.

Las er wie wir zwischen den Zeilen des Hahnrei-Diploms, mußte auch Puschkin die möglichen Anspielungen herauslesen. Und die Empörung machte ihn blind. Zwei Tage später schrieb er an Graf Kankrin, den Finanzminister: »... Ich schulde der Staatskasse 45 000 Rubel, von denen ich 25 000 im Laufe von fünf Jahren zurückzahlen muß. Nun, da ich imstande bin, meine Schuld sofort und auf einmal zu begleichen, stoße ich auf ein Hindernis, das sehr einfach aus dem Weg geräumt werden kann, jedoch allein von Ihnen. Ich besitze 220 Seelen im Verwaltungsbezirk Nischnij Nowgorod, von denen 200 für 40 000 Rubel verpfändet sind. Laut Verfügung meines Vaters, der mir diese Güter schenkte, habe ich kein Recht, sie zu veräußern, solange er noch am Leben ist, kann sie lediglich an die Staatskasse oder an Privatleute verpfänden. Die Staatskasse aber hat das Recht, ungeachtet privater Verfügungen, wenn dergleichen Verfügungen nicht fürstlich bestätigt sind, einzufordern, was ihr zusteht ... ich wage es, Eure Durchlaucht mit einer weiteren, für mich sehr wichtigen Bitte zu behelligen. Da es sich um eine Geringfügigkeit handelt, die der normalen Verwaltung unterliegt, bitte ich Sie inständigst, dies alles nicht Seiner Majestät dem Kaiser zu unterbreiten, der aller Wahrscheinlichkeit nach meine Zahlung großzügig abweisen würde (obwohl sie mir mitnichten schwerfällt) und mir vielleicht gar meine Schulden erlassen könnte, was mich in eine äußerst schwierige, peinliche Lage brächte, da ich in solch einem Falle die Huld des Zaren zurückweisen müßte, was man mir wiederum als unpassendes, von eitlem Stolz gelenktes, womöglich gar undankbares Gebaren auslegen könnte.

Mit dem Ausdruck meiner vorzüglichen Hochachtung ...«

Er bat also einen Minister, ihn zu zwingen, die Summe früher zurückzuzahlen, die ihm einst als Darlehen zugebilligt worden war, die gesetzliche Verfügung, unterschrieben von Sergej Lwowitsch Puschkin, zu mißachten und obendrein den Zaren, Ihn, der das Darlehen doch bewilligt hatte, von der ungewöhnlichen Bitte nicht zu informieren. Im November 1836 schrieb Puschkin angeblich noch viele andere Briefe, manche davon unerhört direkt, doch der an Kankrin ist aufgrund seiner Unbesonnenheit beunruhigend: ein blindwütiges Aufbegehren aus Kummer und Stolz, ein verzweifelter Versuch, »sofort und ein für allemal« den gordischen Knoten zu lösen, der ihn an den Zaren, an den Hof und an Petersburg fesselte. Sogar der Stil des Schreibens ist hochtrabend und verworren, sonst gar nicht Puschkins Art, und spiegelt seine bange Sorge wider.

Durch die Depeschen, die nach seinem Ableben aus Petersburg abgeschickt wurden, gelangte Puschkins Name in ferne Länder, die zu bereisen dem Dichter nie vergönnt gewesen war, kam Königen und Staatsmännern zu Ohren, die noch nie von ihm gehört hatten. Sämtliche ausländischen Gesandten in der russischen Hauptstadt sandten an ihre Regierungen ausführliche Berichte über das Duell des Dichters, die tragischen Folgen und die Strafe, die über d'Anthès verhängt worden war. Mit einer Ausnahme: Baron Aimable-Guillaume de Barante, der erst am 6. April 1837 lakonisch zu d'Anthès' Schicksal bemerkte, man habe den Offizier »in einen geschlossenen Schlitten gesetzt und an die Grenze verfrachtet wie einen Landstreicher«. Dabei war der Landstreicher doch ein Untertan der französischen Krone und sein Sekundant ein Beamter der französischen Botschaft. Und Barante, ein äußerst belesener Mann, hatte Puschkin doch persönlich gekannt und seine Werke außerordentlich geschätzt. Das Schweigen des französischen Gesandten weckt unsere Neugierde. Im Archiv des Außenministeriums in Paris werden, fein säuberlich nach Jahrgängen geordnet, sämtliche Depeschen verwahrt, die im vorigen Jahrhundert aus Sankt Petersburg in die Tuilerien gesandt worden waren. Die Nummer 7 aus dem Jahr 1837, datiert mit 4. Februar, besteht aus mehreren verzweifelt weißen Seiten. Niemand im Quai d'Orsay ist imstande, diese Leere zu erklären, die von derart haarsträubenden Enthüllungen zu sprechen scheint, daß jemand sich bemüßigt sah, ihr Bekanntwerden zu verhindern. Nur wer? Wir können nicht vergessen, daß exakt drei Jahre später Erneste, der Sohn des Botschafters, sich mit Michail Lermontow duellierte – so als spielte die französische Botschaft in Petersburg eine mysteriöse, unselige Rolle in der russischen Literatur des 19. Jahrhunderts, als hütete das elegante Palais in der Bolsaja-Millionnaja-Straße

158

alle Geheimnisse um die Duelle der russischen Dichter. Wir wollen um jeden Preis den Entwurf der stummen Depesche wiederfinden. Er wird in einem Archiv in Nantes aufbewahrt. Oben trägt er die vielsagende Aufschrift »secret« – wie wir ahnten, wie wir hofften.

»Herr Graf«, schrieb Barante an den französischen Außenminister am 4. Februar 1837, »der Kaiser hat Graf Nesselrode beauftragt, mir die beiliegende Übersetzung eines Briefes auszuhändigen ...« Eines Briefes, eines anonymen Briefes – jedoch auf polnisch geschrieben und in Polen abgefangen: »Hier ist man ständig auf der Jagd nach einem wilden Tier, das 1830 auftauchte; man schießt bereits zum dritten Mal darauf; der Müller schoß und verfehlte sein Ziel; auch meine Jagd blieb erfolglos, denn da ich noch immer indisponiert bin, kann ich das Haus nicht verlassen, also bleiben Gewehr und Hund untätig ...« In der französischen Übersetzung[1] wird die Anspielung auf einen Mann namens Meunier noch deutlicher, der 1836 erfolglos Louis Philippe d'Orléans nach dem Leben trachtete. So mußte der *roi citoyen*, als genügten die zahllosen Feinde im eigenen Land nicht – Legitimisten, Republikaner, Hitzköpfe des 4. Standes –, auch noch polnische Patrioten fürchten, die es ihm nicht verziehen hatten, daß er wegen des Neutralitätsabkommens ihr Land sich selbst überlassen hatte, als es sich im Dezember 1830 erhob und der Aufstand von russischer Seite sofort blutig niedergeschlagen wurde. Die Enttäuschung ist vergessen, doch eine Einzelheit fällt uns ins Auge, gibt uns zu denken: Der unbekannte Verschwörer schrieb an einen »Herrn Mitkiewicz« aus Poniewiedz – fast sicher ein Mitglied der großen Familie von Adam Mickiewicz, dem Begründer der modernen Literatur Polens. Dieser Mickiewicz war mit Puschkin befreundet gewesen, doch die Vorfälle von 1830 und 1831 hatten die beiden gewaltsam auseinandergerissen. Denn Puschkin hatte die russischen Fahnen besungen, die wieder in der

---

1 »Müller« = *meunier*.

polnischen Hauptstadt wehten, indem er mit einem gebieterischen »*Delenda est Varsovia*« den Westen zum Schweigen brachte, der sich in den »Konflikt zwischen Slawen, den alten, vom Schicksal bereits entschiedenen Familienstreit« einmischen wollte. Und wegen dieser Verse hatte ein Teil der Leserschaft Puschkin die Freundschaft gekündigt, einem Verräter des Liberalismus, einem dichtenden Höfling und Sklaven der Mächtigen. An all dies denken wir während unserer ruhmlosen Reise in die Vergangenheit, sehen mit bewunderndem Staunen all die herrlichen Arabesken, die die Geschichte zu knüpfen weiß aus den Fäden vielfältiger Rätsel, geheimnisvoller, parallel aber doch unabhängig voneinander ablaufender Begebenheiten. Ein Traum: Alles ist weiß, Hunde jagen bellend der frischen Spur auf einem verschneiten Gelände hinterher und stellen die Beute, da richtet Barante langsam seine Waffe auf Puschkin, wird jedoch geblendet von den langsam herabfallenden Flokken, so daß er sein Ziel verfehlt, da streckt Georges d'Anthès langsam seinen Arm nach vorne, und der langsam, ganz langsam fallende Schnee dringt in den Lauf seiner Pistole, und das Gewehr des Müllers stockt, versagt ... Ein Traum, jäh unterbrochen von Wjazemskijs bitteren Worten: »Auf unsere Poesie schießt man erfolgreicher als auf Louis Philippe.«

Fast allabendlich, zuweilen bis spät in die Nacht, versammelte sich bei der Witwe von Nikolaj Michailowitsch Karamzin eine bunt zusammengewürfelte, muntere Gesellschaft: berühmte Literaten, einst Freunde des Historikers, Talente der neuen Generation, die in seinem Haus wie durch einen leuchtenden Schatten eine Art sittliche Einweisung erhielten, umschwärmte Damen der Gesellschaft, auf dem Heimweg vom Theater oder von einem Ball, Diplomaten, Staatsmänner, ausländische Reisende, junge Offiziere und Beamte, die mit Andrej und Alexander befreundet waren. Die Seele dieses schlichten Salons (eine bequeme Ottomane und zahlreiche, mit rotem, verschlissenem Wollstoff bezogene Sessel), den ein großer Lüster erhellte, der unmittelbar über der stets für den Tee gedeckten Tafel hing, war

Sophie, Karamzins Tochter aus erster Ehe. Da sie bereits die Dreißig überschritten hatte, spielte sie ihre Rolle als alte Jungfer mit resignierter, bitterer Ironie und ließ sich keine Gelegenheit für eine boshafte Stichelei oder eine bissige Bemerkung entgehen. Sie beherrschte vollendet die Kunst der Konversation und vermochte sogar dem stumpfsten Geist sprühende Funken von Scharfsinn zu entlocken; »*Vous ne savez-pas tout ce que cet homme ignore!*«[1] antwortete sie wie Madame Récamier, wenn jemand über ihre Fähigkeit staunte, mit einem Einfaltspinsel eine Unterhaltung führen zu können. Sie war eine ausgezeichnete Strategin und stellte die Stühle immer bewußt neu um, damit ein jeder ihrer Gäste sich wohl fühlen und mit dem passenden Gesprächspartner interessante Themen erörtern konnte und sich auf diese Weise neue Bekanntschaften, Freundschaften und Liebschaften anbahnen konnten. Sie war die Samowarkönigin und verteilte unablässig Tee, begleitet von einer einzigartig köstlichen Sahne und hauchdünnen Scheiben Schwarzbrots, bestrichen mit frischer Bauernbutter. Wie eine kleine, emsige Biene holte sie, sobald die Zahl der Gäste zunahm (an manchen Abenden drängten sich bis zu 60 Personen im roten Salon), eigenhändig Stühle aus den angrenzenden Zimmern, um für alle Platz zu schaffen und dafür zu sorgen, daß die Unterhaltung nicht ins Stocken geriet und niemand sich langweilte. Und es langweilte sich auch niemand: Da Karten verpönt waren, sprach man über die Literatur im In- und Ausland, über politische Entwicklungen, über Musik und Theater; dabei war die Atmosphäre niemals blasiert oder doktrinär, sondern dank der *jeux d'esprit*, der Scherze und Plaudereien der jüngeren Gäste von einer heiteren Ungezwungenheit. Das Haus der Karamzins war Puschkins Lieblingsadresse in Petersburg. Was ihn so sehr dorthin zog, waren die Herzlichkeit, die angenehmen Umgangsformen und die mütterliche Zuvorkommenheit der noch immer schönen Gastgeberin (für die er von frühester Jugend an mehr als nur kindliche Zuneigung empfand), die Abwesenheit

---

1 »Sie wissen ja nicht, was dieser Mensch alles nicht weiß!«

jeglicher Etikette sowie die Gewißheit, fast immer intelligente, gebildete, weltgewandte und geistreiche Männer und viele anmutige Frauen vorzufinden. Auch Natalie und ihre Schwestern, die schließlich zur Familie gehörten, waren im Hause der Karamzins willkommen und versäumten fast nie diese abendliche Verabredung, obwohl das zu niedrige Durchschnittsalter der unverheirateten Männer keine günstige Partie versprach für Katherine und Alexandrine.

Sollogub schrieb, daß die »anonymen Briefe« – als solche gingen sie in die Geschichte ein – Personen aus dem engeren Kreis um die Karamzins zugesandt worden waren. Warum ausgerechnet ihnen? – mußte man sich fragen. Vielleicht – so wurde vermutet – um Puschkin zum Handeln zu zwingen: Eine solche Beleidigung, die ausgerechnet die Personen als Zeugen hatte, die ihm am teuersten waren, konnte er nicht tatenlos hinnehmen. Um ihn zu Maßnahmen zu bewegen, die dem zum Vorteil gereichten, der ihn aus der Dunkelheit heraus kränkte (zum Beispiel für einige Zeit die Gesellschaft meiden, Petersburg verlassen). Keine anonymen Briefe erhielten dagegen Shukowskij und Pletnjow, Freunde aus dem Lyzeum – Freunde, mit denen Puschkin einen sehr vertrauten Umgang pflegte. Nicht zum »Karamzinkreis« gehörten die Chitrowo und die Wasiltschikowa. Überdies sprach Puschkin, nachdem er eigene Nachforschungen betrieben hatte, von »sieben oder acht Personen«, die außer ihm noch das Diplom erhalten hatten. Wir kennen nur fünf davon.

Im Frühling 1837 sandte Fürst von Hohenlohe-Kirchberg eine lange und detaillierte *Notice sur Pouschkin* nach Stuttgart, deren Inhalt 1916 in Rußland veröffentlicht wurde. Darin kann man lesen: »Lange Zeit vor diesem unseligen Duell waren mehrere anonyme Briefe, auf französisch geschrieben und unterzeichnet mit N als Großmeister des Hahnreiordens und Graf B. als dessen Sekretär auf Lebenszeit, bei sämtlichen Bekannten Puschkins verteilt worden, teils von Boten überbracht, teils von der

Post zugestellt ...« Wer die *Notice* veröffentlicht hatte, war davon überzeugt, daß die Namen durch den Archivisten, der sie abschrieb und nach Rußland schickte, aus Rücksicht abgekürzt worden waren. Die Erklärung überzeugt uns: Wir können uns wirklich nicht vorstellen, welchen Hinweis der Botschafter von Baden-Württemberg seinem Minister hätte zukommen lassen können, indem er ihm nur die Initialen der Personen angab, die in die pikante russische Affäre verstrickt waren. Setzen wir also unsere interessante Lektüre fort: »... Einige der Briefe kamen gar aus der Provinz (unter anderem der von W. de P.) ...« Der Umstand, daß einige Diplome auf dem Lande abgeschickt wurden, läßt die Hypothese eines kleinen Komplotts aufblitzen, bis ins kleinste Detail ausgeklügelt und vorbereitet, so daß die Poststationen in und außerhalb Petersburgs zur gleichen Zeit den berühmt-berüchtigten Doppelbrief zustellten. Nicht nur dies: Aus der Provinz soll ihn ein geheimnisvoller – oder eine geheimnisvolle – »W. de P.« erhalten haben, dessen Initialen auf niemanden passen, der Puschkins Weg auf Erden gekreuzt hätte. Eine Tatsache, die die Aufmerksamkeit dessen verdient, der sich wie wir an jeden Strohhalm, jedes Indiz klammern muß. Eine Tatsache, die einen Besuch im Staatsarchiv in Stuttgart rechtfertigt. Doch wieder erwartet uns eine herbe Enttäuschung: Die Namen sind auch im Original paraphiert, und »W. de P.«, entdecken wir, ist nur ein Gespenst, ein *homunculus*, geboren aus einem *lapsus calami*, einer fehlerhaften Übertragung des ursprünglichen »M. de P.«, das sich im Manuskript klar lesen läßt und allem Anschein nach für »Monsieur de Pouschkin« steht.

Außer dem unachtsamen deutschen Archivisten fertigte auch Johan Gevers, der holländische Diplomat, der im April 1837 Baron Heeckeren ersetzte, eine Abschrift der *Notice*. Er sandte sie nach Den Haag, dazu einen vertraulichen Bericht, den er als »unparteiischen Abriß der unterschiedlichen Meinungen« ausgab, die er in Petersburg zusammengetragen hatte. Der faule Gevers nahm in dem Text allerdings einige unmaßgebliche Veränderungen vor, und so lesen wir just an der Stelle, die uns am meisten interessiert: »... Etliche Briefe waren direkt aus dem Landesinneren gekommen (der an Madame de Ficquelmont) ...« Aber Dolly Ficquelmont wußte herzlich wenig von den unseligen Diplomen: »... Eine infame Hand«, schrieb sie in ihr Tagebuch, »schrieb dem Ehemann beleidigende, grausame, anonyme Briefe, in denen ihm unangenehme Gerüchte hinterbracht wurden und der Name seiner Frau auf bittere und grausam ironische Weise mit dem von d'Anthès in Verbindung gebracht war ...« Übergab auch sie Puschkin den zweiten Umschlag, ohne ihn geöffnet zu haben? Oder sollte Gevers die »Botschafterin« mit ihrer Mutter verwechselt haben? Und kamen tatsächlich einige der Diplome aus der Provinz? Wir fügen uns besser in das Unvermeidliche: Nie werden wir mit Sicherheit wissen, wie viele Menschen am 4. November 1836 die an Puschkin adressierten anonymen Briefe erhielten; nie werden wir all ihre Namen erfahren. So daß es uns riskant und wenig nutzbringend erscheint, mittels der Auswahl der Empfänger Mutmaßungen anzustellen über die Absichten des anonymen Verfassers und seine Identität. Nur einen Schluß können wir ziehen: Dieses Individuum kannte unter anderen die Karamzins sowie einige Stammgäste des roten Salons und deren Adresse.

Anfang Dezember 1836 sah Sollogub in den Händen von Georges d'Anthès' Sekundanten »einige Vordrucke für scherzhafte Ernennungen zu lächerlichen Titeln«, die dem Diplom glichen, das Puschkin erhalten hatte: wie Entwürfe, bei denen man nur noch den Namen des auserwählten Opfers einfügen mußte und den etwaiger Gefährten der Schande. Bei dieser Gelegenheit erfuhr Sollogub, daß sich im vorigen Winter in Wien ein paar Scherzbolde damit amüsiert hatten, in der ganzen Stadt solche »Schwindeldokumente« zu verteilen. Indem er also die Ernennung zum stellvertretenden Großmeister des Hahnreiordens abschrieb, hatte sich der anonyme Täter damit begnügt, den Namen Puschkins einzufügen nebst denen von Naryschkin und Borch. Und doch beweist uns etwas, wenn es sich dabei nicht um einen außergewöhnlichen Zufall handelt, daß er gleichsam schöpferisch in den Text eingriff: die Ernennung zum »Geschichtsschreiber des Ordens«. Wer dies schrieb, kannte die *Geschichte des Pugatschow-Aufstands* und wußte von Puschkins Nachforschungen über Peter den Großen. Zumindest also ein gebildetes und informiertes Individuum.

Es sind uns nur noch zwei Exemplare besagter Diplome erhalten – zwei Blätter mit den Maßen 11$^1\!/_2$ auf 18 Zentimeter aus festem Briefpapier ohne erkennbares Wasserzeichen, in England hergestellt – und ein einziges Exemplar des Briefumschlags, das sie enthielt: das an Graf Wijelgorskij.

Die Schrift. Die Unsicherheit, mit der der anonyme Verfasser das lateinische Alphabet handhabe, in einigen Fällen kyrillische Buchstaben verwendete, die denjenigen ähnelten, die er für den französischen Text benötigte, die geringe Vertrautheit mit Gravis und Akut (*sécrétaire* oder *secrétaire* statt *secrétaire*, *pérpétuel* statt *perpétuel*), die ungewöhnliche Transkription des zweiten Vokals in »Narychkine« (ein schwieriger Laut für Fremde, die in der Tat allesamt »Narichkine« schrieben) lassen wenig Zweifel: Der Text der Diplome wurde mit ziemlicher Sicherheit von einem Russen geschrieben. Wahrscheinlich von demselben, der die Anschrift Wijelgorskijs auf das Kuvert setzte (indem er das umgangssprachliche »Michajla« statt des korrekten »Michail« verwendete und zugleich eine unerwartete orthographische Genauigkeit beim Nachnamen zeigte, der oft, sogar von Freunden des Grafen, zu Welgorskij oder Welgurskij abgewandelt wurde). Eine andere Hand, auch sie russisch, scheint dagegen die Worte »An Alexander Sergejewitsch Puschkin« geschrieben zu haben. Als er sie las, fiel Sollogub die »krakelige Lakaienschrift« ins Auge.

Auf den beiden uns bekannten Diplomen läßt sich ziemlich deutlich der Abdruck eines eigenartigen Siegels erkennen: Zwei

165

Tropfen regnen von oben herab, im Zentrum tritt ein A hervor (von Alexander: Puschkin? Alexander I.? – doch könnte es sich auch um ein Monogramm handeln: ein J oder I, verschlungen mit einem A), eingerahmt von einer Figur, die an eine Pforte erinnert oder an ein griechisches oder kyrillisches P, das fast auf der gesamten Länge des oberen Balkens von einer Reihe kleiner senkrechter Linien überlappt wird, die ihrerseits durch eine kurze Linie abgeschlossen werden (ein Kamm, ein Zaun?); zur Rechten dessen, was einem Π gleicht, sieht man das Profil eines Tieres (?) mit beachtlichem Wanst, in dem jemand einen Pinguin zu erkennen glaubte, der mit seinem Schnabel ein Büschel Grashalme aufspießt – doch es ist wahrscheinlicher, daß es sich dabei um ein gewöhnlicheres Flügelwesen handelt – und die Grashalme könnten genauso zwei beachtliche, unmögliche Ohren sein; dem unteren Ende des Leibes dieser mysteriösen Kreatur entwächst so etwas wie ein fedriger Schweif (eventuell auch ein Palmzweig) und bildet die untere Begrenzung des mutmaßlichen Π. Das einzige unzweideutige Emblem ist das, welches das Wappen zur Linken abschließt: ein halboffener Zirkel, eindeutig ein Freimaurersymbol. Versuchen wir nun, auch die übrigen Figuren in diesem neuen Licht zu sehen: kein Π, sondern ein stilisierter Tempel oder ein Altar, auf dem eine Bibel liegt; keine Tropfen, sondern Tränen, Tränen über den Tod Hirams, die in vielen Freimaurerwappen auftauchen. Doch der Vogel (?) zur Rechten zeigt keinerlei Ähnlichkeit mit einer Taube oder einem Pelikan oder einem Adler – die gebräuchlichsten Flügelwesen in der Ikonographie der Freimaurer. Und alles ist so ungeschlacht, so wirr und verpfuscht – die Parodie eines Freimaurersiegels, könnte man meinen. Vielleicht verkaufte man solches in Wien zusammen mit den Vordrucken? Als Sammelpackung für Spaßvögel.

Puschkin war noch am Leben, als man anfing, Geschichten um die anonymen Briefe zu erfinden: »Es heißt, er habe per Post ein Diplom erhalten, mit vergoldeten Hörnern verziert, unterzeichnet von anerkannten Personen der oberen Gesellschaft, Mitgliedern der Bruderschaft, die ihm schrieben, sie seien stolz, einen so berühmten Mann wie ihn in ihren Reihen begrüßen zu dürfen, und würden sich daher beeilen, ihm besagtes Diplom zu senden, ihm, den sie mit Freuden in ihren Orden aufnähmen.« Marija Mörder wußte von einem anonymen Brief, in dem »über einer ganzen Liste mit Namen von stadtbekannten betrogenen Ehemännern ein Kopf mit Hörnern gezeichnet war; darunter stand ein Text, in dem es hieß, daß ein Mann, der seine Frau schlage, nicht hoffen dürfe, seinem Schicksal zu entrinnen ...« Puschkin starb, und jeder, der Freunde außerhalb Petersburgs von dem ungeheuren Verlust in Kenntnis setzte oder Tagebüchern und Memoiren die eigene Bestürzung anvertraute, erinnerte sich an die Vorgänge des 4. November: »... Eine Dame, die in d'Anthès verliebt war, begann Puschkin anonyme Briefe zu schicken, in denen sie ihm riet, wachsam zu sein, sich aber dann über ihn lustig machte und ihm mitteilte, daß er nunmehr ein ordentliches Mitglied des Hahnreiordens sei«, »... er erhielt anonyme Briefe, in denen man grausamen Spott mit ihm trieb und ihm riet, auf seine Frau achtzugeben«, »... er wurde mittels eines ebenso vulgären wie heimtückischen anonymen Briefes von der Intrige informiert ...«, »... er bekam anonyme Briefe, in denen man ihn zu seinen Hörnern beglückwünschte ...« In diesen phantasievollen Erzählungen, geringfügige Varianten einer Legende, die sich bereits um den Tod des Dichters zu ranken begann, wurde der anonyme Briefeschreiber als »eigentlicher Mörder«, als »moralischer Mörder« Puschkins ausgemacht. Denn alle glaubten wie Danzas, daß ohne diese Briefe kein Duell stattgefunden hätte zwischen Puschkin und d'Anthès. Davon sind auch wir überzeugt.

Seit Sollogub das Haus an der Mojka verließ, tut sich uns die Leere einiger entscheidender Stunden auf. Was tat Puschkin nach dem Morgen jenes 4. November 1836, an dem sein Tod den Anfang nahm? Fragte er um Rat, bat er um Hilfe? Wen? Die Zeugnisse schweigen. Doch gab es überhaupt jemanden, der ihn hätte beraten, unterstützen können? Soboljewskij war weit fort, auf Reisen. Auch die Smirnows waren weit fort, in Baden-Baden. Geistig abwesend waren viele Personen, die aufrichtige Zuneigung für ihn empfanden. Die Chitrowo antwortete prompt auf seinen Brief: »... Das ist wirklich eine infame Beleidigung gegen mich, ich bin in Tränen aufgelöst, das dürfen Sie mir glauben – ich war der Meinung, genügend Gutes getan zu haben auf dieser Welt, um nicht in derart heimtückische Verleumdungen verwickelt zu werden! Ich bitte Sie auf Knien, mit niemandem über diese unerfreuliche Angelegenheit zu sprechen. Die Vorstellung, einen solch grausamen Feind zu haben, erschüttert mich. Was Ihre Frau betrifft, lieber Puschkin, sie ist ein Engel, und man hat sie nur angegriffen, um sich meiner Stimme zu bedienen und mich mitten ins Herz zu treffen!« »Gegen *mich*«, »*meine* Stimme«, *meine* Feinde: ein hysterischer Anfall von Egozentrik, der dem Dichter gewiß keine große Hilfe war. Puschkin hatte schon recht: *Ein Hoch auf die Näherinnen!* Und so verbrachte er den Nachmittag dieses entsetzlichen Tages wahrscheinlich allein, eingeschlossen in seinem Arbeitszimmer; allein mit seinem Argwohn, seinem Zorn, seinem Rachedurst. Dann, denken wir, rang er sich wohl dazu durch, mit dem »Engel« zu reden: ein langes, quälendes Gespräch, im Laufe dessen er einiges in Erfahrung brachte, was ihm bislang unbekannt war. Und zu diesem Zeitpunkt beschloß er, Georges d'Anthès zu fordern. In Petersburg war bereits seit mehreren Stunden die Nacht hereingebrochen.

Die Geschichte des Duells in Rußland kennt keinen Fall, bei dem Satisfaktion gefordert wurde wegen eines oder mehrerer anonymer Briefe, doch es war ja nicht das erste Mal, daß Puschkin gegen Rituale und Gebräuche verstieß. Etwas anderes erstaunt uns: Wenn er sich mit d'Anthès duellierte, würde Puschkin seine Frau ernsthaft kompromittieren. Die Gesellschaft, die noch nichts wußte von den Diplomen, würde raunen: »Wo Rauch ist, ist auch Feuer«, »Sie hat ihm Hörner aufgesetzt« ... und andere Perlen stereotyper Lästersucht; dem Mann, der sich nach Natalja Nikolajewna verzehrte, würde man ein weit schlimmeres Vergehen nachsagen als ein allzu heftiges Umwerben. Wie konnte Puschkin das nur vergessen, er, der wie kein anderer die Gesetze der »eitlen Welt« kannte und ihr »Geplapper ohne Sinn und Witz«? Statt dessen gewannen Verachtung, Schmerz und der Wunsch die Oberhand, sich aus einer bereits unerträglichen Lage zu befreien, und das überaus ausgeprägte Gefühl für seine verletzte Ehre, seine Schmach – und verscheuchten jede Überlegung, die aus Fürsorge und Vernunft geboren war. Der Dichter besaß ohnehin weder ersteres noch letzteres im Übermaß.

Liza war in unserer Stadt
mit ihrer Tochter Dolly,
und überall nennt man sie
nur »die nackte Eliza«.
Jetzt sitzt sie im Galakleid
in der österreichischen Botschaft,
als spärlich bekleidetes, betagtes Wahrzeichen,
und zeigt ihre Schultern.

Verdächtige

1. Der Gnadenstoß

In den letzten Zeilen der *Notice sur Pouschkin* lesen wir: »Zu den anonymen Briefen gibt es zwei Meinungen, und die beliebtere von beiden weist auf O . . .« Diesmal gibt es keinen Zweifel: »O« stand für »Ouvaroff« oder besser Uwarow, einen Nachnamen, der im Rußland des 19. Jahrhunderts einen guten Klang hatte und in der *Notice* in seiner französischen Form auftauchte.

In der Morgendämmerung ragte der Palast der Grafen Scheremetjew wie eine Offenbarung aus den Fluten eines Seitenarms der Newa, ehedem das »namenlose Flüßchen«, seit kurzem »Fontanka« geheißen. In den 30er Jahren war das prunkvolle Gebäude im Besitz von Dmitrij Nikolajewitsch Scheremetjew, dem noch jungen, unverheirateten Herrn über 600 000 Morgen Land und 200 000 Seelen, Rußlands begehrtestem Junggesellen. Eines unglückseligen Tages im Herbst 1835 traf die weibliche Bevölkerung der Hauptstadt die niederschmetternde Nachricht, daß besagter Scheremetjew während seines Aufenthalts auf dem Gut Woronesh von einer tödlichen Krankheit befallen worden war. Seine zahlreiche Dienerschaft entfachte Kerzen der Hoffnung, ließ heilige Messen feiern, damit Gott ihrem Herrn die Gesundheit wiedergeben möge. Doch schließlich erreichte sie von Süden her eine traurige Botschaft: Graf Dmitrij liege im Sterben, sein Tod könne jeden Augenblick eintreffen, man könne nur noch für seine Seele beten. Von banger Sorge erfaßt, griff der Bildungsminister ein und ließ den Palast des russischen Krösus versiegeln, da er als angeheirateter Verwandter des Sterbenden Anspruch erhob auf die sagenhaften Schätze, die der Palast an der Fontanka hütete, und anderen Erben zuvorkommen wollte. Auch im Ministerrat war die Rede von Scheremetjews bevorstehendem Ende, das jemand auf ein gefährliches »Scharlachfieber« zurückführte; Uwarow zugewandt, donnerte Litta: »Und Sie, Sergej Semjonowitsch, Sie leiden an Wartefieber!« Dies soll sich im Herbst 1835 zugetragen haben, als die stille Schlacht zwischen Puschkin und Uwarow – Scheinangriffe, strategische Manöver, Streifschüsse – bereits Jahre gedauert hatte.

Der Verfechter von »Orthodoxie, Autokratie und Nationalem Empfinden« – ein berüchtigtes Dreiergespann –, der Apostel einer neuen Kultur, die sich als Bollwerk »gegen die sogenannten europäischen Ideen« verstand, der Vorkämpfer für ultrapatriotische Reformen, die die Universitäten in Baumschulen für gefügige Sklaven umwandeln wollten, kam aus einer wohlhabenden Familie, die in der zweiten Hälfte des 18. Jahrhunderts Schiffbruch erlitten hatte. Semjon Fjodorowitsch Uwarow gelang es, wieder Boden unter die Füße zu bekommen, wurde ein tapferer Kriegsmann und avancierte zum Liebhaber Katharinas II., im Interregnum zwischen zweien ihrer Günstlinge, Alexander Lanskoj und Alexander Dmitrijew-Mamonow. Eine Zeitlang genoß Uwarow auch die Gunst von Fürst Potjomkin und verschönte viele Abende Seiner Durchlaucht mit der Bandura, einem alten Saiteninstrument, das er meisterlich zu spielen verstand, und mit temperamentvollen *prisjadku*-Tänzen: Arme vor der Brust gekreuzt, Knie gebeugt, Beine in wildem Rhythmus nach vorn und zur Seite geschnellt. Nachdem ihn Katharina die Große fürstlich beschenkt hatte – wenn auch nicht mit den unermeßlichen Reichtümern, die sie sonst bei derlei Gelegenheiten zu offerieren pflegte – und er aus dem Alkoven der Kaiserin entlassen worden war, heiratete der Befehlshaber der Grenadiere eine Golowina. Nebst einem beachtlichen Vermögen brachte ihm seine Braut als Mitgift – so wurde zumindest in Petersburg gemunkelt – ein Kind mit in die Ehe, das sie von

Fürst Stepan Apraxin empfangen hatte. Bald nachdem Sergej das Licht der Welt erblickt hatte, wurde er bereits zum Halbwaisen: Er war noch in zartem Alter, als sein gesetzlicher Vater während eines Schwedenfeldzugs erkrankte und das Zeitliche segnete. Nachdem er sich bei privaten Hauslehrern eine ausgezeichnete Bildung erworben hatte, begann Sergej seine diplomatische Laufbahn. Von 1807 an arbeitete er für die russische Botschaft in Wien; in der österreichischen Hauptstadt vervollständigte er sein Wissen, begann einen Briefwechsel mit Goethe, Schelling und den Gebrüdern Humboldt und wurde der (treulose, wie sich erweisen sollte) Freund und Vertraute von Madame de Staël. Drei Jahre danach hängte er die Diplomatie an den Nagel und kehrte nach Rußland zurück, um sich um sein Erbe zu kümmern, das die Unfähigkeit und die Verschwendungssucht seiner Mutter fast gänzlich aufgezehrt hatten. Wieder in der Heimat, ehelichte er die Gräfin Jekaterina Rasumowskaja, die zwar älter war als er, dafür aber ausgestattet mit einer ansehnlichen Mitgift und einem Vater in führender Stellung: dem neuen Erziehungsminister, der seinem Schwiegersohn bereits vor der Ehe die Leitung der Petersburger Schulbehörde zugesichert hatte. Nachdem er also mit Erfolg den Alptraum von Verarmung verscheucht hatte, konnte Sergej Semjonowitsch Uwarow sich in aller Seelenruhe seiner Forschung widmen: Er war nämlich ein überaus angesehener Experte des klassischen Altertums, auch wenn jemand den Verdacht geäußert hatte, er schöpfe mit allzu großer Unbekümmertheit aus Werken, die außerhalb Rußlands erschienen waren. Und sein Interesse galt nicht nur Göttern und Mythen: Er war einer der Begründer der kühnen Arzamas-Bruderschaft, die im Karamzin-Kult und in der Ablehnung des archaistischen Traditionalismus Shukowski, Batjuschkow, Alexander Turgenjew, Wjazemskij und den blutjungen Puschkin verband. Er galt als politisch progressiv. 1818, mit erst 32 Jahren, wurde er zum Präsidenten der Akademie der Wissenschaften ernannt, und am Tag seines Amtsantritts hielt er eine Rede, in der er mit derart glühenden Worten die Freiheit besang, für die er, so hieß es im

172

nachhinein, ein paar Jahre später nach Sibirien verfrachtet worden wäre.

Am Ende der Regierungszeit Alexanders, als der ideologische Wind bereits spürbar aus einer anderen Richtung wehte, kam der kometenhafte Aufstieg Uwarows jäh zum Stillstand. Nachdem er sein Amt im Bildungssektor niedergelegt hatte, hätte der Präsident ohne weiteres von seinen Einnahmen und seiner Forschung leben können, doch er liebte die Macht und war ein zäher Mensch, der durchaus imstande war, nötigenfalls auch seine Ärmel hochzukrempeln und zuzupacken. 1822 begann er für das Finanzministerium zu arbeiten, welches seit jeher Zuflucht all derer war, denen der Geruch der Ungnade anhaftete; obwohl seine Aufgabe dort eindrucksvoll war, genügte sie seinen hochfliegenden Wünschen und Plänen nicht: Uwarow strebte nach oben, träumte von Triumphen, die für immer aus seiner Biographie den peinlichen Schatten von »Senka, dem Banduraspieler« tilgen würden. Nach Höherem stand ihm der Sinn, und seine Speichelleckerei verblüffte Kollegen, Untergebene und Freunde. Kein Tag verging, an dem er nicht dem Minister, Graf Kankrin, einen Besuch abgestattet hätte, um ihm Akten vorbeizubringen, Botengänge zu erledigen, die Kinder zu verhätscheln – wobei ihm die kleinen Kankrins, sobald er seinen Fuß in die *nursery* gesetzt hatte, die Zunge herausstreckten, weil sie ihn für einen Arzt hielten. Neben seiner Schwäche für die Kinder der Mächtigen hatte der Direktor der Abteilung für Manufaktur und Binnenhandel eine Vorliebe für Holz: Weißbirken, Steineichen, Pappeln im Besitz des Staates; skrupellos benutzte er sein hohes Amt dazu, sich die Bäume anzueignen und ungesetzlichen Handel mit ihnen zu treiben. Nebenbei fuhr er fort zu forschen, zu schreiben, sich zu fragen, was wohl aus der russischen Kultur werden würde, und zäh bergan zu steigen. Nachdem er sich mit seinem patriotischen Eifer und seinen weitblickenden Plänen für eine Reform des öffentlichen Schulwesens hervorgetan hatte, wurde er 1832 zum stellvertretenden Bildungsminister ernannt und 1834 schließlich zum Bildungsminister und zum Vorsitzenden des Zensurkomitees. Mit Genugtuung stellte er fest, daß ihm die Kultur seines Landes endlich zu Füßen lag.

Das wandlungsfähigste Chamäleon und die hartnäckigste Kletterpflanze Rußlands gebrauchte bei Puschkin eine schlaue Taktik der Umgarnung: Er ließ ihm mitteilen, daß er ihn gerne als Ehrenmitglied *seiner* Akademie sähe, kam ihm entgegen, indem er seine Verse ins Französische übertrug, stellte ihn den Studenten der Universität mit wohlgesetzten, ja geradezu schmeichlerischen Worten vor, war jedoch in der Tiefe seines Herzens fest entschlossen, diesen »hochmütigen und unbeugsamen« Dichter in die Knie zu zwingen. Zuweilen gelang es ihm nicht, seine Feindseligkeit zu verbergen: 1830, im Hause von Alexej Nikolajewitsch Olenin, entschlüpften ihm die Worte: »Weshalb ist Puschkin nur so stolz darauf, von dem Neger Hannibal abzustammen, den Peter der Große in Kronstadt für eine Flasche Rum erstand!«, und Faddej Bulgarin ließ sich die Gelegenheit nicht entgehen, in der *Biene des Nordens* den deftigen Scherz zu wiederholen, was den Dichter verständlicherweise zur Weißglut brachte. Zerfressen von einem wirkungsvollen Gebräu aus Neid und Größenwahn, ertrug Uwarow es nicht, daß Nikolaj I. Puschkin seiner persönlichen Zensur für würdig erachtete, machte dem Zaren und Graf Benckendorff die Ehre streitig, auf Werke und Tage des in Geistesdingen allzu berühmten Kollegen ein wachsames Auge zu haben. Auch Puschkin empfand, obwohl ihr Verhältnis offiziell ein durchaus korrektes war, Haß und Abscheu für den Minister. Als er im Februar 1835 zu dem üblichen Spießrutenlauf durch die Zensur der Werke gezwungen war, die der Zar persönlich wenig schätzte, machte er seinem Herzen Luft: »Uwarow ist ein großer Schuft ... ein Lump und Scharlatan. Seine Verkommenheit ist bekannt ... Man sagt von ihm, daß er als Hure begann und dann Kindermädchen wurde ...« Zwei Monate später: »Das ist ein schwarzes Jahr für unsere Akademien: Kaum hat Sokolow in der Russischen das Zeitliche gesegnet, da ernennen sie schon Dondukow-Korsakow zum Vizepräsidenten der Wissenschaft-

174

lichen. Uwarow ist der Jongleur und Dondukow-Korsakow sein Hanswurst ... einer schlägt Purzelbäume auf dem Seil, der andere schlägt sie auf dem Boden darunter.« Doch all dies blieb ein Geheimnis der Tagebücher und der Briefe an vertrauenswürdige Freunde; Puschkin, der erfahrene Degenfechter, studierte den Feind, begnügte sich damit, die heimtückischsten Hiebe zu parieren, und wartete. Und sein Warten sollte sich lohnen.

Fürst Dunduk ist Vizepräsident
der Akademie. Verdient er auch die Ehr',
der Fürst?
Weshalb auch nicht? Er zensiert
gekonnt und hat einen Arsch,
der gefällt, wem, das weiß er wohl.
(Mit Sicherheit von Puschkin)

Als der Palast an der Fontanka bereits versiegelt war und man schon Vorbereitungen traf zum Begräbnis von Graf Scheremetjew, kam eine überaus freudige Nachricht: Der Sterbende habe sich plötzlich wie durch ein Wunder erholt und werde weiterleben. Uwarow verwischte hastig und wütend die Spuren seiner Habgier, aber Petersburg konnte er nicht mehr zum Schweigen bringen. Und Puschkin sorgte dafür, daß dieser peinliche Fauxpas das Boot zum Kentern brachte. Er schrieb *Für Lukulls Genesung* und stellte der Zensur ein Bein, indem er seine »Ode« als eine »Nachdichtung aus dem Lateinischen« tarnte: »*Du lagst im Sterben, / reicher Jüngling! / ... / Und der Erbe deiner Schätze,/ jene gierige, nach Aas lechzende Krähe, / wurde bleich, von Krämpfen geschüttelt, / häßlicher Gewinnsucht Beute / ... / Und er dachte bei sich: Niemals mehr muß ich die Kinder hoher Würdenträger kosen / ... / niemals mehr mein Weib bei den Rechnungen betrügen, / niemals mehr das Holz des Staates stibitzen!*« Von Paris aus schrieb Alexander Iwanowitsch Turgenjew an Wjazemskij: »Kompliment an den Übersetzer – leider aus dem Lateinischen, nicht aus dem Griechischen!« und fügte damit der deftigen Wesensbeschreibung von Lukulls enttäuschtem Erben auch noch den Zug der Homosexualität bei. (Jeder wußte von dem Verhältnis zwischen Uwarow und Fürst Dondukow-Korsakow, diesem mittelmäßigen, ungebildeten Menschen, den der Minister zum Direktor der Zensurbehörde und zum Vizepräsidenten der Akademie der Wissenschaften ernannt hatte. Man erkannte sofort, wer die eigentliche Zielscheibe der Ode war. Uwarow beschwerte sich an höherer Stelle, und Puschkin wurde vor die Dritte Sektion berufen. Als Graf Benckendorff zu wissen verlangte, wer mit den umstrittenen Versen gemeint sei, antwortete ihm der Dichter: »Sie.« Benckendorff lachte skeptisch. »Glauben Sie mir nicht? Oder gibt es jemanden, der sich einbildet, ich hätte ihn damit treffen wollen?« Und am Morgen danach, schriftlich: »... Ich bitte Sie lediglich, mir diejenigen Worte zu zeigen, die ihn benennen, den Vers meiner Ode, der sich auf ihn bezieht ...« Dieses Mal war Puschkin von allen Seiten abgesichert: Jedes Vorgehen gegen ihn oder die Moskauer Zeitung, die die sogenannte Nachdichtung veröffentlicht hatte, hätte bedeutet, daß auch der Zar in der ungeduldigen Krähe einen hohen Beamten, einen seiner Minister erkannt hatte. Uwarow beschloß, Puschkin die Sache auf jeden Fall heimzuzahlen. Jemand hörte ihn im Korridor des Ministeriums schreien: »Die Werke dieses Schurken sollen nicht von einem, sondern von zwei, drei, vier Zensoren kontrolliert werden!«

Worauf man sich in der *Notice sur Pouschkin* berief, war eine *vox populi*, eine nicht belegte Anschuldigung, die verständliche Reaktion einer Stadt, in der das Echo des Gelächters noch nicht verklungen war, das Lukull ausgelöst hatte – denn gelacht hatten alle, auch die vielen, die in der Öffentlichkeit den hundertsten unverzeihlichen Handstreich des Dichters verurteilt hatten. Eine einfache Überlegung: Puschkin nannte Uwarow einen Dieb und Sklaven, der rächte sich für die Verse, indem er ihn als Hahnrei bezeichnete. Die Logik feierte ihren stahlharten Triumph. Zu simpel. Denn bereits der kleinste Hinweis auf die

176

»gewinnsüchtige Krähe« hätte Puschkin doch bestimmt genügt, um ihm den Gnadenstoß zu geben. Was hätte ihn auch daran hindern sollen?

2. »Bombe à la Nesselrode«

Am 17. Februar 1837 notierte Alexander Iwanowitsch Turgenjew in seinem Tagebuch: »Abend bei der Brawura verbracht ... dann bei der Walujewa, Wijelgorskij auch anwesend. Shukowskij sprach von den Spionen, von Gräfin Julija Stroganowa, von drei bis fünf Briefen, die er aus Puschkins Arbeitszimmer fortgenommen hatte ... *Die Verdächtigen. Die Gräfin Nesselrode.* Diskussion mit Shukowskij über Bludow und anderes.« An einer Stelle in den Memoiren, die der alte Fürst Alexander Michailowitsch Golyzin zu Beginn unseres Jahrhunderts schrieb, lesen wir: »Als Zar Alexander Nikolajewitsch im Winterpalais in geschlossener Gesellschaft zu Mittag speiste, bemerkte er laut und vernehmlich: ›*Eh bien, on connaît maintenant l'auteur des lettres anonymes qui ont causé la mort de Pouchkine; c'est Nesselrode.*‹[1] Ich hörte es von jemandem, der neben dem Herrscher saß.« Aufgrund dieser Zeugenaussage wurde die Gräfin Marija Dmitrijewna Nesselrode als Verfasserin der tödlichen Diplome verdächtigt.

Von frühester Jugend an war Karl Wasiljewitsch Nesselrode ein *bliny*-Künstler, ein Meister des Flambierten und Glacierten. Die russische Küche hat einen von ihm kreierten Pudding verewigt, die internationale Küche eines seiner Überraschungsdesserts: eine Kugel Eis, gefüllt mit heißer Schokolade. Mit seinen Näschereien gelang es ihm, den bekanntesten Feinschmecker der Hauptstadt für sich zu gewinnen, Finanzminister Gurew. Dessen Tochter, ein »reifes und schon ein wenig welkes Mädchen ...«, hing stolz und traurig wie eine überreife Frucht vom

---

1 »Nun, inzwischen kennt man den Verfasser der anonymen Briefe, die Puschkins Tod verursachten; es war Nesselrode.«

Familienstammbaum und ließ sich ohne Widerstand von Nesselrode pflücken. Mit ihr ergoß sich ein wahrer Goldregen über
ihn.«

Stark in der »Schwäche des Charakters« und der »Trübheit des
Verstands«, Tugenden in den Augen absoluter Herrscher,
machte Karl Wasiljewitsch Nesselrode nach einer kurzen und
erfolglosen Erfahrung als Marinesoldat eine steile Karriere in
der Staatsführung: diplomatischer Berater des russischen Gesandten in Paris, dann des Zaren, Außenminister, Vizekanzler
(ab 1846 Kanzler) des russischen Imperiums. Seine Gattin, eine
Frau von steifem, stolzem Wesen, herrisch und befehlerisch,
wurde ihrerseits die einflußreichste Beraterin des ehemaligen
Beraters. Sie versetzte die Diplomaten von halb Europa in Angst
und Schrecken; als fanatische Streiterin für den *ordre établi* und
die Heilige Allianz formte sie Ideen und sogar Umgangsformen nach dem lebenden Beispiel Metternichs. Marija Dmitrijewna Nesselrode, diese »Erpresserin, Klatschbase, wahrhaftige
Hexe«, hatte sich mit eiserner Disziplin und unermüdlicher
Energie bald eine solide Position auf Rußlands gesellschaftlichen Gipfeln errungen, war gefürchtet und verehrt von der
Schar ihrer Anhänger, die sich am Fuße des Berges versammelt
hatten, um ihrerseits den ebenso unwegsamen wie einträglichen
Aufstieg zu beginnen. Sie genoß es, Karrieren, Glückssträhnen
und Reputationen zu fördern und zu zerstören, und ihre Feind-
schaft war ebenso fürchterlich und gefährlich wie ihre Freundschaft innig und günstig. Sie schien absichtlich alle Spuren von
Weiblichkeit an sich zu unterbinden (wobei weder ihr Gesicht
noch ihr Körper viele davon aufwiesen), verachtete belangloses
Salongewäsch und redete statt dessen lieber über Politik und
Finanzangelegenheiten, über königliche Hochzeiten und zuweilen über Literatur – die »ernsthafte«, versteht sich. Obwohl
sie dem Thron ganz und gar ergeben war, sparte sie nicht an
Mißbilligung und Tadel, was das Wirken der Regierung anbelangte: »*Ce bon Monsieur de Robespierre*« nannte sie daher der
Großherzog Michail Pawlowitsch im Scherz. Sie empfing –

178

schweigsam, distanziert, in unergründliche Gedanken versunken – in halb liegender Stellung auf einem Diwan und erwachte nur dann zu plötzlichem Leben, wenn ihren exklusiven Salon, den viele sterbenslangweilig fanden, auserwählte Mitglieder einer erlesenen *société dans la société* betraten, eines oligarchischen Areopags, der sich in Paris bei Madame de Swétchine oder in Wien bei Melanie von Metternich ein Stelldichein gab. Marija Dmitrijewna Nesselrode haßte Puschkin wegen eines kurzen Epigramms über ihren Vater, Dmitrij Alexandrowitsch Gurew, dessen zügellose Leidenschaft für das Geld anderer Leute die Gräfin geerbt hatte, wie böse Zungen behaupteten: »Während Golizyn die Russen belehrte, beraubte sie Gurew nach Strich und Faden.« Das Epigramm stammte vielleicht nicht einmal aus Puschkins Feder, aber die Öffentlichkeit schrieb es ihm zu, da man sich der vielen boshaften Äußerungen entsann, die bereits seinem Munde und seiner Feder entströmt waren auf Kosten besagter Dame. Der Dichter verabscheute sie nämlich von ganzem Herzen. Einmal ging Natalja Nikolajewna ohne das Wissen ihres Mannes in Gesellschaft der Nesselrode zum Ball ins Anitschkow-Palais; Puschkin war außer sich und schleuderte der hochmütigen Gräfin einige nicht sehr höfliche Äußerungen entgegen, unter anderem die folgende: »Ich dulde nicht, daß meine Frau in Häuser geht, in denen ich nicht verkehre.« Diejenigen, die Marija Dmitrijewna Nesselrode für schuldig halten, weisen noch auf andere Vorfälle, die ihre Meinung bestätigen: Sollogub erinnert sich, daß Puschkin am Morgen des 4. November »eine Frau verdächtigte, deren Namen er nannte«. Zu der Zeit, da ganz Petersburg voller Verachtung war gegen den Ausländer, an dessen Händen das Blut Puschkins klebte, stand das Ehepaar Nesselrode bis zuletzt auf der Seite von Georges d'Anthès und dem holländischen Gesandten. Drei Jahre später äußerte die Gräfin Nesselrode große Besorgnis um Erneste de Barante, den jungen Franzosen, der sich mit dem Mann duellierte, den sie als »Leutnant Lementew« bezeichnete: Michail Lermontow. Sind dies ausreichende Indizien für eine Schuldzuweisung? Die Nesselrode war gewiß keine leidenschaftliche Bewunderin der beiden Dichter, außerdem kannte sie deren Werke nicht und konnte sie auch gar nicht kennen: Sie beherrschte die russische Sprache in Wort und Schrift nur ungenügend, desgleichen ihr Gatte, in dessen Adern deutsches Blut floß und in dessen Denken eine solch glühende Ehrfurcht vor dem österreichischen Hof eingebrannt war, daß man ihn als »österreichischen Minister für russische Angelegenheiten« hätte bezeichnen können. Allein dies müßte genügen – besagte Diplome wurden ja, wenn wir uns recht erinnern, von russischer Hand geschrieben –, um Marija Dmitrijewna Nesselrode von jedem Verdacht reinzuwaschen, außer man zieht die Mithilfe eines Schreibers oder Lakaien oder Freundes in Erwägung, was aber doch viel zu riskant gewesen wäre für eine Dame in ihrer gesellschaftlichen Stellung. Und die, die sie beschuldigen, sind offensichtlich des Französischen nicht ausgesprochen mächtig, denn obgleich Autokraten damals weniger der sprachlichen Norm verpflichtet waren als gewöhnliche Sterbliche, so bezweifeln wir doch sehr, daß Alexander II. gesagt hätte »C'est Nesselrode«, ohne ein »Madame de« oder »la Comtesse de« hinzuzufügen, da er immerhin von einer Dame sprach und vor seinen Gästen eine so schwerwiegende Beschuldigung äußerte. Der gesunde Menschenverstand und die Grammatik bringen uns zu dem Schluß, daß der Zar, wenn überhaupt, auf Herrn Nesselrode verwiesen hatte, bei dem es keiner besonderen Präzisierung bedurfte, da er schlicht »Nesselrode« war, ein Mitglied des Wiener Kongresses, Außenminister und Kanzler.

Fast fünfzehn Jahre lang, während Nesselrode dem Staat als Außenminister diente, war Puschkin, zumindest der Form halber, von ihm abhängig. Auch wenn man die beiden Mitte der 30er Jahre gemeinsam den Newskij Prospekt hatte entlangschlendern sehen, auch wenn sie einander vielfach auf Empfängen der führenden Gesellschaft Petersburgs begegneten, bei Hofe und im Ministerium, konnten der Vizekanzler und der Dichter nicht unbedingt als Freunde bezeichnet werden – aber auch nicht als Feinde. Am 14. Dezember 1833 vermerkte

180

Puschkin in seinem Tagebuch: »Kotschubej und Nesselrode haben je 200 000 Rubel erhalten, damit sie ihren hungernden Bauern zu essen geben, und diese 400 000 Rubel werden in ihren eigenen Taschen verschwinden«, doch wenn er alle hätte hassen wollen, die sich in Rußland auf niedrige Weise bereicherten, hätte sein gesamter Vorrat an Leidenschaft nicht ausgereicht. Was Nesselrode betraf, zumindest nach den uns erhaltenen Dokumenten zu urteilen, so hegte er keinen ausgesprochenen Widerwillen gegen den Dichter. 1820 hatte er General Insow geschrieben: »Es gibt keine Entgleisung, zu der sich dieser unglückselige Bursche nicht hinreißen ließe, und keine Vollendung, die er mit seiner erlesenen Begabung nicht erreichen könnte«, und diese Einstellung gegenüber Puschkin schien sich mit der Zeit auch nicht geändert zu haben, obwohl der »unglückselige Bursche« auch in reiferen Jahren stets einen Weg fand, in Fettnäpfchen zu treten, die für Nesselrode noch mehr Scherereien, noch mehr Arbeit, noch höhere Aktenstapel auf dem Schreibtisch bedeuteten. Gewiß brachte er ihn damit auf die Palme, denn der Vizekanzler war ein ausgesprochen fauler Mensch – eine Tatsache, die in der Angelegenheit der Diplome für seine Unschuld sprechen könnte, deren Ausarbeitung gewiß viel Zeit, Mühe und Aufmerksamkeit gekostet hatte. Nesselrode aber hatte die Nase voll von Akten und Papierkram, und sooft er sich die Last der Geschichte von den schmächtigen Schultern laden konnte, widmete er sich der Kochkunst und Blumenzucht; bei besonderen Anlässen auch einer Tätigkeit, die viele als sein drittes Steckenpferd betrachteten, der Erpressung. Neue Rezepte erfinden, neue Orchideenzüchtungen erproben – um wieviel entspannender und erfreulicher war das doch, als dazusitzen und mit zeitaufwendigen Blockbuchstaben mehrere Abschriften eines albernen Hahnreidiploms zu erstellen! Wir wissen demnach nicht, was wir von den Worten Alexanders II. halten sollen: »Das war Nesselrode.« Ein nachträgliches Gerücht, das Ergebnis später Nachforschungen, eine Vermutung, ein Scherz? Sollte der Zar an jenem Tag zu tief ins Glas geblickt haben? Es scheint uns fraglich bis unwahrschein-

lich, daß die Gäste an der kaiserlichen Tafel die Lösung des
Rätsels, das über eineinhalb Jahrhunderte lang ganz Rußland
aufwühlte und entrüstete, so geheimhalten konnten, daß kein
Sterbenswörtchen darüber jemals bis zu Nesselrode – Graf oder
Gräfin – durchgesickert war.

3. *Le diable boiteux*

Puschkins jüngste Tochter erinnerte sich: »Meine Mutter
glaubte fest, daß Fürst Pjotr Wladimirowitsch Dolgorukow die
anonymen Briefe schrieb ... Die zweite Person, die meine Mutter verdächtigte, ... war Fürst Iwan Sergejewitsch Gagarin ...«

Dolgorukow, Gagarin: Empfindsamere Gemüter mögen nun
den Blick abwenden. Auf der Bühne verbreitet sich beißender
Schwefelgestank, purpurfarbene Blitze erhellen das Dunkel, mit
unheimlichem Knarren tut sich eine Luke auf – und es erscheint
Satan, in der Gestalt, die die russische Volksphantasie ihm seit
undenklichen Zeiten zugewiesen hat: als gefallener Engel wie
der Jesuit Iwan Gagarin oder hinkend wie Pjotr Dolgorukow,
der wegen seines Gebrechens den Beinamen »le bancal« erhalten hatte. Noch andere Zeichen verrieten Dolgorukows teuflische Abstammung: sein plumper, ungestalter Leib, die häßlichen Gesichtszüge, der ausweichende Blick hinter dicken
Brillengläsern, die giftige Zunge, die Vorliebe für Abwege sowie
sein Hang zu Klatsch, Intrigen und Betrügereien. Er war abstoßend, unsympathisch, knauserig, geschwätzig, selbstverliebt
und voller Verachtung für seine Mitmenschen, hinterhältig, un-
eins mit sich und der Welt – ein echter Antichrist.

Am Morgen des 4. November 1836 erhielt auch Klementij Rosset die zweifache Botschaft. Man brachte sie ihm in das Haus,
das er damals mit seinem Bruder Arkadij und einem ehemaligen Kameraden aus dem Pagenkorps, Nikolaj Skalon, teilte. Die
beiden Rosset-Brüder hatten die Freundschaft mit den größten
Schriftstellern ihrer Zeit von ihrer Schwester geerbt, der schö-

nen, klugen, gebildeten Alexandra Osipowna, seit 1832 mit Nikolaj Michailowitsch Smirnow verheiratet. Puschkin mochte die beiden Rossets, und erst wenige Tage zuvor hatte er Klementij gefragt, wie *Der Feldherr* von seinen jungen Kameraden im Militär aufgenommen worden war, da ihm deren Urteil weit mehr am Herzen läge als das der Aristokraten und Mächtigen. Klementij Rosset zögerte nicht, den an Puschkin adressierten Brief zu öffnen, und zeigte ihn unverzüglich seinem Bruder und seinem Freund, denen er dann prompt seine Meinung kundtat. Wer dies geschrieben hätte, so sagte er, müsse zu denen gehören, die die kleine Wohnung am Michailowskaja-Platz frequentierten, deren Adresse mit auffälliger Genauigkeit auf dem Umschlag angegeben war: »Haus von Zanfteleben, dritter Stock, links«, und dann war ihm, als erkenne er das Briefpapier und die Handschrift – wo nur hatte er das schon einmal gesehen? Er erinnerte sich, und tags darauf suchte er Fürst Gagarin auf. Erst seit kurzer Zeit wieder in der Heimat, nachdem er lange für die russische Botschaft in München tätig gewesen war, genoß der 22jährige Iwan Gagarin gute Bücher und die Gesellschaft von Literaten: die von Wjazemskij und Tschaadajew und auch die von Puschkin; er war es, der Tjuttschews Gedichte in dessen Abwesenheit in Puschkins Zirkel vorgelesen hatte. Im Herbst 1836 wohnte Gagarin in der Bolschaja-Millionnaja-Straße, mit einem guten Bekannten von Klementij Rosset, Fürst Pjotr Dolgorukow, auch er ein Sohn aus bestem Hause und von ausgezeichneter Bildung. Rosset speiste mit Dolgorukow und Gagarin, aber im Beisein der Dienerschaft ließ er nichts über den Grund seines Kommens verlauten; erst später begab er sich mit seinen Freunden ins Arbeitszimmer, zeigte ihnen das Diplom, fragte sich laut, wer der Verfasser sein mochte und welche Folgen es wohl nach sich ziehen konnte: Er wollte diskret das Terrain sondieren und die Reaktionen der Hausherren beobachten. Das Gespräch, vielleicht zusammen mit anderen, uns unbekannten Erwägungen, konnte Rossets Verdacht wohl nicht zerstreuen, zumal unmittelbar nach Puschkins Duell das Gerücht zu kursieren begann, die beiden Fürsten hätten die unseligen Diplome geschrieben, die es herbeigeführt hatten. Am 31. Januar 1837 notierte Alexander Iwanowitsch Turgenjew in seinem Tagebuch: »Bei der Karamzina gespeist. Über Heeckeren und Puschkin gesprochen. Erneuter Verdacht gegen Fürst Gagarin.« Tags darauf, während der Begräbnisfeier für den Dichter, ließ auch Turgenjew Gagarin nicht aus den Augen: Hätte dieser Puschkins Leiche nicht die letzte Ehre erwiesen, wäre das ein indirektes Eingeständnis der eigenen Schuld gewesen. Doch der junge Mann, der dieser Tage von einem »verborgenen Kummer gequält zu werden schien«, näherte sich der Totenbahre und berührte die aschfahle Stirn des Leichnams mit den Lippen. Diese fromme Geste vermochte aber nur Turgenjew zu beschwichtigen: Als Fürst Gagarin 1843 als Novize in ein französisches Jesuitenkloster eintrat, glaubten viele, er würde, von Gewissensbissen getrieben, Rußland und der Welt den Rükken kehren, um für die Missetat zu büßen, die ihm auf der Seele lastete. Das aber waren lediglich Gerüchte, flüsternde Stimmen, und niemand bezichtigte jemals offen Gagarin oder Dolgorukow, bis 1863 ein so gut wie unbekannter Dichter, Ammosow, ein Bändchen in Druck gab, das die Rekonstruktion von Puschkins tragischem Ende enthielt, »aufgrund der Schilderung von dessen ehemaligem Lyzeumskameraden und Sekundanten Konstantin Karlowitsch Danzas«. Nun lasen die Russen es schwarz auf weiß: »Nach Puschkins Tod verdächtigten viele Fürst Gagarin; außerdem gibt es gewisse Hinweise auf Dolgorukow ... Als er sich bereits im Ausland befand, gab Gagarin zu, daß die anonymen Briefe tatsächlich auf seinem Briefpapier geschrieben worden waren – aber nicht von ihm, sondern von Fürst Pjotr Wladimirowitsch Dolgorukow.«

Im November 1836 war Pjotr Dolgorukow noch nicht einmal zwanzig Jahre alt. Er hatte seine Ausbildung am Pagenkorps beendet, aber aufgrund »seines schlechten Benehmens und seiner Faulheit« hatte man ihm 1831 den Titel des Zimmerpagen wieder aberkannt, der ihm im selben Jahr verliehen worden war; der niedrige Rang und die Bescheinigung der Untauglichkeit

184

für den Militärdienst, mit der er aus dem Korps entlassen worden war, verwehrten ihm die glänzende Laufbahn in der kaiserlichen Leibgarde, die sein Adelstitel und sein Vermögen ihm andernfalls gesichert hätten. Er mußte sich mit einer ehrenamtlichen Tätigkeit im Bildungsministerium begnügen, wo er auf das Wohlwollen und die Protektion Uwarows zählen konnte. Als Alleinerbe eines beachtlichen Vermögens hatte der junge Mann keine finanziellen Sorgen und verfügte über viel freie Zeit. Die widmete er teils dem mondänen Leben, teils genealogischen Studien, seiner Leidenschaft. 1843 veröffentlichte er in Frankreich unter dem Pseudonym »*Comte d'Almargo*« eine *Notice sur les principales familles de la Russie*, die nicht nur den Zorn des Zaren und das Interesse der Geheimpolizei auf ihn lenkte, sondern auch den Groll vieler seiner Landsleute. Die Zeit und die intensive publizistische Tätigkeit Dolgorukows sollten diesen Groll noch verschärfen, da der Fürst den Informationen aus Archiven mit Vorliebe saftige Anekdoten beifügte, die er auf den Schlachtfeldern der Salons erfahren hatte; damit wollte er diejenigen Höflinge entlarven und verhöhnen, die sich ihre Titel und ihren Einfluß mit Hilfe von Schmeicheleien, Intrigen, Interessenheiraten oder Liebeshändel erschlichen hatten. Von der Höhe seiner tausendjährigen Ahnenreihe (die Ursprünge seiner Familie reichten zurück bis zu dem Söldnerführer Wariago Rjurik, im 9. Jahrhundert Herrscher von Nowgorod) waren für Dolgorukow auch die Romanows wenig mehr als Emporkömmlinge. Von Drohungen Nikolajs I. in die Heimat zurückbeordert, kehrte Dolgorukow in der sicheren Erwartung einer Strafe zurück. Die bekam er auch: Er mußte ein Jahr Verbannung im fernen Wjatka verbüßen, wo er die Pose eines »in Ungnade gefallenen Wallenstein« annahm. Nachdem man ihn wieder in die Freiheit entlassen hatte, widmete er sich ausschließlich seinen Studien und veröffentlichte genealogische Sammlungen, die noch heute wertvoll sind. 1859 reiste er heimlich nach Frankreich mit dem mittlerweile offiziellen Status eines politisch Verbannten. Er verbreitete weiterhin in Zeitungen, Pamphleten und Memoiren seine unerbittlichen »Wahrheiten über Rußland«, verlegte selbst Zeitschriften, in denen er mit beißendem Sarkasmus die Laster der Aristokratie und Autokratie seiner Heimat schilderte. Er starb 1868 im Exil, als in Rußland bereits viele davon überzeugt waren – und wer nicht mehr unter den Lebenden weilte, hatte seine Gewißheit an die Kinder weitergegeben –, daß er Puschkins Tod auf dem Gewissen hatte. Diese Überzeugung erfreut sich noch heute großer Beliebtheit und gründet auf indirekten Beweisen, auf Analogieschlüssen.

1848 erhielt Tschaadajew in Moskau einen Brief von Louis Colardeau, einem Neuropathologen aus Paris (den es gar nicht gab), der sich erbot, den russischen Denker von dessen ausgeprägtem »Größenwahn« zu befreien. Zur selben Zeit wurden mehrere Freunde und Bekannte Tschaadajews, ebenfalls schriftlich, aufgefordert, den Staatsnarren mit Nachdruck davon zu überzeugen, daß er sich von dem ausländischen Arzt kurieren lassen müsse, der, wenn er ihn heilte, darauf hoffen durfte, »Familienarzt im Hause des Grafen Mamonow zu werden und so für immer eine gesicherte Stellung innezuhaben.« Tschaadajew erriet sofort, woher der Schlag kam, und schrieb Dolgorukow ein boshaftes Antwortbillett, das nicht abzuschicken er jedoch für ratsam hielt.

Im Juni 1856, während er in Wildbad auf Kur war, erhielt Fürst Michail Semjonowitsch Woronzow einen Brief aus Rußland, der ihn zutiefst bestürzte. Da er kurz davor stand, den vierten Band der *Russischen Genealogie* in Druck zu geben, bat Dolgorukow Fürst Woronzow um neue Urkunden, die seine lange Ahnenreihe beweisen sollten, weil aus den alten Akten und Chroniken, die besagter Fürst ihm gesandt hatte, sich die Echtheit der Dokumente angeblich nicht nachweisen ließ. Dem Brief war ein beunruhigendes Billett beigelegt, ohne Unterschrift und offensichtlich von anderer Hand geschrieben: »Ich weiß ein *sicheres* Mittel, wie Sie Ihren Stammbaum veröffentlichen lassen können ... so, wie Sie ihn wünschen: Sie brauchen lediglich dem Fürsten Pjotr Dolgorukow 50000 Rubel zu schenken; dann wird alles nach Ihren Wünschen gemacht. Aber es ist keine Zeit zu verlieren.« Kurz darauf verstarb Michail Semjonowitsch Woronzow, und so war es sein Sohn, Semjon Michailowitsch, der drei Jahre später gegen Dolgorukow einen Prozeß führte wegen der beleidigenden Informationen, die jener im *Courier de dimanche* veröffentlicht hatte. Als Ergebnis dieses Verfahrens, das am 3. Januar 1861 in Paris zum Abschluß gebracht wurde, befanden die Richter den hinkenden Fürsten der üblen Nachrede für schuldig; außerdem entschieden sie, daß er selbst mit verstellter Schrift den anonymen Erpresserbrief an den verstorbenen Woronzow geschrieben hatte.

In der ersten Ausgabe der Pariser Zeitschrift *Zukunft* (September 1860) schrieb Dolgorukow über Odojewskij: »In seiner Jugend lebte er in Moskau, studierte eifrig die deutschen Philosophen und kritzelte häßliche Verse in sein Tagebuch. Er versuchte sich erfolglos in chemischen Experimenten und malträtierte mit endlosen Etüden die Ohren sämtlicher Bekannter. Heute genießt Odojewskij unter den Lebemännern den Ruf eines Literaten und unter den Literaten den eines Lebemanns. Sein Rückgrat ist aus Gummi, seine Gier nach Auszeichnungen und Einladungen an den Hof schier unermeßlich, und dieweil er unentwegt nach allen Seiten buckelte, erschmeichelte er sich endlich den Rang eines Hofmeisters.« Odojewskij antwortete entrüstet: »Bis heute hat sich dieser ignorante Herr einzig und allein auf dem Gebiet der Tratscherei und der Entsendung anonymer Briefe geübt und es darin auch wahrlich weit gebracht, hat er doch zahllose Streitereien provoziert, Familien entzweit und den Tod eines Menschen verschuldet, den Rußland noch heute beweint.« Aber er konnte seine Antwort nicht veröffentlichen, zumal es in Rußland verboten war, über Verbotenes zu schreiben.

Am 7. Februar 1862 schrieb Sergej Alexandrowitsch Soboljewskij, ein Freund Puschkins, der in einem zähen, postumen Ringen um die Wahrheit bis zuletzt den Verfasser der Diplome zu entlarven suchte, Fürst Woronzow junior: »... Ich habe soeben erfahren, daß d'Anthès einen Prozeß gegen Dolgorukow anstrengen will, weil er behauptet, beweisen zu können, daß Dolgorukow der Verfasser jener infamen anonymen Briefe war ... Ich weiß, daß in Petersburg Memoiren (echte oder falsche) der Fürstin Dolgorukowa in Umlauf sind ... Sollten Sie ein Exemplar in die Hände bekommen, dann seien Sie doch bitte so gut und lesen nach, was darin über die *affaire* Puschkin gesagt wird: Das ist um so interessanter, als die Fürstin des öfteren behauptete (und zwar vor jedem, der es hören wollte), ihr Mann habe ihr gestanden, der Urheber der Intrige gewesen zu sein ...«

Am 8. Februar 1862 schrieb der Typograph E. J. Weimar dem Fürsten Semjon Michailowitsch Woronzow einen Brief, in dem er ihm einen häßlichen Zwischenfall schilderte, der ihm zugestoßen war, nachdem er den dritten Band von Dolgorukows *Genealogie* gesetzt hatte: »... Am 2. März 1856 brachte ich ihm die Rechnung ... Er empfing mich mit dem Vorwurf, daß einige der Exemplare schmutzig seien ... Unterzeichnen Sie die Quittung, sagte er. Ich unterschrieb. Er nahm die Rechnung, ging in sein Arbeitszimmer, als wolle er das Geld holen, kam nach ein paar Minuten wieder zurück und fragte: Nun, worauf warten Sie noch? Ich sage ihm: Was soll das heißen, Euer Exzellenz? Auf mein Geld natürlich. Und er: Sie haben es doch längst erhalten und die Quittung unterzeichnet. Dann begann er, mir die garstigsten Schimpfwörter an den Kopf zu werfen, rief den Kammerdiener und trug ihm auf, mich vor die Tür zu setzen.« Weimar erstattete Anzeige, zog sie aber bald darauf wieder zurück, weil ihn der Gedanke erschreckte, sich einer so »mächtigen und berühmten Persönlichkeit« wie Dolgorukows erwehren zu müssen.

1863, in der fünften Ausgabe des »Blattes« verhöhnte Dolgorukow wohl zum tausendsten Mal die heimatlichen Gebräuche: »Aus Petersburg erfahren wir, daß unsere weise Regierung zum Anlaß von Rußlands Eintreten in das *zweite Jahrtausend* von Chaos sich anschickt, zwei neue Auszeichnungen einzuführen, zum einen den Orden des *Vortrefflichen Esels*, gedacht als Belohnung für berühmte Persönlichkeiten, die der Autokratie treu ergeben, aber geistig ein wenig minderbemittelt sind, zum zweiten den Orden der *Dummheit* als Belohnung für freie Schriftsteller, die Torheiten zum besten geben, um die Autokratie zu verteidigen.«

In seinen *Mémoires* nennt Dolgorukow selbstgefällig eine andere, ältere *anonyme* Schmähschrift (auch sie in französischer Sprache), die gewisse »Spaßvögel« in ganz Petersburg verbreitet hatten im Namen der Mutter von W. W. Lewaschjow (später Graf), zum Anlaß der Vermählung ihres Sohnes, welcher die Frucht einer nicht durch Heirat legalisierten Verbindung war: »*Fräulein* Akulina Semjonowna gibt sich die Ehre, die Vermählung ihres Sohnes bekanntzugeben ...«

1892 verkündete der Direktor des »russischen Archivs«, was ihm der bereits verstorbene Graf Adlerberg einmal erzählt hatte: »Im Winter 1836/37, bei einem großen Petersburger Empfang, zeigte der junge Fürst P. W. Dolgorukij (später ein bekannter Genealoge), der hinter Puschkin stand, auf d'Anthès, wobei er mit Zeigefinger und kleinem Finger Hörner andeutete.«

1895 veröffentlichte das »russische Archiv« die Randbemerkungen von Baron Fjodor Andrejewitsch Büler auf einem unveröffentlichten Brief Puschkins. Dort war zu lesen: »In den Vierzigern, auf einem der literarisch-musikalischen Samstage des Fürsten W. F. Odojewskij verweilte ich lange, bis wir nur noch zu viert in seinem Arbeitszimmer waren: er, ich, Fürst Michail Jurewitsch Wijelgorskij und Lew Sergejewitsch Puschkin, damals bekannt unter dem Namen Ljowuschka ... Dank der ausführlichen und überaus interessanten Erzählung des Grafen Wijelgorskij erfuhr Ljowuschka all die böswilligen Provokationen, die seinen Bruder dazu gebracht hatten, sich zu duellieren. Noch heute ist es nicht angebracht, alles an die Öffentlichkeit zu bringen, was ich bei dieser Gelegenheit hörte. Ich möchte nur sagen, daß als einer der Verfasser der herausfordernden anonymen Briefe Fürst P. W. Dolgorukow genannt wurde ...«

Für Dolgorukow waren Danzas' Aussagen (der noch am Leben war, als das von Ammosow herausgegebene Büchlein erschien, und keine der Behauptungen abstritt) das tausendste Glied in der Kette der Verleumdungen, die seine zahlreichen Feinde in Rußland über ihn verbreiteten; dieselben, dessen war er sich gewiß, die im Woronzow-Verfahren nicht gezögert hatten, Richter und Sachverständige zu bestechen und Texte zu fälschen. Nachdem er ihn in Herzens *Glocke* veröffentlicht hatte, schickte er 1863 einen offenen Brief an den *Zeitgenossen*: Darin wies er die Anschuldigung entrüstet zurück und erwähnte zu seiner Entlastung unter anderem den Umstand, daß ihn nach der Tragödie Vertraute und Freunde Puschkins weiterhin aufgesucht hatten. In Wahrheit aber nicht alle Vertrauten, nicht alle Freunde, und am Rand der Seite eines Buches, 1869 in Berlin erschienen, neben der Stelle, wo von der einstigen Schuld des fürstlichen Genealogen in der Angelegenheit der anonymen Briefe, die Puschkins Tod herbeiführten, die Rede war, hatte Wjazemskij die Bemerkung geschrieben: »Die Sache ist mitnichten bewiesen, auch wenn Dolgorukow durchaus imstande war, dergleichen Schändlichkeiten zu begehen.«

Gagarin ließ seine eigene betrübte Stimme erst zwei Jahre später hören, 1865. Er schrieb an die *Börsennachrichten*, eine vielgelesene Petersburger Zeitung, und um Danzas' Behauptungen zu widerlegen, berief er sich auf die Achtung, die er dem so früh aus dem Leben geschiedenen Dichter stets gezollt hatte, auf die freundschaftlichen Bande, die ihn mit jenem verbunden hatten, doch vor allem auf seine Ehre. Was das bei den Diplomen verwendete Briefpapier anbelange, so sei es nicht weiter verwunderlich, behauptete er, daß es jenem gleiche, das auch er benutzt habe: So wie tausend andere habe er es in Petersburgs Englischem Laden gekauft.

An Semjon Michailowitsch Woronzow schrieb Soboljewskij jenen Brief, aus dem wir bereits einen Abschnitt zitierten, und bemerkte darin: »... Ich schätze Gagarin zu sehr, als daß ich

190

auch nur den kleinsten Verdacht gegen ihn hegen könnte; dennoch fragte ich ihn im vorigen Jahr ziemlich forsch, was er über die Angelegenheit zu sagen hätte; und er stand mir Rede und Antwort, ohne auch nur im mindesten darauf bedacht zu sein, sich zu entlasten, zumal er sich der eigenen Unschuld sicher war, doch während er Dolgorukow rechtfertigte, erzählte er mir einige Vorfälle, die mir letzteren eher zu belasten schienen ...«[1] Noch 1886, vier Jahre nach Gagarins Tod, sprach Nikolaj Leskow in den Seiten des *Historischen Boten* zu seinen Gunsten und forderte, man müsse »äußerst vorsichtig sein, ehe man ihn verdächtige«; dies verlangten, so schrieb er, Gerechtigkeit und Frömmigkeit. Niemand hingegen entlastete Pjotr Wladimirowitsch Dolgorukow, niemand sprach zu seinen Gunsten. Nur ein anderer russischer Verbannter war auf seiner Seite, nämlich Herzen; ihm war Pjotr Wladimirowitsch, »Fürst Flußpferd«, ganz und gar unsympathisch, dennoch konnte er nicht umhin, sich auf die Seite jenes stolzen *Gegners des autokratischen Regimes* zu stellen. Viele Jahre später fand der hinkende Teufel in Lenin einen Bewunderer, der ihn all den verlogenen, liberalen Geschichtsschreibern vorzog und sich die Veröffentlichung seiner politischen Schriften in Rußland wünschte, als es endlich vom Zarenjoch befreit war.

Sollogub schrieb hinsichtlich der Diplome: »Die Experten bräuchten lediglich die Handschrift zu analysieren, dann würde der Name von Puschkins wahrem Mörder schnell bekannt, um in alle Ewigkeit vom gesamten russischen Volk verachtet zu werden. Ich habe seinen Namen auf der Zunge ...« Nach diesem Namen, der für immer auf der Zunge des allzu diskreten Sollogub bleiben sollte, machten in unserem Jahrhundert etliche »Experten« Jagd.

---

1 Soboljewskij mußte seine Eindrücke auch seinem Freund Danzas mitgeteilt haben, der sie als bereits bewiesene Tatsachen darstellte.

1927 gab Schtschjogoljew dem erfahrenen Graphologen Salkow einige Schriftproben Gagarins, Dolgorukows und Heeckerens. Salkow entschied, daß die Handschrift der Diplome – der beiden verbliebenen Exemplare – ganz unbestreitbar die von Fürst Pjotr Dolgorukow sei.

1966 wollte Jaschin, der sich auf das Gutachten des Sachverständigen Tomilin stützte, in der Verzierung am Ende des Diploms die Hand von Fürst Iwan Gagarin erkannt haben, und in den Worten »An Alexander Sergejewitsch Puschkin« die eines Dieners von Gagarins Vater, Wasilij Sawjaskin (der zur fraglichen Zeit übrigens in Moskau lebte). Der Experte Ljubarskij bestritt Tomilins Ergebnisse und bewies deren Haltlosigkeit.

1974 behauptete der Experte Zipenjuk, daß die Methode und die Ergebnisse des Gutachtens von Salkow jeder wissenschaftlichen Grundlage entbehrten und daß Dolgorukows Schuld mitnichten eindeutig erwiesen sei.

4. Von Ursache und Wirkung

Ein ganzes Land verdächtigt, entlastet, verdächtigt erneut die mutmaßlichen Schuldigen eines Verbrechens, das vom gesetzlichen Standpunkt aus betrachtet weit weniger gravierend ist als Verleumdung – aber immerhin löste es einen tödlichen Mechanismus aus. Der Abstand zwischen Ursache und Wirkung verwirrt und bestürzt. So als wolle es die Proportionen wiederherstellen, beharrt ein ganzes Land darauf, den moralisch Verantwortlichen für Puschkins Tod in einem idealen Gotha zu suchen: Minister Uwarow, Gräfin Nesselrode, Fürst Gagarin, Fürst Dolgorukow. Es wäre erstaunt, fast beleidigt, wenn ein nicht zu erwartendes Wunder enthüllen würde, daß am Anfang von Puschkins Ende ein Plebejer stand – doch weshalb eigentlich nicht? Vielleicht jener Faddej Bulgarin (Journalist, Verfasser mittelmäßiger Romane, offenkundiger Plagiator und aktiver Mitarbeiter der Dritten Sektion), der Puschkin des öfteren mit dem spitzen Stachel seiner *Biene des Nordens* zugesetzt hatte – oder gar ein noch weit uninteressanterer Unbekannter. »*C'est*

Nesselrode«, soll Alexander II. gesagt haben. Doch niemand zog jemals Dmitrij Karlowitsch Nesselrode in Betracht, den Sohn des Vizekanzlers, einen Mann ohne Eigenschaften und ohne Geschichte, der nur dank der Protektion seiner einflußreichen Familie eine annehmbare Karriere machen konnte. Über ihn wissen wir, daß er 1836 ebenso wie Puschkin dem Staate diente und vom Außenministerium abhängig war, daß er dem Dichter einmal ein Exemplar von Dumas' *Angèle* geliehen hatte, daß er »nicht sehr klug, äußerst anmaßend und schlecht erzogen« war und daß er auf Anraten des Kaisers »sein Haar ein wenig lang trug«. Dies beweist offensichtlich gar nichts, doch beweist die Tatsache, daß seine Mutter Natalja Nikolajewna einmal ins Anitschkow-Palais begleitet haben soll, vielleicht mehr? Wir wollen keineswegs das ohnehin wenig strahlende Andenken an Dmitrij Nesselrode noch mehr verdüstern, dennoch ist es bezeichnend, daß ihn die nun bereits hundert Jahre während Jagd nach dem anonymen Briefeschreiber nie auch nur gestreift hatte: Man suchte nach mächtigen, dem Dichter ebenbürtigen Feinden – zumindest was Rang, Titel und gesellschaftliche Stellung anbelangt. Feinde, sagten wir, und davon gab es eine ganze Menge. War die Feindseligkeit der Nesselrodes und Uwarows vielleicht heftiger als der Haß, den Gräfin Kossakowskaja für Puschkin empfand? Eines Tages, als er in einer seiner bissigen Launen war, hatte diese den Dichter unvorsichtigerweise provoziert: »Wissen Sie, daß Ihr *Godunow* in Rußland als interessant gelten kann?« Er antwortete ihr mit eisiger Beherrschtheit: »So wie Sie, verehrte Dame, im Hause Ihrer Mutter als eine schöne Frau gelten können« – und von dem Tage an konnte die Kossakowskaja den Namen Puschkin nicht mehr hören, ohne vor Wut und Abscheu zu beben. Und die neun Adeligen, über die Puschkin sich in *Meine Genealogie* lustig gemacht hatte, die geistreiche, in Versen geschriebene Antwort auf Uwarows Witz und Bulgarins Artikel? Seine Ahnentafel: »... *Nicht bot mein Ahnherr Semmelwaren / zum Kaufe feil von Tor zu Tor, / er putzte nicht die Schuh des Zaren, / er sang nicht mit im Kirchenchor, / auch nicht den Reihn des deutschen Heeres / als Überläufer er entrann – / mich vornehm nennen: töricht wär es, / ich bin ein schlichter Bürgersmann* ...« In diesen Versen erkannten sich die Menschikows, Kutajsows, Razumowskijs, Bezborodkos und Kleinmichels, und 1836 kursierten wieder Manuskripte, die Groll und Rachegefühle schürten. Viele hegten, wie wir bereits wissen, keine große Sympathie für Puschkin, und viele glaubten, triftige Gründe zu haben, um ihn zu kränken. Bis auf die Hauptverdächtigen: Gagarin und Dolgorukow. War es einer von ihnen (oder auch beide), der die Diplome schrieb und verschickte, so handelte es sich ganz eindeutig um einen Scherz. Man will es nicht glauben und sucht nach weit hergeholten Gründen, nach irgendwelchen Motiven: Dolgorukow zum Beispiel gehörte zu dem Kreis »junger Männer von schamloser Ausschweifung«, die gemeinsam mit Heeckeren dem »asiatischen Laster« (die sexuelle Vorliebe für Personen des eigenen Geschlechts) frönten. Ebenso weigert man sich, wenigstens ein einziges Mal sein Augenmerk, wenn nicht sein Vertrauen dem zu schenken, was Alexander Wasiljewitsch Trubezkoj in seiner saftlosen *Erzählung* schrieb: »Damals machten sich einige junge Taugenichtse – unter anderen Urusow, Opotschinin, Stroganow, *mein Cousin* – daran, anonyme Briefe an gehörnte Ehemänner zu verschicken.« Warum nicht? Warum vermag, wenn einer der Großen stirbt, die Hypothese eines Streichs nicht zu überzeugen, zu befriedigen, zu trösten? Und der schlimme Ausgang an sich – auch der eines elenden Streiches – verwirrt und bestürzt.

Und wenn wir tatsächlich bei den Feinden suchen müssen, warum nicht bei denen von Georges d'Anthès? Es waren nicht viele, das stimmt, denn der *chevalier* wußte sich beliebt zu machen. Aber einige Damen hatten doch zumindest Grund, ihm zu zürnen: die »Gemahlin« zum Beispiel, die er im Spätherbst 1835 verlassen, oder andere Frauen, deren Herz er gebrochen hatte. Sie hätten immerhin ein Motiv gehabt: Eifersucht. Und ein Ziel: d'Anthès und seiner neuen Flamme zu schaden. Das wäre ihnen gelungen.

194

5. Die jesuitische Hydra

Viele Russen unseres Jahrhunderts haben aus Büchern und Zeitschriften erfahren, daß Puschkin, »*l'ami du quatorze*«[1], ein Opfer dunkler Machenschaften wurde, wegen einer infamen Verschwörung zwischen dem Zaren, der Geheimpolizei und der aristokratischen Kamarilla sterben mußte, einer Verschwörung, die den unwissenden – für manche auch wissenden – d'Anthès zu ihrem Werkzeug machte. Diese Verschwörungstheorie wurde in der Sowjetunion lange Zeit mit ungeahnter Phantasie ausgeschmückt.

»... 1836 kehrt I. S. Gagarin nach Rußland zurück ... Er wird ein regelmäßiger Gast im Salon von Gräfin M. D. Nesselrode. Alle Leute in jener sorgfältig getarnten Höhle geheimer Jesuiten – die Hausherrin, deren Gatte, die eifrigen Gäste – waren erbitterte Feinde Rußlands und seines Nationalgenies ... Den Zaren und seinen Kreis ängstigten Puschkins moralische Ansichten, mißfiel sein demokratischer Geist ... Aber wovor Nikolaj I. sich am meisten fürchtete, war Puschkins Dekabristentum. Ja, Puschkin erinnerte den Zaren mit seiner ganzen Existenz, seinem Wesen, seiner Kunst, an die verhaßten Dekabristen ... Und Puschkin wurde verurteilt. Das satanische Spiel der *Jesuiten in der internationalen Arena*, ein Spiel, das die Durchsetzung der politischen Machtinteressen des Katholizismus abzielte, beschleunigte den Fall des großen Genossen ... Was die Gendarmen, allen voran Nikolaj I., nicht offen tun konnten oder wollten, wurde von dieser Filiale der Dritten Sektion zu Ende gebracht: dem von Gräfin Nesselrode und deren vertrautem Mitarbeiter Gagarin angeführten jesuitischen Polizei-Salon ... Der gesamte jesuitische Salon von Gräfin Nesselrode, der vorübergehend in Heeckerens Haus verlegt worden war, erwartete mit Ungeduld den Ausgang des Duells zwischen Puschkin und d'Anthès ... die Rückkehr des Ausländers, der nach dem sorg-

---

1 Wahrscheinlich der 14. Dezember 1825.

sam ausgeklügelten Plan Rußlands Nationalstolz töten mußte
... D'Anthès selbst steht den ›Dienern Gottes‹ sehr nah ... kein
kühner Trinkkumpan, Tänzer und Schürzenjäger, sondern ein
Jesuit, und nicht irgendein Jesuit, sondern ein führender Kopf,
jemand, der aufgrund seiner Erfahrung und von Rechts wegen
anderen Ratschläge und Anweisungen erteilen kann ... ›Richtet
nicht, auf daß ihr nicht gerichtet werdet.‹ Heißt das, daß die
Jesuiten und ihre Helfershelfer nicht dem Urteil der Geschichte
anheimgestellt werden dürfen, dem Urteil des Fortschritts?!
Nein ... Auch auf dem schwarzen Jesuitenrock Gagarins klebt
Puschkins Blut, ›das gerechte Blut des Dichters‹ ...« (1973)

Während d'Anthès mit seinem zwanglosen Französisch und seiner nicht vorhandenen Bildung uns im schwarzen Gewand des
»Jesuitenführers« zum Schmunzeln bringt, quält uns weiterhin
ein Rätsel: Wenn Puschkin wirklich ein lästiger Splitter im Auge
des Zaren war, dem der teuflische Orden die geistige und politische Macht über das ketzerische Rußland zu entreißen trachtete, und wenn Puschkin ein erklärter Feind des Zarismus war,
aus welchem Grund hätten dann die Jesuiten so erbittert seinen
Tod herbeiwünschen sollen? Sie hätten ihn doch, wenn überhaupt, zu ihrem Verbündeten, ihrem Komplizen und Spion
erklären müssen.

Zwölf schlaflose Nächte

Am 3. November 1836 wurde das Regiment der Leibgarde inspiziert, weil tags darauf eine Parade in Anwesenheit von General Knorring stattfinden sollte. Wegen der »Unwissenheit der Männer in seiner Abteilung und seiner nachlässigen Kleidung« wurde Oberleutnant Georges d'Anthès mit fünf zusätzlichen Wachschichten bestraft. So mußte er ab der Mittagsstunde des 4. November viel Zeit innerhalb der Kaserne verbringen, fern von all den Ereignissen, die seinem Schicksal jäh eine unerwartete Wendung geben würden.

Am Abend des 4. November brachte der Husar Iwan Gontscharow, Natalja Nikolajewnas jüngerer Bruder, Puschkins schriftliche Duellforderung in die holländische Botschaft. Da d'Anthès im Regiment Wachdienst hatte, nahm Heeckeren, der allein bei der Erwähnung von Puschkins Namen in höchste Aufregung geriet, den Brief entgegen. Als er das Schreiben las, wurde er starr vor Entsetzen. Nachdem er sich wieder gefaßt hatte, beschloß er, zuallererst die Formalitäten zu erfüllen, wie es der Ehrenkodex vorschrieb. Am Morgen des 5. November begab er sich zu dem Dichter und nahm im Namen seines Sohnes, der aufgrund dienstlicher Verpflichtungen verhindert war, die Forderung an, erbat aber – eben wegen dieser dienstlichen Verpflichtungen – von Puschkin eine Bedenkzeit von vierundzwanzig Stunden: Der kurze Aufschub, so sagte er, sei doch auch für den Herausforderer von Vorteil, der seinen Schritt noch einmal in aller Ruhe überdenken könne. Die gewünschte Frist wurde ihm gewährt.

197

Am Morgen des 6. November erhielt Puschkin einen kurzen
Brief Jacob van Heeckerens, in dem er ihn um einen letzten
Aufschub des Duells bat und ihm seinen Besuch ankündigte.
Zur gleichen Zeit, während er in Zarskoje Selo in seiner Funktion als Hauslehrer die Aufsätze des Thronfolgers erwartete,
bekam Shukowskij den unerwarteten Besuch von Iwan Gontscharow. Der junge Mann informierte ihn von der Forderung
und bat ihn im Namen der Schwestern und der Tante, unverzüglich nach Petersburg aufzubrechen, mit Puschkin zu sprechen
und ihm von seinem blutigen Vorhaben abzuraten. Als Shukowskij bei seinem Freund ankam, tadelte er ihn gutmütig und
erinnerte ihn an seine Pflichten als Vater und Ehemann: War er
sich der möglichen Folgen seines Schrittes bewußt? Selbst wenn
er Glück haben sollte, erwartete ihn die Strafe des Gesetzes, die
Ungnade des Zaren − wovon sollte seine Familie dann leben?
Waren diese widerwärtigen anonymen Briefe es wert, daß er um
ihretwegen sein Leben, die Zukunft seiner Kinder, die Ehre seiner Frau aufs Spiel setzte? Immerhin konnte man sich unschwer
ausmalen, wie sich in Petersburg so manch einer sein schändliches Maul über Natalja Nikolajewna zerreißen würde. Und
wer sollte dieses Mal den Zaren besänftigen, der mit Fug und
Recht empört sein würde? Puschkin hüllte sich in finsteres
Schweigen. Shukowskij brachte weitere Argumente vor, bis man
die Ankunft von Baron Heeckeren meldete; da hielt er es für
angebrachter und diskreter, sich zu entfernen. Als er mit dem
Dichter unter vier Augen war, sagte der Botschafter, er habe
Georges noch nicht von Puschkins Forderung informiert, es bis
zuletzt hinauszögern wollen. Er hoffe nämlich noch immer,
Puschkin möge sich eines Beßren besinnen, zumal sein Sohn
niemals, dafür verbürge er sich, die Ehre des Dichters befleckt
habe. Er sprach von seiner großen Zuneigung für den jungen
Mann, durch den sein einsames Dasein wieder einen Sinn bekommen hätte, von dem Gebäude seiner Hoffnungen, das bis in
die Grundfesten erschüttert sei: Denn würde der *chevalier* auch
mit heiler Haut davonkommen, so wäre ein Duell doch fatal für
seine künftige Karriere. »Gerührt von den Gefühlen und Tränen

des Vaters«, gewährte Puschkin dem Baron einen Aufschub von vierzehn Tagen; außerdem gab er sein Ehrenwort, daß er bis zum festgesetzten Termin keinerlei Maßnahmen ergreifen würde, daß er, wenn er d'Anthès über den Weg laufen sollte, so tun würde, als sei nichts geschehen. Als er in das Haus Nummer 12 an der Mojka zurückkehrte, erfuhr Shukowskij von dem Aufschub; ein wenig erleichtert suchte er Graf Wijelgorskij und Fürst Wjazemskij auf: Sie lebten länger in Petersburg als er und konnten ihm gewiß helfen, sich in einer Angelegenheit zurechtzufinden, bei der ihm vieles undurchschaubar und unverständlich schien.

Am Nachmittag des 6. November begab sich Hollands Botschafter in die Kaserne in der Schpalernaja-Straße und führte dort ein kurzes Gespräch mit d'Anthès. Er informierte ihn über die Duellforderung sowie über seine Gespräche mit Puschkin und bat ihn, in aller Ruhe das Ergebnis der Schritte abzuwarten, die er bereits unternommen hatte. Er könne nicht untätig zusehen, so sagte er, wie all das, was er mühevoll aufgebaut hätte, zusammenbreche. Seine eigene Karriere wäre durch ein Duell seines Adoptivsohns, wie es auch immer enden würde, in höchstem Maße kompromittiert. Bevor er d'Anthès wieder verließ, versprach er ihm, ihn über jede neue Wendung zu informieren; dann begab er sich zum Winterpalais, zu Jekaterina Iwanowna Zagrjashskaja.

Als er am Abend des 6. November nach Hause kam, fand Shukowskij einen Brief der Zagrjashskaja: Nataljas Tante bat ihn, er möge doch am folgenden Morgen zu ihr kommen, um sich mit ihr über den ernsten Vorfall zu beraten. In dieser Nacht fand Shukowskij nur wenig Schlaf. Er ließ sich noch einmal sämtliche Anlässe durch den Kopf gehen, bei denen er hatte einschreiten müssen, um diesen Jungen zur Räson zu bringen (er war sechzehn Jahre älter als Puschkin und hielt ihn noch immer für einen Jüngling), diesen leidenschaftlichen, hitzköpfigen Burschen, der stets seiner ungestümen Natur nachzugeben schien. Als ihm vor zwei Jahren plötzlich eingefallen war, seinen Abschied zu nehmen, hatte er ihn gescholten, wie er es verdiente: »Welch eine bedauernswerte, egoistische, unsägliche Torheit! Ich begreife wirklich nicht, was in Dich gefahren ist; Du scheinst mir vollkommen verblödet, vielleicht würden Dich ein paar Wochen im Irrenhaus kurieren oder ein paar Stockschläge, damit Dein Blut wieder in Fluß kommt.« Ungefähr die gleichen Gedanken gingen ihm nun durch den Kopf, als er verzagt und erschüttert wie ein liebender, besorgter Vater über diese neuerliche Kurzschlußhandlung nachsann. So daß wir in den verzwickten, verkrampften Ereignissen, deren Zeugen wir bald werden, zwei Väter sehen, die sich heftig darum bemühen, ihre über alles geliebten Adoptivsöhne vor der drohenden Katastrophe zu bewahren: eine Liebe unterschiedlicher Art, doch von gleicher Intensität. Und von den beiden Vätern war gewiß Jacob van Heeckeren der gerissenere, skrupellosere.

D'Anthès an Heeckeren (Abend des 6. November):
»Mein Teuerster, ich danke Dir für die zwei Karten, die Du mir geschickt hast. Sie haben mich ein wenig beruhigt, das brauchte ich, und ich schreibe Dir diese wenigen Zeilen, um Dir noch einmal zu sagen, daß ich tun werde, was immer Du für richtig hältst, ganz gleich, wie Du dich entscheidest, weil ich der Überzeugung bin, daß Du besser weißt als ich, was in solch einem Fall zu tun ist. Um Himmels willen, ich bin der Frau nicht böse und möchte, daß es ihr gutgeht, aber ihre Unvorsichtigkeit, diesen Wahnsinn kann ich nicht begreifen, auch nicht, wozu das gut sein soll. Schick mir doch morgen eine kurze Nachricht, ob sich in der Nacht etwas geändert hat. Du sagst mir nicht einmal, ob Du die Schwester bei der Tante antrafst; auch nicht, woher Du weißt, daß sie die Sache mit den Briefen eingestanden hat.
Gute Nacht, ich küsse Dich von Herzen ...
Katherines Verhalten bei alledem ist ganz hervorragend, wirklich bewundernswert.«

200

Der umständliche Stil von Georges d'Anthès (hier wegen seiner bangen Unruhe regelrecht verwirrend) zieht uns immer tiefer in den Sumpf der Unsicherheiten. War Natalja Nikolajewna die »Frau«, die die schwere »Unvorsichtigkeit« beging? Welche? Wer hat die Briefe gestanden – die »Schwester«, von der d'Anthès eben sprach? Katherine oder Alexandrine? Welche Briefe? Die anonymen vielleicht? Wir zügeln besser unsere Phantasie und halten uns an klarere Zeugenaussagen. Von Wjazemskij wissen wir, daß die Ankunft der Diplome »zu klärenden Gesprächen im Hause der Puschkins führte … Da sie frivol, leichtsinnig und allzu gleichgültig gewesen war und d'Anthès' Aufdringlichkeiten ohne weiteres geduldet hatte, gestand die Ehefrau ihrem Gatten all die Verfehlungen, die das Verhalten des jungen Mannes ihr gegenüber provoziert hatten …« Bei dieser stürmischen Gelegenheit, so vermuten wir, offenbarte Natalie ihrem Mann, daß sie Briefe erhalten hatte von dem *chevalier*, der Ehemann verlangte sie zu lesen, und Natalie – war dies ihre sträfliche »Unvorsichtigkeit«? – zeigte sie ihm. Nicht umsonst würde Puschkin d'Anthès ein paar Tage später »die Dummheiten« vorwerfen, die jener sich erdreistet hatte seiner Frau zu schreiben in Briefen, die der *chevalier* ein paar Monate später während der Gerichtsverhandlung als »kurze Billetts« bezeichnete, welche er »Büchern und Theaterkarten« beigelegt haben wollte. Und sogar noch an der Schwelle des traurigen Ereignisses können wir uns eines kleinen Schmunzelns nicht erwehren: D'Anthès schickt ausgerechnet *Puschkins* Frau *Bücher*! Das Arbeitszimmer im Haus Nummer 12 an der Mojka enthielt eine der umfangreichsten Privatbibliotheken Rußlands, gewiß die kurioseste Ansammlung menschlichen Wissens: von A (Agoub, J.; Alexejew, P.; Apollodoro; Ariost; Aristophanes; Arnaud etc.) bis Z (Zschokke, J., *Histoire de la Suisse*). Aber wahrscheinlich waren die Bücher, die d'Anthès Natalie schickte, abgeschmackte Liebesromanzen, die Puschkin niemals in seinen Regalen geduldet hätte.

Am Morgen des 7. November, nachdem Shukowskij mit Jekaterina Iwanowna Zagrjashskaja gesprochen hatte, begab er sich in die holländische Gesandtschaft. Heeckeren empfing ihn wie ein Geschenk des Himmels und teilte ihm seine Besorgnis mit, seinen Wunsch, das Duell um jeden Preis zu verhindern. Denn schließlich, so sagte er, gäbe es doch keinerlei Motiv dafür – bis auf die unglaubliche, allseits bekannte Empfindlichkeit des Dichters. Es sei wahr, räumte der Baron ein, sein Sohn habe sehr wohl Natalja Nikolajewnas Schönheit gehuldigt, doch wer in Petersburg sei nicht von ihr bezaubert? Als er Puschkins reizende Frau zum ersten Mal gesehen habe, sei sein Sohn Feuer und Flamme für sie gewesen, aber könne man ihm dies guten Gewissens zum Vorwurf machen? Glücklicherweise heile in der Jugend die Zeit doch schnell die Wunden gebrochener Herzen, und jene Schwärmerei sei einem tieferen, reiferen Gefühl gewichen, für die Schwester der Frau Puschkina. »Alexandrina?« fragte Shukowskij ganz verwirrt, und der Botschafter korrigierte ihn: Nein, sein Sohn liebe Katherine Gontscharowa und habe schon vor längerer Zeit die Absicht geäußert, diese zu heiraten, er aber habe der Verbindung nicht zustimmen wollen. Natürlich habe er eine ausgezeichnete Meinung von Mademoiselle Cathérine, die schließlich ein gesundes Mädchen aus bestem Hause, noch dazu ein Ehrenfräulein der Kaiserin sei, dennoch habe er eine vorteilhaftere Verbindung für seinen Georges erhofft. Mit dem bescheidenen Gehalt eines Botschafters könne er ihm nicht die sorglose Zukunft gewährleisten, die sich jeder Vater für seinen Sohn erträume, und es sei doch kein Geheimnis, daß das Gontscharow-Vermögen mitnichten ein blendendes sei; gewiß, die Freigebigkeit der Tante gestatte ihren Nichten glanzvolle Auftritte in der Gesellschaft, doch selbst die hochgeschätzte Mademoiselle Zagrjashskaja könne Katherine mit keiner angemessenen Mitgift ausstatten. Man müsse daher verstehen, weshalb er sich lange gegen diese Heirat gewehrt habe; nun aber, da das Leben seines Sohnes auf dem Spiel stehe, würde er seinen Plänen nicht mehr im Wege stehen; unter gar keinen Umständen, setzte er am Ende noch hinzu, dürfe Puschkin erfahren, was zu

202

enthüllen ein vom Schmerz gebrochener Vater als sein Recht, ja seine Pflicht ansehe. Shukowskij versprach, das ihm anvertraute Geheimnis zu hüten. An dieser Stelle beschloß der Botschafter, ihn einer noch persönlicheren Wahrheit teilhaftig werden zu lassen, die er unter anderen Umständen gewiß keinem Menschen verraten hätte: In Georges' Adern fließe das Blut derer van Heeckeren – nein, aus Rücksicht gegen die selige Baronin d'Anthès dürfe er nicht mehr sagen … Shukowskij, der noch immer seinen Ohren nicht trauen wollte, mußte schwören, keinem Menschen auch nur ein Sterbenswörtchen von dem zu verraten, was ihm anvertraut worden war.

Was er da über Jekaterina Gontscharowa und Georges d'Anthès erfahren hatte, änderte, so dachte Schukowskij, die Sachlage auf wunderbare Weise, war der Schimmer einer Hoffnung auf eine friedliche Lösung des Konflikts. Und so ging er – genau wie Heeckeren es insgeheim gewünscht hatte – zu Puschkin, um ihm die verblüffenden Neuigkeiten zu erzählen, über die zu schweigen er sich verpflichtet hatte. Doch statt ihn zu besänftigen, erbosten seine Worte Puschkin nur noch mehr. Schäumend vor Wut stieß er wüste Beschimpfungen gegen den Botschafter aus: Er lüge auf infamste Weise, sei ein schamloser Kuppler, ein verworfenes Subjekt, das vor keiner noch so großen Gemeinheit zurückschrecke; was den Jungen anbelange, so genüge bereits die Androhung von Pistolenkugeln, um ihn seine große, himmlische Leidenschaft vergessen zu lassen, ihn unter die Frackschöße seines Vaters zu scheuchen. Shukowskij verstand nicht viel von dem, was Puschkin sagte oder vielmehr schrie, doch aus langjähriger Erfahrung wußte er, daß es besser war, ihn allein zu lassen, wenn sein heißes afrikanisches Blut überkochte, und zu warten, bis er sich wieder beruhigt hatte. Also ging Shukowskij, und Puschkin erkannte, daß er bereits umzingelt war von den guten Absichten seiner Verwandten und Freunde; umgarnt von Heeckerens schönen Worten und unredlichen Schachzügen, würden sie ihm das Duell verbieten. Er mußte d'Anthès zwingen, aus der Deckung zu kriechen, ihn erneut fordern – und diesmal nicht auf schriftlichem Wege. Wem

konnte er vertrauen? Er beschloß, sich an Klementij Rosset zu
wenden: Der kannte den französischen Offizier gut und würde
ihn schon aufstöbern – in der Kaserne oder wo der Feigling sich
sonst verkrochen haben mochte.

In der holländischen Botschaft war d'Anthès in seiner Bestürzung noch immer unfähig, sich in dem Strudel von Ereignissen
zurechzufinden, die in seiner Abwesenheit und ohne sein Wissen geschehen waren, als er am Nachmittag des 7. November
den Besuch von Klementij Rosset erhielt. Er erklärte, er würde
dem Dichter gleich nach Ablauf der zweiwöchigen Bedenkzeit
zur Verfügung stehen. Dann führte er ein langes Gespräch mit
seinem Adoptivvater: Auf dessen Erfahrung und Weisheit ver-
trauend, hätte er wie immer seinen Rat befolgt, doch nun
gebiete ihm seine Ehre, persönlich zu Puschkin zu gehen, um
seine Forderung anzunehmen und deren Motive zu erfahren,
wie es sein heiliges Recht sei. Er wolle dies noch am selben
Abend tun. Heeckeren konnte ihn nur mit Mühe zurückhalten,
verbot ihm, sich zu einer weiteren Unüberlegtheit hinreißen zu
lassen, da doch bereits die erste solch schwerwiegende Folgen
nach sich ziehe, und versuchte zugleich, ihn zu beschwichtigen:
Er verstehe seine Gründe wohl und würde von Mademoiselle
Zagrjashskaja, mit der er sich bereits am folgenden Morgen zu
treffen gedenke, oder von Shukowskij Georges' Recht auf ein
Treffen mit dem Herausforderer erwirken.

Wir sind keine allwissenden Erzähler, sondern versuchen lediglich geduldig, ein Mosaik wieder zusammenzusetzen, von dem
zahlreiche, ja allzu viele Steinchen fehlen. Mit der dürftigen
Handvoll, die uns geblieben ist – ein paar Briefe, ein paar Erin-
nerungsfetzen, die knappen und oft rätselhaften Notizen, die
sich Shukowskij von den Geschehnissen machte, der ja selbst
darin verwickelt war –, bemühen wir uns, Linien und Farben
eines bereits vom Zahn der Zeit verunstalteten Gemäldes zu
rekonstruieren. Dabei leitet uns die Logik und die lange, einge-
hende Beschäftigung mit den Protagonisten der Geschichte, die

204

wir erzählen. Und dennoch werden wir wie alle, die hoffnungs-
voll zu Werke gehen, immer wieder von Zweifeln befallen. Hatte
d'Anthès bis zum Abend des 6. November wirklich keine Ahnung von Puschkins Forderung? Wir glauben Shukowskij, können aber nicht ausschließen, daß er Heeckeren gegenüber allzu
vertrauensselig war. Schickte Puschkin wirklich eine zweite
Forderung an d'Anthès? Wir mußten es annehmen, um einander widersprechende Zeugenaussagen in Einklang zu bringen.
Fürst Wjazemskij behauptete, Iwan Gontscharow sei der Überbringer dieser Forderung gewesen, aber Danzas zufolge war es
Klementij Rosset. Die Wjazemskijs konnten sich zwar täuschen,
Danzas mochte verschiedene Tatsachen miteinander verwech-
seln, doch andere Umstände bringen uns zu der Annahme, es
habe ein zweites Schreiben gegeben: Am 9. November 1836
wird Shukowskij von einer »ersten Forderung« Puschkins sprechen (demnach gab es eine zweite), »die nicht in d'Anthès'
Hände gelangt war« (also war sie schriftlich); Sollogub wiederum erinnerte sich, Puschkins Forderungsschreiben in den
Händen von d'Anthès' Sekundanten gesehen zu haben. Doch
während der Gerichtsverhandlung wird d'Anthès aussagen, er
habe ein »*cartel verbal*« erhalten, eine *mündliche* Forderung,
und Benckendorff persönlich wird an Puschkin schreiben: »*Je le
fis dire à Monsieur d'Anthès*«, »ich ließ es Monsieur d'Anthès
ausrichten«. Und noch unzählige andere Details bleiben im
dunkeln oder wollen sich partout nicht in das Geschehen einfügen lassen. Ein verteufelt schwieriges Puzzle, das einen schier
zum Wahnsinn treibt.

Vor Fräulein Zagrjashskaja wiederholte Baron Heeckeren am
Morgen des 8. November, was er bereits Shukowskij angedeutet
hatte: Er habe nun nicht mehr die Absicht, der Liebe seines
Sohnes zu Jekaterina Gontscharowa noch länger im Wege zu
stehen, auch nicht der Vermählung der beiden; er sei jedoch der
Meinung, man müsse zuerst die Duellfrage auf ehrenvolle
Weise aus der Welt schaffen, und zu diesem Zwecke sei es gün-
stig, ja geradezu unerläßlich, eine offene Aussprache zwischen

den beiden gegnerischen Parteien herbeizuführen. Die Heiratspläne seines Sohnes aber, so betonte er noch einmal (wieder in
der Hoffnung, es möge das Gegenteil eintreffen), müßten dem
Herausforderer verborgen bleiben. Shukowskij sprach in der
Zwischenzeit mit Puschkin. Er hatte ihn ruhiger angetroffen an
diesem Morgen und sofort die Gunst der Stunde genutzt, ihn zu
beschwichtigen, zur Vernunft zu bringen. Er hatte ihn an seine
eigenen Techtelmechtel erinnert, an all die Frauen, denen er
ganz unverhohlen den Hof gemacht – War es auch dabei geblieben? – und damit Natalja Nikolajewnas Eifersucht herausgefor-
dert hatte, an die üblen Gerüchte, die über sein Verhältnis zu
seiner Schwägerin Alexandrine kursierten; damit sei er seiner
jungen, noch gänzlich unerfahrenen Frau gewiß kein gutes Vorbild gewesen, und deshalb müsse er ihr nun verzeihen, daß sie
Georges d'Anthès' Leidenschaft nicht zu zügeln vermocht hatte.
Er habe kein Recht, über andere zu urteilen. Er bezeichnete die
anonymen Briefe als das schmutzige Antlitz der Nemesis. Und
Puschkin weinte.

Am Abend des 8. November besuchte Puschkin Michail Jakowlew, der an diesem Tag seinen Geburtstag feierte. Dem einstigen
Gefährten aus dem Lyzeum, der nunmehr die Buchdruckerei
der Zweiten Sektion der Kaiserlichen Kanzlei leitete, zeigte der
Dichter die drei in seinem Besitz befindlichen Exemplare der
Diplome. Jakowlew unterzog sie einer fachmännischen Über-
prüfung: Sie waren auf feinstes Papier geschrieben, das gewiß
aus dem Ausland kam, da in Rußland nirgends Papier solcher
Qualität hergestellt wurde. Für Papier dieser Art, fügte er hinzu,
verlange der russische Zoll erhöhte Einfuhrgebühren, und daher, fuhr er in seinen laut geäußerten Überlegungen fort, sei
anzunehmen, daß dieses Papier in einer der Botschaften verwendet würde. In jener Nacht wurde Puschkin von Schlaflosigkeit gequält; auch er schlug sich mit einem verteufelt schwierigen Puzzle herum, dessen Einzelstücke, wie ihm schien, endlich
ihren Platz fanden und dabei ein scheußliches Bild ergaben.

An jenem unvergeßlichen 9. November nahm Shukowskij erneut seine geduldige Arbeit als Friedensstifter auf. Er traf sich noch einmal mit Baron Heeckeren, und der »enthüllte« ihm weitere Neuigkeiten: Die Liebe zwischen seinem Sohn und Katherine Gontscharowa hätte unangenehmerweise die Grenzen des Schicklichen überschritten. Bestürzt dachte Shukowskij, daß man sich nun nicht mehr mit zwanglosem Palaver begnügen konnte. In diesem Augenblick trat d'Anthès ins Zimmer, der sich am frühen Nachmittag vom Dienst hatte befreien lassen. Und es folgte ein lautstarker Wortwechsel zwischen ihm und seinem Adoptivvater, eine waschechte Szene: Nach der hundertsten schlaflosen Nacht, die er damit zugebracht habe, die Fakten zu überdenken und sich die eigene Zukunft auszumalen, habe er, d'Anthès, erkannt, daß er sich lächerlich zu machen drohte: Über kurz oder lang würde die Geschichte mit der Duellforderung ans Licht kommen, ganz Petersburg würde über ihn lachen, seine Kameraden ihn der Feigheit bezichtigen, und womöglich würde er sogar aus dem Regiment ausgestoßen. Dabei könne er es gar nicht erwarten, sich mit Puschkin zu duellieren, weil er ihn von Herzen hasse und ganz gewiß töten würde; ihm sei es ganz einerlei, ob man ihn deshalb einsperren, degradieren oder in eine der kaukasischen Garnisonen versetzen würde. Er könne nicht mehr länger dulden, daß andere Menschen, auch wenn sie es gut mit ihm meinten, nach Gutdünken über sein Schicksal und seinen guten Namen bestimmen durften. Nun seinerseits laut werdend, erinnerte Heeckeren ihn daran, daß er sein Schicksal und seinen Namen allein ihm verdankte – hatte er das schon vergessen? Er untersagte ihm ein für allemal, Maßnahmen zu ergreifen, er solle alles ihm überlassen. Von dem innigen Wunsch beseelt, endlich Frieden zu schaffen (nun nicht mehr nur zwischen Puschkin und d'Anthès, sondern auch zwischen letzterem und seinem Adoptivvater), bat Shukowskij den Baron um die schriftliche Vollmacht, als Vermittler fungieren zu dürfen.

Heeckeren an Shukowskij, Petersburg, 9. November 1836:
»... Wie Sie wissen, wurde bislang alles von Dritten abgehandelt. Mein Sohn erhielt eine Duellforderung, es war seine Pflicht, sie anzunehmen, doch hat er zumindest das Recht zu erfahren, aus welchem Grund die Forderung an ihn erging. Aus diesem Grunde halte ich eine Unterredung zwischen den beiden Parteien für wünschenswert, ja unerläßlich, und zwar im Beisein eines Mannes, der wie Sie, mein Herr, ... die tatsächliche Ursache für die Empfindlichkeit beurteilen kann, die den Vorfall provozierte ...«

Gestand der Botschafter tatsächlich die schuldhafte Liebe von Georges d'Anthès und Katherine Gontscharowa? Wir können uns nicht denken, welche Enthüllungen er Shukowskij sonst noch hätte machen können, die schwerwiegend genug gewesen wären, ihn unverzüglich eine Unterredung vorschlagen zu lassen. Auf Katherines kompromittierte Ehre scheint im übrigen die Tatsache hinzudeuten, daß Jekaterina Iwanowna Zagrjashskaja sich nach dem 4. November so gebieterisch und ausdauernd ins Geschehen mischte: Alte russische Tanten, auch solche, die in ihrer Unerschütterlichkeit noch dem 18. Jahrhundert verpflichtet waren, mischten sich niemals in Männerangelegenheiten wie Duelle ein, taten indes alles, um die Tatsache zu vertuschen, daß ein Mädchen nicht mehr unberührt war, und sie schleunigst vor den Altar zu bringen. An den aufregenden Tagen nach der Duellforderung hatte, so müssen wir annehmen, auch Katherine die Wahrheit gestanden – den Schwestern und der Tante. Und doch: Shukowskij mochte zwar naiv gewesen sein, war aber weder dumm noch blind, als er von Heeckeren den »materiellen Beweis« erhielt, daß bereits vor dem 4. November von einer Hochzeit die Rede gewesen war. Da d'Anthès – soviel ist sicher – die Schwester Natalies nicht liebte, mußte es sich dabei um eine Wiedergutmachungshochzeit handeln: die feuchten, aber doch betörenden Nächte auf den Inseln, ein hoffnungslos verliebtes Mädchen, die von weniger erreichbaren Reizen erregten Sinne des jungen Mannes,

208

das Versagen der Vernunft, und dann – die Schande der Verführten, die Versprechen des Verführers, das harte Verbot eines strengen Vaters ... Es ist nicht schwer, sich vorzustellen, weshalb der *chevalier garde* diese Hochzeit allen Ernstes in Erwägung zog: Er würde handeln wie ein Ehrenmann und sich überdies das Recht erwerben, in Puschkins Haus nach Belieben ein und aus zu gehen, um dessen wunderschöne Frau zu besuchen. Ebenso verstehen wir, weshalb Heeckeren diese Heirat so zuwider sein mußte, hatte er doch wirklich allen Grund, das gesamte weibliche Geschlecht der Gontscharows von Herzen zu hassen; nun allerdings klammerte er sich daran wie an einen Rettungsanker.

Jekaterina G. an ihren Bruder Dmitrij, Petersburg, 9. November 1836:
»... Ich bin froh zu wissen, mein Lieber, daß Sie mit Ihrem Schicksal noch immer ganz zufrieden sind, und wünsche Ihnen von Herzen, daß dies noch lange so bleiben möge. Bei all der Qual, die der Himmel mir auferlegt hat, ist es wahrhaft tröstlich für mich zu wissen, daß wenigstens Sie glücklich sind. Denn was mich anbelangt, so habe ich endgültig aufgegeben, nach dem Glück zu suchen. Und ich bin der festen Überzeugung, daß ich ihm auf dieser Welt nicht mehr begegnen werde. Die einzige Gnade, die ich vom Himmel erbitte, ist, daß er meinem gelinde gesagt sinnlosen Leben sobald als möglich ein Ende bereiten möge. Glück für meine Familie und für mich den Tod – das wünsche ich mir, darum bete ich zu Gott ...«

Während der nun folgenden Pourparlers, schreibt Wjazemskij, »besaßen Vater und Sohn die infame Dreistigkeit, Frau Puschkina insgeheim um einen Brief zu bitten, adressiert an Georges d'Anthès, in dem sie diesen anflehen sollte, von einem Duell mit ihrem Ehemann abzusehen. Offensichtlich lehnte die Dame solch ein hinterhältiges Anerbieten entrüstet ab.« Warum sollte d'Anthès sie um einen an ihn selbst adressierten Brief gebeten haben? Was hätte der ihm nützen sollen? Es ist viel wahrscheinlicher, daß Heeckeren allein, ohne das Wissen seines »Sohnes«, versucht hatte, ein derartiges Schriftstück von Natalja Nikolajewna zu erhalten: Schließlich war er, wir sagten es schon, zu allem bereit, und nur Natalie, das wußte er mittlerweile nur zu gut, würde Herz und Verstand seines Georges rühren können. An diesen Tagen zwang er seinen »Sohn«, einen Brief an Puschkins Frau zu schreiben, »in dem er versprach, sie fortan nicht mehr zu bedrängen« – ein unausgesprochener Hinweis auf Natalies Treue, den sie nach Aussage von Heeckeren dazu benutzte, ihrem Gatten zu zeigen, daß sie niemals gegen ihre ehelichten Pflichten verstoßen hatte.

Am Nachmittag des 9. November ging Shukowskij erneut zu Puschkin, um ihm den Brief des Botschafters und das Antwortschreiben vorzulegen, von dem er bereits einen Entwurf vorbereitet hatte. Frostig erklärte der Dichter, er werde d'Anthès erst am Ort des Duells treffen, weiter habe er nichts zu sagen. Als er das Haus an der Mojka verließ, war Shukowskij gekränkt und entmutigt. Und doch schwindelte er, als er an Heeckeren schrieb, um Zeit zu gewinnen: Er habe den Freund nicht zu Hause angetroffen und könne daher noch keine Antwort geben. Dann, mit der Beharrlichkeit der Verzweiflung, schrieb er Puschkin erneut: »... Noch ist es möglich, das Ganze zu verhindern. Entscheide Du, was ich ihm antworten soll. Deine Antwort wird alles ein für allemal aus der Welt schaffen. Aber komm um Himmels willen zur Besinnung, lasse ab von diesem Irrsinn und erspare Deiner Frau die Schande ... ich bin im Moment bei Wijelgorskij und bleibe zum Essen.« Puschkin eilte zu Wijelgorskij und überschüttete den Freund mit all seiner Wut. Von nun an, sagte er, verbiete er ihm ein für allemal, sich in seine Privatangelegenheiten zu mischen. Ob er denn nicht einsehen könne, daß ihn Heeckeren und sein Bastard – oder Neffe oder was auch immer er war – an der Nase herumführten? Was ihm denn überhaupt einfiele? Ob er die Gendarmen informieren wolle oder gar den Zaren? Wie könne er sich unterstehen, ihn an Natalja Nikolajewnas Schande zu erinnern? Auf welcher

210

Seite stehe er denn überhaupt? Shukowskij hatte weder den Mut noch die Zeit, ihm zu antworten, denn an diesem Abend war er Gast an der kaiserlichen Tafel. Er kam erst zu später Stunde heim und schrieb erneut seinem verstockten, verantwortungslosen Freund.

Shukowskij an Puschkin (früher Morgen des 10. November 1836):
»... Ich möchte nicht, daß Du falsche Vorstellungen hast von der Rolle, die d'Anthès in dieser Geschichte spielt. Es ist nämlich so: Du weißt bereits, was mit Deiner ersten Forderung geschah, daß sie, statt in die Hände des Sohnes zu gelangen, in die des Vaters fiel, und daß der Sohn erst davon erfuhr, als bereits 24 Stunden verstrichen waren, also nach dem zweiten Treffen zwischen Dir und dem Vater ... Als er den Stand der Dinge erfuhr, wollte der Junge Dich unbedingt treffen. Aber sein Vater, der die Begegnung fürchtete, wandte sich an mich um Hilfe. Da ich weder Zuschauer noch Schauspieler einer Tragödie werden wollte, war ich bereit, in der Angelegenheit zu vermitteln. Ich schrieb also jenen Brief an den Vater, dessen Entwurf ich Dir zeigte, den ich jedoch nicht fortschicken werde. Das ist alles. Heute morgen werde ich dem alten Heeckeren sagen, daß ich nicht mehr vermitteln kann ... Ich schreibe Dir dies, weil ich es für meine heilige Pflicht erachte, Dir zu versichern, daß d'Anthès mit der Handlungsweise seines Vaters nichts zu tun hat, sondern ebenso bereit ist wie Du, sich zu duellieren, und daß auch er fürchtet, das Geheimnis könne nach außen dringen. Aber auch dem Vater muß Gerechtigkeit widerfahren. Er ist verzweifelt, aber lies, was er mir sagte: ›*Je suis condamné à la guillotine, je fais un recours à la grâce, si je ne réussis pas, il faudra monter: et je monterai, car j'aime l'honneur de mon fils autant que sa vie.*‹[1] Mit diesem Zeugnis

---

1 »Ich bin zur Guillotine verurteilt, und ich bitte um Gnade, doch wenn mir keine widerfährt, muß ich hinaufsteigen: Und das werde ich auch, denn die Ehre meines Sohnes ist mir ebenso teuer wie sein Leben.«

endet die Rolle, die ich ziemlich schlecht und ohne Erfolg spielte ...«

Am Morgen des 10. November teilte Shukowskij d'Anthès mit, daß das von ihm gewünschte Treffen mit dem Dichter nicht stattfinden würde. Dann schrieb er dem holländischen Botschafter: Nach einem letzten Gespräch mit Puschkin sei er zu der Überzeugung gelangt, daß keinerlei Chancen auf eine Versöhnung bestünden, und so müsse er mit großem Bedauern die Aufgabe zurückweisen, mit der man ihn betraut habe. Als Heeckeren Shukowskij antwortete, um ihm für seine Mühe zu danken, bat er ihn trotzdem noch einmal, seinen Einfluß geltend zu machen: Nur er könne die Tragödie abwenden. Er gestattete ihm, zu enthüllen, was er ihn zu verschweigen gebeten hatte, wenn dies den glücklichen Ausgang der Verhandlungen begünstige. Und so ging Shukowskij, nun nicht mehr in der Rolle eines offiziellen Vermittlers, erneut zu Puschkin. Und stieß zum tausendsten Mal auf eine Mauer aus wütendem, düsterem Starrsinn – sein Freund schien wirklich und wahrhaftig wahnsinnig geworden zu sein, würde er später aussagen.

Auch Natalies Tante gab nicht nach, als sie von Shukowskij erfuhr, daß die Verhandlungen an einem toten Punkt angelangt waren, und bat ihn am Morgen des 11. November dringend zu sich. Puschkin habe von ihrer Nichte Alexandrina, so die Zagrjashskaja, die Wahrheit über Natalies Verhältnis mit dem Franzosen wissen wollen, und man konnte sich denken, wie ihm nun zumute war: noch zorniger, noch entschlossener, sich zu duellieren. Doch habe der Dichter zu Alexandrina auch etwas Interessantes gesagt: D'Anthès sei bekanntlich etwas kränklich, schwach auf der Brust – es wäre daher leicht für ihn, ins Ausland zu reisen und sich aus dem Staub zu machen, ohne jemals wieder russischen Boden zu betreten. Und Katherine, die alberne Gans, würde ihr Leben lang als entehrte alte Jungfer auf ihn warten. Nun gut, dachte sich Fräulein Zagrjashskaja, wenn das Puschkins Befürchtungen waren, hier konnte man Abhilfe

schaffen: durch einen formellen Heiratsantrag des Herrn d'Anthès' und sein nicht minder formelles Versprechen, die Vermählung zum frühestmöglichen Zeitpunkt zu feiern. Von Shukowskij informiert, erklärte sich Heeckeren bereit, ihm jede
Garantie zu geben, forderte aber im Namen seines Sohnes einen formellen Verzicht auf die Duellforderung. Falls Puschkin
sich weiterhin weigern sollte, mit ihm oder Georges zu sprechen, genüge ihnen eine schriftliche Erklärung, weshalb er von
Georges Satisfaktion verlangt und was ihn nun dazu bewogen
habe, von seiner Forderung abzusehen. Die Bitte des Botschafters wurde Puschkin sofort übermittelt.

Um den 12. November herum fragte Sollogub Puschkin, ob er
zufällig den Verfasser der Diplome entdeckt hätte. Der Dichter
entgegnete, er sei sich noch nicht sicher, hege aber einen Verdacht. »Wenn Sie einen zweiten oder einen dritten brauchen,
verfügen Sie ruhig über mich«, sagte Sollogub. Puschkin erwiderte auf den Scherz in ernstem Ton: »Es wird kein Duell geben,
aber ich werde Sie womöglich bitten, einer Aussprache beizuwohnen, bei der ich die Anwesenheit eines Mannes der Gesellschaft wünsche wegen der gebührenden Verbreitung, falls eine
solche vonnöten sein sollte.« Dann ging er mit Sollogub zum
Waffenhändler Kurakin, ließ sich zwei Pistolen zeigen und
fragte nach deren Preis. Merkwürdiges Benehmen, dachte Sollogub, er hatte doch gerade erst gesagt: »Es wird kein Duell
geben.«

Am Abend des 12. November erfuhr der Botschafter von Fräulein Zagrjashskaja, daß Shukowskijs Überredungskünste und
das Flehen der Familienangehörigen ein Wunder bewirkt
hatten: Puschkin war geneigt, mit Natalies Tante die Friedensbedingungen auszuhandeln. In jener Nacht schliefen alle Betei-
ligten endlich wieder einmal lange und ruhig. Sie konnten ja
nicht wissen, daß Puschkins plötzliche Nachgiebigkeit nicht nur
aus der Sorge um Katherine geboren war, kannten die Pläne
nicht, die nun die Gedanken des Dichters beschäftigten.

Am 12. November verstarb im Exil Karl X., jener französische König, der im August 1830 abgedankt hatte. Und ein paar Tage später schrieb der bayerische Gesandte, daß Nikolaj I. dem Hof tiefe Trauer auferlegt hatte und »mit größerer Genauigkeit und Strenge, wie dies sonst hier üblich zu sein pflegte«, darauf achtete, daß sie auch eingehalten wurde. »Man erzählte mir, die Kaiserin hätte ein Ehrenfräulein mit weißen Federn im Kopfputz gesehen und ihr diese eigenhändig herausgezogen.«

Am 13. November lauschte Puschkin schweigend den Worten von Jekaterina Iwanowna Zagrjashskaja: Georges d'Anthès, so hätte sie es mit Baron Heeckeren vereinbart, würde Katherine heiraten; in ein paar Tagen würde Dmitrij Gontscharow kommen, um mit seiner Gegenwart die Zustimmung der Familie kundzutun. Wolle Puschkin sich mit dem Blut eines Verwandten beflecken? Mit seiner Heirat würde d'Anthès all seine Verfehlungen wiedergutmachen – *alle*, betonte mit ernster Miene die Zagrjashskaja, auch die, welche einen Ehemann verständlicherweise empfindlich treffen konnten. Nun mußte Puschkin ihr oder Shukowskij nur noch einen Brief übergeben, in dem er in aller Form versprach, auf das Duell zu verzichten und niemandem zu verraten, wie diese Vermählung zustande gekommen sei: Jede Indiskretion könne sie über den Haufen werfen. Puschkin versprach es. Die Zagrjashskaja bat ihn endlich, am folgenden Morgen zu ihr zu kommen, um in ihrem Beisein Baron Heeckeren zu treffen. Puschkin war einverstanden.

Am Nachmittag des 13. November zeigte Puschkin Shukowskij den Entwurf seiner Verzichtserklärung auf das Duell, damit der ihn den Betroffenen vorlege: Eine Abschrift davon ist uns in den Dokumenten Shukowskijs erhalten geblieben: »Herr Baron Heeckeren geruhte, an seines Sohnes Statt, des Herrn Baron Georges d'Anthès, meine Satisfaktionsforderung entgegenzunehmen. Da ich gewissen Gerüchten entnahm, daß Herr Georges d'Anthès um die Hand meiner Schwägerin, Fräulein Katherine Gontscharowa, anzuhalten geneigt ist, ersuche ich

214

Baron Heeckeren, besagte Forderung als gegenstandslos zu betrachten. Ich war zu dem Schritt gezwungen, weil ich das Betragen von Georges d'Anthès (welcher den Grund der Forderung zu erfahren wünscht) gegen meine Frau Gemahlin nicht mehr länger dulden durfte.« Nachdem Shukowskij die Vorlage des ersehnten Briefes erhalten hatte, fiel ihm ein Stein vom Herzen, und er scherte sich nicht mehr um die Verwünschungen, die es nun auf d'Anthès und Heeckeren hagelte. Er begab sich mit dem Schreiben in die holländische Gesandtschaft und von dort aus, erschöpft, zu den Karamzins, um eine wohltuende Tasse Tee zu trinken und endlich in Gesellschaft freundlich gesinnter Menschen ein wenig Entspannung zu finden. Doch was er von der Hausherrin und ihrer Stieftochter erfuhr, erschütterte ihn erneut. Wieder konnte er keine Ruhe finden in jener Nacht, und als ihn endlich der Schlaf übermannte, quälten ihn unruhige Träume.

Shukowskij an Puschkin (Nacht vom 13. auf den 14. November 1836):
»Dein Betragen mir gegenüber ist in höchstem Maße unvernünftig, unehrenhaft und ungerecht. Warum mußtest Du die Geschichte Jekaterina Andrejewna und Sofja Nikolajewna erzählen? Was bezwecktest Du damit? Willst Du im letzten Augenblick zerstören, was nun für Dich ein so gutes Ende findet? Nachdem ich lange darüber nachsann, was Du mir gestern sagtest, finde ich Deine Hypothese völlig unwahrscheinlich. Und ich habe Grund zu der Annahme, daß d'Anthès nicht den mindesten Anteil hat an dem, was unternommen wurde, um das Duell zu verhindern. ... *gestern* erhielt ich einen letzten Beweis dafür. Als ich von seinem Vater erfuhr, daß sich die Geschichte, um die es heute geht, schon lange vor Deiner Forderung angebahnt hatte, riet ich ihm zu handeln, wie er es tat, und gab ihm mein Wort, daß die Ehre seines Sohnes, *sofern das Geheimnis gewahrt würde*, unangetastet bliebe ... Auch Dir zuliebe solltest Du dieses Geheimnis hüten, zumal es auch auf Deiner Seite vieles gibt, bei dem Du sagen müßtest: das ist meine Schuld!«

Am 14. November trafen sich Puschkin und der holländische Gesandte im Haus von Fräulein Zagrjashskaja, um den Frieden zu besiegeln. Puschkin verpflichtete sich zu schweigen, Heeckeren würde im Namen seines Sohnes um Katherines Hand anhalten, sobald dieser die offizielle Verzichtserklärung des Dichters erhalten hatte. Jener Brief müsse sich allerdings, so verlangte Heeckeren, ein wenig von dem Entwurf unterscheiden, den Shukowskij ihm gezeigt hatte, und hierzu habe sein Sohn sich um einige Anmerkungen bemüht. Heeckeren las vor: »Ich kann und darf meine Zustimmung nicht geben, daß in dem Brief ein Satz erscheint, der Fräulein Gontscharowa betrifft; meine Gründe sind folgende, und ich denke, Herr Puschkin wird sie verstehen: Von der Art und Weise, wie die Frage gestellt ist, könnte man womöglich ableiten: ›Heirat oder Duell.‹ Da meine Ehre es mir verbietet, dergleichen Bedingungen anzunehmen, würde dieser Satz mich leider dazu zwingen, die zweite Alternative zu wählen ... Es muß also klar ersichtlich werden, daß ich nicht deshalb um Fräulein Katherines Hand anhalte, weil es etwas wiedergutzumachen oder einen Streit zu schlichten gilt, sondern weil sie mir gefällt, weil ich es so möchte und dies alles nach meinem ausdrücklichen Wunsch beschlossen wurde!« D'Anthès wollte daher, daß Puschkin seinen Verzicht folgendermaßen formuliere: »... Da ich gewissen Gerüchten, die in der Gesellschaft kursierten, entnehmen konnte, daß die Gründe, die Georges d'Anthès zu seinem Tun veranlaßten, nicht ehrenrühriger Natur waren, fühle ich mich nun nicht mehr bemüßigt, Satisfaktion von ihm zu fordern. ...«

Am 15. November eröffnete ein rauschender Ball die Tanzsaison im Anitschkow-Palais. Es waren illustre Gäste aus Petersburg geladen: Lord und Lady Londonderry, Graf Pallfy aus Preßburg, Graf Mitrowsky, Generalstabsoffizier im Dienst seiner Majestät, des Erzherzogs Ferdinand von Österreich. Auch Natalja Nikolajewna war wie immer eingeladen, doch diesmal ohne ihren Gatten. Bei anderer Gelegenheit wäre Puschkin hoch erfreut gewesen, nicht in seiner Kammerjunkeruniform

216

erscheinen zu müssen, doch diesmal war er außer sich, weil er dachte, alle Welt wisse um seine Schande und habe sich gegen ihn verschworen. Er war erschüttert und zornig. Natalie schrieb Shukowskij, um seinen Rat zu erbitten. Sie erhielt eine kurze Antwortkarte: Sie müsse *auf jeden Fall* zum Ball gehen, denn es sei nicht ratsam, sich noch mehr Gerede auszusetzen. Was Puschkin betreffe, so habe er selbst vor ein paar Monaten der Kaiserin gesagt, daß er sich von gesellschaftlichen Anlässen fernhalten wolle, weil er um seine Mutter trauere. Natalie ging also allein zum Anitschkow-Palais. Sie war wie immer wunderschön, und Alexandra Fjodorowna beschrieb sie als eine »betörende Fee«.

Shukowskij an Puschkin (Nacht vom 15. auf den 16. November):
  »Gestern, nach dem Ball, war ich kurz bei Wjazemskij. Vorgestern sagtest Du zur Fürstin in etwa das Folgende: ›*Je connais l'homme des lettres anonymes et dans huit jours vous entendrez parler d'une vengeance unique en son genre; elle sera pleine, complète; elle jettera l'homme dans la boue*‹[1] . . . Zum Glück warst Du es selbst, der dies alles sagte, und zum Glück benachrichtigte mich mein guter Geist beizeiten. Es versteht sich von selbst, daß ich der Fürstin nichts von dem Vorgefallenen erzählte. Und nun sage ich auch zu Dir nichts: Tu, was Du für richtig hältst. Aber ich bin nicht mehr in eurem Spiel, weil es mir auf Deiner Seite gar nicht mehr gefallen will. Und falls Heeckeren auf die Idee verfallen sollte, mich um Rat zu bitten, darf ich ihm dann sagen: ›Seien Sie auf der Hut‹?
  Ich werde Dir nun ein Märchen erzählen: Es war einmal ein Schäfer; der war auch ein zielsicherer Schütze. Dieser Schäfer besaß entzückende kleine Schäfchen. Eines Tages schleicht ein grauer Wolf um seine Herde und denkt sich: Ich will mir das

---

[1] »Ich kenne nun den Verfasser der anonymen Briefe, und in acht Tagen wird man von einer einzigartigen Rache sprechen; sie wird umfassend und vollkommen sein und den Mann in den Schmutz ziehen.«

Lieblingsschäfchen des Hirten schnappen; während er sich das denkt, betrachtet der graue Wolf auch die anderen Schäfchen und leckt sich das Maul. Da kommt dem Vielfraß zu Ohren, daß ihn der Schütze entdeckt hat und danach trachtet, ihn zu erschießen. Das will unserem grauen Wolf nun gar nicht gefallen, und so macht er dem Schäfer ein Angebot, das dieser zwar annimmt, sich aber insgeheim denkt: Wie kann ich nur dem langschwänzigen Kavalier den Garaus machen und aus seinem Pelz Jacken und Stiefelchen für meine Kinder nähen? Also sagt der Schäfer zu seinem Gevatter: Väterchen Wasilij, tu mir doch bitte einen Gefallen. Sei für einen Moment ein Schwein und locke mit deinem Gegrunze den grauen Wolf aus dem Wald, heraus aufs offene Feld. Ich will indes die Nachbarn holen, damit wir ihn gemeinsam fangen können. Hör zu, Brüderchen, sagt da Gevatter Wasilij, du kannst den Grauen fangen, wenn du willst, aber weshalb soll ich das Schwein machen? Ich war Taufpate in deinem Haus. Die guten Leute würden dir sagen: Deinen Sohn hat ein Schwein zur Taufe getragen. Das geht doch nicht. Und ich würde vor allen schlecht dastehen. Vielleicht möchte ich in die Kirche gehen oder mit den Leuten an einem Tisch sitzen oder Gedichte schreiben über schöne Mädchen, und die braven Leute werden sagen: In der Kirche war ein Schwein, an unserem Tisch sitzt ein Schwein und schreibt Gedichte. Ein garstiges Schwein. Als er diese Antwort gehört hatte, dachte der Schäfer lange nach, und was er dann machte, weiß ich wirklich nicht.«

Nie war der brave, einfache, sanftmütige Shukowskij der Wahrheit näher gekommen als mit seiner kleinen Geschichte. Der eidbrüchige Schäfer hatte eine vortreffliche Schlinge vorbereitet: Er wollte wenigen vertrauten Freunden unter dem Siegel der Verschwiegenheit (die würden das Geheimnis nicht lange für sich behalten, das wußte er, darauf zählte er sogar) verraten, daß d'Anthès sich, um einem Duell aus dem Wege zu gehen, verloben wolle, und ihn auf diese Weise vor aller Welt unmöglich machen. Und während er an die Pelzjacken dachte, die er für seine Kinder aus dem Pelz des gefräßigen grauen Wolfs nähen würde, freute er sich bereits auf den schönsten und elegantesten Pelz, den er für sich selbst aus dem Fell von Vater Wolf würde schneidern lassen, auf den er bereits seit Tagen sein zielsicheres Gewehr gerichtet hatte.

Er hatte ein gutes Herz, der Gevatter Wasilij, und grollen konnte er nicht. Nachdem am Morgen des 16. November sein Zorn verflogen war, ging er wiederum zu Puschkin und bat ihn lange, den vermaledeiten Satz, mit dem er auf Georges d'Anthès' Hochzeit verwies, aus der Verzichtserklärung zu streichen. Aber der Freund war dazu einfach nicht zu bewegen, kein einziges Wort wurde verändert. Schließlich fand sich ein Kompromiß: Puschkin bevollmächtigte Schukowskij, mündlich zu bezeugen, daß er sich nicht mehr duellieren wollte mit dem Franzosen, daß er die Angelegenheit ein für allemal für erledigt hielt und zu keiner Menschenseele ein Wort darüber verlieren würde. Wenn auch schweren Herzens, akzeptierte Heeckeren die unrühmlichen Friedensbedingungen. Nicht so d'Anthès. Der Stimme seiner Ehre gehorchend und – zum ersten Mal seit vielen Tagen – nicht seinem Adoptivvater, handelte er aus eigener Initiative.

D'Anthès an Puschkin (16. November 1836, ca. 13 Uhr):
»Baron Heeckeren sagte mir, Herr Schukowskij habe ihn beauftragt, mir mitzuteilen, daß alle Gründe, um derenthalben Sie Satisfaktion von mir forderten, gegenstandslos geworden seien und daß ich Ihren Schritt daher als nicht erfolgt betrachten dürfe. Als Sie Satisfaktion von mir forderten, ohne mir Ihre Gründe zu verraten, war ich ohne Zögern bereit, Ihnen zur Verfügung zu stehen, heute, da Sie versichern, keinen Grund mehr zu haben, ein Duell zu wünschen, möchte ich, bevor ich mein Einverständnis gebe, erfahren, was Sie dazu bewog, Ihre Meinung zu ändern, zumal ich niemanden zu Ihnen schickte, um Ihnen Erklärungen zu geben, die ich Ihnen persönlich zu geben gedachte. Sie werden doch wohl zugeben, daß von beiden Sei-

ten, bevor wir uns zurückziehen, Erklärungen erfolgen müssen, die es uns ermöglichen, einander in Zukunft besser zu achten.«

Shukowskij schrieb: »Brief von d'Anthès an Puschkin, Puschkin wütend.« Dies blieb die einzige Reaktion des Dichters, und so wartete d'Anthès vergeblich auf eine Antwort.

Am späten Nachmittag des 16. November erhielt Puschkin den Besuch des jungen Vicomte Olivier d'Archiac, Attaché an der französischen Gesandtschaft. Da die zwei Wochen Aufschub, die der Dichter bewilligt hatte, bald verstrichen sein würden, hatte d'Anthès ihm aufgetragen, Puschkin zu benachrichtigen, daß er ihm zur Verfügung stehe. Puschkin sagte zu d'Archiac, er würde ihm so bald wie möglich den Namen seines Sekundanten mitteilen. Der Franzose wagte einen schüchternen Versöhnungsversuch: Der Dichter solle doch einfach jenen Satz aus seinem Brief streichen, der d'Anthès' Heiratspläne berühre, dann würde sich alles ohne unnötiges Blutvergießen einrenken lassen, davon sei er überzeugt. Puschkin entließ ihn mit frostiger Höflichkeit.

Am Abend des 16. November feierten die Karamzins den Geburtstag der Dame des Hauses. Puschkin kam an der Tafel neben Sollogub zu sitzen; während die übrige Gesellschaft fröhlich plauderte, Trinksprüche und Geburtstagswünsche äußerte, lehnte er sich zu seinem Tischnachbarn hinüber und flüsterte ihm zu: »Kommen Sie morgen zu mir, ich möchte Sie bitten, d'Archiac aufzusuchen, damit Sie sich mit ihm über den Ablauf des Duells einig werden können. Und der soll möglichst blutig sein. Lassen Sie sich auf keinerlei Beschwichtigungsversuche ein.« Dann mischte er sich wieder in die allgemeine Unterhaltung. Sollogub »war wie versteinert, wagte jedoch keine Einwände. In Puschkins Ton lag eine Bestimmtheit, die keinerlei Widerspruch duldete.« Später begab sich die Geburtstagsgesellschaft in die österreichische Botschaft, um dort an einem Galaempfang teilzunehmen, zu dem das Herrscherpaar erwartet wurde. Puschkin kam später als die anderen Gäste. Auf der breiten Marmortreppe begegnete ihm d'Archiac, und der junge Mann versuchte, den Faden des vor wenigen Stunden abgebrochenen Gesprächs wiederaufzunehmen. Doch Puschkin meinte nur: »Ihr Franzosen seid lustig. Ihr seid allesamt des Lateinischen mächtig, aber wenn ihr euch duelliert, dann geht ihr auf dreißig Schritt Entfernung, bevor ihr schießt. Wir Russen machen das anders: Je weniger Umstände, desto grausamer das Duell.« Als er den Saal betrat, bemerkte er in der Menge der Damen, die aufgrund des Todes von Karl X. schwarz gekleidet waren, seine Schwägerin Katherine, die als einzige in Weiß erschienen war. Die Kaiserin mußte von der bevorstehenden Hochzeit Jekaterina Gontscharowas bereits informiert sein, denn andernfalls hätte sie ihrer Ehrendame sofort nahegelegt, sich entweder umzuziehen oder die Gesellschaft zu verlassen. Denn wenn der Hof trauerte, durften nur Mädchen, die unmittelbar vor ihrer Vermählung standen, weiße Kleider tragen. Als wäre dies noch nicht genug, wich d'Anthès der jungfräulich verschleierten Katherine nicht von der Seite und bezeigte ihr Zärtlichkeiten, wie es sich nur für einen Bräutigam geziemte. Die Gesellschaft war mittlerweile vollends im Bilde, auch von der diplomatischen Abwesenheit Natalja Nikolajewnas, und es erhob sich bereits eine bedrohliche Flut raunender Stimmen. Totenblaß näherte sich Puschkin dem verliebten Paar; er untersagte der Schwägerin jegliche Unterhaltung mit d'Anthès und richtete einige »mehr als schroffe Worte« an den jungen Offizier. Dann verließ er die österreichische Botschaft und nahm seine beiden Schwägerinnen mit sich nach Hause. Sollogub tauschte mit d'Archiac bedeutungsvolle Blicke. Dann ging auch er zu d'Anthès und fragte ihn, was für eine Art Mann er sei. »Ein Ehrenmann«, versetzte der, »und ich hoffe, dies bald unter Beweis stellen zu dürfen. Ich verstehe Puschkin nicht. Was will er? Ich werde mich mit ihm duellieren, wenn er mich dazu zwingt, aber ich möchte weder Zank noch einen Skandal.«

Als Wladimir Sollogub am Morgen des 17. November erwachte, schien ihm, was er von seinem Fenster aus sah, wie ein böses Omen: Vom wolkenverhangenen Himmel fiel Schnee in dichten Flocken, die wild durch die Luft wirbelten. Es war ein Schneesturm: Die weißen Flocken drangen in die Augen, unter hochgeschlagene Pelzkrägen, behinderten den Atem, ließen einen nur noch mit Mühe vorankommen, daß selbst die erfahrensten Kutscher ihre Pferde kaum voranzutreiben vermochten auf den Straßen, durch die wild der Sturmwind fegte. Aber Sollogub mußte in die Kälte hinaus, und Gott allein wußte, wann er wieder zurückkommen würde. Er beschloß, zuerst zu d'Anthès zu fahren: Ihn kannte er besser als d'Archiac, zu ihm konnte er offener sein, ihm das Duell vielleicht sogar ausreden, dessen Gründe er noch immer nicht kannte. Der Franzose weigerte sich, sie ihm zu nennen, und verwies ihn wegen der nötigen Vereinbarungen kühl an seinen Sekundanten. Erst nach beharrlichen Fragen meinte er: »Wollen Sie denn nicht begreifen, daß ich Katherine heiraten werde? Puschkin hat seine Forderung zurückgezogen, aber nun darf es nicht so aussehen, als wollte ich mit meiner Heirat dem Duell ausweichen. Außerdem wünsche ich nicht, daß der Name einer Frau in die Sache hineingezogen wird. Mein Vater verbietet mir die Heirat schon seit einem Jahr.« Nunmehr überzeugt, daß doch nicht die ganze Schuld bei d'Anthès lag, begab sich Sollogub zu Puschkin; auf dem Weg dorthin hieß er den Kutscher ein paar Minuten lang vor dem Haus seines Vaters anhalten, welches ebenfalls an der Mojka gelegen war, weil er ihm guten Tag sagen wollte. Puschkin brauchte nicht lange, um zu begreifen, daß sein junger Freund sich seinen Anordnungen widersetzt und mit seinem Gegner verhandelt hatte: »D'Anthès ist ein erbärmliches Schwein. Gestern nannte ich ihn einen Schuft. In der Gesellschaft wird gemunkelt, er stelle meiner Frau nach. Die einen sagen, sie läßt es sich gefallen, die anderen behaupten das Gegenteil. Mir ist es gleich, aber ich will nicht, daß man ihre Namen miteinander in Verbindung bringt. Als ich anonyme Briefe erhielt, forderte ich ihn zum Zweikampf ... Jetzt gehen Sie zu d'Archiac.« – »D'Anthès will nicht, daß der Name einer Frau in die Sache mit hineingezogen wird.« Puschkin wurde zornig: »Ach ja? Und weshalb dann dies alles? Wollen Sie mein Sekundant sein oder nicht? Wenn nicht, dann muß ich mir einen anderen suchen!« Mutlos und gekränkt ließ sich Sollogub schließlich vor die französische Gesandtschaft fahren. D'Archiac gestand ihm, daß auch er in dieser Nacht kein Auge hatte zutun können und das Duell am liebsten verhindert hätte: nicht nur, weil er mit d'Anthès befreundet war und ihn sehr schätzte, sondern weil er verstand, obwohl er Franzose war, was Puschkin für Rußland bedeutete. »Überreden Sie ihn doch, seine Forderung bedingungslos zurückzuziehen«, sagte er. »Ich verbürge mich persönlich für d'Anthès' Heirat, vielleicht können wir ein großes Unglück verhüten.« Sollogub antwortete, man müsse Puschkin als kranken Mann bezeichnen: Deshalb sei es besser, gewisse Kleinigkeiten kurzerhand zu übersehen. Die beiden beschlossen, die Verhandlungen zu unterbrechen und später mit Georges d'Anthès zu sprechen.

Über Sollogubs Verhalten verärgert, fuhr Puschkin zum Michailowskaja-Platz – »Zanftelebens Haus, dritter Stock links« –, um Klementij Rosset zu bitten, sein Sekundant zu sein. Rosset lehnte ab, da er es als seine Pflicht betrachtete, sich um eine friedliche Lösung des Konflikts zu bemühen, d'Anthès jedoch ebenso haßte, wie Puschkin es tat, und glücklich wäre, wenn der Freund Petersburg von dem kleinen, eingebildeten Leutnant befreite. Seine Kenntnis des geschriebenen Französisch, fügte er hinzu, sei überdies den etwas komplizierten Vorverhandlungen nicht gewachsen, jedoch vor Ort stehe er dem Dichter gern zur Seite. Und er nahm Puschkins Einladung zum Essen an. Eine nicht ganz uneigennützige Einladung: Puschkin wollte einen Ersatz bei der Hand haben, falls Sollogub erneut seine Anweisungen mißachtete. Gegen drei Uhr begann in der holländischen Botschaft die Unterredung der Sekundanten; d'Anthès war anwesend, beteiligte sich aber nicht am Gespräch. Als Ort, Zeitpunkt und Bedingungen des Duells feststanden, schrieb Sollogub an Puschkin, um ihn darüber in Kenntnis zu setzen – und auch um einen letzten Versöhnungsversuch zu wagen. D'Anthès verlangte, den Brief lesen zu dürfen, aber d'Archiac verwehrte es ihm mit Entschiedenheit. Statt dessen las er ihn und sagte: »Ich bin einverstanden, schicken Sie ihn fort.« Sie warteten fast zwei Stunden auf die Antwort. D'Anthès verbrachte sie in düsterem, verdrossenem Schweigen.

Nun war also der kecke Gardeoffizier zu einer Statue der Untätigkeit und Ohnmacht erstarrt. Sein Adoptivvater hatte die Situation fest im Griff und stand zwischen ihm und Puschkin. Die Sekundanten, hartnäckig um eine friedliche Lösung bemüht, waren zu Zugeständnissen und Kompromissen bereit; auch er selbst fragte sich, nachdem er die erste heftige Aufwallung von Stolz überwunden hatte, ob ein Duell nicht Natalies Ruf und Katherines Zukunft zerstören würde: Alles gebot ihm Einhalt, zwang ihn zu Demut und Kapitulation. Zum ersten Mal befällt uns ein Anflug von Mitleid für Georges d'Anthès. Denn entgegen der Überzeugung Puschkins und Rußlands halten wir ihn nicht für einen Feigling. Wir glauben nicht, daß er Katherine Gontscharowa heiratete, um sein Leben zu retten. Das glaubten nicht einmal Puschkins beste Freunde, die doch wahrhaftig nicht zimperlich waren in ihrem Urteil über d'Anthès: »Der Junge«, schrieb Wjazemskij, »war wahrscheinlich selbst in die finsteren Machenschaften seines Vaters verwickelt, und diese Ehe war ein Opfer, das er ihm brachte.«

Sollogub an Puschkin (17. November 1836, ca. 16 Uhr):
»Wie Sie mich gebeten haben, war ich bei Herrn d'Archiac, um Zeitpunkt und Ort zu vereinbaren. Wir einigten uns auf den frühen Samstagmorgen, zumal ich am Freitag unabkömmlich bin, in der Gegend von Pargolowo, auf zehn Schritt Distanz. Herr d'Archiac sagte mir im Vertrauen, daß Baron d'Anthès fest entschlossen sei, um Katherines Hand anzuhalten, daß ihn allerdings die Befürchtung zurückhielte, es könne der Eindruck entstehen, daß er dem Zweikampf auszuweichen suche; da er

deshalb nur eine friedliche Lösung mit seinem Gewissen vereinbaren kann, bittet er Sie, vor mir oder Herrn d'Archiac zu bezeugen, daß Sie seine Vermählung auf keine Erwägungen zurückführen, die eines Mannes von edler Gesinnung nicht würdig wären. Da es nicht in meiner Macht steht, ihm von Ihrer Seite einen Schritt zu versprechen, den ich persönlich von Herzen begrüßen würde, bitte ich Sie im Namen Ihrer Familie, diesem Arrangement zuzustimmen, das beide Parteien zufriedenstellen würde. Es versteht sich von selbst, daß Herr d'Archiac und ich uns für d'Anthès verbürgen. Sollogub.

Bitte lassen Sie mich baldigst Ihre Antwort wissen.«

Sollogub hatte seinem Kutscher aufgetragen, den Brief unverzüglich in jenem Haus an der Mojka abzugeben, »vor dem er bereits am Morgen angehalten habe«. Der Ärmste wußte aber nicht recht, welches der beiden Häuser, vor denen er eine halbe Stunde zuvor hatte anhalten müssen, gemeint war, und warf einen Blick auf die Adresse: »*A Monsieur Pouchkine en mains propres*«; doch man muß sich vorstellen, daß er mit Müh und Not die Buchstaben des russischen Alphabets entziffern konnte und also beschloß, zu Sollogubs Vater zu fahren, wohin er den jungen Grafen schon häufig gefahren hatte. Geheimrat Alexander Iwanowitsch Sollogub zögerte, bevor er den an Puschkin adressierten Umschlag öffnete, doch da ihm gesagt worden war, die Angelegenheit sei äußerst dringlich, und da er die Schrift seines Sohnes erkannt hatte, rang er sich schließlich doch dazu durch, den Brief zu lesen. Und so hätte ihn beinahe der Schlag getroffen.

Das Schneegestöber, eine Nachricht von dringender Wichtigkeit in den falschen Händen: Fast scheint es, als wolle das Schicksal einen Moment lang die von Puschkin erdachten Geschichten nachahmen. In der *Hauptmannstochter* wird dem jungen Grinjow in einer sturmgepeitschten Nacht von einem Landstreicher geholfen, dem er dafür eine Pelzjacke schenkt: Der Unbekannte wird sich als Pugatschjow erweisen, der blutrünstige Volksrebell, der sich an Grinjows dankbare Geste erinnern und sein Leben retten wird. In einer stürmischen Nacht in einer der *Erzählungen des verstorbenen Iwan Petrowitsch Belkin* heiratet, begünstigt vom Zwielicht einer entlegenen Landkirche, ein Unbekannter ein Mädchen, das ihren Liebsten erwartet hat, der sich auf dem Weg zu ihr verirrt hat; als sie einander nach vielen Jahren zufällig wieder begegnen, werden sich der Unbekannte und das Opfer seines jugendlichen Leichtsinns in einer glücklichen und absolut legalen Ehe vereinigen ... Mit Hilfe des puschkinschen Unwetters, launisch, wankelmütig und mit einem günstigen Zufall im Bunde, möchten auch wir der Erzählung ein unerwartet heiteres Ende geben:

»*Stark beeindruckt von dem soeben Gelesenen, erschüttert von der Vorstellung, Rußlands größter Dichter könne sich duellieren, ein doppelt schweres Vergehen, wofür sein Sohn sich vor dem Gesetz würde verantworten müssen, griff Geheimrat Alexander Iwanowitsch Sollogub zu einem drastischen Mittel. Er begab sich unverzüglich zu Graf Benckendorff und berichtete ihm, was er wußte und was er ahnte. Ohne den Zaren zu konsultieren, beschloß der Polizeichef, seine Männer sofort an den Ort zu entsenden, an dem der verbrecherische Plan zur Ausführung gebracht werden sollte. So rettete ein merkwürdiges, glückliches Zusammenspiel von Umständen in letzter Minute Puschkins Leben, und ausgerechnet dank der Hilfe jenes Mannes, der es ihm seit fünfzehn Jahren auf jede nur erdenkliche Weise vergällt hatte ...*«

Doch es kam anders: Nachdem er sich von der höchst unliebsamen Überraschung erholt hatte, gab Alexander Iwanowitsch Sollogub dem Boten den Brief zurück, der daraufhin seine Pferde vor das Haus Nummer 12 an der Mojka trieb. Wir müssen aber nicht allzu betrübt sein: Das Duell, festgelegt für den frühen Morgen des 21. November 1836, »in der Gegend von Pargolowo, auf zehn Schritt Distanz«, wird nicht stattfinden. Aber wir haben auch keinen Grund zu überschäumender Freude: Vor unseren Augen bahnt sich bereits, auf leisen Sohlen, ein weiteres Duell an, nimmt das Schicksal seinen unseligen Lauf.

Puschkin an Sollogub, 17. November 1836 (ca. 17.30 Uhr):
»Ich zögere nicht, Ihnen zu schreiben, was ich in Worten auszudrücken vermag. Ich forderte Satisfaktion von Herrn Georges
d'Anthès, und dieser war gewillt, sie mir zu geben, ohne Erklärungen zu verlangen. Nun möchte ich Sie, die Zeugen des
Vorfalls, bitten, meine Forderung als nicht erfolgt zu betrachten,
*da ich gewissen Gerüchten, die in der Gesellschaft kursierten, ent-
nehmen konnte, daß Herr Georges d'Anthès entschlossen ist, nach
dem Duell Fräulein Gontscharowa zu heiraten.*[1] Ich habe keinerlei Grund, seinem Entschluß Erwägungen zu unterstellen, die
eines Mannes von edler Gesinnung nicht würdig wären. Ich
bitte Sie, Herr Graf, mit diesem Schreiben zu tun, was Ihnen
angebracht erscheint ...«

Mittlerweile erschöpft, brachte der Kutscher – Wasja? Wanja?
Grischka? Man möchte doch zumindest den Namen dieses von
der Geschichte ungerechterweise vergessenen Komparsen kennen – Puschkins Antwort in die holländische Gesandtschaft.
D'Archiac nahm sie sofort an sich, überflog sie und sagte: »Das
mag genügen.« Wieder weigerte er sich, d'Anthès den Brief zu
zeigen, und beglückwünschte ihn statt dessen zu seiner baldigen
Hochzeit. Der Gardeoffizier wandte sich daher an Sollogub:
»Gehen Sie zu Herrn Puschkin, ihm zu danken, daß er der Bei-
legung unseres Streits zuzustimmen geneigt war. Ich hoffe, wir
werden uns in Zukunft als Brüder begegnen.« Also begaben sich
die beiden Sekundanten zum Haus Nr. 12 an der Mojka. Der
Dichter speiste gerade mit seiner Familie und Rosset zu Mittag.
Er bat Sollogub und d'Archiac in sein Arbeitszimmer. Er war
nervös und bleich. Schweigend nahm er die rituellen Dankes-
worte des Franzosen entgegen und sprach erst, als Sollogub zu
ihm sagte: »Ich habe mir gestattet, Ihrem Schwager zu versprechen, daß Sie ihn wie einen guten Bekannten behandeln wer-

---

1 Die Kursivschrift soll eine Äußerung unterstreichen, die ebenso verlet-
zend ist wie ein Pistolenschuß. Nähme man sie anstandslos hin, wäre
Puschkin auch ohne Zweikampf der Sieger.

den.« – »Das war töricht!« rief der andere aufgebracht. »Das kann niemals sein. Zwischen dem Hause Puschkin und dem Hause d'Anthès wird es niemals Gemeinsamkeiten geben!« Nach kurzer Pause fügte er hinzu: »Im übrigen habe ich zugegeben und bin auch bereit, es zu wiederholen, daß Herr d'Anthès sich wie ein Ehrenmann verhalten hat.« – »Das genügt mir«, beeilte d'Archiac sich zu sagen und verließ mit Sollogub schleunigst wieder Puschkins Haus. Als er wieder im Speisesaal war, wandte Puschkin sich an Katherine: »Meinen Glückwunsch, d'Anthès hat um Ihre Hand angehalten.« Die Schwägerin (ihre Nerven waren überreizt, die vergangenen Tage waren ein entsetzliches Auf und Ab von Hoffen und Bangen, ihre dunklen Augen waren geschwollen vom vielen Weinen und den schlaflosen Nächten) warf ihre Serviette auf den Tisch, erhob sich brüsk und lief aus dem Zimmer. Natalie folgte ihr. Ohne Kommentar, mit einem kleinen Lächeln auf den Lippen, sagte Puschkin zu Rosset: »Was für ein Typ, dieser d'Anthès!« Noch am selben Abend, auf dem Ball, den die Saltykows jeden Dienstag veranstalteten und der den Petersburgern stets eine Qual war wegen der bedrückenden Schwüle in den engen, unglaublich überfüllten Räumen, wurde die Verlobung von Katherine Gontscharowa und Georges d'Anthès bekanntgegeben. Puschkin ging zu den Saltykows, grüßte seinen künftigen Schwager jedoch nicht. Er sprach lediglich mit Sollogub, der an ihm eine überdrehte, gallige Heiterkeit und Lebhaftigkeit bemerkte. Puschkin schalt Sollogub, Verhandlungen zugestimmt zu haben, die er ihm doch ausdrücklich verboten hatte, und als er sich etwas beruhigt hatte, verkündete er ihm, daß die Vermählung niemals stattfinden würde und er bereit sei, darauf zu wetten. Und er wettete tatsächlich: sein Gesamtwerk gegen Sollogubs Spazierstock.

Georges d'Anthès an Jekaterina Gontscharowa, Petersburg, 21. November 1836:
»Meine liebe, brave Cathérine, wie Sie sehen, gehen die Tage vorüber, und keiner gleicht dem anderen. Gestern noch müßig,

heute geschäftig, obwohl eine ganz entsetzliche Wachschicht im Winterpalais hinter mir liegt, was ich heute morgen Ihrem Bruder Dmitrij samt der Bitte zurief, es Ihnen zu sagen, damit Sie mir ein kleines Lebenszeichen geben möchten ... Heute morgen sah ich besagte Dame und beugte mich wie stets Ihren Befehlen, meine Geliebte. Ich erklärte ihr in aller Form, daß ich ihr sehr verbunden wäre, wenn sie die Verhandlungen abbräche, die doch gänzlich unnötig seien; denn wenn ihr Mann nicht klug genug sei zu begreifen, daß er allein der Dumme ist in dieser Angelegenheit, vergeude sie nur ihre Zeit, wenn sie es ihm zu erklären versuchte.«

Erinnerung

Wenn für die Sterblichen verstummt der laute Tag,
Die Dämmerung sich senkt auf alle Gassen
Und holder Schlaf, der Lohn für ihre Müh und Plag,
Den Müden naht, um sanft sie zu umfassen,
Dann türmt sich vor mir auf der langen Stunden Zahl,
Da ich dem Grübeln nicht vermag zu wehren,
Dann fühle ich die Schlangen der Gewissensqual
Am schmerzlichsten an meinem Herzen zehren.
Dann brodeln Träume, und den bangenden Verstand
Bedrängen Dinge, die schon längst verklungen.
Memoria schlägt auf mit schonungsloser Hand
Die Rolle schrecklicher Erinnerungen.
Mein Leben lese ich mit Abscheu und voll Scham,
Vergieße bittre, heiße Reuetränen
Und fluche mir entsetzt in abgrundtiefem Gram ...
Doch keine Schuld werd' ich abwaschen können.

Die gelöschten Zeilen

Am späten Nachmittag des 21. November – ein Samstag – suchte Sollogub Puschkin auf. Der Dichter kam erneut auf das versäumte Duell zu sprechen. »Sie schienen eher d'Anthès' Sekundant als der meine«, tadelte er ihn noch einmal, »dennoch will ich nichts ohne Ihr Wissen tun. Gehen wir in mein Arbeitszimmer.« Er schloß die Tür und sagte: »Ich möchte Ihnen den Brief vorlesen, den ich an Heeckeren geschrieben habe. Mit dem Sohn ist es aus. Jetzt geht es dem Alten an den Kragen.« Er hieß den Gast Platz nehmen, setzte sich an den Schreibtisch, nahm zwei hellblaue Bögen Papier mit Goldrand und begann zu lesen. Mit seinen bebenden Lippen und blutunterlaufenen Augen bot er einen furchterregenden Anblick, und Sollogub wurde sich erst jetzt darüber im klaren, »daß er wirklich afrikanischer Abstammung war«.

Es sind uns zwei Entwürfe des Briefes an Heeckeren erhalten geblieben; einer der beiden Texte ist mit Sicherheit der, den der Dichter am späten Nachmittag des 21. November Sollogub vorlas. Puschkin hatte ihn – vielleicht am Vorabend des letzten Duells – zerrissen, und jemand fand nach seinem Tod die Papierschnitzel und hütete sie wie eine Reliquie, bis er sie 1880 in der Zeitschrift *Russische Antiquitäten* veröffentlichte – allerdings nicht ganz vollständig, weil ein paar Fetzen in der Zwischenzeit verlorengegangen waren. Wenn man die Ränder der verbliebenen Fragmente aneinanderfügt und die Lücken mit den Überresten des zweiten Entwurfs füllt, kann man das Schreiben fast gänzlich wiederherstellen. Da Puschkin darin von einem Duell

sprach, könnte er es verfaßt haben, als die empfindliche Waffen-
ruhe aufgehoben worden war und die Umstände erneut an
einen Zweikampf mit d'Anthès denken ließen: am Nachmittag
des 16. oder am Morgen des 17. November. Doch die fragliche
Stelle – »ein Duell und sein möglicher Ausgang genügen mir
nicht mehr ...« – läßt auch eine andere Hypothese zu: Nachdem
die Vermittlungsversuche der Sekundanten und die unerwartete
Nachgiebigkeit von Georges d'Anthès den Konflikt auf friedliche Weise beendet hatten, wollte Puschkin Heeckeren zu
einem Duell zwingen. Er gedachte, blutige Rache zu nehmen an
dem »Alten« und zugleich den Jungen in Schande zu bringen,
der offenbar nicht genügend Mut besaß, sich seinen Kugeln
auszusetzen. Wir dürfen uns nicht wundern: Im Spiel der dunklen Schatten und wenigen hellen Stellen können Worte vielerlei
Bedeutung haben. Alles wird zweifelhaft und doppeldeutig,
wenn man mit den Mitteln der Philologie auch die der Psychologie anwendet, weil letztere, wie unser Meister Porfirij Petrowitsch behauptete, ein zweischneidiges Schwert ist.

Puschkin an Heeckeren (16.–21. November 1836):
»Herr Baron, lassen Sie mich kurz zusammenfassen, was in
der letzten Zeit alles geschehen ist. Das Betragen Ihres Herrn
Sohnes war mir wohl bekannt und konnte mir daher nicht
gleichgültig sein. Doch da er die Grenzen der Schicklichkeit
nicht überschritt und ich zudem wußte, wie sehr meine Frau
Vertrauen und Achtung verdient, begnügte ich mich mit der
Rolle des Zuschauers, hielt mich bereit, nötigenfalls einzugreifen. Ich wußte nur zu gut, daß eine gefällige Erscheinung, eine
unglückliche Leidenschaft und eine *zweijährige*[1] Beharrlichkeit
am Ende immer einen tiefen *Eindruck* hinterlassen im Herzen

---

1 Wir kennzeichnen kursiv die vom Zusammenhang nahegelegten Ergänzungen; ungekennzeichnet bleibt dagegen, was sich mit Hilfe der
Wortfetzen vervollständigen läßt oder durch Wörter oder Wortgruppen des
zweiten Zettels ausgetauscht werden kann, welcher an vielen Stellen mit
ersterem identisch ist. Die Pünktchen signalisieren Wörter oder Satzteile,
deren Rekonstruktion zweifelhaft oder ganz unmöglich ist.

232

einer jungen Frau und daß dann der Ehemann – es sei denn, er ist ein Narr – natürlicherweise zum Vertrauten seiner Frau wird, der sie in ihrem Verhalten lenkt. Ich muß Ihnen wohl gestehen, daß ich ganz und gar nicht ruhig war. Ein Zwischenfall, der mir zu jedem anderen Zeitpunkt äußerst unangenehm gewesen wäre, kam mir nun sehr gelegen, um mich aus der peinlichen Lage zu befreien: Ich erhielt anonyme Briefe und sah, daß der Augenblick gekommen war, zur Tat zu schreiten. Das übrige wissen Sie. Ich machte aus Ihrem Herrn Sohn eine so groteske und peinliche Figur, daß meine Frau nur noch lachen konnte über so viel Feigheit, und die Gefühle, die diese große, erhabene Leidenschaft in ihr geweckt haben mochten, erloschen im Nu und wichen einem gleichgültigen, wohlverdienten Abscheu.

Doch nun zu Ihnen, Herr Baron, welche Rolle spielten Sie in diesem Bühnenstück? Sie, der Repräsentant eines gekrönten Hauptes, wurden zum Kuppler Ihres vorgeblichen Bastards, dessen Schritte gänzlich von Ihnen geleitet wurden. Sie waren es, der ihm die Plattheiten in den Mund legte, die zu sagen *ihm einfielen*, und die Dummheiten diktierte, die zu *schreiben* er sich erdreistete. Wie ein schändliches altes Weib lauerten Sie meiner Frau hinter jeder Ecke auf, um über Ihren Sohn zu sprechen, und als jener, syphiliskrank, von Arzneien ausgezehrt darniederlag, versuchten Sie Schamloser ihr einzureden, er stürbe um ihretwillen, und raunten ihr zu: ›Geben Sie mir meinen Sohn zurück.‹

Wie Sie sehen, weiß ich es längst: Doch warten Sie, das ist noch nicht alles; ich sagte Ihnen ja, die Geschichte sei verworren. Lassen Sie uns noch einmal von den anonymen Briefen reden. Das wird Sie interessieren.

Am 2. November erhielten Sie von Ihrem Herrn Sohn eine Nachricht, die Sie sehr erheiterte. Er sagte Ihnen, ... meine Frau fürchtete, ... sie verliere den Verstand ... den entscheidenden Schlag versetzen ... ich erhielt drei Exemplare des anonymen Schreibens (von den zehn, die in Umlauf waren). Dies Dokument wurde mit so wenig Umsicht erstellt, daß ich nur einen Blick darauf zu werfen brauchte, um den Verfasser zu entlarven ... Ich hegte keinerlei Zweifel, den Schuft alsbald zu finden. Tatsächlich wußte ich bereits nach nicht einmal drei Tagen Nachforschung, was zu tun war. Wenn die Diplomatie lediglich die Kunst ist zu erfahren, was in den Häusern anderer Leute vor sich geht und wie man ihre Pläne vereiteln kann, dann müssen Sie wohl oder übel zugeben, in jedem Punkt besiegt worden zu sein.

Jetzt möchte ich auf den Zweck meines Briefes zu sprechen kommen. Vielleicht wünschen Sie zu wissen, weshalb ich bislang davon absah, Sie vor unserem und Ihrem Hofe zu entehren. Ich will es Ihnen sofort sagen. Ich bin langmütig und gutgläubig, ... aber mein Herz ist empfindsam ... Ein Duell genügt mir nicht mehr ... nein, denn welches auch sein Ausgang wäre, die Rache wäre mir nicht groß genug, weder für die ... Ihres Herrn Sohnes, noch für den Brief, den ich Ihnen zu schreiben geruhe und von dem ich zu meinem privaten Nutzen eine Abschrift zurückbehalte. Ich will, daß Sie sich selbst die Mühe machen, Gründe zu finden, die mich dazu bewegen könnten, Ihnen nicht ins Gesicht zu spucken und damit jede Spur dieser elenden Geschichte fortzuwaschen, aus der ich mühelos ein ausgezeichnetes Kapitel in meiner Geschichte der Hörner machen könnte.

Hiermit, Herr Baron, verbleibe ich Ihr ergebener Diener Alexander Puschkin.«

Er behauptete, auf den ersten Blick Heeckeren als den »Schuft« erkannt zu haben, von Sollogub dagegen wissen wir, daß er am Morgen des 4. November eine Frau verdächtigt hatte. (Und wäre sein Verdacht tatsächlich sofort auf den Botschafter gefallen, hätte er ihn dann empfangen und sich von seinen Tränen rühren lassen?) Er behauptete, daß seine Frau mittlerweile allenfalls noch gleichgültigen Abscheu für d'Anthès empfände, daß sie über ihn lache, dabei wissen wir von Dolly Ficquelmont, daß Natalie, »die nicht glauben wollte, daß d'Anthès ihrer Schwester den Vorzug gab«, in ihrer Naivität oder besser erstaunlichen Dummheit mit ihrem Mann über die Wahrscheinlichkeit eines solchen Sinneswandels im Herzen eines Menschen sprach, in den sie vielleicht nur aus Eitelkeit verliebt war ...

Nachdem er den ersten Entwurf des Briefes an H. gelesen hatte, strich Puschkin drei Zeilen durch:

»Am 2. November erhielten Sie von Ihrem Herrn Sohn eine (Nachricht, die Sie sehr er)heiterte.[1] Er sagte Ihnen ....[2], meine Frau fürcht .... sie verliere den Verstand. .... den entscheidenden Schlag versetzen. .... plare des anon .... Schreibens .... in Umlauf waren).«

Trotz der Lücken erfassen wir den Sinn dessen, was Puschkin niederschrieb. Am 2. November hatte der holländische Gesandte auf eine gute Nachricht seines Adoptivsohnes hin beschlossen, daß es nunmehr an der Zeit sei, zum »entscheidenden Schlag« auszuholen – die anonymen Briefe. Wir verstehen auch, daß Puschkin den flüchtigen Hinweis auf den Inhalt der Unterredung zwischen d'Anthès und Heeckeren vom 2. November schleunigst herausstreichen wollte. Warum?

Diesen Brief hatte er, Wort für Wort abwägend und auskostend, geplant, seit er am 13. November zu Fürstin Wjazemskaja gesagt hatte: »Ich kenne den Verfasser der anonymen Briefe, in acht Tagen wird man in Petersburg von einer einzigartigen Rache sprechen, die den Mann in den Schmutz ziehen wird.« In acht Tagen: Auch in der chronologischen Genauigkeit offenbart sich die exakte, eisige Zähigkeit seines Hasses. In acht Tagen: am 21. November, wenn die vierzehntägige Frist verstrichen sein würde, die er Baron Heeckeren am Morgen des 6. November gewährt hatte.

---

1 Rekonstruieren ließen sich aus den Enden eines *n*, eines *f*, eines *t* und eines *b* die Worte »*nouvelle qui vous fit beauc...*«.

2 Hier blieb nur der letzte Teil eines Wortes erhalten, »...*ité*«, das sich für mehrere Rekonstruktionen eignet.

»Was konnte ich einer derart zerstörerischen Leidenschaft entgegensetzen?« fragte sich Sollogub. »Ich beschloß zu schweigen.« Und auch wir wagen nicht, angesichts eines solchen Deliriums von Größe, Allmacht und Allwissenheit noch viel zu sagen: Mit einem bewundernswerten Handstreich wurde das Opfer einer banalen Burleske, der erbärmliche, womöglich gehörnte Ehemann, zum überlegenen Herrn der Lage. Er weiß alles – auch das, was seine Verfolger im geheimen aushecken; er kann alles – auch Vorteile ziehen aus einer dummen, gemeinen Beleidigung, indem er die Verwirrung seiner Frau, die sich ihrer angesichts des beharrlichen Bewunderers »bemächtigt haben mochte«, zu besiegen weiß. Verblüfft sehen wir, wie Natalie und d'Anthès (der vor Leidenschaft brennende Liebhaber, die junge, errötende und zitternde Schauspielerin) nach dem romantischen Intermezzo von der Bühne gehen und die Hauptrolle zwei Männern überlassen, die ihnen an Alter, Intelligenz und Erfahrung überlegen sind. Als er sich ohne übermäßige Mühe von dem vulgären *coureur d'alcôves* befreit hat, spritzt der äußerst wachsame und listige russische Ehemann sein ganzes Gift auf einen Menschen, dessen Worte und Taten er als infame Gemeinheit erkannt hat, als schändlichen Plan, und dessen grenzenlose Niedertracht, so glaubt er, sich mit seiner eigenen grenzenlosen Erhabenheit vergleichen kann. Im fahlen Widerschein von Puschkins Haß gewinnt Baron Heeckeren Züge und Gestalt eines dämonischen Wesens, einer finsteren, bösen Macht.

Auch in der Briefprosa seinen künstlerischen Prinzipien treu ergeben, fragt Puschkin nicht und erklärt auch nicht, weshalb ein »Greis«, ein Vater, ein Aristokrat und Repräsentant eines Königshauses, sich so weit vergessen konnte, für seinen »vorgeblichen Bastard« den Kuppler zu spielen und unehrenhafte Ränke zu schmieden. Er begnügt sich damit, Heeckeren bis aufs Blut zu demütigen, ihn auf wankenden Boden zu locken: Er fordert ihn auf, einen Skandal zu verhüten, droht, ihn zu vernichten, verrät ihm aber nicht, wie und wann er sein Vorhaben ausführen wird, gibt ihm lediglich zu verstehen, daß er den Brief jemandem zeigen könnte, daß er sich zum »eigenen Nutzen« eine Abschrift zurückbehalten hat. Und uns beschert er eine Intrige aus dem 17. Jahrhundert, die durchaus eines Laclos würdig wäre: Seiten, die man den *Liaisons dangereuses* beifügen könnte, Seiten, bei denen man sich Herrn von Tourvel vorstellt, dem es gelingt, die Ränke der Marquise de Merteuil zu vereiteln, indem er ihre Schläue und Bosheit noch übertrifft.

Als Puschkin den ersten Entwurf seines Briefes an den holländischen Gesandten überarbeitete, strich er weitere Zeilen durch: »Vielleicht wünschen Sie zu wissen, weshalb ich bislang davon absah, Sie vor unserem und Ihrem Hofe zu entehren. Ich will es Ihnen sofort sagen.« Dieser Satz war sinnlos geworden, weil er am 21. November seine Drohung wahr machte: Er schrieb an Graf Benckendorff.

Puschkin an Benckendorff, 21. November 1836:
»Herr Graf, ich habe das Recht und erachte es überdies als meine Pflicht, Eure Exzellenz wissen zu lassen, was sich unlängst in meiner Familie zugetragen hat. Am Morgen des 4. November erhielt ich drei Exemplare eines anonymen Schreibens, das meine Ehre und die meiner Frau aufs schimpflichste beschmutzte. Am Briefpapier, am Stil des Schreibens und an der Art, wie es verfaßt war, erkannte ich auf den ersten Blick, daß es von der Hand eines Ausländers geschrieben sein mußte, eines Mannes aus den obersten Rängen der Gesellschaft, eines Diplomaten. Ich stellte also Nachforschungen an. So erfuhr ich, daß an jenem Tag sieben oder acht Personen einen Brief gleichen Inhalts erhalten hatten, welcher versiegelt und mit meiner Adresse versehen in einem zweiten Umschlag steckte, der ihre Namen aufwies. Der Großteil derer, die ein solches Schreiben erhalten hatten, händigte es mir nicht aus, da sie einen bösen Scherz argwöhnten.

Die allgemeine Reaktion war Entrüstung ob einer derart niederträchtigen und willkürlichen Beleidigung; doch obschon man immer wieder betonte, das Benehmen meiner Frau sei untadelig gewesen, räumte man dennoch ein, daß der Vorwand für diese Infamie die Beharrlichkeit gewesen sein mußte, mit der Herr d'Anthès ihr den Hof gemacht hatte.

Es wollte mir ganz und gar nicht gefallen, den Namen meiner Frau in Verbindung mit einem beliebigen Menschen zu wissen. Dies ließ ich Herrn d'Anthès sagen. Baron Heeckeren suchte mich auf und nahm an Herrn d'Anthès' Statt meine Duellforderung entgegen, bat mich aber um einen zweiwöchigen Aufschub.

Währenddessen hatte jedoch Herr d'Anthès Zuneigung zu meiner Schwägerin, Fräulein Gontscharowa, gefaßt und wünschte sie zu ehelichen. Als mir dies mittels Gerüchten zu Ohren kam, ließ ich Herrn d'Archiac (d'Anthès' Sekundant) bitten, man möge meine Forderung als nicht erfolgt betrachten. In der Zwischenzeit hatte ich mich vergewissert, daß der anonyme Brief von Herrn Heeckeren geschrieben worden war, was ich für meine Pflicht erachte, der Regierung und der Gesellschaft mitzuteilen.

Da ich als einziger die Verantwortung trage für meine Ehre und die meiner Frau und ich daher weder Gerechtigkeit noch Rache fordere, kann und will ich nicht irgendeinem beliebigen Menschen die Beweise für meine Behauptung enthüllen.

Auf jeden Fall hoffe ich, Herr Graf, daß Sie diesen Brief als ein Zeichen betrachten für die Achtung und das Vertrauen, die ich Ihrer Person entgegenbringe. Hochachtungsvoll ...«

Es stand außer Frage, daß auf den an Heeckeren adressierten Brief (er las ihn Sollogub vor, um sich seiner Sekundantendienste zu versichern) ein Duell folgen würde, auch wenn Puschkins Haß mittlerweile nicht einmal mehr ein Duell Genüge tun konnte. Doch er begriff, daß das Schreiben an Benckendorff einen Zweikampf verhindern würde: Die Gendarmerie würde sich einmischen, der Zar höchstpersönlich, und die bereits zahlreichen Feinde, nicht ahnend, was in den vorangegangenen zwei Wochen geschehen war, würden ihren Spott treiben mit dem Dichter, welcher Anklageschriften an die Dritte Sektion entsandte, statt seine schmutzige Wäsche innerhalb seiner vier Wände oder, besser noch, an einem abgelegenen Ort außerhalb Petersburgs zu waschen. Auch dies, nebst Umständen und Geschehnissen, die allesamt noch erzählt sein wollen, mußte ihn aufhalten, ihm nahelegen, die beiden Briefe nicht fortzuschikken. Doch er zerstörte sie nicht. Er verwahrte sie an einem sicheren Ort, denn sie konnten ihm womöglich noch einmal von Nutzen sein.

Am 2. Februar schreibt Wjazemskij an Alexandra Osipowna Smirnowa: »Ja, es war ohne Zweifel die Gesellschaft, die ihn tötete. Die infamen Briefe, das gemeine Gerede, das ihm von allen Seiten entgegenschlug, sein hitzköpfiges, verschlossenes Wesen waren wieder einmal Grund für die Katastrophe. Er beriet sich mit niemandem, und ich weiß wirklich nicht, welch eine fatale Macht ihn dazu trieb, stets den falschen Weg zu wählen.« Doch bereits nach ein paar Tagen scheint sich auf bedeutungsvolle Weise der Ton der Briefe zu verändern, die er an Freunde und Bekannte schickt, um die malerischen Deutungen zum Schweigen zu bringen, die von der Tragödie gegeben werden, und um deren genauere Version – auch sie bereits beschönigend – den Zeitgenossen und der Nachwelt zu übermitteln. Verruchte Ränke, die noch im dunkeln lägen, so schreibt Wjazemskij am 9. Februar, seien gegen Puschkin und seine Frau geschmiedet worden. Vielleicht werde die Zeit sie enthüllen. Und am 10. Februar: »Je mehr man sich klar wird über diesen Verlust, je näher man die Umstände kennt, die seither im verborgenen lagen, desto mehr blutet einem das Herz. Teuflische Pläne, teuflische Machenschaften wurden ausgeheckt, um Puschkin und seiner Frau zu schaden. Man weiß nicht, ob die Zeit sie allesamt enthüllen wird, doch was wir wissen, ist bereits genug. Das häusliche Glück und die Übereinstimmung der Eheleute wurden von den verderbtesten und niederträchtigsten Umtrieben zweier Menschen zerstört, die zu allem bereit waren, um die Puschkina zu entehren.« Und am 16. Februar: »Puschkin und seine Frau gerieten in eine infame Falle.« In der zweiten Februarwoche 1837, so vermuten wir, kam den Vertrauten des Dichters etwas zu Ohren, das ihr Mitgefühl für »das unglückliche Opfer der eigenen Leidenschaft und unseliger Umstände« in einen bitteren, unbezähmbaren Haß gegen d'Anthès und Heeckeren verwandelte – etwas sehr Ernstes, was sie für alle Zeit geheimzuhalten beschlossen.

Mit den Worten von Alexandra Arapowa – und ihrem unverwechselbaren Stil, den Ergänzungen, Beschönigungen und Irrtümern ihrer sprühenden Phantasie: »Die Ankunft jener berüchtigten Diplome war der erste Giftpfeil, der Puschkin zwang, sich mit dem allzu glühenden Verehrer seiner Frau zu beschäftigen ... Er begann, ihr Leichtfertigkeit und Koketterie vorzuwerfen, verbot ihr, d'Anthès zu empfangen, riet ihr, in Gesellschaft jedes Gespräch mit ihm zu vermeiden und seine kühnen Hoffnungen durch kühle Standfestigkeit zu zerschlagen. Fügsam wie immer, beugte sich Natalja Nikolajewna den Wünschen ihres Gatten, aber d'Anthès war ein Mann, der sich nicht so leicht entmutigen ließ. Und an dieser Stelle im Drama tritt eine Figur auf die Bühne, deren zweideutige Rolle wirklich unerklärlich ist! Es handelt sich um den holländischen Gesandten höchstpersönlich. In der Gesellschaft deutet man die hündische Zuneigung für seinen Adoptivsohn auf recht häßliche Weise, doch das hindert ihn nicht daran, alles zu tun, um den jungen Offizier und die Puschkina einander näherzubringen, indem er letztere auf jede nur erdenkliche Weise auf Abwege zu führen trachtet. Als Natalja sich endlich durchgerungen hat, jede Begegnung, jedes Gespräch mit d'Anthès zu meiden, lauert Heeckeren ihr überall auf, folgt ihr nach wie ein Schatten, findet so manche Gelegenheit, ihr zuzuraunen, wie heftig sein Sohn in Liebe zu ihr brenne, daß er gar imstande wäre, sich in einem Anfall von Verzweiflung das Leben zu nehmen. Und so malte er das Bild seines Leidens in den düstersten Farben und empörte sich über ihre grausame Gleichgültigkeit. Auf einem Ball der Assemblée, in der Meinung, der Boden sei nun ausreichend bereitet, ging er daran, ihr eindringlich eine Flucht ins Ausland vorzuschlagen, unter seinem diplomatischen Schutz. Der Plan war bis ins Detail ausgeklügelt und beschrieb ihr die Zukunft so rosig wie nur irgend möglich, und um den Widerstand ihres Gewissens zu brechen, erinnerte er sie an die wiederholten, jedermann bekannten Treulosigkeiten ihres Gatten, die ihr doch die Freiheit böten, Rache zu nehmen. Natalja Nikolajewna ließ ihn ausreden und antwortete dann, ihre strahlenden Augen zu ihm emporrichtend: ›Angenommen, mein Mann habe sich mir gegenüber tatsächlich des Unrechts schuldig gemacht, dessen Sie ihn bezichtigen, angenommen, seine Verirrungen seien dergestalt, mich im Rausche einer Leidenschaft – die zumindest auf meiner Seite nicht besteht – meine Pflichten ihm gegenüber vergessen zu lassen, verlieren Sie doch einen wesentlichen Punkt aus den Augen: Ich bin Mutter. Würde ich meine vier Kinder, alle noch in zartem Alter, einer schuldhaften Liebe wegen verlassen, dann wäre ich doch in meinen eigenen Augen das niederträchtigste Geschöpf auf Erden. Weiter habe ich Ihnen nichts zu sagen, also wünsche ich, daß Sie mich künftig nicht mehr behelligen ...‹ Es besteht Grund zu der Annahme, daß ihre Beteuerungen den Baron nicht befriedigten und daß dieser weiterhin das Geschehen auf unselige Weise zu lenken versuchte ...«

Puschkins Informationsquelle – und Ursache für seinen Zorn, seine Beschuldigungen – mußte Natalja Nikolajewna gewesen sein; von Wjazemskij wissen wir, daß die Dame nach Ankunft der Diplome ihrem Gatten alles gestand, sowohl ihre eigene Schuld und das Gebaren des jungen Mannes ihr gegenüber als auch die Versuche des »alten Heeckeren, sie ins Verderben zu locken«. Die Quelle unserer Informationen und Fragen war bis heute die spärliche Handvoll Fakten, die uns ein paar Zeugen hinterließen. Danzas erinnert sich, daß nach der Sommerfrische auf den Inseln und nach der neuen, unaufhaltsamen Woge von Klatsch und Gerede Puschkin »aufhörte, d'Anthès bei sich zu empfangen«. Aber laut Aussage von Dolly Ficquelmont »beging er den großen Fehler, seine Frau allein ausgehen zu lassen« –

und so sah Natalie d'Anthès weiterhin auf Empfängen, im
Theater, bei Freunden, »und sie konnte die Bekundigungen seiner glühenden Liebe weder abweisen noch unterbinden ... Sie
schien unter seinen Blicken zu erbleichen und zu zittern und
hatte deutlich jede Fähigkeit verloren, diesem Manne Einhalt
zu gebieten, der fest entschlossen schien, sie zum Äußersten zu
treiben ...« Fürstin Wjazemskij war die einzige, die versuchte,
Natalja zu warnen, indem sie offen zu ihr sprach, wie zu einer
Tochter: Sie sei doch kein kleines Mädchen mehr, sie müsse
doch begreifen, welche Folgen ihr Benehmen haben könne.
Schließlich erwiderte Natalie: »Mit ihm amüsiere ich mich. Er
gefällt mir, das ist alles. Es wird sein, wie es nun schon seit zwei
Jahren ist.« Fast die gleichen Worte – »*Il m'amuse, mais voilà
tout*« – schrieb Marija Barjatinskaja über Georges d'Anthès. Ihr
verdanken wir auch die Information über eine äußerst interessante Unterhaltung, die gegen Mitte Oktober 1836 in einem
Petersburger Salon stattfand. Frau Petrowo-Solowowo war dort
einem Verwandten der Fürstin Barjatinskaja begegnet und hatte
ihn gefragt: »Und, ist die Verlobung Ihrer Cousine unter Dach
und Fach?« – »Mit wem?« hatte jener erstaunt gefragt. »Nun,
mit d'Anthès!« hatte die Dame geantwortet, als seien die Hei-
ratsabsichten des Franzosen allgemein bekannt; dann hatte sie
Partei ergriffen für den *chevalier garde*, der behauptet hatte, in
tiefste Verzweiflung zu verfallen, sollte man ihm die Hand der
Barjatinskaja verweigern. Diese Unterhaltung kam dem Mädchen zu Ohren, und es schrieb gekränkt in sein Tagebuch:
»*Maman* hat von Trubezkoj erfahren, daß d'Anthès von Frau
Puschkina abgewiesen wurde. Vielleicht will er deshalb heiraten
– *aus Trotz!* ... Das werde ich ihm heimzahlen, sollte er es wagen, mir einen Antrag zu machen.«

Eine letzte Sache wissen wir über die Monate oder nur Tage, die
dem 4. November vorausgingen – aber vorher müssen wir eine
neue Figur ins Spiel bringen: Idalija Poletika, die außereheliche
Tochter des Grafen Grigorij Alexandrowitsch Stroganow, jenes
russischen *grand seigneur*, dessen erotische Heldentaten sogar

in Byrons *Don Juan* ein Echo hinterließen. Als er zu Beginn des 19. Jahrhunderts Gesandter in Spanien war, raubte Stroganow die wunderschöne Juliana da Ega ihrem rechtmäßig Angetrauten und entführte sie, zusammen mit Idalie, ihrem gemeinsamen Töchterchen, nach Rußland. Als Cousine der Gontscharow-Schwestern von seiten der Stroganows gehörte die bezaubernde Idalie zum Hause der Puschkins; der Dichter schrieb voll Zuneigung von ihr in den Briefen an seine Frau, und einmal tadelte er Natalja Nikolajewna: Sie solle »in seiner Abwesenheit lieber Idalie aufsuchen«, statt entfernte Verwandte männlichen Geschlechts zu empfangen. Offensichtlich vertraute er der Poletika. Zu Unrecht. Da sie mit Alexander Michailowitsch Poletika verheiratet war, einem Gardeoberst und unmittelbaren Vorgesetzten von d'Anthès, war Idalie sehr gut befreundet mit dem französischen Offizier und erwies ihm zumindest einmal einen Gefallen recht delikater Natur, der vielleicht entscheidend ist für die Geschehnisse, die zu rekonstruieren wir uns bemühen. »Auf d'Anthès' eindringliche Bitte lud Frau NN die Puschkina zu sich nach Hause ein und ging dann aus. Die Puschkina erzählte anschließend Fürstin Wjazemskaja und deren Mann, d'Anthès habe, kaum daß sie mit ihm allein geblieben war, eine Pistole gezogen und gedroht, sich zu erschießen, wenn sie sich ihm nicht hingeben würde. Die Puschkina wußte nicht mehr ein noch aus, wollte sich seiner Zudringlichkeit erwehren und begann händeringend mit lauter Stimme zu reden. Zum Glück trat das ahnungslose Töchterchen der Hausherrin ins Zimmer, so daß die Dame bei ihr Zuflucht finden konnte.« Das Zeugnis der Wjazemskijs war noch nicht veröffentlicht worden und konnte somit auch keinen Einfluß gehabt haben auf Baron Gustav Vogel von Friesenhof, den Ehemann von Alexandrina Gontscharowa, als er 1887 der Arapowa den Zeitraum beschrieb, der dem Verlöbnis von Georges d'Anthès vorausging: »Er traf Ihre Mutter ausschließlich in Gesellschaft, die beiden hatten weder Verabredungen, noch schrieben sie einander Briefe, mit jeweils einer Ausnahme: Der alte Heeckeren sandte Ihrer Mutter ein Schreiben, in dem er sie zu überreden suchte,

ihren Ehemann zu verlassen und statt dessen seinen Adoptivsohn zu heiraten.[1] Alexandrina erinnert sich, daß Ihre Mutter
ihm ein klares Nein zur Antwort gab, weiß allerdings nicht
mehr, ob sie das mündlich oder schriftlich tat. Was die Verabredung anbelangte, so erhielt Ihre Mutter einmal von Frau Poletika eine Einladung in deren Haus, und als sie dort ankam, traf
sie anstelle der Freundin d'Anthès dort an; er warf sich vor ihr
auf die Knie und bat sie flehentlich um dieselbe Sache, derenthalben ihr sein Adoptivvater bereits geschrieben hatte. Ihre
Mutter sagte meiner Frau, diese Begegnung habe nur wenige
Minuten gedauert, weil sie ihn abgewiesen habe und dann sofort gegangen sei.«

Sogar in der Erzählung ihres Gatten schenkt Natalja Nikolajewna der »obszönen Alten« Gehör, die ihr an allen Ecken
auflauert, um von d'Anthès' Liebesschmerz zu sprechen. Sogar
in der Version der Tochter, eindeutig beschönigend und roman-
tisierend, ist Natalja Nikolajewna zu einer vertraulichen Aussprache bereit mit dem grausamen Schatten, der ihr auf Schritt
und Tritt folgt. Warum schickte sie ihn nicht sofort zum Teufel,
wo er hingehörte, warum unterband sie nicht mit nüchterner
Entschiedenheit diese peinlichen, quälenden Gespräche, informierte sie nicht umgehend ihren Mann? Und warum – wann,
wo, wie – versuchte Heeckeren, Puschkins Frau »auf gefähr-
liche Abwege zu locken?« An Nesselrode schrieb der Botschafter
am 13. Februar 1837: »Ich soll meinen Sohn dazu ermutigt haben, Frau Puschkina den Hof zu machen. Ich wende mich in

---

1 Wir bezweifeln, daß der Botschafter derlei kompromittierendes Beweis-
material hinterlassen hätte, und glauben statt dessen, daß d'Anthès selbst
Natalja diesen verzweifelten Antrag machte (in dem er ihr vorschlug zu
fliehen, denn in Rußland waren Scheidungen selten und nur äußerst
schwierig durchzusetzen; außerdem hätte der verlassene Ehemann nicht
einfach tatenlos zugesehen), wenn auch mit der Unterstützung – zumindest
was Grammatik und Syntax anbelangte – seines Adoptivvaters. Selbst
Puschkin warf Heeckeren vor, wie bereits erwähnt, daß er seinem Sohn die
Briefe »diktiert« habe, die jener an Natalie schrieb.

dieser Angelegenheit an Sie persönlich. Man möge die Frau unter Eid aussagen lassen, dann wird man sehen, wie schnell dieser Anklagepunkt fällt. Von ihr wird man erfahren, daß ich ihr mehrmals sagte, sie solle sich des Abgrunds bewußt werden, in den sie hinabzustürzen drohte. Wenn nicht Selbstsucht sie daran hindert, wird sie gestehen, daß mich meine Unverblümtheit ihr gegenüber Worte benutzen ließ, die sie kränken, ihr aber zugleich die Augen öffnen mußten: Zumindest hoffte ich das. Wenn ich das Geständnis der Frau Puschkina nicht erhalten kann, verlange ich die Zeugenaussage zweier Damen aus der ersten Gesellschaft, denen ich meine Nöte anzuvertrauen pflegte und all meine Bemühungen schilderte, das unselige Band zu lösen.« Vor unseren verwirrten Augen spielen sich zwei gegensätzliche Szenen ab: Ein perverser Erpresser treibt eine junge Frau in den Abgrund des Ehebruchs; ein weiser Berater hält eine junge Frau zurück, die gedankenlos am Rande jenes Abgrunds steht, ist sogar bereit, sie zu beleidigen, um sie vor dem tödlichen Sturz zu bewahren.

Paris, Frühsommer 1989, 152 Winter und 153 Frühjahre nach Puschkins Tod: Unter den Dokumenten von Georges d'Anthès' Nachkommen werden drei Briefe als »streng persönlich« klassifiziert. Zwei davon kennen wir bereits: den, welchen d'Anthès am 30. April 1836 an Heeckeren schrieb, und den, welchen wir auf den 6. November datiert haben. Als wir den dritten lesen, spüren wir einen Stich im Herzen.

D'Anthès an Heeckeren:
»Mein lieber Freund, ich wollte heute morgen mit Dir sprechen, aber ich hatte nicht die Zeit. Gestern verbrachte ich durch Zufall den Abend mit besagter Dame unter vier Augen bei Fürstin Wjazemskaja, und wenn ich unter vier Augen sage, dann soll das heißen, daß ich der einzige Mann dort war, wenigstens für eine Stunde, Du kannst Dir vorstellen, wie mir anfangs zumute war, endlich gab ich mir einen Stoß und spielte meine Rolle leidlich gut, war sogar recht fröhlich. Bis 11 Uhr ver-

mochte ich durchzuhalten, doch dann versagten meine Kräfte, und ich wurde von solch einer Schwäche erfaßt, daß ich gerade noch das Zimmer verlassen konnte, und als ich auf die Straße hinaustrat, brach ich in Tränen aus wie ein Idiot, was mir im übrigen große Erleichterung verschaffte, denn ich wäre beinahe geplatzt, und in meinem Zimmer befiel mich dann ein solches Fieber, daß ich die ganze Nacht kein Auge zutun konnte und litt wie ein Hund. Also habe ich beschlossen, mich mit der Bitte an Dich zu wenden, heute abend zu tun, was Du mir versprochen hast. Du mußt unbedingt mit ihr reden, damit ich endlich weiß, wie ich mich zu verhalten habe. Heute abend geht sie zu den Lerchenfelds, und wenn Du auf das Kartenspiel verzichtest, dann findest Du gewiß einen passenden Moment, um mit ihr zu sprechen.

Mein Plan ist der folgende: Ich glaube, Du mußt Dich ganz offen an sie wenden und sie fragen, wenn ihre Schwester es nicht hört, ob sie gestern zufällig bei den Wjazemskijs war, und wenn sie ja sagt, dann sage, Du hättest es bereits vermutet und sie könne Dir einen großen Gefallen erweisen; Du wirst ihr erzählen, wie es mir gestern erging, vor allem auf dem Heimweg, als wärest Du Zeuge von allem gewesen: daß mein Diener erschrak und Dich um zwei Uhr morgens weckte, daß Du mir viele Fragen stelltest, aber nichts aus mir herausbekamst[1] und daß Du überzeugt warst, ich hätte mit ihrem Mann gestritten, weswegen Du Dich nun an sie wendetest, um mein Unglück zu beenden (ihr Mann war nicht dabei gestern). Das wird ihr beweisen, daß ich Dir keine Auskunft gab über den gestrigen Abend, das ist nötig, weil sie glauben soll, daß ich Dir etwas verberge und daß Du sie nur fragst als ein Vater, der um seinen Sohn besorgt ist. Es wäre nicht schlecht, wenn Du durchschimmern ließest, daß Du der Ansicht seist, es bestünden zwischen ihr und mir weit

---

1 Am Rand, quer stehend: »Daß ich es Dir außerdem gar nicht zu sagen brauchte, weil Du Dir denken konntest, daß ich ihretwegen den Kopf verloren hatte, daß mein verändertes Wesen Dir Beweis genug war und daß es folglich auch ihr Mann bemerkt hatte.«

vertraulichere Bande als in Wirklichkeit, denn während sie versucht, Dich vom Gegenteil zu überzeugen, wirst Du eine Möglichkeit finden, ihr begreiflich zu machen, daß es derlei geben sollte, so wie sie sich mir gegenüber verhält. Übrigens liegt die Schwierigkeit nur im Anfang, und ich glaube, so wird es gehen, denn wie ich Dir bereits sagte, soll sie auf keinen Fall den Verdacht hegen, das Ganze könne mit mir abgesprochen sein, sie muß Deinen Schritt als völlig natürlich auffassen, weil Du um meine Gesundheit fürchtest und um meine Zukunft, und Du mußt sie gebieterisch fragen, welches Geheimnis sie hüte, vor allem mit mir. Dennoch ist es klüger, sie nicht sofort zu bitten, daß sie mich empfangen soll. Das kannst Du beim nächsten Mal tun, und paß auf, daß Du keine Wendungen benutzt, die im Brief[1] enthalten sein könnten. Ich flehe Dich noch einmal an, mein Lieber, mir zu helfen. Ich gebe mich ganz in Deine Hände, denn sollte das so weitergehen, ohne daß ich weiß, wohin es mich führt, dann werde ich verrückt. Du könntest ihr auch angst machen und ihr zu verstehen geben, daß (drei oder vier unleserliche Worte)[2].

Ich bitte um Entschuldigung wegen der Unordnung in diesem Schreiben, aber ich sage Dir, mir dreht sich der Kopf, er brennt wie Feuer, und ich fühle mich hundeelend. Trotzdem, wenn die Auskünfte Dir nicht genügen, sei so gut und komm in die Kaserne, bevor Du zu Lerchenfeld gehst. Du findest mich bei Béthencourt. Ich küsse Dich.«

---

1 Der, so nehmen wir an, in dem er sie bat, mit ihm außer Landes zu fliehen.

2 D'Anthès strich den ganzen Satz durch (wir lesen mit Mühe »*Tu pourrais*...), der wahrscheinlich gar keinen Schluß hatte: Er setzte die Feder an, verwischte dann die Tinte mit der Federspitze oder dem Kiel. Damit löschte er die letzten Worte so gründlich, daß nicht einmal die raffiniertesten Entschlüsselungsmethoden für alte Handschriften enthüllen konnten, auf welche Weise er Natalie zu erschrecken gedachte. Mit dramatischen Prognosen: »daß ich mich umbringen könnte«? Oder mit prosaischen Drohungen: »daß ich ihrem Mann sagen werde ...«? Auch die zweite Hypothese erscheint uns durchaus denkbar.

Der Brief von Georges d'Anthès konnte nicht vor Sommer 1836 geschrieben worden sein: Natalie sah ihn, wir wissen es bereits, nach mindestens drei Monaten häuslicher Zurückgezogenheit (die Trauer um die Schwiegermutter, die Geburt ihrer Tochter) wieder. Er wurde in Petersburg geschrieben, nachdem die Gesellschaft die Inseln verlassen hatte. Er konnte nicht vor den letzten Septembertagen entstanden sein (nach einem langen Aufenthalt in Nordenreij eröffnete Wera Fjodorowna Wjazemskaja ihren Salon erneut am 20. des Monats), wurde aber noch vor Puschkins Duellforderung verfaßt, an einem Tag, an dem d'Anthès zum Wachdienst eingeteilt war, da er ihn in der Schpalernaja-Straße schrieb, und nur die Verpflichtung, den Abend und die Nacht in der Kaserne zu verbringen, konnte den Gardeoffizier davon abhalten, zu Maximilian von Lerchenfeld zu eilen, dem Gesandten des Königreichs Bayern, wo er Natalja finden würde. Wahrscheinlich handelte es sich um den Tag, der dem 19. Oktober am nächsten war und an dem der Regimentsarzt ihn krank schrieb: Wir wissen, wie angeschlagen die Gesundheit des französischen Offiziers war, und in dem Schwächeanfall, dem brennenden Kopf, dem »Roßfieber« und all den Anzeichen eines verzehrenden Liebeskummers entdecken wir die Symptome eines erneuten Lungenleidens. Der Brief wurde, wie wir vermuten, am Nachmittag des 17. Oktober geschrieben: Am Abend zuvor, nachdem er schweißgebadet das Haus der Wjazemskijs verlassen hatte und auf der Straße innehalten mußte, um seiner Traurigkeit freien Lauf zu lassen, hatte d'Anthès wohl der eisige Wind erwischt, der plötzlich aus Nordwest blies und die Wasser der Newa steigen ließ.

Allmählich beginnen wir zu verstehen: Schon im Oktober 1836 mußte es zwischen d'Anthès und Puschkin zu einer klärenden Aussprache gekommen sein, vielleicht gar zu einem lautstarken Wortwechsel[1] – wahrscheinlich als der Dichter d'Anthès zu ver-

---

1 Nur in diesem Fall hätte Heeckeren Natalie weismachen können, daß er einen Streit zwischen ihrem Mann und seinem Sohn vermutet hatte.

stehen gab, er möge sich gefälligst fernhalten von seinem Haus. Auch zwischen d'Anthès und Natalie mußte etwas Dramatisches und Entscheidendes vorgefallen sein – wahrscheinlich die Abfuhr, die Alexander Trubezkoj vor Marija Barjatiskajas Mutter erwähnte. Und nun rührte schon Natalies Anblick d'Anthès zu Tränen, und er mußte sich unerhörte Mühe geben, sein spöttisches, heiteres Wesen beizubehalten. Demnach war die dreiste Fröhlichkeit eine Rolle, die er in Gesellschaft spielte – zumindest seit er sich in Puschkins Frau verliebt hatte. Und wir haben gelächelt, als er beschrieb, welch eine Qual es für ihn war, heiter und glücklich zu scheinen, während er »den Tod im Herzen trug«, und haben düstere Absichten hinter seinen beharrlichen Liebesbeteuerungen vermutet, haben gar an dieser Liebe gezweifelt. Man muß aber auch sagen, daß d'Anthès in jenen Tagen guten Grund hatte, beunruhigt und ängstlich zu sein, mit Mühe seine Nerven im Zaum zu halten, denn mit der ältesten der Gontscharow-Schwestern war er in einen entsetzlichen Schlamassel geraten.

Nun haben wir den Beweis: Es war also d'Anthès, der das Verhalten des Botschafters lenkte, dessen kupplerischen Hinterhalt plante, ihn beschwor, mit »besagter Dame« zu sprechen, um deren Gefühle und Absichten herauszufinden, sie mitleidig zu stimmen, ihren tapferen Widerstand zu brechen. »Welch ein Typ, dieser d'Anthès!« sagen wir wie Puschkin: Hat keinerlei Skrupel, den Mann, der ihn liebt, darum zu bitten, bei der Frau, von der er nicht lassen kann, Fürsprache einzulegen. Und dieser Mann hilft ihm tatsächlich und wird zum Vermittler einer glühenden Leidenschaft, die ihn beunruhigen, schmerzen und kränken muß. Er ist nicht selbstlos, ganz und gar nicht: Er begreift, daß der Junge nur dann seinen Seelenfrieden und seine Lebendigkeit wiederfindet – und damit erneut Zeit, Aufmerksamkeit und Zuneigung für ihn übrig hat –, wenn er die schöne Widerspenstige besitzen kann. Aber er handelt nicht nur aus Berechnung: Es ist ihm unerträglich, seinen »Sohn« an Leib und Seele krank zu sehen, in einem Zustand, der dem Wahnsinn nahekommt; er ist also zu allem bereit, auch dazu, die Puschkina an der Hand zum Bett des Kranken zu führen. Als er Natalja Nikolajewna trifft, flüstert er ihr mit Tränen in den Augen zu, daß d'Anthès dahinsiecht, aus Liebe zu ihr stirbt, im Delirium immer wieder ihren Namen flüstert, als letzte Gnade darum bittet, sie sehen zu dürfen. »Geben Sie mir meinen Sohn zurück!« beschwört Heeckeren sie, und seine Worte sind zweideutig, vielsagend: Tadel und Bitte, Qual und Verführung.

Wir stoßen einen Seufzer der Erleichterung aus: Puschkin war – zumindest bis Oktober 1836 – kein *cocu*. Natalja Nikolajewna hatte, wie Heeckeren an Nesselrode schrieb, »nie *gänzlich*[1] ihre Pflicht vergessen«, konnte sich einer »grundsätzlichen Unschuld« rühmen. Doch gerade in diesem »grundsätzlich«, in diesem «nie gänzlich» lag ihre paradoxe Schuld, die Ursache für die Katastrophe. Sie hatte d'Anthès zurückgewiesen (zum zweiten Mal, soweit wir wissen, jetzt auch aus Eifersucht – auf ihre Schwester Katherine, auf Prinzessin Barjatinskaja), aber sie konnte und wollte das süße Spiel von Erbleichen, Erbeben, schmachtenden Blicken, schmeichelnden Worten, verstohlenen *billets doux* nicht beenden. »Es wäre nicht schlecht, wenn Du durchschimmern ließest, daß Du der Ansicht seist, es bestünden zwischen ihr und mir weit vertraulichere Bande als in Wirklichkeit ..., wirst Du eine Möglichkeit finden, ihr begreiflich zu machen, daß es derlei geben sollte; *so wie sie sich mir gegenüber verhält*.« Aus Liebe zu Georges d'Anthès, aus Angst vor ihrem Ehemann, wegen einer eigenartigen Auffassung von Tugend und nicht zuletzt wegen ihres unseligen Mangels an Verstand benahm sich Natalie wie eine *allumeuse*, eine aufreizende Kokette. Sie bot dem jungen Franzosen auch weiterhin Hering und Kaviar, war aber partout nicht bereit, seinen brennenden Durst zu stillen, den sie selbst verursacht hatte.

---

1 Die Kursivierung stammt von uns. Was war doch der Botschafter für eine Schlange!

250

Wir möchten jetzt gern den Vorhang vor einem Schauspiel schließen, bei dem Gott Amor – in jeder Gestalt, Bedeutung, Ausnahme – nur Übles säte. Aber das können wir nicht. Das Verhängnis nimmt schon seinen Lauf. Wir möchten auch gern ein für allemal die Tür des Tribunals verriegeln, vor dem das exzentrische Trio – der kleine, feurige Offizier, die unbesonnene Schöne, der zweideutige Botschafter – erscheinen muß, bis zu dem traurigen Tag, an dem Puschkin sein Leben ließ. Doch zumindest eine der Beschuldigungen, die noch immer über Baron Heeckerens Haupt schweben, verpflichtet uns zu weiteren Nachforschungen.

Wjazemskij an Großherzog Michail Pawlowitsch, Petersburg, 14. Februar 1837:
»... Als Puschkin die anonymen Briefe erhielt, verdächtigte er sofort Heeckeren als deren Verfasser, und diese Überzeugung nahm er mit ins Grab. Wir vermochten nicht herauszufinden, worauf sein Verdacht begründet war, den wir bis zu seinem Tod für unzulässig hielten. Ein willkürlicher Zufall verlieh ihm dann einen gewissen Grad an Wahrscheinlichkeit. Doch da es weder Indizien noch konkrete Beweise gibt, muß man das Urteil Gott anheimstellen und nicht dem Menschen ...«

Welche Absicht könnte Heeckeren verfolgt haben? Viele vor uns haben sich bereits diese Frage gestellt. Anna Achmatowa fand folgende Antwort: »Da er wünschte, d'Anthès von Natalja Nikolajewna zu trennen, war er überzeugt, daß ›le mari d'une jalousie révoltante‹ seine Frau unverzüglich aus Petersburg fortbringen, sie zu seiner Mutter aufs Land schicken würde (wie 1834) – oder an einen anderen Ort –, wenn er einen Brief dieser Art erhielte, und alles wäre friedlich ausgegangen. Deshalb wurden die Diplome nicht an Puschkins Feinde, sondern an seine *Freunde* gesandt, weil diese den Dichter mit ihren gutgemeinten Ratschlägen offensichtlich nicht zur Vernunft bringen konnten. Wir sind verblüfft: Der schlaue Botschafter hätte sich doch gewiß eine weniger komplizierte Strategie ausdenken können, um d'Anthès von Natalja Nikolajewna zu trennen. Er, dieser »mit allen Wassern gewaschene Stratege«, mußte doch geahnt haben, daß Puschkin, sobald er von mehreren Seiten seinen Hahnreiorden erhielt, auch wenn der Name d'Anthès nicht darin vorkam, seinen Zorn an dem Gardeoffizier auslassen würde. Eifersucht? – Heeckeren scheint uns nicht der Mann, der aus Leidenschaft oder Rachsucht agiert, und sei sie noch so heftig. Und vor allem: Würde er nicht seine Ehre aufs Spiel setzen, seine Karriere, seine ganze Existenz (und die seines Adoptivsohns), wenn er sich durch das Briefpapier, durch den Stil, durch eine bestimmte »Art« verriet? Oder wenn er sich auf das Stillschweigen von zumindest einem weiteren Menschen verließ? Denn selbst diejenigen, die ihn für schuldig halten, müssen zugeben, daß er nicht allein handeln konnte, daß er die Hilfe eines russischen Komplizen in Anspruch nehmen mußte, der seinen schändlichen Plan ausführte.

Heeckeren selbst rechtfertigte sich und d'Anthès[1], indem er nach dem »*Cui prodest?*« fragte. Er schrieb an Nesselrode:

»... Man hat meinen Namen mit infamen, anonymen Briefen in Verbindung gebracht! Wem konnte diese Waffe von Nutzen sein, die eines gemeinen Mörders, eines giftspritzenden Individuums würdig ist? Meinem Sohn? Herrn Puschkin, dessen Frau? Ich erröte, wenn ich mir diese Frage stelle. Und diese Andeutungen, absurd, aber deshalb nicht minder infam, wen wollten sie sonst noch treffen? Einen jungen Mann, über dem nun die Gefahr einer schweren Bestrafung schwebt und über den nicht zu sprechen ich mir auferlegt habe, weil sein Schicksal von der Gnade unseres Herrschers abhängt. Hätte also mein

---

1 Auch d'Anthès wurde nach dem Tod des Dichters von vielen verdächtigt. Was Puschkin betraf, so war er sich nicht ganz sicher über die Rolle, die der Franzose gespielt hatte. Im zweiten Entwurf des Briefes an Heeckeren zögerte er zwischen »Schurke« und »Schurken«, zwischen Singular und Plural; im Entwurf des Briefes an Benckendorff schrieb er: »Ich wußte mit Bestimmtheit, daß der anonyme Brief von den Herren Heeckeren stammte«, und entschied sich erst später für »Herrn Heeckeren«.

Sohn der Verfasser dieser anonymen Briefe sein können? Ich wiederhole es noch einmal: zu welchem Zweck? Um Erfolg zu haben bei Madame Pouchkine, indem er ihr keine andere Wahl ließ, als sich, verloren in den Augen der Welt und verstoßen von ihrem Ehemann, in seine Arme zu stürzen?« Jawohl, genau zu diesem Zweck, denken viele: Ein Fauxpas hatte endlich die schmutzigen Ziele der beiden Übeltäter verraten. Sie vergessen jedoch, daß Heeckeren in fünfzehn Jahren diplomatischer Schlachterfahrung gelernt hatte, keine besonderen Gefühle durchscheinen zu lassen, wenn er an Könige, Minister und Staatsmänner schrieb.

In unserem Jahrhundert wurde in den Geheimarchiven der Dritten Sektion ein Dokument gefunden, das den holländischen Gesandten ein für allemal entlastet. Hier schrieb Heeckeren an d'Anthès: »Wenn du damit den anonymen Brief meinst, dann sage ich Dir, daß er mit wenig rotem Wachs schlecht versiegelt war; ein recht eigenartiges Siegel, wenn ich mich recht erinnere, ein ›A‹ in der Mitte, umgeben von vielen Zeichen; ich konnte die Zeichen nicht genau erkennen, weil das Siegel, wie gesagt, nicht sehr deutlich war, doch mir dünkt, als hätte ich Fahnen gesehen, Kanonen usw., aber sicher bin ich nicht. Ich glaube mich zu entsinnen, daß sie mehrere Seiten hatten, doch auch dessen bin ich mir nicht mehr sicher. Sei in Gottes Namen vorsichtig und zögere nicht, was diese Einzelheiten anbelangt, Dich auf mich zu berufen, denn Graf Nesselrode zeigte mir besagten Brief, der auf ein Blatt Papier geschrieben war, das in etwa die Größe dieses Schreibens hier besaß. Madame Nesselrode und Gräfin Sophie Benckendorff lassen Dich herzlich grüßen, sie bezeigen uns die lebhafteste Anteilnahme. Könnte die Wahrheit doch endlich ans Licht kommen, das wäre mein sehnlichster Wunsch; der Deine mit Herz und Seele ... Warum fragst Du mich eigentlich nach all diesen Einzelheiten? Gute Nacht, schlaf ruhig.« Von den unseligen Diplomen kannte Heeckeren demnach nur das Exemplar, das ihm Graf Nesselrode gezeigt hatte. Und dennoch gibt es Zweifler: Der Botschafter habe dieses Schreiben in einer für ihn äußerst schwierigen Zeit verfaßt, als Puschkin bereits tot war, um damit seine Unschuld zu beweisen. Wieder einmal sind wir perplex: Sollte dieser alte Fuchs wahrhaftig keine stichhaltigeren Beweise für seine Unschuld gefunden haben, als in diesem eiligen, ein wenig zusammenhanglosen Billett in gut leserlichen Buchstaben den Namen Nesselrode zu nennen, den einzigen und letzten Verteidiger, den er auf russischem Boden hatte? Wir glauben es nicht, doch auf manche Fragen finden auch wir keine Antwort. Wann wurde das Billett geschrieben? Während d'Anthès unter Arrest stand und seine Verteidigung vorbereitete, wie uns der Satz »Zögere nicht, Dich auf mich zu berufen« denken lassen könnte? Es ist aber höchst unwahrscheinlich, daß d'Anthès im Februar 1837 noch Informationen brauchen könnte über das Siegel der Diplome: Er kannte zumindest »das Exemplar des beleidigenden Briefes«, das Sollogub am 17. November in Olivier d'Archiacs Händen gesehen hatte. Heeckerens kurzes Schreiben müßte somit auf die erste Novemberhälfte 1836 zurückdatiert werden, als zwischen der Kaserne in der Schpalernaja-Straße und dem Newskij Prospekt ein fieberhafter Austausch von Briefen und Botschaften stattfand. Aber warum war Nesselrode bereits damals im Besitz eines Diploms? Erhielt auch er am Morgen des 4. November eine Abschrift? Oder hatte ihm ein Freund, ein Bekannter Puschkins eine gebracht? Wer, weshalb? Wir werden es niemals erfahren. Aber nichts hindert uns daran, uns vorzustellen, daß viele Jahre später ein Beamter der Dritten Sektion, als er die Archive ordnete, das Schreiben des Botschafters wiederfand und daß aus dem Satz »Nesselrode zeigte mir den Brief«, voreilig und ohne unser heutiges Wissen interpretiert, jenes »*C'est Nesselrode*« von Alexander II. geboren wurde.

Im Entwurf des Briefes von Puschkin an Benckendorff bleibt ein Satzfetzen isoliert: »*... à cacheter ...*« – eine deutliche Anspielung auf das Siegel, mit dem die Diplome verschlossen wurden und das Puschkin neben den Indizien, die Papier, Stil und »Art« ihm lieferten, auf Heeckerens Spur brachte. Danzas erinnerte sich daran, daß Puschkin Heeckeren »wegen der Ähnlichkeit der Handschrift« verdächtigte. Da keines der von Puschkin gegen den holländischen Gesandten aufgeführten Argumente standhält vor den beiden Blättern, die wir heute kennen, ist man auf den Gedanken gekommen, daß ein oder mehrere Diplome auf anderes Papier geschrieben waren, mit anderer Schrift usw. »Das Papier und das Siegel«, argumentierte Anna Achmatowa, »konnten während der Geständnisse von Natalja Nikolajewna wieder aufgetaucht sein, wenn zum Beispiel ein paar Billetts von d'Anthès mit diesem Siegel verschlossen worden waren. Nicht aus Zufall beschreibt Heeckeren d'Anthès das Siegel in seinem »betrügerischen Brief«. Was kümmert einen unschuldigen Mann, welches Format das Papier hatte, auf dem ein Spottbrief geschrieben war, und was auf dem Siegel dargestellt war?« Es erlangt Bedeutung, und zwar große Bedeutung, wenn dieser Mann aufgrund des Scherzes zum Duell gefordert wird. In der Kaserne eingesperrt und zur Untätigkeit verdammt, zerbrach d'Anthès sich weiterhin den Kopf über die Ursache seiner unseligen Lage und wollte von Heeckeren jede Einzelheit über die vermaledeiten Briefe erfahren. Nichts im Benehmen von Georges d'Anthès läßt darauf schließen, daß er Natalja Nikolajewna nun haßte[1], daß er sich rächen wollte für die mehrfachen Abfuhren, die er von ihr hatte hinnehmen müssen: die einzigen Gefühle, die ihn dazu bewogen haben konnten, sie und ihren

---

1 Die einzigen, weniger liebenswürdigen Worte gegen sie weiß Sollogub zu berichten: »*C'est une mijaurée.*« (Sie ist eingeschnappt), sagte er am Abend des 16. November über sie in der österreichischen Botschaft. Aber er sagte es, um die Gesellschaft auf seine Verlobung mit der »häßlichen Gontscharowa« vorzubereiten, als er der ganzen Welt grollte, weil er keine Gelegenheit hatte, sich mit Puschkin zu duellieren. Als – so stellen wir uns vor – Natalie erfuhr, daß die Aufmerksamkeiten des Gardeoffiziers für ihre Schwester Katherine nicht nur platonischer Art gewesen waren, gelang es ihr nicht, ihren Verdruß, ihre Entrüstung und Gekränktheit zu verbergen, und sie war die erste, die die Heirat forderte, als Akt der Wiedergutmachung. »Sie ist eingeschnappt«: Was auch immer d'Anthès zu diesen Worten bewogen haben mochte, so hatte er doch nicht ganz unrecht. Und er hatte sie ja auch *nach* dem 4. November geäußert.

Mann zu entehren. Wir wollen dennoch einräumen, daß ihre Neugierde durch die Schuld geweckt wurde: Sogar in dieser extremen und unwahrscheinlichen Hypothese erweist sich Heeckeren als unschuldig, er selbst getäuscht durch den »betrügerischen Brief«, mit dem d'Anthès ihn um Informationen bat über das Siegel, um den Verdacht seines Adoptivvaters von sich abzulenken. Was die Existenz anderer Diplome anbelangt, die tatsächlich die heimtückische Hand Heeckerens verraten haben sollen, so werden wir uns erinnern, daß Puschkin von »ein und demselben Brief« sprach und Danzas bestätigte, daß die anonymen Briefe »Wort für Wort denselben Inhalt« hatten. Waren »Stil« und »Art« der Briefe also identisch, müssen wir das auch von dem Papier annehmen, der Schrift, dem Siegel. Und vor allem: Was wir auch denken mögen von der Intelligenz Natalja Nikolajewnas, so ist es doch eigenartig, daß sie Dolgorukow und Gagarin als Urheber der unseligen Diplome entlastete. Diejenige, die am besten Bescheid wußte, war doch letztendlich sie. Weitaus besser, dessen sind wir uns gewiß, als ihr Gemahl.

Auch wir haben in einem idealen Gotha nachgeschlagen und unter den zahllosen russischen Anklägern Jacob van Heeckerens Anna Achmatowa ausgewählt, die begnadete Dichterin.

Vor dem Botschafter wollte sich Puschkin mit dem eigenen diplomatischen Geschick brüsten, ihm zeigen, daß er wußte, »was in den Häusern anderer vor sich ging«: »*Le 2 novembre Vous eûtes de Monsieur votre fils une nouvelle qui vous fit beaucoup de plaisir. Il vous dit ...ité, que ma femme craignait ... qu'elle en perdait la tête ...*« Statt Inhalt und Form der Diplome waren die Beweise zu Lasten Heeckerens die in jenen drei Zeilen angedeuteten Tatsachen, welche er nachträglich wieder gelöscht hatte – allerdings nicht gänzlich, so daß unsere Neugierde geweckt wurde. Der zweite Teil des Satzes kann mit einer ausreichenden Wahrscheinlichkeitsspanne rekonstruiert werden:

»*que ma femme craignait un scandale*[1] *au point qu'elle en perdait
la tête*« (»daß meine Frau so sehr einen Skandal befürchtete,
daß sie darob den Kopf verlor«). Problematischer ist der erste
Teil: »*Il vous dit* (es folgen zwanzig bis höchstens fünfundzwanzig fehlende Buchstaben) . . .*ité.*« Was mochte d'Anthès Heeckeren mitgeteilt haben, was letzterem so viel Vergnügen bereitete
und ihn anhielt, die Diplomoffensive gegen Puschkin zu starten? Wie viele französische Wörter enden auf »-*ité*«? Viele:
abstrakte weibliche Substantive wie *fatalité, possibilité, sincérité*
und so weiter; Partizipien wie *convoité, débité, profité* und so
weiter; konkrete Substantive wie *comité, cité* und noch einige
mehr. Wir können sofort sämtliche Wörter ausschließen, die sich
nicht mit der Puschkinschen Sprache und mit dem Kontext vereinbaren lassen – von *anfractuosité* bis zu *villosité*. Ein boshafter
Impuls treibt uns zu denen, die zu einer pikanten Situation passen: von einer *infidélité* zur *virginité* Katherine Gontscharowas
oder direkt zu ihrer vorehelichen *maternité*, die viele Leute hinter der unvorhergesehenen Verlobung argwöhnten – Wörter, die
wir aber auf keine Weise in den Zusammenhang des Textes einfügen können, Wörter, die Puschkin, dessen sind wir uns sicher,
niemals zu Papier gebracht hätte. Wir müssen auch darauf verzichten, nach Spuren weiterer Kränkungen gegen d'Anthès oder
Heeckeren zu suchen: *avidité, bestialité, immoralité, nullité, pusillanimité, stupidité, vulgarité*; es will uns weder gelingen, einen
Satz mit vollständigem Sinn zu bilden, noch können wir einen
Zusammenhang entdecken zwischen Puschkins x-tem Ausdruck der Verachtung, Heeckerens Freude und Natalies Angst.
Also lassen wir unsere Phantasie spielen: Natalie und d'Anthès
treffen sich, die Frau warnt ihn, ihr Mann habe einen anonymen
Brief erhalten[2] und sei außer sich vor Wut. Gott allein wisse, was
er im Schilde führe. Sie sterbe vor Angst . . . »*Il vous dit que*

---

1 Oder: *un éclat, une histoire.*
2 Weshalb nicht? Wenn für Puschkin Heeckerens Beschluß der »endgültige Schlag« war, konnte dem eine analoge Begebenheit vorausgegangen
sein. Viele sprachen von mehreren anonymen Briefen – ein regelrechter
»Briefehagel« –, die der Dichter kurz nacheinander erhalten haben soll.

j'étais très agité (oder *excité, irrité*)«: zu kurz. Und zu vage: Zur Betonung derlei zwingender Anschuldigungen sind, so meinen wir, konkrete Tatsachen vonnöten, ernste Tatsachen. Ein neuerlicher, noch heftigerer Wortwechsel zwischen Puschkin und d'Anthès zum Beispiel – aber alles, was uns Phantasie und Wörterbuch vorschlagen, ist unwahrscheinlich, ungenau, ganz und gar nicht Puschkins Art: »*Il vous dit que je l'avais maltraité ...*« (»er sagte Ihnen, ich hätte ihn schlecht behandelt ...«). Wir suchen besser in einer anderen Richtung weiter. »Wütend wegen Natalja Nikolajewnas Kälte ..., besaß d'Anthès die Kühnheit, sie aufzusuchen, aber der Zufall wollte es, daß er im Vorzimmer auf Puschkin stieß, der soeben nach Hause gekommen war ...« – sollen wir ausnahmsweise der Arapowa Glauben schenken? Wir wollen es versuchen: »*Il vous dit qu'il avait abusé de mon hospitalité ...*« ein wenig zu lang diesmal, außerdem bestand längst keine »Gastfreundschaft« mehr, die d'Anthès hätte »mißbrauchen« können, weil ihm solches seit geraumer Zeit verweigert worden war, auf sehr brüske Art, wie man sich denken kann. Kehren wir zu den Tatsachen zurück, deren wir uns sicher sind: das Treffen im Haus der Poletika. »*Il vous dit qu'il avait commis une énormité ...*« – aber konnte d'Anthès die Falle, die er Natalja Nikolajewna schließlich selbst gestellt hatte, als »*énormité*« bezeichnen, als eine gedankenlose Handlung, die jedes Maß überschritt? So hätte höchstens Puschkin über sein Benehmen geurteilt. Und Puschkin wiederum schrieb, als wäre er bei der Unterredung zwischen d'Anthès und Heeckeren dabeigewesen, als hätte er an jenem 2. November heimlich an einer Tür der holländischen Botschaft gehorcht. Wir werden unsere Jagd auf das Substantiv fortsetzen müssen, das sich auf unsere beharrliche *ténacité*[1] reimt. Als Otto von Bray-Steinburg seiner Mutter von d'Anthès' Heirat berichtete (er hatte die Neuigkeit von dem bayerischen Botschafter und von Heeckeren persönlich erfahren), schrieb er aus Paris: »Es heißt, der junge Mann mache Frau Puschkina den Hof und deren Gatte habe

---

1 Hartnäckigkeit

einen verdächtigen Brief abgefangen, der der Unverfänglichkeit halber an die unverheiratete Schwägerin adressiert gewesen sei. Aus derlei Verwicklungen sei dann diese Hochzeit zustande gekommen ...« Graf Frédéric Falloux, der im Sommer 1836 Rußland bereiste, gab in seinen *Mémoires d'un Royaliste* eine farbige Version der Fakten, die er einer »unwiderlegbaren Quelle« entnommen haben wollte: »Eines Morgens sah d'Anthès Puschkin in sein Zimmer treten ... ›Wie kommt es, Baron, daß ich bei mir zu Hause Briefe fand, die Sie geschrieben haben?‹ Er hatte ein paar Briefe bei sich, die tatsächlich Beteuerungen einer heftigen Leidenschaft enthielten. ›Sie haben keinerlei Grund, sich gekränkt zu fühlen‹, antwortete d'Anthès, ›Madame Puschkina hat sie nur an sich genommen, um sie ihrer Schwester zu übergeben, die ich heiraten möchte.‹ – ›Nun, wenn dem so ist, dann heiraten Sie.‹ – ›Meine Familie verweigert ihren Segen.‹ – ›Dann versuchen Sie, Ihre Familie umzustimmen.‹« Und wenn es doch nicht nur eine Lüge war, die d'Anthès erfand, um sein Gesicht zu wahren, oder die Ausgeburt entfesselter Salonphantastereien? In Puschkins Hände fällt ein leidenschaftlicher Brief, unterzeichnet mit »Georges de Heeckeren«, und der Dichter verlangt Klärung von seiner Frau. Von Panik erfaßt, behauptet Natalja Nikolajewna, die eigentliche Empfängerin der Liebesbotschaft sei ihre ältere Schwester; von Natalja vorgewarnt, bestätigt d'Anthès vor dem Ehemann diese Behauptung, als der sich mit einer gebieterischen Forderung nach Klärung der Verhältnisse bei ihm einfindet; die Konsequenzen seiner ritterlichen Lüge tragend, wird der Gardeoffizier Katherine Gontscharowas Bräutigam: »*Il vous dit qu'on l'avait fiancé d'autorité, que ma femme ...*« Über das Geschehen im Bilde, so denkt Puschkin, beschließt der Botschafter, einen Skandal zu entfachen, der diese unerfreuliche Hochzeit verhindern soll. In diesem Fall bereitet ihm allerdings die Neuigkeit, die er von d'Anthès erfährt, *keine* große Freude. Wir haben einen Zentimeter zur Verfügung und entdecken, daß wir mühelos eine Verneinung in die Lücke einfügen können (»*une nouvelle qui ne vous fit beaucoup de plaisir*«). Müde, nicht imstande fortzufahren, wollten wir diese letzte Rekonstruktion bereits absegnen – diese Konstruktion, fragil wie das Kartenhaus eines Kindes, diesen willentlichen Ausflug ins Unbekannte –, so als müßten wir das, was Alexander Karamzin seinem Bruder Andrej am 13. März 1837 schrieb, nicht miteinbeziehen: »D'Anthès litt damals an der Lunge und verlor sichtlich an Gewicht. Der alte Heeckeren sagte zu Frau Puschkina, sein Sohn müsse aus Liebe zu ihr sterben, und beschwor sie, ihn zu retten, oder er werde Rache nehmen an ihr; zwei Tage später waren die anonymen Briefe in Umlauf.« *Zwei Tage später* – noch einmal dieser schicksalhafte 2. November, aber mit einem völlig anderen Drehbuch: Der Botschafter sieht Natalja und droht ihr an, sich zu rächen, sollte sie sich seinem Sohn noch länger verweigern, Natalja gesteht d'Anthès, sie leide Todesängste, der wiederum erzählt seinem Adoptivvater, als er wieder nach Hause kommt, daß ... Hier sind wir gezwungen, innezuhalten: Denn der kleine weiße Zwischenraum, der auf »-*ité*« endet, scheint sich zu weigern, irgendeinen Hinweis auf eine Drohung aufzunehmen, weil es unwahrscheinlich ist, daß d'Anthès den Botschafter darüber informierte, was dieser selbst getan oder gesagt hatte. Doch angenommen, Puschkin bezog sich tatsächlich auf Heeckerens unbekannte Reden in diesen drei nun leider unwiderruflich stummen Zeilen, weshalb löschte er sie dann wieder? Sie kompromittierten Natalja Nikolajewna nicht, im Gegenteil, sie betonten doch nur die Schamlosigkeit ihres Verehrers. Und dennoch bäumt unsere Logik sich auf und scharrt (voller Ungeduld) mit den Hufen: Wenn der Sinn der drohenden Worte Heeckerens es zuließe, sie mit dem Verschicken der Diplome in Verbindung zu bringen (»Ich werde Sie vor der Welt entehren« zum Beispiel), hätte Heeckeren sich doch selbst verraten, den eigenen Namen unter die beleidigenden und nun mitnichten anonymen Briefe gesetzt. Auch konnte der Botschafter nicht blind auf Nataljas Schweigen vertrauen – immerhin hat sie ja auch geredet: Von wem sonst sollte die Nachricht stammen, die Karamzin mit so viel Gewißheit weitergab. Puschkin schrieb also von etwas anderem. Noch einmal: *absurdité, calamité,*

fatalité, gravité, hostilité, identité, malignité, opportunité, suscep-
tibilité, témérité ... Wir haben nicht den Verstand verloren:
Zwischen den gelöschten Zeilen wollen wir vor allem die Gefühle herauslesen, die den Dichter bei seinen Beschuldigungen
leiteten. Denn entweder hegte er lediglich einen Verdacht, dem
Wut und Groll die Konsistenz der Gewißheit verliehen, und er
rekonstruierte, was sich am 2. November in der Botschaft zugetragen hatte, indem er das Geständnis seiner Frau mit Hilfe
seiner Phantasie und Verachtung ausschmückte; oder er wußte
etwas, was nicht verraten werden durfte, nicht einmal den eng-
sten Freunden, etwas, das ihn zu gequälten Wortverdrehungen
zwang, zu Ausstreichungen und Korrekturen. Erneut zwei
gegensätzliche Visionen: ein Mann, der im Unrecht ist und An-
klage erhebt, ohne Beweise zu haben, gänzlich blind vor Verlangen, den Mann »in den Schmutz zu ziehen«, der versucht hat,
seine Frau vom rechten Weg abzubringen; ein Mann, der im
Recht ist, dem aber eine gewisse Sache Schweigen auferlegt,
eine andere Beleidigung, die zu groß ist, als daß man sie einge-
stehen könnte, in der die Beweise liegen für das, was er behauptet, die Beweise, die er nicht »jedem beliebigen Menschen«
enthüllen kann und will.

Und doch kann das alles kein Zufall sein.
Das Fehlen weniger Wörter in Puschkins Briefentwurf verwirrt uns, bindet uns die Hände, zwingt uns, unsere Ohnmacht
zuzugeben, macht uns stumm. Wir kennen den Ort, den Tag, die
Stunde seines letzten Duells, wir kennen den Sonnenstand am
Horizont, die Temperatur der Luft, die Richtung des Windes;
wir kennen die Ausmaße des Lochs, das die Kugel in den
schwarzen Frack schlug. Und dennoch müssen wir bei jedem
Schritt zugeben, nichts zu wissen.
Von einer dunklen Tribüne aus verfolgen wir fasziniert die
tausend Verkleidungen und Metamorphosen der Wahrheit, den
berühmtesten und beliebtesten *travesti* der menschlichen Komödie. Wir klatschen Beifall am Ende des Schauspiels und
unterstreichen damit den Abgrund, der uns von ihr trennt.

Mit seinem Tod lockt Puschkin uns an einen Ort, an dem unser Wissen und unsere Gewißheiten an Gültigkeit verlieren, verfallen wie Waren, die zu lange in baufälligen Regalen aufbewahrt wurden. Ein Ort, an dem das Zuvielwissen an die Finsternis grenzt. Ein Ort, an dem der Raum zwischen Ursache und Wirkung, den wir für unwichtig und tausendmal erforscht hielten, zur Wüste unergründlicher Hieroglyphen wird, trügerischer Schatten, unsicherer Präsenzen, Luftspiegelungen, Fallen.

Und wir lernen etwas über die Poesie. Das Geheimnis. Die letzten Wahrheiten.

Und vielleicht verbirgt sich die »*vérité*« tatsächlich hinter diesem Wortstumpf, der uns so sehr am Herzen liegt. Wir müßten also die geläufigste Rekonstruktion des Abschnitts akzeptieren: »Ich sagte Ihnen, daß ich die Wahrheit argwöhnte, daß meine Frau so sehr einen Skandal befürchtete, daß sie darüber schier den Verstand zu verlieren drohte.« Die Wahrheit: alles und nichts. Welche Wahrheit?

Nachdem wir den geduldigen, vertrauensvollen Leser an der Hand genommen haben, besitzen wir nicht den Mut, ihn mitten im Labyrinth stehenzulassen, dessen Ausgang wir nicht finden können. Wir schulden ihm zumindest eine Hypothese, eine Mutmaßung. Hier ist sie, gegründet auf winzig kleine Indizien und auf das, was uns seit geraumer Zeit aus der Muschel im Proszenium eine verhaltene, beharrliche Stimme zuraunt: Puschkin hatte keine Beweise, es war nicht Jacob van Heeckeren, der die Diplome schrieb oder in Auftrag gab. Zum letzten Mal lassen wir also – in aller Stille, überpudert vom Staub der Zeit – die Verdächtigen, die den Dichter moralisch töteten, vorüberziehen: den steifen, arroganten Bildungsminister, den mürrischen Metternich im Weiberrock, den Jesuiten mit dem seraphischen Aussehen, den hinkenden Spaßvogel. Müssen wir nur von diesen einen auswählen, nur auf einen von diesen einen anklagenden Finger richten, dann nehmen wir Pjotr Dolgorukow.

Eines Abends, Anfang November 1836, an einer Tafel, die die Spuren eines reichen Banketts und üppiger Zecherei aufwies, reichte jemand die Vordrucke beleidigender Diplome herum, an denen Wien sich lange Zeit ergötzt hatte: Diplome für Diebe, Geizkrägen, gehörnte Ehemänner, Lakaien. Das für die *cocus* zog sogleich die Aufmerksamkeit der Gäste auf sich, einer Schar junger Leute aus der feinen Gesellschaft Petersburgs, und in einer Atmosphäre trunkener, leichtsinniger Fröhlichkeit begann die ausgelassene Schar, Mitbürger aufzuzählen, auf deren Kosten sie sich amüsieren konnten. Aber die Liste war ellenlang (»in Petersburg«, sagte Puschkin einmal, »ist die Moral im Verfall begriffen, wird schon bald völlig zusammenbrechen«) und die Nacht nicht mehr jung: So mußte man die Ausführung des lustigen Plans verschieben. Am folgenden Morgen, zu Beginn des soundsovielten müßigen und leeren Tages, dachte Pjotr Dolgorukow wieder an die Gespräche des Vorabends. Warum hatte eigentlich niemand an Puschkin gedacht? Wie ging doch gleich dessen Geschichte? Seine Frau betrog ihn mit d'Anthès, er wiederum betrog seine Frau mit deren Schwester Alexandrine, d'Anthès betrog Heeckeren mit Natalja Nikolajewna und Natalja Nikolajewna mit deren Schwester Katherine. Der hochmütige, aufgeblasene Dichter, sagte er sich, täte besser daran, eine Geschichte über Hörner zu schreiben statt die über Peter den Großen. Dolgorukow war stolz auf seine Schläue und wollte sie in eine ganz bestimmte Richtung lenken. Nachdem er aus dem Gedächtnis den kurzen Text rekonstruiert hatte, fügte er dem Titel »Koadjutor des Hahnreiordens« den des Geschichtsschreibers bei. Was den Namen des Ordensgroßmeisters anbelangte, so mußte er sich nicht lange besinnen, für den des Sekretärs auf Lebenszeit benötigte er eine kurze Zeit des Nachdenkens, doch schließlich entschied er sich für Josif Borch: die ganze Bandbreite weiblicher Untreue, vom Zaren bis zum Kutscher. Nun brauchte er nur noch ein seiner Schöpfung angemessenes Siegel. Er nahm dazu ein Blatt Papier, zog einen Kreis und zeichnete eine Art Freimaurersymbol hinein: Mochte Puschkin sich ruhig sein Hirn zermartern und in Gedanken sämtliche Freimaurerverbindungen durchgehen, von denen es in Petersburg damals nur so wimmelte. Um die Neugierde des Dichters noch mehr zu reizen, erfand er ein merkwürdiges Monogramm: das J von Jacob van Heeckeren, verschmolzen mit dem A von d'Anthès: das Liebesband, das sich zu lösen drohte wegen der schönen, treulosen Natalie. Er vervollständigte die Zeichnung mit einem Kuckuck, da dieser arme Vogel zum Symbol der Gehörnten geworden war, und um keine Zweifel aufkommen zu lassen über seine Bedeutung, stattete er das Tier mit einem unmißverständlichen Paar Hörnern aus. So recht inspiriert, schenkte er ihm zu guter Letzt einen dichten Schweif in Form einer Gänsefeder – wie die, ein Geschenk Goethes, die Puschkin auf seinem Schreibtisch so hübsch zur Schau stellte: Mochte er damit seine Abhandlung über den *cocuage* schreiben. Er gab die Skizze einem Diener, hieß ihn, selbige sofort zu einem Graveur zu bringen, der ihm bereits bei anderer Gelegenheit mit Eifer und Diskretion zu Diensten gewesen war, und schrieb dann den kurzen Schmähtext mit unsicherer, verstellter Schrift ab. Warum ihn nur an Puschkin senden? fragte er sich, als er fertig war; das Diplom war doch ein kleines Juwel, viel zu schade, um es der Petersburger Gesellschaft vorzuenthalten. Außerdem mußte das Siegel, das ihn immerhin Geld gekostet hatte (die Herstellung, das großzügige Schweigegeld für den Handwerker), so oft als möglich zum Einsatz kommen. Aber er hatte kein Papier mehr. Also nahm er sich welches aus dem Arbeitszimmer von Iwan Gagarin und machte sich wieder an die Arbeit. Acht, neun Diplome; das sollte genügen, er war müde. Nun wählte er die Personen aus, denen er sie schicken wollte: Freunde und Bekannte von Puschkin – die ersten, die ihm in den Sinn kamen, deren Adressen ihm geläufig oder bei der Hand waren. Alles war fertig, als der Diener mit dem Siegel wieder nach Hause kam. Dolgorukow ließ ihn »An Alexander Sergejewitsch Puschkin« auf die Rückseite der Diplome schreiben und trug ihm danach auf, die Umschläge in einem der vielen Postämter der Stadt aufzugeben – möglichst nicht in der näheren Umgebung. Das geschah am 3. November 1836, den geheimen, boshaften Plänen des Zufalls gehorchend. Denn Puschkin konnte wohl nichts Puschkinscheres zustoßen, als von einem unvorhergesehenen Prankenhieb des Gottes der Lappalien und Zufälle getroffen zu werden, der ihn eine Verbindung sehen ließ zwischen dem konzentrischen Angriff der Diffamierung und einigen Vorfällen der vorangegangenen Tage. Im Winter 1836/37 stellte die Petersburger Post noch andere Hahnreidiplome zu, an weitere Opfer der *bande joyeuse*, die schließlich ans Werk gegangen war: Die Briefe endeten allesamt im Feuer, nachdem sie Zorn ausgelöst hatten, Entrüstung und so manchen Familienstreit – aber kein Duell.

Wir haben offensichtlich keine Beweise. Und wir hegen keinen persönlichen Groll gegen Dolgorukow. Trotz einer langen und oft verdächtigen Tradition würden wir anstelle seines Namens lieber einen anderen setzen – warum nicht? Einen von denen, an die Trubezkoj sich erinnerte: »Usurow, Opotschinin, Stroganow«. Nur wissen wir von denen nicht, ob sie wie Dolgorukow Heeckeren nahestanden und krankhaftes Interesse hatten an seinen erotischen »Widerwärtigkeiten«; auch nicht, ob sie wie jener mit Pjotr Walujew befreundet waren (von dem Dolgorukow sämtliche Stürme erfuhr, die durch Puschkins Haus fegten), oder mit Lew͞ Sollogub (von dem man erfahren konnte, daß sein jüngerer Bruder Wladimir Anfang November 1836 zu Gast war bei Tante Wasiltschikowa) oder mit den Brüdern Rosset, deren Adresse der hinkende Fürst kannte, da er mit Karl zusammen im Pagenkorps gewesen war. Und wir wissen nicht, ob sie wie jener bei den Karamzins verkehrten. Aber vor allem war »*le bancal*« ein Perfektionist, was Späße anbelangte. Und das Schicksal weiß wohl, wo es gelegentlich Handlanger findet.

Auch Anna Achmatowa hielt Pjotr Dolgorukow für schuldig – allerdings glaubte sie ihn im Bunde mit Heeckeren und d'Anthès. Und noch etwas warf sie ihm vor. Als sie sich wie wir über Puschkins durchgestrichene Zeilen wunderte, kam sie zu folgendem Schluß: »... Natalja Nikolajewna konnte offensichtlich nicht wissen, daß man in der Botschaft ein Dokument zusammenbastelte, das ihre Ehre beschmutzen sollte. Dem werden wir hinzufügen, daß Puschkin sehr stolz war auf seine Informationen und unerschütterlich an ihre Zuverlässigkeit glaubte. Die Sache wird so gedeutet: Jemand wird Zeuge eines Gesprächs zwischen Heeckeren und d'Anthès, die den *coup décisif* planen, die anonymen Briefe, dann geht diese Person zu Puschkin, erzählt ihm alles und gibt ihm damit die Möglichkeit, den Botschafter mit Schmutz zu bewerfen, doch wünscht diese Person aus verständlichen Gründen und verständlichen Motiven anonym zu bleiben ... Wir können die Hypothese erstellen, daß Dolgorukow ein doppeltes Spiel spielte. Nehmen wir an, daß er es war, der Puschkin informierte, ihm das Material lieferte für seinen Brief...« Wir wollen versuchen, die interessante Mutmaßung zurechtzurücken: Um sich noch mehr zu amüsieren, um im trüben zu fischen in dem von ihm selbst aufgewühlten Gewässer, erzählt Dolgorukow Puschkin, er habe am 2. November einem Gespräch zwischen Heeckeren und d'Anthès beigewohnt – einem Gespräch von äußerster Wichtigkeit, wie er behauptet, in dem die beiden beschlossen haben, den Dichter und seine Frau an den Pranger zu stellen. Wir würden dann verstehen, weshalb Puschkin sich vor dem holländischen Botschafter brüstete, den Schuldigen zu kennen. Doch wie hätte Dolgorukow sein Beisein bei solch einem delikaten Gespräch erklären können, ohne den berechtigten Verdacht des Dichters auf sich zu lenken? Denn es ist doch einleuchtend, daß Heeckeren und d'Anthès nur in Anwesenheit eines Komplizen von einem »entscheidenden Schlag« gesprochen hätten, und nicht etwa vor einem zufälligen Gast. Wieder einmal können wir Anna Achmatowas Ansicht nicht teilen.

Alexander Karamzin an seinen Bruder Andrej, Petersburg, 13. März 1837:
»... D'Anthès kam als Niemand in diese Stadt, er war eine Kombination aus fehlender Bildung und natürlichem Esprit und wirkte daher drollig, doch ansonsten war er gänzlich unbe-

deutend, sowohl in moralischer als auch in intellektueller Hinsicht. Wäre er geblieben, was er war, so hätte er lediglich als ein netter Bursche gegolten, und Schluß, aber aus bislang unbekannten Gründen (die Gesellschaft rächt sich allerdings mit Schlußfolgerungen) wurde er von Heeckeren adoptiert, einem ebenso klugen wie verderbten Menschen, der keine große Mühe hatte, sich d'Anthès' Geist und Seele zu bemächtigen, welcher mit ersterem weit weniger gut ausgestattet war als Heeckeren und von letzterem wohl gar nichts besaß. Ich weiß nicht, welch teuflisches Motiv die beiden Männer dazu bewog, die Puschkina mit einer derart beharrlichen, hartnäckigen Bosheit zu verfolgen, wobei ihnen die geistige Schlichtheit dieser Frau sowie die himmelschreiende Dummheit ihrer Schwester Katherine von großem Nutzen war, und sie binnen eines Jahres fast in den Wahnsinn zu treiben und auf vernichtende Weise ihrem Rufe zu schaden. D'Anthès litt damals an der Lunge und verlor sichtlich an Gewicht. Der alte Heeckeren erzählte der Puschkina, daß sein Sohn aus Liebe zu ihr sterben würde, beschwor sie, ihn zu retten, und drohte ihr, sich zu rächen. Zwei Tage danach waren die anonymen Briefe in Umlauf. (Wenn Heeckeren der Verfasser dieser Briefe ist, dann wäre das von ihm eine fürchterliche, unbegreifliche Absurdität, dennoch sagen Leute, die es wissen müssen, daß es heute so gut wie sicher ist, daß er es war!) ...«

Von wem erfuhren die Vertrauten des Dichters, als Puschkins sterbliche Hülle bereits auf dem Friedhof von Swjatnyje Gory begraben lag, von den »perversen Umtrieben«, den »teuflischen Ränken«, der »infamen Falle«? Vor allem von Puschkin selbst – von der Abschrift des Briefes an Heeckeren in der Innentasche des Fracks, mit dem er sich am 27. Januar 1837 duelliert hatte: sein Beitrag zum künftigen Andenken, zur künftigen Schande des Botschafters und des Gardeoffiziers. Und auch von dem Brief an Benckendorff, den fortzuschicken er sich zwei Monate zuvor nicht hatte durchringen können; nachdem man ihn bei seinen Papieren gefunden hatte, wurde er am 11. Februar 1837 der Dritten Sektion übergeben, und der emsige Miller verteilte

den Text sofort unter den Freunden des erschossenen Poeten.[1]
Einige Fakten hörten sie von der trauernden Witwe, andere
konnten sie selbst rekonstruieren, indem sie sich an Vorfälle erinnerten, deren Zeugen sie waren. Immerhin handelte es sich
bei ihnen, das müssen wir bedenken, um Personen, die noch
ganz betäubt waren von der Tragödie, die sich mit entsetzlichen
Selbstvorwürfen quälten, weil sie über Puschkin gelacht hatten,
anstatt ihm zu helfen, zumal sie vieles noch nicht wußten. Zumal sie noch nicht wußten, daß d'Anthès sich einer Hinterlist
bedient hatte, um Natalja Nikolajewna unter vier Augen sprechen zu können, daß er sie zu überreden versucht hatte, ihren
Mann zu verlassen, daß Baron Heeckeren seinem Adoptivsohn
Kupplerdienste geleistet hatte. Das sind, wie wir meinen, die
»unbekannten Umstände«, die die Zeit Puschkins Vertrauten
enthüllte: Mehr wußten sie nicht. Und als diese Epoche der
großzügigen Moral davon erfuhr, kehrte sie voll Schaudern und
Abscheu diesen zwei Männern, die sich aus für sie unersicht-
lichen Gründen gegen eine Frau verbündet hatten, den Rücken,
als seien sie vom Aussatz befallen. Dem, der die geheimen Hintergründe erriet, erschien das Bündnis um so schmutziger,
widerwärtiger. Die Handlungsweise – in Wirklichkeit niemals
schön, edel, elegant – von Georges d'Anthès und Jacob van
Heeckeren, ein jeder auf seine Art ein »liebeskranker, armer
Teufel«, konnte wie eine satanische Verschwörung erscheinen.

Als er Puschkin verlassen hatte, begab sich Sollogub zum Hause
des Fürsten Odojewskij, der zur gewohnten literarisch-musikalischen Samstagssoiree Gäste erwartete. Wie er gehofft hatte,

---

1 Vielleicht war wirklich das Wiederfinden dieses Briefes der »absurde
Zufall«, der dann Puschkins Verdacht einen gewissen Grad an Plausibilität
verlieh: Wjazemskij, können wir uns vorstellen, konnte kaum glauben, daß
der Dichter dem Vorsteher der Gendarmerie eine so schwerwiegende An-
klage geschickt hatte, ohne die Beweise zu haben, die die unumgängliche
Untersuchung von ihm verlangen würde. Er zog nicht in Betracht – oder
wußte es vielleicht noch nicht –, daß der Brief an Benckendorff nicht abgeschickt worden war.

fand er dort Shukowskij und informierte ihn sofort über das, was er gesehen und gehört hatte. Shukowskij eilte daraufhin geradewegs zu seinem Freund und konnte ihn überreden, den Brief an Heeckeren nicht fortzuschicken. Und tags darauf bat er den Zaren, Puschkin mit seinem väterlichen Rat beizustehen und aufzuhalten, da er fest entschlossen sei, sich wegen einer Ehrenangelegenheit zu duellieren.

Zum zweiten Mal also binnen zwei Wochen mußte Puschkin sein Unrecht einsehen, die eigene Heftigkeit bereuen, seine Taten rückgängig machen. Sein zweimaliges Umkehren verwirrt uns etwas. Was hielt ihn am 21. November zurück? Wohl die vernünftigen Argumente Shukowskijs: der Skandal für die Familie, die Zukunft der Kinder, die peinliche Lage der Schwägerin, die Mißbilligung und der Schmerz von Nikolaj I., und so weiter. Vielleicht auch seine eigenen Zweifel ob der Begründetheit seiner Beschuldigungen. Aber da war noch etwas, etwas, das eher in den dunklen Regionen des Seins wurzelte als in den lichten Gefilden der Vernunft. Nicht etwa die Angst vor dem Tod, dem Puschkin schon oft mit eisiger Härte ins Antlitz geblickt hatte, sondern das Bedauern zu leben, das ihn bei jedem Erwachen zwang, zurückzublicken, mit Schrecken und Abscheu den Weg zu betrachten, den er eingeschlagen hatte. Er hatte kein Verbrechen begangen, weder getötet noch Verrat geübt, auch nicht sein Ehrenwort gebrochen, niemals. Er bereute etwas anderes: gelebt, gedichtet zu haben. Die Ursünde des Seins, die das Gewissen von Dichtern peinigt, weil sie in die Geheimnisse der Leichtigkeit und Reinheit des Nichts eingeweiht sind. Und jetzt reute ihn noch etwas anderes, denn er begriff, daß er sich »mit einer fast übersinnlichen und doch auch spürbaren Kraft in den Tod verliebt« hatte. Er spürte diese Kraft, konnte sie fast greifen, war von ihr mitgerissen, nur die Last des Denkens hielt ihn noch auf der Erde verankert. Von dieser gewaltigen Bürde niedergedrückt, mußte er auf dieser Welt ausharren – wie ein gefallener Cherubim, der heimlich in die Niederungen menschlichen Lebens hinabgestiegen ist und sich mit seinen

Schwingen in den Brombeeren verfing. Und während all der Jahre, die er an das Leben, seinen unerbittlichsten Gläubiger, gezahlt hatte, fühlte er sich von einem mysteriösen Duft umweht, der ihn bei vielen Dingen, die er tat, sagte und schrieb, umgab: dem bitteren Geruch der Rache. Er berauschte ihn wie eine Droge und war ihm doch auch zuwider.

Am 23. November 1836, ein paar Minuten nach fünfzehn Uhr, nach seinem gewohnten Nachmittagsspaziergang, empfing Nikolaj I. Puschkin in seinem privaten Arbeitszimmer im Anitschkow-Palast. Es war das zweite Mal, daß der Herrscher dem Poeten eine außerplanmäßige Audienz gewährte. Am 8. September 1826 war ein Kurier nach Michailowskoje gekommen und hatte Puschkin nach Moskau begleitet, bis in das Arbeitszimmer des neuen Zaren. Als Nikolaj I. ihn gefragt hatte: »Was hätten Sie getan, wenn Sie am 14. Dezember in Petersburg gewesen wären?«, hatte Puschkin die furchtlosen, historischen Worte gesprochen: »Ich hätte in den Reihen der Aufständischen gekämpft.« Die Audienz hatte über eine Stunde gedauert. »Heute führte ich ein ausführliches Gespräch mit dem klügsten Manne Rußlands«, hatte am selben Abend der Zar auf dem Ball von Hofmarschall Marmont gesagt. Niemand weiß, was Puschkin und Nikolaj I. am Nachmittag des 23. November 1836 miteinander besprachen; zwei lakonische Zeugenaussagen berichten nur über den Ausgang der Unterredung: Der Dichter mußte dem Herrscher versprechen, sich »um keinen Preis der Welt zu duellieren«, und ihm sein Ehrenwort geben, daß er, »sollte die Geschichte noch einmal von vorne beginnen, nichts unternehmen würde, ohne ihm vorher Bescheid zu sagen«.

Als Shukowskij Sollogub bei den Karamzins traf, sagte er ihm, er könne ganz ruhig sein, da er Puschkin davon abzuhalten vermocht hatte, den Brief an Baron Heeckeren fortzuschicken. Und somit reiste Sollogub Anfang Dezember leichten Herzens nach Moskau: Der Dichter, davon war er überzeugt, brauchte keinen Sekundanten mehr.

Der dreiste Fußpfleger

Sophie Karamzina an ihren Stiefbruder Andrej, Petersburg
(21. November 1836):
»... Ich habe noch eine überraschende Neuigkeit für Dich,
nämlich die Hochzeit betreffend, von der Maman Dir gewiß
schon erzählt hat: hast Du es erraten? Du kennst die beiden
Verlobten gut, wir haben bereits über sie gesprochen, allerdings
nur im Scherz: Das Benehmen des jungen Mannes, so kompro-
mittierend es auch sein mochte, kompromittierte doch nur eine
Person, denn wer betrachtet schon ein gewöhnliches Bild neben
einer Madonna von Raphael? Nun gut, für besagtes Bild hat sich
nun doch ein Bewunderer gefunden, vielleicht weil der Preis
dafür nicht gar so hoch ist: Hast Du es erraten? Ja, es ist d'Anthès, der junge, schöne, dreiste (mittlerweile auch reiche) d'Anthès, der Katherine Gontscharowa heiraten wird, und ich
schwöre Dir, er scheint es ganz zufrieden, ist von einer geradezu
fieberhaften, überdrehten Heiterkeit erfaßt ... Natalie ist nervös
und angespannt, und ihre Stimme klingt gezwungen, wenn sie
von der Hochzeit ihrer Schwester spricht; Katherine ist vor
Glück ganz außer sich und sagt, sie glaube noch immer zu träumen. Die Leute wundern sich, doch da von der Geschichte mit
den Briefen[1] herzlich wenig an die Öffentlichkeit gedrungen ist,
macht man sich einen ganz schlichten Reim auf diese Heirat.
Nur Puschkin mit seiner Nervosität, seinen rätselhaften Andeutungen an den erstbesten, der ihm über den Weg läuft, mit
seiner schroffen Art gegen d'Anthès, den er in der Gesellschaft

---

1 Den anonymen offenbar...

meidet, wirkt verdächtig und bringt die Leute dazu, gewisse Schlüsse zu ziehen. Wjazemskij sagt, man könne fast meinen, er gräme sich für seine Frau, weil d'Anthès ihr nicht mehr den Hof mache ... D'Anthès, der weiß, daß ich Dir schreibe, läßt Dir sagen, er sei sehr glücklich und würde sich freuen, wenn Du ihm alles Gute wünschtest ...«

Nur wenigen Vertrauten gegenüber erwähnte der holländische Gesandte, welch »erhabene Auffassung von Ehre seinem Sohn befahl, sich ein Leben lang an eine Frau zu binden, nur um den guten Ruf derjenigen zu retten, die er liebte«. In Gesellschaft verbarg er seine nervöse Erschöpfung, hervorgerufen durch die anstrengenden Verhandlungstage, verdrängte er Abscheu und Bitterkeit und bemühte sich redlich, so zu tun, als freue er sich über die baldige Hochzeit seines Adoptivsohnes. Von fieberhaftem Eifer erfaßt, widmete er jede freie Minute den Vorarbeiten für das große Ereignis. Mit erlesenem Geschmack richtete er in dem neuen Haus, das er eiligst bezog, das Liebesnest der künftigen Eheleute ein, suchte Wandbehänge aus, Möbel, Gemälde, Teppiche, Silber, Porzellan, Nippes, und war sorgsam darum bemüht, die Wohnung möglichst schön, reich und elegant zu gestalten, auf daß sie Bewunderung und möglichst auch ein wenig Neid errege und so das Aufsehen mindere, das die Ankündigung der unerwarteten Vermählung erregt hatte. D'Anthès seinerseits versuchte, sich wie ein zärtlicher Bräutigam zu benehmen. Er mußte schließlich nicht nur die klatschsüchtige, argwöhnische Öffentlichkeit von seinen Gefühlen überzeugen, sondern auch Katherine, die noch immer nicht wußte, wie ihr geschah, und von eifersüchtigen Zweifeln gequält wurde. Puschkin weigerte sich, ihn zu empfangen, und so konnte d'Anthès seine Verlobte nur vormittags ein paar Stunden lang sehen, bei Mademoiselle Zagrjashskaja; jedoch niemals allein, denn die alte Tante war eine sehr sittenstrenge, altmodische Anstandsdame. Da es ihm unmöglich war, Katherine seine Liebe durch leidenschaftliche Küsse und Umarmungen zu beweisen, seine überzeugendsten Argumente, schrieb er ihr Briefe: »... ich liebe Sie ... das will ich hiermit noch einmal aufs lebhafteste und mit aller Aufrichtigkeit, die mir eigen ist und immer sein wird, betonen. Adieu, schlafen Sie gut und seien Sie unbesorgt, die Zukunft lächelt Ihnen zu ...«, »... Keine Wolken über unserer Zukunft, verscheuchen Sie Ihre Furcht, und vor allem, mißtrauen Sie mir nicht; es ist doch ganz unwichtig, wer um uns ist; seien Sie ganz ruhig: Ich bin der Ihre, Katherine, darauf können Sie zählen, und mein Verhalten wird es Ihnen beweisen, da Sie offenbar an meinen Worten zweifeln.« Kurzum, d'Anthès tat sein Bestes und vermied sogar auf Anraten des Botschafters eine Zeitlang Gesellschaften, bei denen er Natalja Nikolajewna und ihrem Gatten hätte begegnen können. Er hatte ohnehin nur noch wenige freie Abende zur Verfügung, denn am 19. November wurde er, weil er zu spät gekommen war, wieder einmal mit fünf zusätzlichen Wachschichten bestraft. Seine Bemühungen und die seines Adoptivvaters konnten aber dennoch die raunenden Stimmen nicht zum Schweigen bringen.

Sophie Bobrinskaja an ihren Mann Alexej, Petersburg, 25. November 1836:
»Seit Anbeginn der Welt hat es kein Aufsehen gegeben, das sich mit dem vergleichen ließe, welches derzeit die Luft sämtlicher Salons in Petersburg erzittern läßt. D'Anthès wird heiraten!! Dies Ereignis nimmt die hundert Münder, die seinen Ruhm besingen, bis zur Erschöpfung gefangen. Ja, er heiratet, und Madame de Sévigné hätte ihn wohl mit ihrem ganzen Strom an Epitheta überschüttet, wie sie es einst mit Lemuzot mit dem ausgezeichneten Gedächtnis tat! Ja, die Hochzeit ist zwar schon beschlossen, aber ob sie auch stattfinden wird? Er will nämlich die älteste Gontscharowa heiraten, die häßliche, finstere, arme Schwester der schönen, strahlenden, poetischen Puschkina. Wenn Du mich fragst, weshalb, dann muß ich Dir antworten, daß ich mich das selbst seit sieben Tagen unentwegt frage, und je mehr ich über diese unfaßbare Geschichte erfahre, desto weniger kann ich sie verstehen. Sie ist ein Mysterium der Liebe, der heroischen Aufopferung, vergleichbar mit Jules Ja-

nin, Balzac, Victor Hugo. Wie die Literatur von heute. Sublim und grotesk zugleich. In der Öffentlichkeit sieht man einen Ehemann, der grinsend die Zähne bleckt. Eine schöne, bleiche Ehefrau, die sich durch nächtelanges Tanzen ihre Gesundheit ruiniert. Einen jungen Mann, bleich und mager, der immerzu krampfhaft lacht. Einen edelmütigen Vater, der seine Rolle spielt, doch dessen besorgte Miene zum ersten Mal nicht dem Diplomaten gehorchen will. Im Dunkel einer Mansarde des Winterpalais trifft eine Tante weinend Hochzeitsvorbereitungen. Inmitten der um Karl X. trauernden Gesellschaft blinken weiße Röcke, und das jungfräuliche Brautgewand wirkt wie eine infame Lüge. Zumindest verbirgt der Schleier Tränen, die genügten, um damit die Ostsee anzufüllen. Was wir hier vorgeführt bekommen, ist ein Drama, und es ist so traurig, daß es sogar die Gerüchte zum Schweigen bringt. Anonyme Briefe der schändlichsten Art hagelten auf Puschkin herab, und das übrige ist eine Vergeltung, die der Szene würdig ist, in der der Maurer die Mauer mauert...[1] Wir werden sehen, ob der Himmel so viele Opfer zuläßt, um den Rachedurst eines einzigen Menschen zu stillen! ...«

Am 25. November versetzte Puschkin bei Schischkin für 1200 Rubel einen Kaschmirschal seiner Frau (schwarz, mit breiten Fransen, kaum getragen).

Den prächtigen Zobel, den der Kaiser Amalija Krüdener schenkte, der außerehelichen Stiefschwester von Maximilian von Lerchenfeld, einer Cousine der Kaiserin, die Diamanten und Smaragde von Lady Londonderry, welche seit einiger Zeit mit ihrem Gatten in Petersburg weilte, das Spiel des belgischen Geigenvirtuosen Artôt, die neuen Gemälde aus London, die die Galerie der Eremitage bereichern sollten (Raphael, Carracci, Leonardo, Domenichino) – nichts vermochte die Petersburger Salons von dem »unfaßbaren«, »unbegreiflichen« Verlöbnis des

---

1 Im *Maçon* von Auber, Libretto von Scribe und Delavigne.

französischen *chevalier garde* abzulenken. Erst als das Große Theater, restauriert und verschönt, seine Pforten öffnete mit der sehnlichst erwarteten Premiere von *Ein Leben für den Zaren*[1], sprach die Stadt ein paar Tage lang von anderen Dingen. Am Abend des 27. November war *tout Pétersbourg* im Großen Theater; offenbar war auch Puschkin dort; er befand sich in Begleitung seiner Frau, der Shukowskijs, Alexander Turgenjews. Letzterer, der seit Arzamas Zeiten mit dem Dichter befreundet war, war erst vor zwei Tagen aus Moskau angereist und noch wenige Monate zuvor in Paris gewesen: Er wußte daher vieles nicht und suchte den holländischen Botschafter in dessen Loge auf. Puschkin verzieh ihm den ungewollten Fauxpas, aber noch am selben Abend, bei den Karamzins, zog er ihn ins Vertrauen. Am Morgen darauf schrieb Turgenjew, der Dichter sei »wegen einer Familienangelegenheit« besorgt gewesen; er würde selbst noch mehrmals mit Freunden über diese Angelegenheit sprechen – wobei er sich wunderte über deren Verstimmtheit gegen Puschkin und dessen Partei ergriff, wenn man ihm sein unerträgliches Benehmen gegen seine Frau und seinen blindwütigen, unsinnigen Haß gegen d'Anthès zum Vorwurf machte.

»Was will er denn noch?« fragten sich viele Leute, die Puschkin nahestanden. »Er hat den Verstand verloren! Er spielt sich auf!« Ihre Argumente waren einfach: Indem er den allzu feurigen Verehrer seiner Frau zwang, »die häßliche Gontscharowa« zu heiraten, demütigte er ihn, gab er ihn der Lächerlichkeit preis; er hätte doch voll und ganz zufrieden sein können. So argumentierten auch einige Fremde: »Entweder hob die Hochzeit, weil sie aufrichtig war, jedes Rachemotiv auf, oder sie war ein Akt der Wiedergutmachung und deshalb als Strafe durchaus genügend«; so würden vielleicht auch wir argumentieren, wüßten wir nicht um »Puschkins unselig heftiges Wesen«. Ihn erreichten die Stimmen, die durch die Salonluft Petersburgs schwirrten, wie brennende Ohrfeigen: Ein ernsthafter, geheimnisvoller Skandal hatte das Eheleben der Puschkins erschüttert,

---

1 Musik von Glinka, Libretto von Baron Rosen.

und d'Anthès hatte sich stehenden Fußes verloben müssen, um Natalja Nikolajewna vor Schande zu bewahren. »Sich aus Leidenschaft für eine Frau die Zukunft zu ruinieren … Welch erhabene Liebe, welch Aufopferungsgeist!« kommentierte bewegt und voller Bewunderung ganz Petersburg. »Erhabene Liebe, Aufopferung?« fragte sich die Kaiserin. Während er Baden-Badens köstlichen Kaffee schlürfte, zermarterte sich auch Andrej Karamzin das Hirn über die Hintergründe der Hochzeit, von der er aus Petersburg erfahren hatte: »Was zum Teufel hat das alles zu bedeuten? … Wo soll das Opfer sein?« In den Augen eines erstaunten Publikums wurde d'Anthès zum heroischen Paladin der Ehre einer Dame, zum Märtyrer der Liebe. Und das durfte Puschkin nicht zulassen.

Eines Abends, als er mit Natalie und seinen Schwägerinnen aus dem Theater kam, traf der »Pascha mit drei Schweifen« Konstantin Karlowitsch Danzas, seinen ehemaligen Lyzeumsgefährten, der mittlerweile Oberstleutnant im Pionierkorps war. Die beiden Freunde begrüßten einander aufs herzlichste, und Danzas versäumte nicht, Katherine seine Glückwünsche zu ihrer baldigen Vermählung auszusprechen. Der Dichter bemerkte daraufhin zum Scherz: »Meine Schwägerin weiß nicht mehr, ob sie Russin, Französin oder Holländerin wird.« An diesem Abend war er guter Laune. Für gewöhnlich verfinsterte sich nämlich seine Miene, wenn jemand von dieser Hochzeit sprach, und er sagte drohend: »Du hast es nicht anders gewollt, Georges Dandin!« Alle verstanden das boshafte Wortspiel mit »D'Anthès« und Molières »Dandin«, dem verrückten, unseligen Karrieristen, der wegen einer guten Partie zum Unglücklichsein verdammt war.

Am 1. Dezember erwirkte Puschkin für die beiden Wechsel, gegen die er zu Beginn des Sommers 8000 Rubel von Fürst Nikolaij Nikolajewitsch Obolenskij geliehen hatte, einen Zahlungsaufschub bis zum März. Er hätte auch die 1075 Rubel Mietzins bezahlen müssen, die alle vier Monate fällig waren, aber er hatte sie nicht.

In diesem Jahr kam der Winter spät. Ende November hatte das ungewöhnlich milde Klima das Eis der Newa gebrochen, ein außergewöhnliches Ereignis, das seit dem Jahre 1800 nicht mehr beobachtet worden war. Die Bewohner Petersburgs hatten jedoch keine Zeit, den verspäteten Altweibersommer zu genießen, denn unversehens senkte sich eine gelbliche Nebelschicht über die Stadt, und dann fiel tagelang lästiger Schneeregen, der größte Verbündete von Grippe und Bronchitis. Als Puschkin eines Abends im Dezember das Haus von Nikolaj Iwanowitsch Gretsch verließ (dort hatte er sich nicht länger als eine halbe Stunde aufgehalten, allerdings lange genug, um die anderen Gäste merken zu lassen, daß er mißgelaunt, verstört und ärgerlich war), klagte er, während er Pelzmantel und Stiefel anlegte: »Ich fühle mich noch immer, als hätte ich Fieber, mich friert am ganzen Leib, ich kann mich einfach nicht erwärmen ... Es ist ungesund, unser Bärenklima. Gen Süden, gen Süden!« Gen Süden – für ein wenig Wärme, ein wenig Ruhe vor den Gespenstern.

Am 12. Dezember wurde auch der Zar von der Grippewelle erfaßt. Am selben Tag erkrankte Georges d'Anthès.

Georges d'Anthès an Katherine Gontscharowa (Petersburg, 22. Dezember 1836):
»... Der Baron hat mir aufgetragen, Sie zu bitten, ihn für die erste Polonaise vorzumerken, und er läßt Ihnen sagen, Sie möchten sich ein wenig vom Hofe entfernen, damit er Sie finden kann. Ich brauchte Ihr Billett nicht, um zu erfahren, daß Madame Chitrowo Puschkins Vertraute ist. Sie scheint ihre Nase mit Vorliebe in Angelegenheiten zu stecken, die sie nichts angehen; tun Sie mir den Gefallen und sagen Sie, falls man erneut auf Madame Chitrowo zu sprechen kommt, daß diese Dame viel besser daran täte, sich um ihr eigenes Gebaren zu kümmern, vor allem was Schicklichkeit anbelangt, ein Thema, das sie längst vergessen zu haben scheint ... Es ist wirklich bedauerlich, daß Sie morgen früh den Wagen nicht bekommen, doch da Sie wohl

besser wissen als ich, welche Mittel Ihnen zur Verfügung stehen, um auszugehen, habe ich Ihnen hierzu keine Ratschläge zu erteilen. Aber ich will auf keinen Fall, daß Sie Ihre teure Tante formell um Erlaubnis bitten ...«

Sophie Karamzina an ihren Stiefbruder Andrej, Petersburg, 30. Dezember 1836:

»... Gleich zu Beginn möchte ich Dir schreiben, was man sich zur Zeit über d'Anthès erzählt: Es würde wirklich zu weit führen, wenn ich Dir alles berichten wollte, was so geredet wird, deshalb will ich mich darauf beschränken, Dir zu sagen, daß die Hochzeit allen Ernstes am 10. Januar gefeiert wird ... Von und mit Katherine spricht d'Anthès nur mit Wohlwollen und offenkundiger Zufriedenheit, und was noch wichtiger ist, Papa Heeckeren betet sie an, ja, er verwöhnt sie geradezu. Puschkin indes benimmt sich noch immer ausgesprochen töricht und absurd; er setzt ein finstres Gesicht auf und fletscht die Zähne wie ein Tiger, sooft er über das Thema spricht, was er im übrigen sehr gerne tut und sich über jeden neuen Zuhörer freut ... Natalies Benehmen wiederum ist nicht gerade orthodox: In Anwesenheit ihres Gatten grüßt sie d'Anthès nicht und tut so, als schenke sie ihm keinerlei Beachtung, aber sobald Puschkin ihr den Rücken kehrt, fängt sie auch schon wieder an zu kokettieren, die Augen niederzuschlagen, verlegen und nervös zu sprechen, und d'Anthès plustert sich vor ihr auf, wirft ihr schmachtende Blicke zu und scheint seine Verlobte ganz und gar vergessen zu haben, die schmollend und eifersüchtig danebensteht. Kurzum, das Ganze ist eine unermüdliche Komödie, deren Geheimnis niemand kennt, und Shukowskij mußte heftig lachen über Deine Behauptung, Du wüßtest wohl, was dahintersteckt, während Du in Baden-Baden Deinen Tee schlürfst. Inzwischen war der arme d'Anthès sehr krank, eine Rippenfellentzündung, die ihm schrecklich zusetzte. Vorgestern erschien er wieder in der Öffentlichkeit, bei den Meschtscherskijs – äußerst abgemagert, sehr bleich und ungemein sanft und liebenswürdig, wie es normalerweise nur ein Mensch ist, der bekümmert oder unglücklich ist. Tags darauf zeigte er sich erneut, und diesmal war auch seine Verlobte da, doch was weit schlimmer war, auch Puschkin war gekommen: Der fing auch gleich wieder an, mit höchst poetischen Grimassen seinem Haß und seiner Wut Ausdruck zu verleihen; mit seiner finsteren Miene und seiner grimmig gerunzelten Stirn glich er einem zürnenden Zeus; sein peinliches, düsteres Schweigen brach er nur für ein paar kurze, ironische Satzfetzen und ab und zu für ein dämonisches Lachen: Das Ganze wirkte ungemein komisch, wie Du Dir denken kannst! . . . Doch nun zu etwas anderem, ich muß Dir erzählen, daß unlängst die vierte Ausgabe des *Zeitgenossen* erschienen ist mit einer Novelle von Puschkin, *Die Hauptmannstochter*; es heißt, sie sei wirklich sehr gelungen . . .«

Nur wenige Wochen zuvor schwankte Fürstin Bobrinskaja zwischen sublim und grotesk, zwischen Tragödie und *opéra-comique*, nun entscheidet sich Sophie Karamzina energisch für »Komödie«. Das reife Mädchen träufelte zwar für ihr Leben gern eine Spur Arsen in ihre Schilderungen und wiederholte nicht selten die höhnischen Kommentare ihres Onkels Wjazemskij, aber dennoch können wir ihr Urteil nicht ganz von der Hand weisen: Was sich da vor den Augen eines gespannten, nach Sensationen gierenden Publikums abspielte, ähnelte immer mehr einer Farce. Puschkin wußte sehr wohl, daß der Abstand zwischen sublim und grotesk nur sehr klein, zuweilen kaum wahrnehmbar ist, und war daher auch immer sehr vorsichtig gewesen in seinen Bewegungen, aber nun trieb ihn eine unkontrollierbare Kraft, nahm eine unbändige Bestie von ihm Besitz. Er empfand so viel Haß und Abscheu für seinen Feind, daß er sich nicht mehr zu bezähmen wußte und es auch gar nicht mehr versuchte. »Er machte die gesamte Stadt und ihre Salons zu Zeugen seiner Wut und seines Hasses . . .«, »Er war bekümmert, erregt, es tat weh, ihn so zu sehen«. Schlimmer noch: Er wirkte lächerlich. In diesem unheimlichen Theaterhybriden, dieser *tragédie-comique*, die unaufhaltsam ihrem Ende entgegeneilt, sind es nicht die Ereignisse, sondern ein

Mann, »der klügste Mann Rußlands«, der in das stürzt, was er
am meisten fürchtet und am meisten verabscheut. Ein langer,
schauriger Fall. Das lange, grausige Schauspiel einer Besessenheit. Und wie es schon bald jemand aus Sittenstrenge tun wird,
möchten auch wir unser Antlitz verhüllen, die Augen abwenden
– um nicht mehr länger mitansehen zu müssen, wie dieser
Puschkin mit der steten Wiederholung einer Karikatur, der komischen Ewigkeit einer populären Maske unermüdlich poetische Zorngrimassen schneidet, höhnisch grinst, die Zähne
bleckt; der jedem Menschen, der ihm ein wenig Aufmerksamkeit schenkt (und es werden immer weniger, immer weniger), in
allen Einzelheiten und voller Ingrimm die Niedertracht von
Georges d'Anthès und Jacob van Heeckeren schildert; dem man
immer öfter ein verlegenes Schweigen oder gar ein mitleidiges
Lächeln entgegenbringt. Wir wünschen uns den anderen zurück: den ironischen, verächtlichen Befürworter distinguierten
Benehmens, den Meister der Distanz. Nur in einem Punkt treffen sich die beiden Hypostasen, vereinen sich die beiden Puschkins wieder in einer Person: im Bewußtsein der eigenen Größe.
Wer versuchte, ihn zu besänftigen, und sagte, daß er – wie auch
seine Freunde und die Öffentlichkeit – von der Unschuld seiner
Frau überzeugt sei und daß das Verhalten des jungen Franzosen
auch für dessen Unschuld spreche, dem entgegnete er, ihm genüge die Meinung von Gräfin X oder Fürstin Y nicht, er gehöre
nicht diesem oder jenem Zirkel, sondern ganz Rußland, weshalb er wünsche, daß sein Name unbefleckt bleibe, wo und in
welcher Sprache er auch immer ertöne – »ob in der der Slawen,
Finnen, Tungusen oder Wilden oder in der der steppenlieben-
den Kalmücken«.

Er verbrachte die letzte Nacht des Jahres im Hause Wjazemskij.
Eine Zeitlang hatten der Fürst und seine Gattin es abgelehnt,
d'Anthès zu empfangen, doch seit der junge Mann seine Angelegenheit in den Augen der Gesellschaft geregelt hatte, waren
sie verpflichtet, ihn einzuladen, zumal er der Bräutigam von
Puschkins Schwägerin war und ein guter Freund ihrer Tochter

und ihres Schwiegersohns. Und in der Nacht zwischen 1836 und 1837 ließ d'Anthès Natalja nicht einen Augenblick lang aus den Augen, forderte sie zum Tanze auf, unterhielt sie mit allerlei Späßen und entlockte ihr mehr als einmal ein Lächeln. Der zürnende Zeus bot einen schrecklichen Anblick. So furchterregend, daß Gräfin Natalja Stroganowa zur Wjazemskaja sagte: »Mein Gott, wenn ich seine Frau wäre, dann hätte ich Angst, mit ihm nach Hause zu gehen!«

6. Januar 1837: *Raout* in der österreichischen Botschaft. Lange Reihe von Equipagen vor der Einfahrt, Pelze von seltenen nordischen Tieren in der großen Eingangshalle, Tausende von brennenden Kerzen, diskrete Männer in Livreen, Menschengewühl, Lärm, prachtvolle Gewänder, märchenhaftes Geschmeide, ehrwürdige Uniformen, ein unaufhörlicher, harmonischer Strom von Männern und Frauen, die sich bewegen wie Sterne in einem Planetarium, sich trennen und wieder vereinen und dabei immer wieder neue, flüchtige Konstellationen bilden, nach dem geheimnisvollen Gesetz, das die Wanderungen in den Salons bestimmt. Aus ihrem enganliegenden Kleid quellend, doziert Jelisaweta Michailowna Chitrowo mit Inbrunst vor dem jungen, stattlichen Olivier d'Archiac über die Vorzüge der platonischen gegenüber der fleischlichen Liebe. Turgenjew lauscht ein paar Minuten dem hehren Diskurs und gesellt sich dann einer kleinen Gruppe befrackter Herren zu, die etwas abseits stehend lebhaft diskutieren: Puschkin, Fürst Wjazemskij, Baron von Liebermann, Baron de Barante. Halten wir einen Augenblick lang inne, spitzen wir unsere Ohren, und wir erfahren pikante Neuigkeiten über Talleyrand und seine noch nicht veröffentlichten Memoiren, interessante Anekdoten über Goethe, Katharina II., Montesquieu ... Wovon sprach man nicht alles an jenem Abend im Palais am Quai Anglais! Und Barante sagte unter anderem, er würde gerne mit Hilfe des Autors *Die Hauptmannstochter* übersetzen, diese herrliche Schöpfung des Historikers und Dichters, eine russische Herausforderung an die wohlverdiente Reputation von Sir Walter Scott. Und aufgrund

der gebildeten, glänzenden Konversation, der wohltuenden Abwesenheit des Hofs, der mit seiner Eleganz und Pracht wie stets aller Blicke und Sinne auf sich gebannt hätte, wähnte sich Turgenjew noch immer in Paris. Puschkin indes brauchte nicht aus dem Fenster zu sehen – der bläuliche Schein des Flusses, der nun eingekeilt war in seinem Schwitzkasten aus Eis, die Umrisse der Festung, das Haus Peters des Großen –, um sich zu vergewissern, daß dies Rußland war, sein Land, das Land, das er hätte sein können... Die Rhetorik hat uns überwältigt: Er, Puschkin, war nie außer Landes gereist, das hatte man ihm verwehrt; als er einmal allzusehr »russophilisierte«, tadelte ihn der Kosmopolit Turgenjew: »Ich will dir etwas sagen, mein Freund, fahr wenigstens einmal nach Lübeck!« Doch es stimmt auch, daß Puschkin von den Orten, die ihm verboten waren, Geschichte, Leben und Gerüche kannte. Er reiste mit Hilfe seiner Bücher und Gedanken, beobachtete, verglich und zog seine Schlüsse.

Am 7. Januar erschien Nikolaj I. allein auf dem Ball von Fürstin Grigorjewna Rasumowskaja und verweilte nicht länger als eine halbe Stunde. In dem Saal aus weißem Marmor mit seinem blauen, mit goldenen Sternen übersäten Gewölbe fiel ihm inmitten des Gedränges sogleich Natalja Nikolajewna ins Auge. Das war immer so, Männer bemerkten sie sofort, selbst unter tausend anderen Frauen. Er näherte sich ihr, machte ihr die üblichen Komplimente zu ihrem Kleid und ihrer Schönheit und warnte sie dann vor den Gefahren, die ihr gerade wegen dieser Schönheit drohten. Sie solle vorsichtiger sein, meinte er, besser auf ihren Ruf achten – um ihrer selbst willen natürlich, aber auch des Glücks und Wohlergehens ihres Gatten wegen, dessen rasende Eifersucht jedermann bekannt wäre. Wir kennen das genaue Datum nicht: Es war bestimmt nach der Audienz am 23. November, konnte sich aber auf jeder der in diesem Winter besonders zahlreichen Festlichkeiten zugetragen haben, von welchen der Dichter keine versäumte; statt eine Weile die Öffentlichkeit zu meiden, nahm Puschkin, wie sich Dolly Ficquelmont mißbilligend erinnerte, »seine Frau überallhin mit – auf Bälle, ins Theater, an den Hof«. Er wollte damit beweisen, daß ihn das niederträchtige Gewäsch niederträchtiger Müßiggänger nicht kümmerte. Doch nun sprach sogar der Zar mit Natalie über ihr Privatleben und hielt ihr wortreiche Moralpredigten. Als Puschkin davon erfuhr, spürte er, daß es schlimmer nicht mehr kommen konnte, daß er sich nun endgültig ganz unten befand, am Tiefpunkt von Schmach und Schande.

Am 10. Januar 1837 wurde die Hochzeit gefeiert (zuerst nach katholischem, dann nach russisch-orthodoxem Brauch), an der ganz Petersburg – und wenn sie böse Alpträume hatte, sogar die Braut – gezweifelt hatte. »Graf und Gräfin Stroganow, Onkel und Tante des Mädchens, waren Pate und Patin ... Fürst und Fürstin di Butera die Trauzeugen.« Im Register der Sankt-Isaak-Kirche vermerkte der Pope Nikolaj Rajkowskij, daß Jekaterina Gontscharowa 26 Jahre alt war: Dabei war sie bereits 29, fast vier Jahre älter als der Bräutigam. Die Anweisung ihres Gatten befolgend, der sich weder in Sankt Katharina noch in Sankt Isaak hatte sehen lassen, kehrte Natalja Nikolajewna sofort nach den religiösen Zeremonien nach Hause zurück, ohne an der anschließenden Feier teilzunehmen. Am 10. Januar 1837 mußte sich Puschkin von etlichen Büchern trennen: Er hatte nämlich nicht nur mit Sollogub gewettet, daß die Hochzeit niemals stattfinden würde.

Der holländische Botschafter strebte einen zumindest formellen Frieden zwischen d'Anthès und Puschkin an: um den Schein zu wahren, damit endlich Gras wachsen konnte über das Zustandekommen der Hochzeit, die so sehr im Gerede war, vielleicht aber auch, weil er aus zuverlässiger Quelle wußte, daß die Nachricht des um ein Haar abgewendeten Duells die Mißbilligung Nikolajs I. erregt hatte. Sofort nach der Hochzeit riet er daher d'Anthès, Puschkin einen Brief zu schreiben: Nun, da sich alles aufgeklärt habe, sei doch die Zeit gekommen, das Vorgefallene zu vergessen. Puschkin antwortete nicht. Am 14. Januar veranstaltete Graf Grigorij Alexandrowitsch Stroganow zu Ehren der Neuvermählten einen Galaempfang. Nach dem letzten Gang, als sich die Stimmung – wohl nicht zuletzt dank der erstklassigen Weine – ein wenig gelockert hatte, trat Baron Heeckeren an Puschkin heran; mit der ganzen Leutseligkeit, deren er fähig war, die Lippen zu seinem breitesten Grinsen verziehend, fragte er ihn, ob er von nun an sein Verhalten gegen den Sohn nicht ändern wolle; er hoffe, so sagte er, Puschkin möge selbigen fortan als einen Verwandten betrachten, einen Schwager. Puschkin entgegnete barsch, er verspüre nicht die geringste Neigung, mit d'Anthès in irgendeine Art von Beziehung zu treten. Dennoch begab sich d'Anthès mit seiner Frau zu ihm, um ihm einen Besuch abzustatten. Er wurde nicht empfangen. D'Anthès schrieb ein zweites Mal an den Schwager. Puschkin öffnete den Brief nicht einmal und brachte ihn zu Jekaterina Iwanowna Zagrjashskaja, damit diese ihn dem Absender zurückgebe. In der Wohnung von Natalies Tante stieß er auf den Botschafter und riet ihm, seinem Sohn den Brief auszuhändigen, da er sich weigere, zu lesen, was d'Anthès ihm geschrieben habe und er dessen Namen fortan nicht mehr zu hören wünsche. Nur mit äußerster Mühe seine Beherrschung wahrend, gab Heeckeren zu bedenken, daß er keinen Brief entgegennehmen könne, der weder von ihm geschrieben noch an ihn gerichtet sei. Aber Puschkin schleuderte ihm das Schreiben ins Gesicht und schrie: »Wirst du ihn wohl nehmen, du Schurke!« Der Botschafter schwieg und ließ die wohl hundertste Beleidigung über sich ergehen. Doch in der Öffentlichkeit beklagte er sich nun ganz unverhohlen über diesen Mann, der sich wie ein Wilder gebärdete, wie ein rasender Othello, womit er wahrhaftig sein afrikanisches Blut verriet.

Am 26. Februar 1837 schrieb Georges d'Anthès einen ausführlichen Brief an Oberst Brewern, den Vorsitzenden des Militärgerichts, das über ihn urteilte. Um seine Schuld abzumildern und um zu beweisen, daß das Duell unumgänglich war, zählte der Gardeoffizier sämtliche Provokationen Puschkins auf: »... Im

Beisein von Madame Walujewa sagte er zu meiner Frau: ›Seien Sie vorsichtig, ich bin böse, wie Sie wissen, und wenn ich will, kann ich auch Unglück bringen ...‹ Als er nach meiner Heirat meine Frau mit Madame Puschkina sprechen sah, stellte er sich dazu, und als die beiden Damen ihn zur Rede stellten, antwortete er: ›Ich will nur sehen, wie ihr miteinander auskommt und mit welchem Gesicht ihr miteinander redet.‹ Das geschah auf dem Ball des französischen Botschafters. Am selben Abend, während des Essens, nutzte er die Gelegenheit, als ich mich einen Moment entfernt hatte, um sich meiner Frau zu nähern und ihr vorzuschlagen, sie solle auf sein Wohl trinken! Als sie es ablehnte, wiederholte er die Aufforderung und erhielt die gleiche Antwort. Also entfernte er sich wutentbrannt und sagte: ›Paßt bloß auf, ich bringe euch Unglück!‹ Da sie meine Meinung zu diesem Mann kannte und einen Streit befürchtete, wagte meine Frau es nicht, mir diese Äußerung mitzuteilen. Im übrigen hatte Puschkin es inzwischen tatsächlich geschafft, allen Damen Angst einzuflößen, denn am 16. Januar, am Tag nach einem Ball bei Fürstin Wjazemskaja, auf dem er sich wie üblich gegen die beiden Damen benommen hatte, antwortete Madame Puschkina Monsieur Walujew auf die Frage, weshalb sie sich nur so schlecht behandeln ließe: ›Ich weiß, ich mache es nicht gut, ich müßte ihn zurückweisen, denn immer wenn er mich anspricht, läuft mir ein kalter Schauer über den Rücken‹; ich weiß nicht, was er ihr erwiderte, weil Madame Walujewa mir nur den Anfang der Unterhaltung berichtete ...« Doch d'Anthès erzählte Oberst Brewern verständlicherweise nicht, wie er sich selbst gegen »die beiden Damen« benommen hatte. Shukowskij wußte etwas darüber zu sagen: »Nach der Hochzeit. Zwei Gesichter. Finster vor ihr. Fröhlich hinter ihrem Rücken. *Les révélations d'Alexandrine.* Vor der Tante liebevoll mit seiner Frau; vor Alexandrine und anderen, die es weitersagen konnten, *des brusqueries.* Zu Hause allerdings Fröhlichkeit und großes Einvernehmen.« Im Beisein der Tante und innerhalb der häuslichen Vertrautheit war d'Anthès ein liebevoller Gatte, doch sobald ihn jemand beobachtete, der sein Verhalten und seine

Worte Natalie hätte erzählen können, änderte er sein Gebaren und wurde grob, geradezu gemein. In Gesellschaft war er weiterhin der junge, überschwengliche Gardeoffizier, nur wenn er Natalie entdeckte, senkte sich sogleich ein melancholischer Schleier über seine blauen Augen: So wollte er ihr beweisen, welch *amour fou* sich seiner bemächtigt hatte, seit er sie wiedersehen und unter dem Vorwand verwandtschaftlicher Bande mit ihr sprechen konnte. Doch seine Seufzer und Grobheiten, seine Anflüge von Melancholie und die übertriebene, fieberhafte Fröhlichkeit waren auch ein Mittel, um aller Welt zu zeigen, daß er mitnichten ein Feigling war, wie Puschkin nach allen Seiten hin behauptete, daß er den eifersüchtigen Ehemann nicht etwa fürchtete, sondern sogar provozierte, indem er die Konsequenzen seiner rasenden Leidenschaft auf die leichte Schulter nahm. Und Natalie fand sich »in ihrer Beziehung zu d'Anthès gleichsam wieder am Ausgangspunkt, vor dessen Hochzeit. Nichts Schuldhaftes, dafür aber viel Unpassendes und allzuviel Selbstverliebtheit.« Und Baron Heeckeren mußte erneut die Bisse der Eifersucht ertragen und weitere Skandale und Katastrophen fürchten; wenn er jetzt Natalja Nikolajewna begegnete, dann wies er sie zurecht, erteilte ihr »den väterlichen Rat, das unselige Band zu zerreißen«. Und auch Katherine litt; nach außen gab sie vor, im siebten Himmel zu schweben, aber ihre Schwester Alexandrine ahnte ihre heimlichen Qualen: »Sie hat, finde ich, an Haltung gewonnen; verglichen mit den ersten Tagen zu Hause geht es ihr besser: Sie ist ruhiger geworden, aber wie mir scheint, zuweilen eher traurig als ruhig. Sie ist zu klug, als daß sie es sich anmerken ließe, auch zu stolz ...«

Die alte Haushälterin, die einmal die Gontscharow-Schwestern bedient hatte, erzählte der bereits erwachsenen Arapowa eine Episode, die ihr im Gedächtnis geblieben war: Eines Tages, nachdem Alexandrine Gontscharowa bemerkt hatte, daß sie das silberne Kreuzlein verloren hatte, das sie um den Hals trug, ließ sie das gute Stück überall suchen – vergebens. Als schließlich ein Diener Puschkins Bett für die Nacht vorbereitete (Natalja

Nikolajewna sollte demnächst niederkommen, weshalb die beiden Eheleute in getrennten Räumen schliefen), fand er darin das vermißte Kreuzlein. Diesmal scheinen die Worte der Arapowa von den Notizen Shukowskijs[1] bestätigt, lesen sich geradezu wie eine Erklärung der rätselhaften »*histoire du lit*«, die der keusche Shukowskij unmittelbar nach den Bemerkungen über d'Anthès' zwei Gesichter lakonisch andeutete. Wir können nicht mehr nachprüfen, ob die »Geschichte mit dem Bett« jenen heiklen Hintergrund hatte, den ihr die Dienerschaft unterstellte, aber wir können uns denken, daß der holländische Gesandte und sein Adoptivsohn sie liebend gern wieder aufgewärmt hätten, um zu zeigen, was für ein Mann Puschkin war, von welcher liederlichen Kanzel herab er sich erdreistete, Moral zu predigen und andere zu diffamieren. Denn zwischen dem Hause Heeckeren und dem Hause Puschkin herrschte mittlerweile offener Krieg – geführt mit Klatschgeschichten, Beleidigungen und Anschuldigungen.

Wir wollen die Rolle des Chors nicht vergessen, der Salongesellschaft. In der Absicht, das Schauspiel gründlich zu genießen (die Wutanfälle des Mohren und die Prahlereien des Franzosen, die Ängste Natalies und die eifersüchtigen Blicke Katherines), hinterbrachte die gute Gesellschaft den einen, was die anderen Schlechtes über sie verbreitet hatten, vervielfältigte mit Bällen und Empfängen die Gelegenheiten, bei denen die beiden Paare aufeinanderstoßen konnten. Damit hatte Petersburg eine neue Lieblingsbeschäftigung gefunden und sich in zwei Lager gespalten, deren Anhänger unverhohlen und leidenschaftlich Partei ergriffen für ihren jeweiligen Günstling – wie für einen Gladiator, ein Rennpferd, einen Streithahn.

An einem Tag in der zweiten Januarhälfte traf sich Puschkin mit Wladimir Dal, weil er ihn um eine Erzählung für den *Zeitgenossen* bitten wollte. Er schätzte den jungen Arzt und Schriftsteller,

---

1 Die Arapowa konnte sie nicht kennen.

der sich in die lebhafte Sprache des Volkes verliebt hatte; er mochte sein reiches Repertoire an Sprichwörtern und Redensarten, das dicke Buch, in das er die farbigsten Ausdrücke eintrug, und seine Fähigkeit, Dialekte und Akzente aus entlegensten, weitgehend unerforschten Landstrichen Rußlands nachzuahmen. Von Dal hörte Puschkin bei dieser Gelegenheit zum ersten Mal das Wort *vypolzina*[1], das die Haut bezeichnet, welche die Schlangen bei der alljährlichen Häutung abstreifen. »Wir nennen uns Schriftsteller«, rief er aus, »und kennen doch kaum die Hälfte aller russischen Wörter!« Als er Dal am nächsten Morgen wiedersah, trug er einen schwarzen Frack, der gerade aus der Schneiderwerkstatt gekommen war. »Gefällt dir meine neue Haut? Sie wird mir lange erhalten bleiben, weil ich sie nicht so schnell abstreifen werde«, meinte er lachend. Doch er sollte sie nur noch kurze Zeit am Leib behalten, und wenn er sich ihrer entledigen würde – mit Mühe und Schmerzen –, dann würde sie blutgetränkt sein und auf Bauchhöhe ein Loch haben.

An einem Tag in der zweiten Januarhälfte, als Puschkin mit Pjotr Alexandrowitsch Pletnjow spazierenging, einem russischen Dichter und Literaturprofessor an der Universität von Petersburg, sprach Puschkin lange Zeit in selbstvergessenem Ton von der Vorsehung und ihren unergründlichen Plänen. Er zitierte Lukas: »Ehre sei Gott in der Höhe und Friede den Menschen auf Erden, die guten Willens sind.« Er sagte dem Freund, ihm sei ein Wesenszug eigen, den er ungemein schätze: das Wohlwollen gegenüber den Mitmenschen – eine Tugend, an der es ihm selber fehle, um die er ihn daher beneide.

»Ich konnte Puschkin nur einmal sehen, ein paar Tage vor seinem Tod, während einer Matinee im Engelhardt-Saal. Er stand neben der Tür, an den Pfosten gelehnt, die Arme vor der breiten Brust verschränkt, und blickte verdrossen im Saal umher ... er schien verstimmt zu sein ...«

---

1 Von *vypolzat*, »abstreifen«.

»Wenige Tage vor seinem Tod suchte ich Puschkin auf. Wir unterhielten uns unter vier Augen über dies und jenes, dabei kam er unter anderem auf das eheliche Zusammenleben zu sprechen und schilderte mir überaus beredt das Glück einer gelungenen Verbindung.«

»Wenige Tage vor seinem Tod sagte Puschkin mit nachdenklicher Miene zu einem Freund, daß sämtliche bedeutenden Ereignisse in seinem Leben auf den Tag von Christi Himmelfahrt fielen, und teilte ihm seinen Entschluß mit, eines Tages auf dem Gut Michailowskoje eine Kirche erbauen zu lassen, zu Ehren der Himmelfahrt unseres Herrn Jesus Christus.«

Verschärft von Schmerz und Bestürzung, bewahrt das Gedächtnis der Zeitgenossen Einzelheiten, die es andernfalls übersehen hätte: Ausgeschmückt, verschönt, erhoben zu Vorahnungen des bevorstehenden Todes, beginnen sich zuweilen zufällige Worte und Begebenheiten in den letzten Seiten der Biographien zu verdichten. Das ist natürlich: Der Tod der Großen ist ein Tal von Echos, ein magisches Vergrößerungsglas. Doch inmitten der zahllosen Zeugen von Puschkins letzten Monaten und Tagen sind wir vor allem denen sehr dankbar, die ihn uns klar denkend, arbeitsam, voller Energie und Pläne darstellen – das andere Gesicht seiner sinnlichen Leidenschaft für das Nichtsein. Besonders um Alexander Turgenjew sind wir froh. Mit seinen beiden Briefen aus Paris, der *Chronik eines Russen*, hatte er den Seiten des *Zeitgenossen* einen schillernden europäischen Anstrich verliehen; nun würde er in Puschkins Zeitschrift die Dokumente über das Rußland des 18. Jahrhunderts veröffentlichen, die er aus Pariser Archiven ausgegraben hatte. Im Hotel Demout, einen Katzensprung entfernt vom Palais der Fürstin Wjazemskaja, erzählte Turgenjew Puschkin von seinen Forschungen, seinem Treffen mit europäischen Schriftstellern, diskutierte mit ihm über Geschichte und Literatur, erinnerte ihn an vergangene Zeiten, kommentierte scharfsinnig die Gegenwart und sprach dabei nie von dem Thema, das in aller Munde war, damit er nicht in des Dichters offener Wunde rühre. In Gesellschaft Turgenjews war der Dichter entspannt, interessiert, amüsiert, vermochte er die tägliche Misere zu vergessen. Im Dezember 1836 und im Januar 1837 war Puschkin im übrigen nicht nur »auf Bällen, im Theater, bei Hofe«: er frequentierte die Ateliers von Malern, Büchereien, besuchte die Akademie der Wissenschaften, die Universität, begab sich zu den Mittwochsempfängen von Pletnjow, den Samstagen der Shukowskijs und Odojewskijs. Er arbeitete weiter an der Geschichte über Peter I., die er als ein mörderisches Unterfangen bezeichnete: Der riesige Schatten des großen Mannes verdüsterte seinen Weg, so daß er gezwungen war, auf gut Glück voranzuschreiten; er würde noch viel, sehr viel Zeit benötigen. Er begann, Texte und Ideen zu sammeln für eine britische Ausgabe des *Liedes von der Heerfahrt Igors,* suchte neue Mitarbeiter für den *Zeitgenossen* und verfaßte selbst einige Aufsätze für die Zeitschrift. In einem Kommentar zur Geschichte Chateaubriands, der »für ein Butterbrot« Milton übersetzt hatte, um sich nicht mit den neuen Machthabern Frankreichs verbünden zu müssen, reflektierte er noch einmal über Würde und Unabhängigkeit freier Denker. In einem bizarren Divertimento, *Der letzte Verwandte von Jeanne d'Arc*, erfand er einen Nachfahren der Jungfrau, der im Jahre 1767 den alten Voltaire zum Duell forderte wegen des Werkes, das den guten Namen seiner Ahnin beschmutzte. Noch einmal – zäh, unausweichlich – die Themen von Ehre und Ehrenbegegnung, doch aufgehellt von der Vernunft und einem Lächeln.

Auf dem Galaempfang des österreichischen Gesandten am 21. Januar 1837 befanden sich unter den vierhundert geladenen Gästen auch Puschkin und Gemahlin, sowie d'Anthès und Gemahlin. Dies war kein Ort für literarische Konversationen, und so hörte Marija Mörder, unser spionierendes Fräulein, unsere eifrigste, wertvollste Informationsquelle, Reden ganz anderer Art: »D'Anthès verbrachte einen Teil des Abends ganz in meiner Nähe. Er redete lebhaft mit einer älteren Dame, die ihn, wie ich den Worten, die an mein Ohr drangen, entnehmen konnte, wegen seines exaltierten Benehmens rügte. Und wirklich: Eine Frau zu heiraten, um sich das Recht zu erwerben, eine andere zu lieben, die noch dazu die Schwester der Ehefrau ist, gütiger Himmel, dazu bedarf es schon einer großen Portion Muts! Ich konnte nicht hören, was ihm die Dame ins Ohr raunte. Was d'Anthès anbelangt, so antwortete er mit lauter Stimme, mit einer Spur verletzten Stolzes: ›Ich verstehe sehr wohl, worauf Sie anspielen, Madame, aber Tatsache ist, daß ich durchaus nicht der Meinung bin, eine Torheit begangen zu haben!‹ – ›Zeigen Sie der Gesellschaft, daß Sie ein guter Ehemann sein können und daß die Gerüchte über Sie völlig aus der Luft gegriffen sind.‹ – ›Danke, aber der Gesellschaft steht es nicht zu, über mich zu urteilen!‹ Eine Minute später sah ich Alexander Sergejewitsch Puschkin vorübergehen. Er sei ein Ungeheuer, heißt es, aber wie soll man alles glauben, was geredet wird?! Es heißt, Puschkin habe einmal, als er nach Hause kam, d'Anthès beim Tête-à-tête mit seiner Frau ertappt. Von Freunden vorgewarnt, hätte der Ehemann schon seit geraumer Zeit versucht, seinen Verdacht bestätigt zu finden. Er habe daher seinen Zorn bezähmt und sich an der Unterhaltung beteiligt. Plötzlich aber habe er das Licht gelöscht. Als d'Anthès ihn gebeten habe, es wieder anzuzünden, habe Puschkin erwidert: ›Beunruhigen Sie sich nicht, ich muß ohnehin gehen, um der Dienerschaft ein paar Anweisungen zu geben.‹ Statt dessen aber habe der eifersüchtige Gatte vor der Türe gelauscht, und nach einer Minute sei schließlich ein Geräusch an sein Ohr gedrungen, das einem Kusse gleichkam ...«

Sollten d'Anthès' Version und Partei triumphieren, war Puschkin inzwischen der Protagonist in einer Geschichte im Stile Boccaccios, in einer dieser wandernden Anekdoten, die einst von Ort zu Ort gelangten und reichlich Material lieferten für unanständige europäische Novellen. Die Anekdote hielt sich über Jahre, Jahrzehnte. Frédéric Lacroix ließ sie sogar in seine *Mystères de la Russie* einfließen: »Puschkin hegte Zweifel an der

Treue seiner Frau ... Er beschloß, die Wahrheit herauszufinden, und dachte sich hierfür folgende Strategie aus: Er lud den Freund zum Abendessen ein. Nachdem sie gemeinsam gespeist hatten, begaben sie sich in den Salon. Dort brannten auf einem Tischchen zwei Kerzen. Als Puschkin vorüberging, löschte er eine davon, und indem er so tat, als wolle er sie wieder anzünden, löschte er auch noch die zweite. Sodann schwärzte er sich in der Dunkelheit die Lippen mit Ruß, nahm seine Frau in die Arme und küßte sie auf den Mund. Einen Augenblick später kam er mit einer Lampe zurück; sein erster Blick galt dem Freund, und da er Rußspuren auf seinen Lippen bemerkte, gab es keinen Zweifel mehr für ihn: Die Treulosigkeit seiner Frau war bewiesen. Am nächsten Tag fiel der unglückliche Ehemann im Duell, zu Tode getroffen von seinem Rivalen ...« Und Alexander Wasiljewitsch Trubezkoj erzählte: »Als er aus der Stadt kam und im Salon seine Frau in d'Anthès' Gesellschaft vorfand, eilte Puschkin, anstatt die beiden zu begrüßen, schnurstracks in sein Arbeitszimmer und schwärzte sich die wulstigen Lippen mit Ruß; alsdann ging er ein zweites Mal in den Salon, küßte seine Frau, begrüßte d'Anthès und verließ das Zimmer mit dem Vorwand, es sei Zeit für das Mittagessen. Gleich darauf verabschiedete sich d'Anthès von Natalja, und sie küßten sich, so daß der Ruß von Nataljas Lippen auf die von d'Anthès abfärbte, usw.«

Puschkins Leichnam war noch nicht unter der Erde, als ein Student von der Universität Petersburg in seinem Tagebuch notierte: »Auf einem Ball hatte die Puschkina mehr Verehrer als sonst; Puschkin sah es und war übel gelaunt. Die Gattin ging zu ihm und sagte: ›Wie kommt es, daß du so versonnen bist, mein Dichter?‹ Und er antwortete: ›Liebe Freundin, für deinen Dichter / hat die große Qual begonnen; / auch wenn ich dich liebe, mein strahlender Stern, / in deinem Gefolge ist einer zuviel!‹ Das erzählte mir Kramer, der höchstpersönlich dabeigestanden war ...«

Wir können uns keine unheimlichere und schaurigere Musik vorstellen als die jener zahllosen »es heißt ...«, »möglicherweise ...«, »ich erfuhr, daß ...«, »ich sah mit eigenen Augen, daß ...«, die Puschkins Ende begleiteten – und auf vielerlei Art provozierten: ein profanes, prosaisches Requiem für einen Mann, der noch am Leben war. Wir können uns keine erbarmungslosere Vergeltung vorstellen für den Verfasser eines Versromans, dessen Musik viel dem *Bavardage* der Salons verdankt, dem eitlen, gefühllosen Klatsch der Gesellschaft. Und zu viele Dinge in dieser Geschichte sind ein groteskes Plagiat aus *Eugen Onegin*: Was Puschkin dort leicht und anmutig beschrieben hatte, gewann im wirklichen Leben eine dumpfe, bleierne Schwere; was dort den luftleeren Himmel der Poesie atmete, wurde im Leben zum Käfig, zum Kerker, zur Folterkammer. Alexander Block, der gleichfalls in der alten Hauptstadt des neuen Reichs zu ersticken drohte, sagte: »Es war mitnichten d'Anthès' Kugel, die Puschkin tötete. Er starb an Luftmangel.« Puschkin erstickte an dem Modergestank abgeschlossener Räume, der in der prunkvollen Stadt von Sankt Peter herrschte: an den Orten der Macht, in den Salons, in den Häusern seiner Freunde. Immer dieselben, eine abgeriegelte Provinz mit Klatschbasen, Voyeuren und Aasgeiern. Mit unerbittlichen, tödlichen Ritualen, denen zu entgehen Puschkin sich nicht mühte, an denen er sogar selbst mit Inbrunst teilnahm. Wir können uns keine grausamere Weise vorstellen, sich das Leben zu nehmen, als darin zu versinken.

Auf dem großen Winterball der Grafen Woronzow-Daschkow begrüßte Puschkin den Herrscher und dankte ihm für die guten Ratschläge, die er Natalja Nikolajewna erteilt hatte. »Hattest du etwas anderes von mir erwartet?« Darauf Puschkin: »Nicht nur das, ich muß sogar gestehen, daß ich Sie verdächtigte, ihr den Hof zu machen.« Nikolaj schrieb nicht auf, mit welchem Gesichtsausdruck der Dichter diese Worte äußerte, aber wir können es uns auch so vorstellen: selbstsicher lächelnd, ein letztes Siegesblitzen in den hellen Augen. Wieder sind wir nicht sicher, ob das Gespräch sich tatsächlich bei den Woronzow-Daschkows zugetragen hat, doch ist gewiß, daß an jenem Abend außer Puschkin und Natalja Nikolajewna auch d'Anthès und Gattin zu den Gästen gehörten und daß der Gardeoffizier mehr als sonst zu *drôleries* aufgelegt war. Während er nach einer Frucht griff, sagte er laut und vernehmlich: »*C'est pour ma légitime*«, wobei er das letzte Wort bedeutsam betonte und damit den Schatten einer anderen, illegitimen Gefährtin heraufbeschwor. Dann tanzte er lange mit Natalja und war mehrmals ihr Gegenüber in den *contredances*; es gelang ihm sogar, einen Augenblick mit ihr zu plaudern, und so fragte er sie, ob sie zufrieden sei mit dem Fußpfleger, den Katherine ihr empfohlen hatte. »*Il prétend*«, fügte er hinzu, »*que votre cor est plus beau que celui de ma femme.*« Es ist nicht sehr geschmackvoll, von den Füßen einer Dame zu sprechen, noch dazu haben frz. *cor*, »Hornhaut, Hühnerauge«, dieselbe Aussprache wie *corps*, Körper. Der Fußpfleger hätte demnach behauptet, daß Nataljas Körper schöner war als der von Katherine … Wer weiß, wie oft d'Anthès dieses derbe Wortspiel bereits zur Anwendung gebracht hatte, wie oft er damit abgebrühte Pariser, Berliner, Petersburger Damen bereits amüsiert hatte. Vielleicht lachte auch Natalja. Puschkin jedenfalls lachte nicht, als seine Frau ihm den unglücklichen Kalauer erzählte; denn Natalja Nikolajewna hatte sich nicht gewandelt, sie erzählte ihm noch immer alles – oder fast alles.

Tschaadajew an Alexander Turgenjew, Moskau (20.–25. Januar 1837):
»Auch wenn ich ein Narr bin, hoffe ich, daß Puschkin meine Glückwünsche zu seiner hinreißenden Schöpfung[1] akzeptiert … Sagen Sie ihm doch bitte, daß mich darin vor allem diese äußerste Schlichtheit und der gute Geschmack bezaubern, die beide so selten sind heutzutage, so schwer zu erreichen in diesem so eitlen und dennoch so ungestümen Jahrhundert, das sich mit Flitter behängt und zugleich im Schlamm versinkt, wie eine Dirne, die ein Ballkleid trägt und mit den Füßen im Dreck steht …«

---

1 *Die Hauptmannstochter.*

Am 24. Januar versetzte er bei Schischkin das Tafelsilber seiner Schwägerin Alexandrine. Er erhielt 2200 Rubel, aber diesmal verwendete er das Geld nicht, um Schulden zu bezahlen; er verwahrte es für einen wichtigen Kauf: zwei Pistolen.

Puschkin und Frau verbrachten den Abend des 24. Januar bei den Meschtscherskijs. Mit geringfügiger Verspätung kam auch Arkadij Rosset und begrüßte den Gastgeber in dessen Arbeitszimmer. Er fand ihn bei einer Partie Schach mit dem Dichter. Als Puschkin den jungen Freund begrüßt hatte, sagte er zu ihm: »Sie waren bereits im Salon, nicht wahr? Und, steht der Bursche schon neben meiner Frau?« Verlegen stammelte Rosset: »Ja, ich habe d'Anthès schon gesehen.« Puschkin lachte über seine offenkundige Verlegenheit.

Sophie Karamzina an ihren Stiefbruder Andrej, Petersburg, 27. Januar 1837:
»... Am Sonntag gab es bei Katherine eine große *réunion causante*: Die Puschkins, die Heeckerens (die noch immer ihre rührselige Komödie zum besten geben. Puschkin bleckt die Zähne und macht sein grimmiges Tigergesicht. Natalja schlägt die Augen nieder und errötet unter den glühenden, ausdauernden Blicken des Schwagers – die Sache wird langsam unmoralischer als üblich; Katherine wirft Ehemann und Schwester eifersüchtige Blicke zu, und damit auch niemand seinen Einsatz in dem Drama versäumt, kokettiert Alexandrine systematisch mit Puschkin, der allen Ernstes in sie verliebt ist, und ist seine Eifersucht Nataljas wegen eine Sache des Prinzips, kommt sie bei der Schwägerin von Herzen. Kurz, das Ganze ist höchst merkwürdig, und Onkel Wjazemskij sagt, er möchte am liebsten sein Antlitz verhüllen und seinen Blick abwenden vom Hause Puschkin) ...«

Am 25. Januar traf Puschkin Zizi Wrewskaja, die seit wenigen Tagen zu Besuch in Petersburg war. Er hatte vor über zehn Jahren auf Trigorskoje ihre Bekanntschaft gemacht, jener kleinen, ländlichen Welt, jenem koketten, warmen, weiblichen Univer-

sum, das seine einsamen Tage der Verbannung auf Michailowskoje verschönt hatte. Von Geldforderungen seines Schwagers in
arge Bedrängnis gebracht, hatte Puschkin im Dezember Zizis
Mutter, Praskowja Alexandrowna Osipowa, den Vorschlag un-
terbreitet, ihr Michailowskoje zu verkaufen: Er würde sich
glücklich schätzen, wenn das Gut in die Hände lieber Menschen
fiele, lediglich das alte Herrenhaus und etwa zehn Seelen beabsichtige er noch zu behalten. Aber die Osipowa konnte und
wollte dieses Geschäft nicht machen; ihr Schwiegersohn, Zizis
Ehemann, schien jedoch Interesse daran zu haben, der neue
Herr auf Gut Michailowskoje zu werden. Eben davon und auch
von alten, heiteren Erinnerungen hatte Puschkin mit der
Freundin gesprochen, als er sie damals wiedersah – bis die
Wrewskaja ihn fragte, was das Gerede über Natalja Nikolajewna
und Georges d'Anthès zu bedeuten hätte, das bis nach Trigorskoje gelangt sei. Der Dichter ließ sich nicht lange bitten und
erzählte ihr bereitwillig die ganze Geschichte. Nachdem er ihr
sein Herz ausgeschüttet hatte, fühlte er sich ein wenig erleichtert. Doch hatte er auch erkannt, daß das Gerücht, d'Anthès
stehe »zwischen ihm und seiner Frau«, mittlerweile bereits bis
in die Provinz vorgedrungen war.

Nachdem er gemeinsam mit Baronin Wrewskaja die Galerie in
der Eremitage besichtigt hatte, begab sich Puschkin zu Krylow;
er unterhielt sich mit dem alten Dichter und dessen Tochter,
spielte ein Weilchen mit der kleinen Enkelin und sang ihr ein
Liedchen. Dann verabschiedete er sich jäh, als erwache er aus
einem Traum.

Der 25. Januar war ein Montag, der Tag, wie einige meinten,
über den Shukowskij nach Puschkins Tod in seinem Tagebuch
vermerken würde: »Montag. Ankunft Heeckerens. Streit auf der
Treppe.«[1]

---

1 Auch der 1. Februar war ein Montag, der Tag von Puschkins Begräbnis.
Vielleicht ging der holländische Botschafter in das Haus des Verstorbenen,

Einige deuten die Eintragung folgendermaßen: »Am 25. Januar kam der holländische Gesandte zur Nr. 12 an der Mojka, doch Puschkin ließ ihn nicht einmal ins Haus, und zwischen den beiden entbrannte ein Streit, der die unmittelbare Ursache für eine erneute Forderung zum Duell wurde.« Es läßt sich nicht ausschließen, daß sich die Dinge tatsächlich so abspielten, aber wir sind davon überzeugt, daß das Faß von Puschkins Abneigung keinen letzten Tropfen mehr nötig hatte – es wäre auch ohne diesen höchst ungelegenen Besuch, wenn es denn wirklich einen solchen gegeben haben sollte, übergelaufen.

Er sperrte sich in seinem Arbeitszimmer ein. Dann nahm er die Blätter aus bläulichem Papier, die er an einem sicheren Ort verwahrt hatte, und las sie aufmerksam durch. Er legte sie vor sich auf den Schreibtisch und begann auf ein leeres Blatt Papier folgende Worte zu schreiben:

»Herr Baron, gestatten Sie mir ein kurzes Resümee der bisherigen Ereignisse: Das Benehmen Ihres Herrn Sohnes ist mir seit langem bekannt und kann mir nicht gleichgültig sein. Ich begnügte mich bislang allerdings mit der Rolle des Beobachters, hielt mich bereit, nötigenfalls einzugreifen. Nun kam mir ein Vorfall, der mir bei anderer Gelegenheit höchst unangenehm gewesen wäre, sehr gelegen, da er mir die Möglichkeit des Handelns eröffnete: Ich erhielt die anonymen Briefe. Ich sah, daß der Augenblick gekommen war, und nutzte ihn. Das übrige ist Ihnen bekannt: Ich machte aus Ihrem Herrn Sohn eine derart lächerliche Figur, daß sich meine Frau, erstaunt über so viel gemeine Feigheit, des Schmunzelns nicht erwehren konnte, wobei sich die zarten Empfindungen, die seine große, erhabene Leidenschaft in ihr geregt haben mochten, im Nu in wohlverdiente Gleichgültigkeit und Abscheu verwandelten.

---

um den Hinterbliebenen sein Beileid auszudrücken, und wurde von jemandem aus Puschkins Freundeskreis grob daran gehindert. Vielleicht ging Heeckeren auch zu Shukowskij, dem der Geduldsfaden riß ... Wer kann es wissen?

Ich muß außerdem erwähnen, daß die Rolle, die Sie, Herr Baron, in dem Stücke spielten, keine sehr ehrenvolle war. Sie, der Repräsentant eines gekrönten Hauptes, ließen sich herab, als Kuppler Ihres Herrn Sohnes aufzutreten. Es scheint, als sei sein Verhalten (ein sehr ungeschlachtes, nebenbei bemerkt) gänzlich von Ihnen gelenkt worden. So waren Sie es wohl auch, der ihm die albernen Belanglosigkeiten diktierte, die zu schreiben er die Dreistigkeit besaß. Wie ein liederliches altes Weib lauerten Sie meiner Frau hinter jedem Winkel auf, um von der Liebe Ihres vorgeblichen Bastards zu winseln. Und als er syphiliskrank das Bett hüten mußte, sagten Sie ihr, er stürbe aus Liebe zu ihr, raunten ihr zu: Geben Sie mir meinen Sohn zurück!

Sie werden doch wohl einsehen, Herr Baron, daß ich nach alledem nicht dulden kann, daß meine Familie mit der Ihren auch nur die geringste Verbindung pflegt. Nur unter dieser Bedingung war ich einverstanden, aus der schmutzigen Geschichte keine Konsequenzen zu ziehen, Sie nicht zu entehren, wie es durchaus in meinen Möglichkeiten und meiner Absicht stünde. Ich will nicht, daß meine Frau noch einmal Ihren väterlichen Ermahnungen lauscht. Ich kann nicht zulassen, daß Ihr Herr Sohn nach seinem schändlichen Betragen noch einmal das Wort an meine Frau zu richten wagt, und noch weniger, daß er ihr schmutzige Soldatenwitze erzählt und ihr Zuneigung und unglückliche Liebe vorgaukelt, während er in Wahrheit nur ein feiger Schurke ist. Aus diesem Grunde sehe ich mich gezwungen, Ihnen zu schreiben und Sie zu bitten, diesen Ränkespielen doch ein Ende zu machen, wenn Ihnen daran gelegen ist, einen erneuten Skandal zu verhüten, vor dem ich gewiß nicht zurückschrecken würde. Ihr ergebenster Diener, Alexander Puschkin.

Der Brief, den nicht abzuschicken er am 21. November 1836 beschlossen hatte, war ihm also nützlich geworden. Er hatte noch etwas hinzugefügt: die Anspielung auf d'Anthès' derbe Scherze, den er nun zweimal explizit einen Feigling genannt

298

hatte. Er hatte einige der Behauptungen ein wenig abge-
schwächt: »Es scheint, daß«, »wahrscheinlich«, und vieles gänzlich fortgelassen, wie zum Beispiel die Beschuldigung, der
Botschafter habe die anonymen Briefe verfaßt. Das könnte die
Bestätigung sein, nach der wir gesucht haben: Puschkin war
nicht mehr sicher, ob sich die Dinge tatsächlich so zugetragen
hatten, wie er es zwei Monate zuvor mit so viel Gewißheit behauptet hatte. Doch eine klitzekleine Einzelheit hindert uns
daran, endgültige Schlüsse zu ziehen; im November hatte er
geschrieben: »Ich erhielt anonyme Briefe.« Nun schrieb er: »Ich
erhielt *die* anonymen Briefe.« Vielleicht, weil die Sache mit den
Diplomen schon allgemein bekannt war, so wie die Anschuldigungen, die er gegen Heeckeren äußerte, ebenfalls allen bekannt waren und es sich daher nicht mehr lohnte, darüber zu
reden?

Am Abend des 25. Januar ging er mit Natalja und Alexandrine
zu den Wjazemskijs. Dort traf er wieder einmal auf d'Anthès
und dessen Frau. Bei bestimmter Gelegenheit sagte er zu Wera
Fjodorowna Wjazemskij, ohne den Blick von seinem Schwager
abzuwenden: »Was mich belustigt, ist, daß dieser Herr sich köstlich amüsiert, ohne auch nur im geringsten zu ahnen, was ihn zu
Hause erwartet.« – »Was denn?« fragte erschrocken Fürstin
Wjazemskaja. »Haben Sie ihm etwa einen Brief geschrieben?«
Der Dichter nickte und fügte hinzu: »Ich schrieb an seinen Vater.« – »Wie, und den Brief haben Sie bereits fortgeschickt?«
Erneutes Nicken. »Heute?« Puschkin rieb sich die Hände und
nickte. »Wir hofften, es sei alles bereinigt ...« – »Halten Sie
mich für einen Feigling? Ich sagte es Ihnen doch bereits, mit
dem Jungen habe ich abgerechnet, jetzt geht es dem Vater an
den Kragen. Die ganze Welt soll von meiner Rache reden!« Als
die Gäste sich verabschiedeten, bat die Gastgeberin Graf Wijelgorskij, noch einen Augenblick zu bleiben; sie erzählte ihm, was
sie erfahren hatte, gestand ihm ihre Besorgnis und bat ihn, auf
ihren Mann zu warten, um mit ihm über die ernste Neuigkeit zu
sprechen. Aber in der Nacht des 25. Januar 1837 kam Fürst

Wjazemskij erst spät nach Hause, und »so konnte man nichts mehr unternehmen«, wie seine Frau dann erzählte.

Am Morgen des 26. Januar erhielt Jacob van Heeckeren Puschkins Brief. Er überlegte kühl und traf dann schnell eine Entscheidung: »Konnte ich dies Schreiben unbeantwortet lassen oder mich auf sein Niveau herabbegeben? Das Duell war unvermeidlich ...«, »... sollte ich selbst den Verfasser der Botschaft fordern? ... Als Sieger hätte ich meinen Sohn entehrt, da böse Zungen behauptet hätten, ich wäre schon einmal gezwungen gewesen, eine Angelegenheit zu regeln, bei der mein Sohn wenig Mut bewiesen hatte; wäre ich getroffen worden, hätte mich mein Sohn mit Sicherheit gerächt, und seine Frau wäre womöglich unversorgt zurückgeblieben. Dennoch wollte ich nicht nur meinem Dafürhalten Folge leisten und beriet mich daher mit meinem Freund Graf Stroganow; da er mit mir übereinstimmte, informierte ich meinen Sohn über den Brief, und wir sandten ein Billett an Monsieur Puschkin ...«

Heeckeren an Puschkin, 26. Januar 1837:
»Monsieur, da ich weder Ihre Schrift noch Ihre Unterschrift[1] kenne, wandte ich mich an Vicomte d'Archiac, den Überbringer des Briefes, um mir von ihm bestätigen zu lassen, daß der Brief von Ihnen stammt. Sein Inhalt ist so weit jenseits des Erträglichen, daß ich mich weigere, auf alle Einzelheiten einzugehen.

---

1 Doch eigentlich hätte er beides kennen müssen, sogar sehr gut, wenn er am 4. November den an d'Anthès gerichteten Brief abgefangen hatte. Aber wir wollen jetzt nicht zurückblicken, um unsere Erzählung zu ändern und zu behaupten, daß Puschkin d'Anthès lediglich ein *cartel verbal* zukommen ließ. Ebensowenig wollen wir Heeckeren, so wie es alle russischen Kommentatoren tun, der gewohnheitsmäßigen, böswilligen Lüge bezichtigen. Da er sich der Tatsache bewußt war, daß alles, was er dem Dichter schrieb, an die breite Öffentlichkeit gelangen würde, wollte der Botschafter vermutlich vor den Zeitgenossen und der Nachwelt verheimlichen, welch entscheidende Rolle er in der Novembergeschichte gespielt hatte, den wenig erbaulichen Hintergründen für das versäumte Duell. Doch es gelang ihm nicht.

300

Sie scheinen zu vergessen, mein Herr, daß Sie es waren, der die Forderung von Baron Georges van Heeckeren wieder zurückzog, nachdem jener sie bereits angenommen hatte. Der Beweis dafür existiert, von Ihrer Hand geschrieben, und wird von den Sekundanten sicher verwahrt. Es bleibt mir nur noch, Ihnen mitzuteilen, daß Vicomte d'Archiac Sie aufsuchen wird, um sich mit Ihnen über den Ort zu einigen, an dem Sie sich mit Baron Georges van Heeckeren treffen werden, und um Ihnen zu sagen, daß besagtes Treffen keinerlei Aufschub duldet. Danach, mein Herr, will ich Sie lehren, dem Amt, das ich bekleide und das keiner Ihrer Schritte gefährden könnte, die ihm gebührende Achtung zu erweisen.

Ihr ergebenster Diener, Baron van Heeckeren.

Von mir gelesen und für gut geheißen, Baron Georges de Heeckeren.«

Am Morgen des 26. Januar traf Alexander Turgenjew Puschkin im Demout. »Er war fröhlich und sehr lebhaft ... Wir sprachen ausführlich über dies und das, und er scherzte und lachte.« Der Dichter verabschiedete sich von seinem Freund und versprach ihm, ihn bald einmal wieder zu besuchen. Am frühen Nachmittag erhielt er dann den Besuch von Olivier d'Archiac, der ihm Heeckerens Billett überbrachte. Ohne einen Blick darauf zu werfen, nahm er die Forderung an. Sie einigten sich darauf, das Duell am folgenden Morgen auszufechten. Es war später Nachmittag, als Puschkin Baronin Wrewskaja aufsuchte. Er gestand ihr, daß er sich zu duellieren gedachte. Die Freundin versuchte, ihm sein Vorhaben auszureden: Welches Schicksal würde seine Kinder als Waisen erwarten? »Das steht nicht zur Debatte«, entgegnete Puschkin in resolutem, fast gereiztem Ton, »der Kaiser kennt meine Geschichte, er wird für sie sorgen.« Auf dem Heimweg ging er kurz in die Buchhandlung Lisenkow und führte dort mit Boris Michailowitsch Fjodorow ein »angeregtes Gespräch über die gesamte literarische Welt«. Als er nach Hause kam, fand er ein Billett von d'Archiac: »Der Unterzeichnete informiert Herrn Puschkin, daß er bis elf Uhr abends in seinem Domizil anzutreffen ist, sich jedoch anschließend auf den Ball der Gräfin Rasumowskaja begeben wird, welche mit der Angelegenheit betraut wird, die morgen zu Ende gebracht wird ...« Es war bereits nach elf Uhr, also fuhr Puschkin unverzüglich zum Stadtpalast in der Bolschaja-Morskaja-Straße. Dort würde er die gesamte schöne Welt Petersburgs antreffen (bis auf die Familie Heeckeren, die klugerweise beschlossen hatte, der Gesellschaft fernzubleiben) und vielleicht, so hoffte er, auch einen Sekundanten finden. Als er den weißen Saal des sternenübersäten Gewölbes betrat, flüsterte er ein paar Minuten mit dem Berater des englischen Gesandten in Petersburg, Arthur Charles Magenis, der den Ruf eines ehrlichen, loyalen Mannes genoß. Er bat ihn, sein Sekundant zu sein in dem Duell, das am folgenden Tag oder besser gesagt noch am selben Tag – es war bereits nach Mitternacht – stattfinden würde. (Wandte er sich an einen Beinah-Freund, weil er seinen engeren Bekannten nicht mehr traute? An einen Ausländer, weil er einen Russen nicht der Härte des Gesetzes ausliefern wollte? An einen Diplomaten, um die Resonanz seiner Tat in der Umgebung, aus der die Beleidigung kam, zu gewährleisten? Oder einfach an den Erstbesten, der ihm über den Weg lief?) »Der kranke Papagei« – so nannte man den Engländer in Petersburg wegen seiner blassen Gesichtsfarbe und seiner überlangen Nase – sagte, er könne ihm keine Antwort geben, bevor er nicht mit d'Anthès' Sekundanten gesprochen hätte. Nachdem er sich von Magenis entfernt hatte, wechselte Puschkin ein paar Worte mit d'Archiac. Jemand bemerkte es und benachrichtigte sofort Wjazemskij, der sich gleich darauf den beiden näherte. Puschkin verabschiedete sich abrupt von dem Franzosen und unterhielt sich ein paar Minuten mit dem Freund, bat ihn, an den Fürsten Koslowskij zu schreiben, um ihn an den Aufsatz zu erinnern, den er dem *Zeitgenossen* versprochen hatte. Kurz darauf verließ er den Ball. Es war zwei Uhr morgens, als er ein dringendes Billett erhielt: Nachdem Magenis erkannt habe, daß keinerlei Aussicht auf Versöhnung zwischen den beiden Parteien bestand, sehe er sich leider gezwungen, das ihm von Puschkin angetragene Amt abzulehnen, obgleich er sich von des Dichters Vertrauen geehrt fühle.

27. Januar 1837. Shukowskij schrieb: »Um acht Uhr morgens stand er fröhlich auf.« Auf russisch: »*Vstal véselo v vósem' tscha-sów*«: ein Satz, dem die Akzente die getragenen Kadenzen des Amphibrachys verliehen, ein unfreiwilliger Vers, dem nicht einmal der Wohlklang der Alliteration fehlt. Als sei sogar in Shukowskijs Aufzeichnungen, den Hieroglyphen einer Seele auf der verzweifelten Suche nach der Wahrheit, eine neue Harmonie, ein neuer Friede eingekehrt – der sich auch Puschkins Herz bemächtigt hatte, seit er die Gewißheit besaß, daß er sich mit d'Anthès duellieren würde.

Am 27. Januar war Puschkin also strahlender Laune. Nach dem Morgentee schrieb er an Danzas und bat ihn, unverzüglich zu ihm zu kommen, die Angelegenheit sei äußerst dringend. Kurz nach neun erhielt er ein Billett des Vicomte d'Archiac: »Es ist unerläßlich, daß ich mit dem Sekundanten Ihrer Wahl spreche, und das möglichst bald. Um die Mittagszeit werde ich ausgehen; ich hoffe, Sie haben die Güte, den betreffenden Herrn noch vorher zu mir zu schicken.« Puschkin wußte noch nicht, ob und wann er einen Sekundanten haben würde, doch er vermochte sogar diese Verlegenheit zu nutzen, um d'Anthès mit Verachtung zu strafen.

Puschkin an d'Archiac, 27. Januar 1837 (zwischen 9.30 Uhr und 10 Uhr):
»Herr Vicomte, ich habe nicht die Absicht, Petersburger Müßiggänger an meinen Familienangelegenheiten teilhaben zu lassen; ich lehne daher jede Verhandlung zwischen den Sekundanten ab. Der meine wird sich gemeinsam mit mir an den betreffenden Ort begeben. Da Herr d'Anthès der Herausforderer und die beleidigte Partei ist, steht es ihm frei, mir einen Sekundanten auszusuchen, wenn er will; ich akzeptiere ihn schon jetzt, selbst wenn es sein Lakai wäre. Was Ort und Zeit

anbelangt, beuge ich mich ganz Ihren Entscheidungen. Nach russischem Brauch ist das völlig ausreichend. Ich bitte Sie, zur Kenntnis zu nehmen, Herr Vicomte, daß dies mein letztes Wort ist, daß ich zu der Geschichte nichts mehr zu sagen habe und daß ich heute nur zu einem Zweck das Haus verlassen werde, nämlich um an den betreffenden Ort zu gelangen ...«

Um elf Uhr frühstückte er mit Natalja, Alexandrine und den Kindern. Er verließ die Tafel vor allen anderen und begann im Speisesaal auf- und abzuschreiten: »Er war ungewohnt heiter«, trällerte vor sich hin und blickte unentwegt aus den Fenstern, die Aussicht auf die Mojka boten. Draußen glitzerte der Schnee in der Sonne. Endlich sah er einen Schlitten vor dem Hause anhalten. Es war Danzas, der den linken Arm in der Schlinge trug, ein lästiges Andenken an eine Verwundung auf dem Schlachtfeld. Puschkin ging zur Tür und begrüßte ihn mit Freude und Erleichterung, dann zog er sich mit ihm ins Arbeitszimmer zurück. Er erklärte ihm, daß er sich mit d'Anthès duellieren *mußte*, noch an diesem Tag, in wenigen Stunden, er habe keine andere Wahl und noch keinen Sekundanten. Würde er so gut sein? Danzas zögerte, nahm als Vorwand den schmerzenden Arm, bat ihn, einen anderen Freund zu wählen: Allzu traurig sei der Gefallen, um den Puschkin ihn da bitte. Aber er stehe selbstverständlich für jede praktische Hilfe zu seiner Verfügung. Der Dichter beauftragte ihn, die Pistolen zu holen, die er bereits in Kurakins Waffenhandlung ausgesucht hatte, und gab ihm das nötige Geld. Sie vereinbarten, einander in einer Stunde wiederzusehen. Als der Freund gegangen war, rief Puschkin nach Nikita Koslow, einem ehemaligen Leibeigenen von Boldino, der sich in seiner Kindheit und Jugend um ihn gekümmert hatte und seit ein paar Jahren wieder bei ihm war. Er ließ sich ein Bad bereiten, verlangte saubere Wäsche, wusch sich und kleidete sich an. Kurz vor ein Uhr erreichte ihn die Antwort von Vicomte d'Archiac: Puschkin müsse sich an die Regeln halten, jede weitere Verspätung gelte als Verweigerung der geforderten Satisfaktion. Der Dichter ließ sich von Koslow seine Bekesch bringen, die abgewetzte, der ein Knopf fehlte, und nachdem er dem alten Kammerdiener mitgeteilt hatte, daß er erst am späten Nachmittag wieder zurückkommen würde, ging er außer Haus.

Shukowskij schrieb: »... er ließ sich seine Bekesch bringen und verließ das Haus. Dann kam er wieder zurück, warf den langen Pelzmantel um und ging zu Fuß bis zur nächsten Droschke.«
    Puschkin machte demnach kehrt, um in den eigenen Fußstapfen – im wahrsten Sinne des Wortes – noch einmal zurückzukommen. Das erstaunt uns. Denn in Rußland ist man der Überzeugung, daß jemand, der ein zweites Mal über die Schwelle seines Hauses schreitet, gleich nachdem er es verlassen hat, mit Sicherheit in sein Unglück rennt. Und Puschkin war weiß Gott ein abergläubischer Mensch. Zuweilen wollte er wegen dringender Geschäfte ausfahren, besann sich aber dann plötzlich eines Besseren und ließ die Pferde wieder ausspannen, nur weil ein Familienmitglied oder ein Hausdiener ihm irgendeinen Gegenstand hinterhergetragen hatte – ein Taschentuch etwa, eine Uhr oder ein Manuskript, Dinge, die er in der Eile vergessen hatte. Das ist kein Märchen: Als er nach dem Tode Alexanders von dem wirren Interregnum erfahren hatte, in dem der Dekabristenaufstand reifte, beschloß er, heimlich von Michailowskoje aus nach Petersburg zu reisen, und hätte es auch getan – »Ich hätte mich bei Rylejew eingefunden, pünktlich zur Zusammenkunft am 13. Dezember ..., wäre zusammen mit den anderen auf dem Platz vor dem Senat gestorben« –, hätten ihn nicht böse Vorzeichen von der Reise abgehalten. Um ganz aufrichtig zu sein mit Nikolaj I., hätte Puschkin dem denkwürdigen Satz »Ich wäre in den Reihen der Aufständischen gewesen« hinzufügen müssen: »Wäre mir kein Hase über den Weg gelaufen und wäre ich keinem Popen begegnet.« Und am Tag des Duells ging er noch einmal ins Haus zurück, um seine Bekesch gegen den Mantel einzutauschen: Wollte er das Unglück regelrecht herausfordern? Absolut nicht: Er ging mit der Absicht, zu töten – d'Anthès zu töten, und mit ihm den schmutzigen, skandalösen Teil seiner selbst. Um endlich wieder leben zu können, um alle

Händel mit dem Tode zu beenden. Doch plötzlich waren ihm Frau Kirchhofs Worte wieder in den Sinn gekommen. Er war noch ein Jüngling gewesen, als er sie halb im Scherz aufgesucht hatte, und die deutsche Hexe hatte ihm prophezeit, daß er bald unerwartet zu Geld kommen und einen verlockenden Arbeitsauftrag erhalten würde; was die Zukunft betraf, so erwarteten ihn großer Ruhm, zwei Verbannungen und ein langes Leben – vorausgesetzt, er käme im 37. Jahr nicht wegen eines weißen Pferdes, eines weißen Hauptes oder eines weißen Mannes frühzeitig zu Tode. Alles, was die Wahrsagerin aus den Karten gelesen hatte, war eingetroffen, und noch bevor er 37 wurde, hatte Puschkin stets große Vorsicht walten lassen, wenn er mit einem »weißen Roß, weißen Kopf oder weißen Menschen« zu tun hatte. Als er daher am 27. Januar 1837 um ein Uhr nachmittags das Haus verließ, mußte er unweigerlich daran denken, daß er sich mit einem blonden Mann[1] duellieren würde, der gerne in der weißen Galauniform der Gardeoffiziere einherstolzierte. Und so war er lieber doppelt auf der Hut. Die Sonne, die er vom Fenster aus gesehen hatte, hatte ihn betrogen: Es herrschte nämlich beißende Kälte, und ein heftiger Westwind war aufgekommen – er würde lieber kein Risiko eingehen und sich mit dem Wärmsten bedecken, das er besaß. Durch ein unwillkürliches Zucken könnte seine Hand zittern und der Schuß sein Ziel verfehlen. Am Newskij Prospekt nahm er sich einen Wagen und ließ sich zu den Brüdern Rosset fahren. Er erinnerte sich an Klementijs Versprechen: »Sollte es zum Äußersten kommen, stehe ich gern zu Ihrer Verfügung.« Aber die Rossets waren nicht zu Hause. Deshalb begab er sich zu Danzas, der nur wenige hundert Meter weiter weg wohnte, und bat ihn, ihm in die französische Botschaft zu folgen; dort würde er ihm alle nötigen Erklärungen geben, so daß er seine Entscheidung treffen könne. Im Beisein von Olivier d'Archiac las er die Abschrift des Briefes an Heeckeren vor, die er bei sich trug, und erläuterte kühl und knapp die Tatsachen, die ihn dazu bewogen hatten,

---

1 *Belokuryi*, »mit weißem Haar«.

ihn zu schreiben. »Es gibt zwei Arten von gehörnten Ehemännern«, fügte er hinzu, »die, die es tatsächlich sind und wissen, wie sie sich zu verhalten haben; die anderen, die es dank der Leute sind und deren Fall demnach verzwickter ist; zu letzteren gehöre ich.« Er endete mit folgenden Worten: »Jetzt habe ich Ihnen nur noch zu sagen, daß ich, sofern die Angelegenheit heute nicht zu Ende gebracht wird, sobald mir in Zukunft ein Heeckeren über den Weg läuft, ganz gleich, ob Vater oder Sohn, ihm ins Gesicht spucken werde.« Erst jetzt wies er auf Danzas und fügte hinzu: »Dies ist mein Sekundant.« Dann, zu Danzas gewandt: »Sind Sie einverstanden?« Danzas willigte ein und besprach mit d'Archiac die Einzelheiten des Duells.

Dann kehrte Puschkin nach Hause zurück. Es war still dort, leer: Natalja war mit den Kindern bei Katherine Meschtscherskaja, Alexandrine war in ihrem Zimmer, Nikita Koslow hatte sich in der Annahme, sein Herr würde erst zum Abendessen wieder zurück sein, in die Räume der Dienerschaft zurückgezogen. Also schloß Puschkin sich in seinem Arbeitszimmer ein. Er schrieb an Alexandra Osipowna Ischimowa: »Sehr geehrte Dame, ich bin wirklich verzweifelt, Ihre heutige Einladung nicht annehmen zu können. Indes gestatte ich mir, Ihnen Barry Cornwall zu senden ... Heute habe ich zufällig Ihre *Geschichte in Erzählungen* aufgeschlagen und mich, ohne es zu wollen, in die Lektüre vertieft. So muß man schreiben! Meine Hochachtung ...« Dann nahm er ein Buch, *The Poetical Works of Milman, Bowles, Wilson and Cornwall* (auf der letzten Seite, dem Index, hatte er bereits die fünf dramatischen Szenen Cornwalls angekreuzt, die die Ischimowa für den *Zeitgenossen* übersetzen sollte), und wickelte Buch und Brief in dickes graues Papier. Er vertraute das Päckchen dem Postboten an und befahl ihm, er möge es in die Furschtadskaja-Straße bringen. Dann ging er aus dem Haus. Es war kurz nach 15.30 Uhr, als er das Kaffeehaus »Wolf und Bérenger« betrat, im zweiten Stockwerk eines Eckgebäudes zwischen der Mojka und dem Newskij Prospekt; dort hatte er sich mit Danzas verabredet. Der Freund ließ nicht lange auf sich warten. Er reichte ihm ein Blatt Papier: D'Anthès, erklärte er, hatte darauf bestanden, daß die Bedingungen des Duells schriftlich festgehalten wurden.

»1. Die beiden Gegner beziehen zwanzig Schritt voneinander entfernt Stellung, ein jeder fünf Schritt jenseits der beiden Grenzen, die ihrerseits zehn Schritt auseinander liegen.

2. Beide Gegner sind mit einer Pistole bewaffnet und können beim vereinbarten Signal, bis zur jeweiligen Grenze aufeinander zuschreitend, von der Waffe Gebrauch machen.

3. Ist ein Schuß gefallen, soll es keinem der beiden Gegner verstattet sein, sich von der Stelle zu bewegen, damit der, der als erster geschossen hat, in gleichem Abstand dem Schusse des Gegners ausgesetzt sei.

4. Haben beide Parteien geschossen und kein Ergebnis erreicht, wird das Ganze noch einmal wiederholt, wobei die Gegner wieder zwanzig Schritt voneinander Stellung beziehen, dieselben Barrieren einhalten und dieselben Bedingungen beachten.

5. Die Zeugen werden die einzigen Vermittler sein, sollten die beiden Gegner auf dem Duellplatz etwas zu klären haben ...«

Er wollte nur Stunde und Ort wissen: Fünf Uhr, Tschjornaja Retschka, in der Nähe der Datscha des Festungskommandanten; was die Bedingungen des Duells anbelangte, so ließ er sich das Unvermeidliche sagen, ohne das von den Sekundanten ausgearbeitete Dokument auch nur eines Blickes zu würdigen. Er trank Wasser mit Zitrone. In der Innentasche seines Fracks, so teilte er Danzas mit, befinde sich die Abschrift des Briefes an Heeckeren, und er bevollmächtigte ihn, diese nach seinem Dafürhalten zu benutzen, falls die Geschichte zu seinen Ungunsten ausgehen sollte. Es fehlten noch etwa zehn Minuten bis vier Uhr nachmittags, als Puschkin und Danzas den Schlitten bestiegen, der vor dem Gebäude auf sie wartete.

Table-Talk

»... Pawel Isaakowitsch Hannibal war eine Frohnatur ...
Puschkin, der damals erst seit kurzer Zeit das Lyzeum beendet
hatte, mochte ihn sehr, was ihn allerdings nicht daran hinderte,
ihn zu fordern, weil Pawel Isaakowitsch ihm während einer der
Figuren des *cotillon* die junge Loschakowa ausgespannt hatte,
in die Puschkin bis über beide Ohren verliebt war, obwohl sie
häßlich war und falsche Zähne hatte. Der Streit zwischen Onkel
und Neffe endete nach etwa zehn Minuten mit einer Versöhnung, und nach weiteren Vergnügungen und Tänzen, unter dem
Einfluß von Gott Bacchus, äußerte Pawel Isaakowitsch während
des Nachtmahls folgenden Trinkspruch:
Hast du auch auf einem Ball
gefordert Onkel Hannibal,
will doch Pawel Hannibal
nicht ruiniern durch Zank den Ball! ...«

»... Puschkin mochte Küchelbecker sehr, welcher mit ihm
das Lyzeum besucht hatte, machte sich aber oft über ihn lustig.
Wie viele junge Dichter pflegte auch Küchelbecker Shukowskij
aufzusuchen und fiel ihm mit seinen dichterischen Versuchen
ein wenig auf die Nerven. Eines Abends war Shukowskij eingeladen, blieb jedoch zu Hause. Als man ihn nach dem
Grund fragte, antwortete er: ›Schon tags zuvor war mein Magen
nicht in Ordnung; zu allem Übel erschien dann auch noch
Küchelbecker, und so blieb ich zu Hause.‹ Die Sache amüsierte
Puschkin, der dem lästigen Dichter mit folgenden Zeilen zusetzte:

Gestern hab' ich zu viel gegessen,
war auf fette Küchel versessen,
drum leid' ich heut an Diarrhoe
und arger Küchelbeckerhoe.

»... Küchelbecker wurde wütend und forderte ihn zum Duell.
Er war partout nicht mehr umzustimmen. Das geschah im Winter. Küchelbecker schoß als erster und verfehlte sein Ziel.
Puschkin warf die Pistole fort und lief, um den Freund zu umarmen, der aber schrie außer sich vor Wut: ›Schieß! So schieß
doch endlich!‹ Mit Mühe gelang es Puschkin, ihn zu überzeugen, daß er nicht konnte, weil Schnee in den Lauf seiner Pistole
gedrungen war. Das Duell wurde aufgeschoben, doch dann
schlossen die beiden Rivalen Frieden ...«

»... Korff und Puschkin wohnten im selben Haus; unter dem
Einfluß von Gott Bacchus drang Puschkins Kammerdiener in
Korffs Wohnung ein, um mit dessen Kammerdiener Streit anzu-
fangen ... Modest Andrejewitsch kam aus seinem Zimmer, um
nachzusehen, was da vor sich ging, und weil er ein aufbrausen-
der Mensch war, verabreichte er dem Verursacher der Störung
l'argumentum baculinum. Der gezüchtigte Kammerdiener lief
zu Puschkin, um sich zu beklagen. Alexander Sergejewitsch
wurde nun seinerseits wütend, ergriff für seinen Kammerdiener
Partei und forderte Korff zum Duell. Auf seinen Brief antwortete
Modest Andrejewitsch, ebenfalls schriftlich: ›Ich bin nicht gewillt, Ihre Forderung wegen solch einer Lappalie anzunehmen,
nicht weil Sie Puschkin sind, sondern weil ich nicht Küchelbecker bin.‹ ...«

»... Eines Morgens, es war auf die Minute genau ein Viertel vor
acht, betrat ich das Nebenzimmer, in dem mein Major wohnte.
Ich hatte kaum meinen Fuß hineingesetzt, als drei Unbekannte
aus dem Korridor den Raum betraten. Einer war ein sehr junger
Mann, mager, nicht groß, gelockt, mit afrikanischen Zügen, im

310

Frack. Hinter ihm kamen zwei Offiziere herein ... ›Was wünschen Sie?‹ fragte Denisewitsch den Burschen im Frack ziemlich barsch. ›Das müßten Sie eigentlich wissen‹, versetzte der,
›Sie wollten doch, daß ich mich um acht Uhr bei Ihnen einfinde‹
(er zog seine Uhr hervor), ›es bleibt Ihnen also noch eine Vier-
telstunde. Wir haben genügend Zeit, die Waffen zu wählen und
den Ort zu bestimmen‹ ... Und mein Denisewitsch wurde
krebsrot und sagte, sich verhaspelnd: ›Ich hatte Sie doch nicht
deswegen zu mir gebeten ... Ich kann mich nicht mit Ihnen
schlagen, Sie sind noch zu jung, ein Unbekannter, und ich bin
ein hoher Stabsoffizier.‹ ... Der Jüngling im Frack fuhr unbeirrt
fort: ›Ich bin Puschkin, ein russischer Edelmann, meine Beglei-
ter werden es Ihnen bestätigen, also ist es für Sie durchaus nicht
entwürdigend, sich mit mir zu duellieren.‹ ... Am Vorabend war
Puschkin im Theater gewesen, wo das Schicksal ihn neben Denisewitsch gesetzt hatte. Man führte ein albernes Stück auf,
Puschkin gähnte, pfiff, sagte mit lauter Stimme: ›Das ist unerträglich!‹ Seinem Nachbarn aber schien das Schauspiel zu gefallen. ... Nach der Aufführung hatte Denisewitsch Puschkin
im Flur zur Rede gestellt. ›Junger Mann! ... Sie haben mich
daran gehindert, das Stück zu hören ... Sie besitzen keinen Anstand und keine Manieren.‹ – ›Nun ja, ich bin noch kein Greis‹,
hatte Puschkin geantwortet, ›aber ich muß Ihnen sagen, Herr
Offizier, daß es bei weitem unhöflicher ist, mir dies hier mit
solchem Nachdruck vorzuwerfen. Wo wohnen Sie?‹ Denisewitsch hatte ihm seine Adresse gegeben und ihm gesagt, er
möge sich um acht Uhr bei ihm einfinden ... Am Ende entschuldigte sich Denisewitsch und reichte ihm die Hand, Puschkin aber verweigerte ihm die seine, und nachdem er ruhig
gesagt hatte: ›Ich nehme Ihre Entschuldigung an‹, ging er mit
seinen Begleitern hinaus ...«

»... Ende Oktober 1820 kam der Bruder von General M. F. Orlow, Fjodor Fjodorowitsch, Hauptmann der Ulanen ... für ein
paar Tage nach Kischinjow ... Wir beschlossen, in den Billard-
saal von Golda zu gehen ... Orlow und Alexejew spielten Billard

um Geld, und bei der dritten Partie ließen sie Punsch auftragen ... Die zweite Schale hatte eine starke Wirkung, vor allem auf Puschkin ... Er wurde ganz ausgelassen, trat an den Billardtisch und begann das Spiel zu stören. Orlow nannte ihn einen kindischen Schüler, und Alexejew fügte hinzu, daß man kindischen Schülern eine Lektion erteilen müsse. Puschkin riß sich jäh von mir los, und nachdem er die Kugeln durcheinandergebracht hatte, sprach er nur noch in Versen; am Ende forderte er beide zum Duell und bat mich, sein Sekundant zu sein. Sie sollten sich bei mir zu Hause um zehn Uhr morgens treffen. Es war schon beinah Mitternacht. Deshalb lud ich Puschkin ein, bei mir zu schlafen ... Als wir beinahe zu Hause waren, sagte er: ›Da bin ich ja in einen schönen Schlamassel geraten, wie komme ich da nur wieder heraus?‹ – ›Ganz einfach‹, sagte ich ... ›Sie waren es doch, der die anderen forderte ... Wenn Sie nun Frieden schließen möchten, wird Ihre Ehre keinen Schaden nehmen.‹ Er schwieg lange und sagte schließlich auf französisch: ›Das werden die niemals tun; vielleicht Alexejew, der hat Familie, aber Fjodor niemals; er hat das Gelübde getan, eines gewaltsamen Todes zu sterben, da ist es doch besser, von der Hand Puschkins dahingerafft zu werden oder ihn zu töten, als sein Leben durch einen beliebigen Menschen zu verlieren ...‹ Vor acht Uhr ging ich zu Orlow. Als ich ihn nicht zu Hause antraf, ging ich zu Alexejew. Kaum hatten sie mich vor der Tür gesehen, da verkündeten sie einhellig, daß sie eben im Begriffe waren, zu mir zu kommen, um meinen Rat einzuholen, wie die dumme Geschichte vom Vorabend am einfachsten zu beenden wäre. ›Kommt um zehn Uhr wie vereinbart zu mir‹, antwortete ich ihnen, ›dort werdet ihr Puschkin vorfinden und ihm klipp und klar sagen, er möge den gestrigen Punsch vergessen, weil ihr das auch getan habt.‹ ... Puschkin schien sich beruhigt zu haben. Einzig die Tatsache betrübte ihn, daß der Streit an einem Billardtisch entbrannt war, im Nebel des Punsches: ›Wie hätte ich mich sonst geschlagen! Bei Gott, ich hätte mich wirklich gut geschlagen!‹«

»Puschkin und Ljudmila gingen in einem Garten in der Umgebung von Kischinjow spazieren. Der Bursche, der bei derlei Verabredungen immer Wache stand, gab ihnen ein Zeichen, daß Inglesi käme, der bereits seit geraumer Zeit ein Techtelmechtel zwischen Ljudmila und Puschkin argwöhnte und versuchte, ihnen auf die Schliche zu kommen. Erschrocken, nicht um seinet-, aber um Ljudmilas wegen, lief Puschkin mit der Frau schleunigst in die entgegengesetzte Richtung, und um die Spürhunde zu verwirren, brachte er sie zu mir nach Hause. Aber das nützte nicht viel, weil Inglesi tags darauf Ljudmila einsperrte und Puschkin forderte, welcher die Forderung annahm ... Das Duell sollte am folgenden Morgen stattfinden ... aber irgend jemand informierte Generalgouverneur Insow ... Insow stellte Puschkin für zehn Tage in der Wachstube unter Arrest und überreichte Inglesi ein Billett, in dem er ihm gestattete, mit seiner Frau ein Jahr lang ins Ausland zu reisen. Inglesi verstand den Wink, und tags darauf verließen er und Ljudmila Kischinjow.«

»Als er einmal mit einem Griechen sprach, zitierte dieser ein literarisches Werk. Puschkin bat ihn, es ihm zu leihen. Jener fragte verwundert: ›Wie, Sie sind doch ein Dichter, und da kennen Sie dieses Buch nicht?‹ Der Einwand erschien Puschkin kränkend, der daraufhin den Griechen fordern wollte. Also wurde folgendes beschlossen: Bei der Rückgabe des Buches würde er ein Billett beilegen, in dem er behauptete, es bereits zu kennen, usw ...«

»Für gewöhnlich spielte man *stoss*, *écarté*, aber vor allem *banque*. Einmal spielte Puschkin mit einem der Brüder Subow, einem Generalstabsoffizier. Puschkin bemerkte, daß Subow schummelte; er verlor; nachdem das Spiel beendet war, sagte er gelassen lachend zu den anderen Spielern, daß man Spielschulden dieser Art nicht zu bezahlen bräuchte. Seine Worte kamen dem Offizier zu Ohren, der Puschkin zur Rede stellte und anschließend forderte ... Nach Aussage mehrerer Zeugen kam

Puschkin mit Kirschen in der Hand zum Ort des Duells und naschte davon, während der andere auf ihn zielte ... Subow schoß als erster und verfehlte sein Ziel. ›Haben Sie Ihre Satisfaktion?‹ fragte ihn Puschkin, als er an die Reihe kam. Statt von ihm zu verlangen, er möge schießen, lief Subow auf seinen Gegner zu, um ihn zu umarmen. ›Wir wollen es nicht übertreiben‹, sagte da Puschkin und ging davon.«

»Eines Abends im Offizierskasino von Kischinjow ... wies ein junger Offizier aus dem Jägerregiment das Orchester an, die russische Quadrille zu spielen, aber Puschkin, der sich bereits mit A. P. Poltorazkij auf eine Mazurka geeinigt hatte, klatschte in die Hände und rief den Musikanten zu, diese hören zu lassen. Der frischgebackene Offizier wiederholte seinen Befehl, aber das Orchester gehorchte Puschkin ... Hauptmann Starow hatte die Szene beobachtet, ließ den Offizier zu sich rufen und riet ihm, er möge sich zumindest bei Puschkin entschuldigen. Der schüchterne junge Bursche zögerte, sagte, er kenne Puschkin nicht einmal. ›Wenn es so ist, werde ich an Ihrer Statt mit ihm reden‹, entgegnete der Hauptmann ... Sie duellierten sich ein paar Werst von Kischinjow entfernt, um neun Uhr morgens. N. S. Alexejew war Puschkins Sekundant ... Aber das Unwetter und der starke Wind hinderten die Schützen am Zielen. Sie beschlossen daher, das Duell zu vertagen ... Zum Glück mußten sie es nicht wiederholen. Poltor und Alek gelang es, die beiden Gegner im Restaurant Nicoletti zusammenzuführen. ›Ich habe Sie immer sehr geschätzt, Oberst‹, sagte Puschkin, ›deshalb nahm ich Ihre Forderung an.‹ – ›Und Sie taten gut daran, Alexander Sergejewitsch‹, sagte Starow, ›bei meiner Ehre, ich muß sagen, daß Sie im Schießen ebenso gut sind wie im Schreiben ...‹«

»... Es ging das Gerücht, sie hätten ihn in der Geheimkanzlei ausgepeitscht, aber das ist eine Erfindung. In Petersburg hatte er sich aus diesem Grunde duelliert. Und in diesem Winter will er nach Moskau fahren, um sich mit Graf Tolstoj zu schlagen, dem ›Amerikaner‹ und Hauptverbreiter des Gerüchts. Weil er in Moskau keine Freunde hat, habe ich mich als sein Sekundant angeboten ...«

»... Einmal, in Moldawia, hatte er ein Duell mit einem deutschen Feigling auszufechten, den sie nur mit Mühe dazu hatten überreden können, sich zu duellieren. Offenbar aus Angst schoß der Deutsche als erster. Puschkin ging bis zur Barriere vor und sch..., mit Verlaub gesagt. Damit war das Duell beendet ...«

»... Ich erinnere mich nicht an die Einzelheiten des anderen Duells – in Odessa, wenn ich mich nicht irre; ich weiß nur, daß Puschkins Rivale keinen Widerstand leistete und daß Puschkin ihn friedlich von dannen ziehen ließ, nur eben auf seine Weise: Er steckte sich die noch geladene Pistole unter den Arm, ging ein wenig abseits, drehte sich um und ...«

»... Puschkin trug einen schweren Spazierstock aus Eisen. Mein Onkel fragte ihn einmal: ›Warum trägst du einen so schweren Stock?‹ Puschkin antwortete: ›Damit der Arm stark wird und nicht zittert, wenn er einmal schießen muß ...‹«

»... Ein alter Freund des Dichters ... ging zu Wasilij Lwowitsch und traf dort Puschkin, der gerade speiste. Und im Laufe des Gesprächs beauftragte ihn Puschkin, noch immer in Reisekleidung, am folgenden Morgen mit einer Duellforderung zu dem berühmten ›Amerikaner‹ zu gehen, dem Grafen Tolstoj. Die Sache renkte sich glücklicherweise ein: Graf Tolstoj war nicht in Moskau, und später schlossen die Gegner Frieden ...«

»Fünf Schritt noch sind zurückzulegen.
Jetzt hat auch Lenski haltgemacht,
Legt an und zielt – da plötzlich kracht
Onegins Schuß ... mit dumpfen Schlägen
entschied das Los: der Dichter wankt,
Sein Arm versagt, die Waffe schwankt,

Still hebt er seine Hand zum Herzen
Und fällt. Sein mattes Auge spricht
Von sanftem Sterben ohne Schmerzen.
So löst sich von der Bergwand, bricht
Und rollt, zerstäubt im Sonnenstrahle,
Die Schneelawine jäh zu Tale.«

Der Mann,
um dessentwillen wir schwiegen

Der Schlitten fuhr in Richtung Newa davon. Am Quai du Palais begegnete ihm Puschkins Kutsche: Natalja Nikolajewna fuhr mit ihren Kindern nach Hause. Danzas sah sie und hoffte einen Augenblick lang auf ein Wunder – »aber Puschkins Frau war kurzsichtig, und Puschkin blickte zur Seite«. Auf dem zugefrorenen Fluß fragte er den Freund: »Willst du mich nicht zur Festung bringen?« Er scherzte, doch im Grunde seines Herzens fürchtete er noch immer, daß etwas oder jemand ihn aufhalten könnte. Jedesmal, wenn ihnen eine Equipage begegnete, die gen Petersburg fuhr – die gesamte schöne Welt hatte den ungewöhnlich heiteren Tag genutzt, um auf verspielten kleinen Schlitten von den verschneiten Hügeln der Inseln zu rutschen –, hoffte Danzas, es möchten Freunde des Dichters sein, die, da sie ihn stadtauswärts fahren sahen, obwohl doch die Sonne bereits am Untergehen war, Verdacht schöpfen und jemanden verständigen würden, und wenn es die Gendarmen waren. Viele erkannten Puschkin. Die Tochter von Baron Lützerode rief ihm zu: »Sie sind spät dran!«, und er antwortete: »Nein, Mademoiselle Augustine, es ist nicht zu spät.« – »Wohin fahren Sie zu dieser Stunde noch? Es kommen doch schon alle wieder zurück!« riefen ihm aus einer anderen Kutsche zwei junge Bekannte zu, Fürst Wladimir Golizyn und Alexander Golowin. Nur Gräfin Woronkowa-Daschkowa, die auch d'Anthès und d'Archiac zu den Inseln hatte fahren sehen, ahnte, was da vor sich ging – aber sie wußte nicht, »wen sie hätte rufen, wohin jemanden schicken sollen, um das Duell zu verhindern«. Von den Inseln kehrten auch Josif Michailowitsch und Ljubow Wikentewna Borch zurück, der »Sekretär auf Lebenszeit des Hahnreiordens« und dessen Frau; als er sie sah, sagte Puschkin: »*Voilà deux ménages exemplaires.*« Auf Danzas' fragenden Blick – weshalb zwei? – antwortete er: »Die Frau geht mit dem Kutscher ins Bett und der Mann mit dem Vorreiter.« Nach etwa vierzigminütiger Fahrt erreichten sie die Datscha des Kommandanten, fast gleichzeitig mit d'Anthès und d'Archiac. Die beiden Wagen hielten an, die Insassen stiegen aus und stapften einen kleinen Pfad entlang auf eine freie Fläche. Dort suchten Danzas und d'Archiac eine günstige Stelle für das Duell. Sie fanden sie etwa dreihundert Meter von der Straße entfernt, hinter drei einzelnen silbrigen Birken, in einem kleinen Kiefernhain, der sie nicht nur vor dem heftigen Wind schützte, sondern auch vor den Blicken der Kutscher gelegentlich vorüberfahrender Wagen. Der Sekundant fragte Puschkin, ob er mit dieser Wahl zufrieden sei. »Mir ist alles gleich«, versetzte der, »aber machen Sie schnell.« Der Schnee war tief, man versank darin bis zu den Knien; mit d'Anthès' Hilfe mußten die beiden Sekundanten ihn fortschaufeln, um eine benutzbare Fläche zu schaffen, kaum einen Meter breit und die nötigen zwanzig Schritt lang. Auf einem Schneehaufen sitzend, beobachtete der Dichter, ohne selbst mit anzupacken, die Vorbereitungen mit völlig gleichgültiger Miene. Er unterbrach die Stille nur, um in ungeduldigem Ton zu fragen: »Und seid ihr bald fertig?« Sie waren fertig. Nachdem sie die Schritte nachgemessen hatten, nahmen d'Archiac und Danzas ihre Mäntel ab und warfen sie in den Schnee: die Barrieren. Dann luden sie die Pistolen, gaben je eine den beiden Rivalen, die sich fünf Schritt hinter der jeweiligen Barriere postiert hatten. Danzas schwenkte seinen Hut. Die Duellanten schritten aufeinander zu. Puschkin war bereits bei seiner Schranke angelangt, hatte sich leicht zur Seite gedreht und zielte, d'Anthès war noch einen Schritt weit vom Mantel seines Sekundanten entfernt, als ein Schuß die vor Kälte klirrende Luft zerriß. Es war Puschkin, der zu Boden stürzte. Und nach einem Augenblick sagte er: »Ich glaube, mein Oberschenkel ist zerfetzt.« Die Sekundanten liefen zu ihm, auch d'Anthès machte Anstalten, auf ihn zuzugehen. Doch Puschkin, der ausgestreckt im Schnee lag, hieß sie innehalten: »Wartet! Ich habe genügend Kraft, meinen Schuß abzufeuern!« D'Anthès stand reglos hinter seiner Barriere, leicht zur Seite gedreht, und hielt die rechte Hand schützend vor seine Brust. Er wartete, bis Danzas Puschkin eine zweite Pistole gab. Der Lauf der ersten, die zu Boden gefallen war, hatte sich mit Schnee gefüllt. Nachdem er sich auf dem linken Arm etwas aufgerichtet hatte, zielte Puschkin, schoß, sah d'Anthès wanken und fallen. »Bravo!« jubelte er sich selbst zu, die Pistole in die Luft werfend. »Ist er tot?« fragte er dann d'Archiac. »Nein, aber er ist an Arm und Brust verwundet.« »Komisch, ich dachte, daß ich heute endlich die Gelegenheit bekäme, ihn zu töten, aber nun sehe ich, daß es nicht so ist.« D'Archiac wollte etwas Versöhnendes sagen, aber Puschkin ließ ihm keine Zeit. »Das macht nichts, denn sobald wir uns erholt haben, müssen wir noch einmal von vorn beginnen.« Der Schnee rötete sich unter dem Bärenfell. Zweimal verlor der Dichter kurz die Besinnung. Die Sekundanten entschieden, daß das Duell nicht fortgesetzt werden konnte. Als sie den Verwundeten aufheben wollten, mußten sie einsehen, daß es unmöglich war, ihn bis zur Straße zu tragen. Er konnte sich nicht auf den Beinen halten und verlor stoßweise Blut. Also holten sie die Kutscher, mit deren Hilfe sie dann eine schmale Bahn freischaufelten, auf der die Schlitten näher heranfahren konnten. Dann legten sie den Verwundeten vorsichtig auf die Sitzbank. Die Schlittenkufen versanken im Schnee und blieben in den Unwegsamkeiten des Geländes stecken; bei jeder Erschütterung verzog Puschkin schmerzhaft das Gesicht. Auf der Straße erwartete sie die Kutsche, die Baron Heeckeren vorsichtshalber aus Tschjornaja Retschka hatte kommen lassen. Die beiden Franzosen schlugen vor, Puschkin darin zu transportieren. Danzas willigte ein; ohne dem Freund zu sagen, wem der Wagen gehörte, half er ihm hinein und nahm neben ihm Platz. Einen letzten Blick auf den Rivalen werfend, der sich entfernte, sagte Puschkin: »Zwischen uns beiden ist es noch nicht aus.«

(Unter dem Pelzmantel trug Puschkin den neuen Frack, eine dunkle Weste, ein dunkles Hemd und schwarze Hosen. Aber was trug d'Anthès an diesem Tag? Es ist dies ein Detail von größerer Wichtigkeit, als man vielleicht vermuten könnte. Shukowskij schrieb: »Was d'Anthès zu Boden warf, war nur eine starke Prellung. Die Kugel durchschlug das Fleisch des rechten Arms, mit dem er seine Brust geschützt hatte, und traf dann mit verminderter Durchschlagskraft auf den Knopf, mit dem die Hose an einem der Hosenträger befestigt war.« Und Sophie Karamzina: »Die Kugel traf seinen Arm, verwundete aber nur das Fleisch und wurde auf Magenhöhe abgefangen – von einem rettenden Knopf seiner Hose, so daß er nur eine leichte Rippenprellung davontrug.« Derselbe rettende Knopf wurde von Wjazemskij und Danzas in Erinnerung behalten, sogar von den Gesandten Preußens und Sachsens. Für uns aber ist sonnenklar: Mit dieser kleinen metallenen Scheibe, einem improvisierten Schild, versperrte Fortuna Puschkins Blei den Weg[1]; die launische Göttin, von Anfang an auf seiten Georges d'Anthès', war an diesem Tag zu allem Übel auch noch zornig auf den russischen Dichter, der, indem er noch einmal ins Haus zurückgegangen war, gegen eine ihrer – wenn auch weniger bedeutsamen – Regeln verstoßen hatte. Wir könnten auch beschwören, daß d'Anthès an jenem eisigen Januarnachmittag – das Thermometer zeigte fünfzehn Grad unter Null an – unter seinem Mantel und der Uniformjacke ein wollenes Unterhemd trug. Doch in unserem Jahrhundert hat man neue Spekulationen über seine Kleidung angestellt, neue Schlußfolgerungen gezogen. Vor mehr als fünfzig Jahren, in einem Aufsatz, der in der Zeitschrift *Lichter Sibiriens* erschienen war, fragte sich der Ingenieur M. Komar, wie eine Kugel von eineinhalb Zentimetern

---

1 Wenn wir auch Laien sind, so haben wir dennoch begriffen, daß die schräge Bahn, von unten nach oben, das Durchschlagen mehrerer Lagen Stoffs und vor allem des Unterarms, den der Rivale schützend vor seine Brust gehalten hatte, den Schwung der Kugel hemmten, so daß sie ihren nun nicht mehr tödlichen Flug an einem Knopf von d'Anthès (von Mantel, Jacke oder Hosenträger) beendete.

Durchmesser, mit einer Anfangsgeschwindigkeit von dreihundert Metern in der Sekunde »wie ein Ball von einem Knopf abprallen« konnte. Besagter Knopf hätte doch zersplittern müssen. »Der ehrlose Henkersknecht, gedungen von den aristokratischen Lakaien Nikolajs und von Nikolaj selbst«, folgerte Kolmar, »ging mit einer Rüstung unter seiner Uniform zum Duell ... aus metallenen Plättchen oder Stäbchen.« Ein Kettenhemd des 19. Jahrhunderts, eine dieser geistreichen Erfindungen, die man damals in Berlin kaufen konnte; der schlaue Heeckeren hatte es schon am 5. November 1836 bestellt, als die erste Forderung erfolgt war, und er hatte Puschkin nur deshalb um eine zweiwöchige Frist gebeten, um die Lieferung des kostbaren Gegenstands abzuwarten. 1950 erinnerte Iwan Rachillo an die sensationelle Erzählung, die er Anfang der 30er Jahre von einem Literaten aus Sibirien gehört hatte: In einem alten Register hatte jener zufällig entdeckt, daß im November 1836 in Archangelsk ein Bote des holländischen Gesandten angekommen war und daß der geheimnisvolle Reisende für einige Tage in der Armaioli-Straße abgestiegen war – offensichtlich um das unlautere Kettenhemd anfertigen zu lassen, das er dann nach Petersburg brachte. 1963, in den Seiten der *Newa*, fragte sich der Gerichtsarzt W. Safronow: »Duell oder Mord? Mord – denn außer der Tatsache, daß die von den Gegnern benutzten Pistolen von unterschiedlichem Kaliber[1] sein konnten, trug d'Anthès ein einreihiges Jackett: Die Knopfleiste war daher weit entfernt von dem Punkt, an dem sein Körper getroffen wurde; wenn ihn aber der Knopf rettete, der einen der Hosenträger festhielt, ein Gegenstand aus leichtem Horn – oder Holz oder Stoff – hätte er dem Ansturm der Kugel nicht standhalten können, und wollte man dennoch annehmen, daß die Kugel von dem Knopf des Hosenträgers abgeprallt wäre, um sodann eine neue Richtung

---

1 Eine der obersten Pflichten eines Sekundanten bestand allerdings darin, zu kontrollieren, ob die Waffen der Gegner von gleichem Kaliber waren; Danzas selbst erinnerte sich, daß die Pistolen von Puschkin und d'Anthès »völlig identisch« waren.

zu nehmen, hätten auf d'Anthès' Kleidung winzige Spuren zurückbleiben müssen, wovon jedoch keiner der Zeitgenossen berichtet.«[1] Schlußfolgerung: Die Brust des »Henkersknechts des russischen Militärs« war unverwundbar dank einer »Schutzvorrichtung«, einem Hemd aus feinen Metallblättchen. Die *TASS* verbreitete in jedem Winkel der Sowjetunion: »Spezialisten verurteilen d'Anthès«; in *Der Verbrecher wird überführt werden*, einem Büchlein, von dem 1963 fast eine Million Exemplare veröffentlicht wurden, verkündete A. Waksberg triumphierend: »Seit dem vorigen Winter ist Puschkins Tod kein Geheimnis mehr ... Nach Experimenten, nach der Analyse zahlreicher Originaldokumente [mehr als 1500] und der Einsichtnahme der archivierten Prozeßakten konnten die Kriminologen sämtliche Einzelheiten von d'Anthès' blutigem Verbrechen rekonstruieren.« Glaubwürdigere russische Wissenschaftler verwarfen jedoch Safronows These und die der selbsternannten Expertenkommission sofort wieder; drei echte Experten erklärten, daß d'Anthès zwar jeder Gemeinheit fähig gewesen wäre, doch »konnte er bei einem Duell unmöglich ein Kettenhemd tragen: Selbst im Falle einer nur leichten Verwundung am Hals oder an der Schulter wäre das Ganze am Ende entdeckt worden ... Man muß schon gar keine Ahnung und keinen Begriff haben von der Lebensart und den Gepflogenheiten jener Zeit ...« Die Staubwolke lichtete sich, als 1969 M. Jaschin eine lange Abhandlung über Puschkins Tod zu Ende brachte, in der er ein für allemal die Wahrheit über die lästige Frage gefunden zu haben behauptete: Die Gardeoffiziere hatten zwei Arten von Jacketts, beide aus grünem Tuch und mit silbernen Knöpfen: die erste Art, zweireihig, hatte zwei Knopfleisten, bestehend aus jeweils sechs Knöpfen, die zweite, länger und einreihig, eine Leiste von neun

---

1 Und wir stellen uns vor, wie besagte Zeitgenossen – Sophie Karamzina, Shukowskij, Fürst Wjazemskij, Danzas, die Barone von Liebermann und von Lützerode – sich als improvisierende Ballistik-Spezialisten über d'Anthès' Kleider beugen, um aufmerksam deren Stoff nach etwaigen Spuren zu untersuchen. Offenbar in einem Salon der holländischen Botschaft.

Knöpfen. Trug d'Anthès am 27. Januar 1837 den Zweireiher, ist ganz einfach zu erklären, weshalb ihn die Kugel am Unterarm treffen und dann von dem schicksalhaften Knopf abprallen und dabei nur eine leichte Prellung verursachen konnte. Und dennoch schloß Jaschin: »Für den Augenblick gibt es keine fundierten Gründe, die Hypothese gänzlich von der Hand zu weisen, daß d'Anthès am Tage des Duells auf die Idee gekommen war, so etwas wie ein Kettenhemd zu tragen«; um es zu erstehen, fügte er hinzu, hätte er weder nach Berlin noch nach Archangelsk reisen müssen: Aus alten Urkunden sei hervorgegangen, daß ausgerechnet 1835 und 1836 das Garderegiment die Kettenhemden erprobte, die Dr. Popandopulo-Wreto erfunden hatte ... Dr. Popandopulo-Wreto: wie köstlich! Wundarzt, Ingenieur, Erfinder, Waffenhändler, Scharlatan? Gebürtiger Grieche oder Patagonier, aus den komischen barocken Gassen Gogols stammend? Ziemlich erheitert legen wir die Lektüre beiseite. Und wieder einmal denken wir nach über das russische Vorurteil, welches in den letzten Jahrzehnten die vielen tausend Seiten vergiftet und verdorben hat – nicht nur durch Sonntagsdetektive –, die Puschkins Tod zum Thema hatten. Wir fragen uns schließlich, ob wir gut daran tun, über Jaschin & Co. zu lachen: Hinter deprimierenden ideologischen Klischees und sehr viel Ignoranz – hinsichtlich der damaligen Zeit samt ihren Sitten, Gebräuchen und Ritualen sowie ihrer zweiten und zuweilen auch ersten Sprache, dem Französischen –, hinter den erstaunlichsten Spekulationen über düstere Verschwörungen und verheimlichte Rüstungen fühlt man noch immer die Schwingungen aufrichtigen Hasses. Sollten wir nicht eher Bewunderung empfinden für ein Land, das niemals aufhört, seine Dichter mit heißen Tränen zu beweinen?)

Fürst und Fürstin Wjazemskij erinnern sich: »Puschkin verheimlichte seiner Frau nicht, daß er die Absicht hatte, sich zu duellieren. Er fragte sie, um wen sie weinen würde. ›Um den, der getötet wird‹, antwortete Natalja Nikolajewna ...«

Auf der Heimfahrt ertrug Puschkin tapfer seine Schmerzen und versuchte sogar, mit Danzas zu plaudern und zu lachen. Aber die Stiche im Unterleib wurden immer häufiger und immer heftiger, und er begriff allmählich, daß er ernsthaft verwundet war. »Ich habe Angst«, sagte er, »daß es wird wie bei Schtscherbatschjow«; Michail Schtscherbatschjow, der sich 1819 mit Rufin Dorochow duelliert hatte: Die Kugel hatte seinen Bauch durchbohrt, und der Junge war erst nach zwei Tagen wilden Todeskampfes gestorben. Aber vor allem sorgte sich Puschkin um seine Frau und bat Danzas, er solle sie nicht erschrecken, wenn er sie bei ihrer Rückkehr zu Hause antreffen würde, ihr seinen wirklichen Zustand verschweigen. Die Kutsche des Botschafters kam gegen sechs Uhr abends zum Haus Nr. 12 an der Mojka. Danzas stürzte hinein und fragte nach der Herrin des Hauses. Man sagte ihm, sie sei ausgegangen. Gänzlich außer Atem, erklärte er kurz, was geschehen war, und schickte Diener hinaus auf die Straße; sofort danach ging er, ohne sich anzumelden, in das Boudoir von Natalja Nikolajewna – genauer gesagt in ihre Ecke, hinter einem Paravent im ehelichen Schlafgemach. Er fand sie dort zusammen mit Alexandrine, sagte ihr, daß sich ihr Gemahl mit Georges d'Anthès duelliert hatte, es aber keinen Grund zur Besorgnis gäbe – er habe nur eine leichte Wunde an der Hüfte davongetragen. Inzwischen hatte Nikita Koslow Puschkin aus dem Wagen geholfen und war dann mit seinem Herrn im Arm die kurze Treppenflucht hinauf und ins Haus gegangen. »Es gefällt dir nicht, mich so tragen zu müssen, nicht wahr?« hatte Puschkin ihn gefragt. Im Vestibül, als Natalja Nikolajewna ihren Mann bluten sah, stieß sie einen Schrei aus und sank besinnungslos zu Boden. Puschkin verlangte, in sein Arbeitszimmer getragen zu werden, und verfügte, daß man ihm dort den Diwan für die Nacht bereite; er entledigte sich der blutigen Kleider, zog saubere Wäsche an und legte sich hin. Erst jetzt rief er nach Natalja. Als sie wieder zu sich gekommen war, hatte seine Frau versucht, ins Arbeitszimmer zu gelangen, aber Puschkin hatte ihr den Zutritt mit einem energischen »*N'entrez pas!*« verweigert. Händeringend hatte Natalja mit ihrer Schwester und mit Pletnjow im Salon gewartet, den eine unruhige Vorahnung zum Haus seines Freundes getrieben hatte, obwohl er ihn ohnehin zur gewohnten Mittwochsgesellschaft bei sich erwartete. »Sei ganz ruhig, dich trifft keine Schuld«, waren die ersten Worte, die Puschkin an seine Frau richtete. Danzas holte inzwischen einen Arzt. Er ging zu Arendt, dann zu Salomon, dann zu Person: Doch keiner von ihnen war zu Hause. Persons Frau riet ihm, es doch im Waisenhaus zu versuchen, da brauche er nicht so weit zu gehen. Als er dort ankam, verließ Dr. Scholz gerade das Haus. Wilhelm von Scholz war Entbindungsarzt, versprach jedoch, persönlich jemanden zu finden, der sich fachgerecht um den Verletzten kümmern konnte. Und nach ein paar Minuten erreichte er in Begleitung von Sadler, der gerade von der holländischen Gesandtschaft gekommen war, wo er d'Anthès' Arm verarztet hatte, das Haus an der Mojka. Nachdem er den Verwundeten untersucht hatte, ging Sadler wieder, um sich die nötigen Instrumente zu beschaffen: Womöglich war eine Operation vonnöten. Puschkin blieb mit Scholz allein. Er fragte ihn: »Was denken Sie von meiner Verletzung? Nach dem Schuß spürte ich sogleich einen heftigen Schlag und einen brennenden Schmerz an der Hüfte; auf dem Weg hierher verlor ich sehr viel Blut. Sagen Sie nur aufrichtig, was Sie denken.« – »Ich will Ihnen nicht verhehlen, daß es ernst ist.« – »Tödlich?« – »Ich glaube, es ist meine Pflicht, es Ihnen zu sagen: Ich schließe es nicht aus. Aber wir wollen erst noch die Meinung von Arendt und Salomon hören, man hat sie bereits verständigt.« – »*Je vous remercie, vous avez agi en honnête homme envers moi; il faut que j'arrange ma maison.*«[1] Und nach einigen Minuten: »Ich verliere viel Blut, finden Sie nicht?« Scholz untersuchte die Wunde – die Blutung schien gestillt zu sein – und legte einen neuen, kühlenden Verband auf. Dann fragte er Puschkin, ob er einen Freund sehen wolle. »Lebt wohl, meine Freunde«, sagte der Dichter leise, wobei er verschämt seinen Blick schweifen ließ, um sich

---

1 »Ich danke Ihnen, Sie haben wie ein Ehrenmann an mir gehandelt, ich muß meine Angelegenheiten ordnen.«

von all seinen Büchern zu verabschieden. Und er sprach weiter: »Glauben Sie denn, daß ich nicht einmal mehr eine Stunde lang leben werde?« – »O nein, ich sagte es doch nicht deshalb«, stammelte der Entbindungsarzt verlegen, »aber ich glaubte, es würde Sie freuen, einen von ihnen zu sehen. Herr Pletnjow ist hier.« – »Ja, aber ich hätte lieber Shukowskij gesehen. Geben Sie mir Wasser, mir wird übel.« Und nachdem Scholz den Puls gefühlt hatte, – »schwach, beschleunigt wie bei einer inneren Blutung« – verließ er das Arbeitszimmer, um Wasser zu holen und die Bitte des Kranken weiterzuleiten.

(Dr. Scholz ging hinaus, und in dem rechteckigen, mit Büchern angefüllten Zimmer – sie bedeckten alle vier Wände bis zur Decke, einschließlich des Regals, das den Diwan vor dem Blick des Eintretenden schützte – verwoben sich unmerklich Geschichte und Legende. Sie warteten bereits mit Ungeduld auf den Leib des Dichters, bemächtigten sich jeder seiner Äußerungen und Gebärden. Sogar die Briefe, die der nüchterne Chronist Alexander Turgenjew über Puschkins Ringen mit dem Tode schrieb, während er am Tisch des an das Arbeitszimmer grenzenden Salons saß, waren teilweise bereits an Rußland und die Nachwelt gerichtet. Zusammen mit den ein wenig später von Shukowskij verfaßten stimmten sie zumindest in einem Punkt nicht mit der Aussage von Doktor Spasskij überein, der kurz nach sieben Uhr kam, auch nicht mit den Erinnerungen Danzas'. Und dabei handelte es sich um einen wichtigen Punkt. Laut Aussage von Turgenjew, Shukowskij und den Wjazemskijs empfing Puschkin die Sterbesakramente, *nachdem* ihn Nikolaj I. durch Doktor Arendt hatte ermahnen lassen, als Christ zu sterben. Spasskij und Danzas behaupteten jedoch, daß Puschkin die Beichte ablegte und die Kommunion empfing, *bevor* er die Botschaft des Zaren erhielt. Wir wählen die zweite Version, weil wir wenigstens einmal, noch dazu in einer so sensiblen Angelegenheit, Puschkin die Freiheit schenken wollen, für sich selbst zu entscheiden. Doch auch, weil wir uns freudig vorzustellen geneigt sind, daß die historischen Worte Nikolajs I. auf vollendete Tatsachen stießen, eine bereits gerettete Seele erreichten – und keiner besaß im nachhinein den Mut, es ihm zu gestehen, so daß der Zar guten Glaubens sagen konnte: »Wir brachten es zuwege, daß er als Christ starb«, und das Märchen für brave Untertanen breitete sich aus und verdrängte die Wahrheit.)

Es war Sadler, der als erster wieder in das Haus Nr. 12 an der Mojka zurückkehrte, dann kamen fast gleichzeitig Salomon und Arendt. Nikolaj Fjodorowitsch Arendt, der damals berühmteste russische Mediziner, Arzt bei Hofe, untersuchte den Dichter; als er wieder aus dem Arbeitszimmer kam, bestätigte er die Diagnose seines Vorgängers: Es bestand keinerlei Hoffnung auf Genesung, vielleicht würde Puschkin nicht einmal mehr die Nacht überstehen. Eine Operation hielt er für sinnlos, weil sie die innere Blutung womöglich noch verschlimmern würde; statt dessen verordnete er Eispackungen, Beruhigungsmittel, Abführmittel. Dann kam Spasskij, Puschkins Hausarzt. »Ja, es geht mir schlecht«, sagte ihm der Dichter, als er ihn sah, und als Spasskij ihn aufmuntern wollte, winkte er ab: Er wisse Bescheid, man brauche ihn nicht zu belügen. Arendt verließ das Haus an der Mojka. »Auf Bitte der Verwandten und Freunde« fragte Spasskij Puschkin, ob er die Sterbesakramente empfangen wolle. Er wollte. »Wen sollen wir rufen?« – »Den erstbesten Priester, einen, der in der Nähe wohnt.« Er erinnerte sich, daß er am Morgen dieses Tages die Einladung zum Begräbnis des jungen Nikolaj Gretsch erhalten hatte: »Wenn Sie seinen Vater sehen«, sagte er zu Spasskij, »dann grüßen Sie ihn bitte von mir, und sagen Sie ihm auch, daß ich zutiefst mit ihm fühle.« Arendt kam zurück. Aus der Kirche am Marstall, ganz nahe an der Mojka gelegen, eilte Pater Pjotr her. »Der Kranke hat gebeichtet und die heilige Kommunion empfangen.« Als Spasskij wieder ins Arbeitszimmer kam, fragte ihn Puschkin nach dem Befinden seiner Frau. Der Arzt meinte, Natalja Nikolajewna sei etwas ruhiger geworden. »Die Ärmste«, sagte Puschkin, »sie leidet ohne Schuld und muß womöglich noch mehr leiden durch das Urteil der Öffentlichkeit.« Zwei widerstreitende Gefühle kämpften in ihm: Er wollte, daß Ärzte und Freunde Natalja Nikolajewna den Ernst seiner Lage verbargen, und fürchtete zugleich, seine Frau könne dadurch eine Hoffnung nähren, die andere mit Gleichgültigkeit verwechselten – denn sähe die Gesellschaft sie in diesem Augenblick ruhig, so meinte er, würde sie sie zerfleischen. »Die Ärmste, die Ärmste«, sagte er immer wieder. Er verlangte nach Arendt. »Bitten Sie den Zaren, er möge mir vergeben«, bat er ihn, »bitten Sie ihn, auch Danzas zu vergeben, der für mich ist wie ein Bruder, er trägt keine Schuld, ich traf ihn zufällig auf der Straße und bat ihn, mir beizustehen.« Bevor er sich verabschiedete, vertraute Arendt den Dichter der Pflege Spasskijs an und versprach, später wieder nach ihm zu sehen. »Eine außergewöhnliche Geistesgegenwart verließ den Kranken keinen Augenblick. Von Zeit zu Zeit klagte er verhalten über die Schmerzen im Bauch und verlor für kurze Zeit die Besinnung.« Kurz nach elf kam Arendt zurück. Er überreichte Puschkin ein kurzes Billett des Zaren, eilig mit Bleistift geschrieben: »Wenn es denn Gottes Wille ist, daß wir uns nicht wiedersehen auf dieser Welt, empfange hiermit meine Vergebung und den Rat, als Christ zu sterben und die heilige Kommunion zu empfangen. Sorge Dich nicht um Deine Frau und um Deine Kinder. Sie werden mir wie meine eigene Familie am Herzen liegen, ich will sie unter meine persönliche Obhut nehmen.« Als Spasskij wieder an Puschkins Krankenlager zurückgekehrt war, fragte er ihn, ob er irgendwelche Verfügungen zu treffen hätte. »Alles meiner Frau und den Kindern.« Er bat ihn, ihm ein in russischer Sprache verfaßtes Schreiben zu bringen – der Arzt erkannte darauf die Handschrift des Dichters – und es zu verbrennen. »Rufen Sie Danzas«, sagte er dann. Er verlangte, mit seinem Freund allein gelassen zu werden, diktierte ihm eine Liste seiner persönlichen Schulden, die, von denen es keine Schuldscheine oder andere Papiere gab, und unterzeichnete sie dann mit zitternder Hand. Danzas flüsterte ihm zu, daß er ihn gern rächen und d'Anthès fordern würde. Puschkin verbot es ihm. Nur wenige Male ließ er seine Frau zu sich ins Zimmer,

immer nur für ein paar Minuten. Natalja schwankte zwischen hysterischer Verzweiflung und Momenten exaltierter Hoffnung, in denen sie immer wieder sagte: »Er wird nicht sterben, das fühle ich, er wird nicht sterben.« Alexandrine, ihre alte Tante und Fürstin Wjazemskaja ließen sie keinen Augenblick allein und wachten mit ihr in dieser Nacht auf den Diwanen des Salons. Danzas und Wjazemskij richteten sich, so gut es ging, im Vestibül ein. Die anderen Freunde, die sich einer nach dem anderen eilends eingefunden hatten, sobald sie von dem Unglück erfahren hatten, waren sehr spät gegangen: Schukowskij, Wijelgorskij, Fürst Meschtscherskij, Walujew, Turgenjew. Keiner von ihnen durfte den Kranken sehen. Spasskij blieb bei Puschkin. Ihm sagte der Dichter in einem ruhigen Augenblick, daß die Zahl sechs ihm ganz entschieden Unglück brächte: »Seine Pechsträhne hatte 1836 begonnen, als er 36 Jahre alt war und seine Frau 24 (2+4 = 6); im sechsten Kapitel des *Onegin* gab es eine Stelle, die wie eine Vorahnung auf seinen eigenen Tod war, und so fort. An die traurige Parallele zwischen ihm und Lenskij hatte Puschkin, als er starb, demnach selbst gedacht.« Gegen vier Uhr früh nahmen die Schmerzen zu, steigerte sich sein leises Wimmern zu rauhem, wildem Schreien. »Warum diese Qualen?« fragte er Spasskij, »ohne sie würde ich ruhig sterben.« Arendt mußte wiederkommen und verordnete ein Klistier; die überaus schmerzhafte Prozedur verschlimmerte die Leiden des Kranken. Auf Puschkins Stirn trat kalter Schweiß, seine Augen schienen während der Krämpfe aus den Höhlen zu quellen, und mehrmals wäre er um ein Haar vom Diwan gestürzt. In dieser Nacht beschloß er, sich zu erschießen, und so bat er Nikita Koslow, ihm die Schatulle mit den Pistolen zu bringen; der Diener gehorchte, verständigte aber Danzas; und so wurden die Pistolen, die der Dichter bereits unter den Laken versteckt hatte, aus dem Arbeitszimmer entfernt. Als sich der Himmel über Petersburg lichtete, ließ Puschkin seine Frau rufen. Natalja war in eine Art lethargischen Schlaf gefallen, als aus dem Arbeitszimmer gellende Schreie herübertönten; sie hatte nur den letzten Schrei gehört, und man sagte ihr, er sei von der Straße gekommen. Und Puschkin erteilte seiner kleinen Frau die letzten Ratschläge: »Geh aufs Land, halte ein oder zwei Jahre lang Trauer, dann heirate erneut, aber keinen Schurken.« Er wollte Abschied nehmen von seinen Freunden. Shukowskij, die Wjazemskijs, Wijelgorskij, Turgenjew und Danzas kamen nacheinander ins Arbeitszimmer; wenige Worte des Abschieds, ein schon sehr schwacher Händedruck, dann bat Puschkin stumm, man möge ihn alleine lassen. Shukowskij fragte ihn: »Vielleicht sehe ich den Zaren, was soll ich ihm von dir sagen?« – »Sag ihm, daß ich ungern sterbe, weil ich nun keine Gelegenheit mehr habe, ihm die Dankbarkeit zu bezeigen, die ihm gebührt.« Er verlangte nach Pletnjow und den Karamzins. Sie ließen Jekaterina Andrejewna Karamzina holen. Er verlangte nach seinen Kindern. Man führte sie ihm noch halb schlafend ins Arbeitszimmer. Puschkin sah sie an, segnete sie, legte den schon kalten Handrücken auf die Münder von Mascha, Grischa, Sascha und Tascha. Seine Frau weigerte sich noch immer, es zu glauben: »*Quelque chose me dit qu'il vivra*«, flüsterte sie jedem zu, der mit geröteten Augen und bestürzter Miene aus dem Arbeitszimmer trat. Dann kam die Karamzina. Auch dieser Abschied währte kaum länger als eine Minute; als sie sich vom Diwan entfernte, schlug sie ein Kreuz in Richtung auf den Sterbenden, dann begab sie sich zur Tür. Puschkin rief sie zurück und bat sie, ihn noch einmal zu segnen. Dann ließ er seine Frau kommen, um ihr endlich die Wahrheit zu sagen: Arendt hatte ihn aufgegeben, es blieb nicht mehr viel Zeit, vielleicht waren ihm nur noch wenige Stunden vergönnt. Laut schluchzend warf sich Natalja vor den Ikonen auf die Knie. Das Vestibül füllte sich allmählich mit Menschen: Freunde, Bekannte und Unbekannte, die sich nach Puschkins Zustand erkundigen wollten. Die Türe, durch die man das Vestibül betrat, öffnete sich immer wieder, und das Geräusch störte den Kranken. Daher wurde beschlossen, die Vordertür mit einer Truhe zu verbarrikadieren und statt dessen den Dienstboteneingang zu öffnen. Auf diese schmale, elende Türe schrieb jemand mit einem Stück Kohle »Puschkin«. Darunter heftete man eine kurze Bekanntmachung, verfaßt von

Shukowskij: »Die erste Hälfte der Nacht verlief unruhig, die zweite etwas ruhiger. Es gibt zwar keine erneuten gefährlichen Krisen, doch tritt auch keinerlei Besserung ein.« Gegen Mittag kam Arendt, von dem Puschkin mit Ungeduld, »um in Frieden sterben zu können«, die Nachricht erwartete, daß der Zar Danzas verziehen hatte. Der einzige Trost, den ihm der Hofarzt jedoch spenden konnte, waren Opiumtropfen, und Puschkin schluckte sie gierig. Den ganzen entsetzlichen Morgen lang, erzürnt wegen seiner Qualen, hatte er jede Pflege verweigert. Inzwischen äußerte in seinem Arbeitszimmer im Winterpalais Nikolaj I. seine Zufriedenheit darüber, daß Puschkin seine letzte Christenpflicht erfüllt hatte; was Danzas beträfe, sagte er, so könne er die Gesetze nun einmal nicht ändern, wolle aber alles tun, was in seiner Macht stünde. Während dieser Unterredung verriet der Zar Shukowskij seine Absicht, sofort nach dem nunmehr unabwendbaren Tod des Dichters dessen Arbeitszimmer versiegeln zu lassen; er befahl ihm außerdem, seinen Nachlaß zu prüfen – hinterher, mit mehr Ruhe – und sämtliche kompromittierenden Schriften zu zerstören, falls er welche finden sollte. Als er an die Mojka zurückkam, konnte Shukowskij den sterbenden Freund hinsichtlich Danzas' Schicksal beruhigen. Dann betrat Jelisaweta Michailowna Chitrowo die Bühne: Sie weinte, raufte sich die Haare, gab der ganzen Welt die Schuld an der Tragödie. Sie wurde nicht ins Arbeitszimmer vorgelassen. Gegen zwei Uhr kam Dal. »Es geht mir schlecht, Bruder!« begrüßte ihn Puschkin. Er war schwach, hin und wieder verfiel er in eine ohnmachtgleiche Mattheit. Seine Frau und seine Freunde besuchten sein Bett jeweils nur für wenige Augenblicke. Dal versuchte ihn zu trösten: »Wir haben alle die Hoffnung noch nicht aufgegeben, und du darfst das auch nicht.« – »Nein, hier kann ich nicht leben. Ich werde sterben, und offenbar ist es richtig so!« Als die Wirkung des Opiums nachließ, litt er wieder entsetzliche Qualen. Er ballte die Fäuste und biß sich auf die Lippen, um nicht zu schreien. Gegen sechs Uhr abends schien sich sein Zustand rapide zu verschlechtern: Sein Herz pochte heftig, sein Puls tat hundertundzwanzig

Schläge in der Minute, seine Temperatur war gestiegen, die Anzeichen von Erregung und Unduldsamkeit nahmen zu. Arendts Anweisungen befolgend, verordneten Spasskij und Dal Blutegel, und Puschkin selbst ergriff die Tiere und setzte sie sich auf den Bauch, da er nicht wollte, daß ein anderer seine Wunde berühre. Das Mittel tat schnell seine Wirkung: Sein Puls wurde wieder regelmäßig, die Temperatur sank, der aufgetriebene Bauch schwoll ab. Und gegen Abend erblickte Dal einen Hoffnungsschimmer – mehr mit dem Herzen als der Vernunft. Als er den Freund erleichtert sah, dachte auch Puschkin für einen Augenblick, noch eine klitzekleine Überlebenschance zu haben, aber er wurde sofort wieder ernüchtert. Es folgte eine weitere qualvolle Nacht. Er fragte Dal unentwegt, wie spät es sei, und schien jedesmal, wenn der Freund ihm antwortete, in Zorn zu geraten: »Muß ich noch lange so leiden? Schneller, schneller, ich bitte dich!« Er sprach schon mit dem eigenen Tod; errechnete dessen Kommen, indem er unentwegt seinen Puls fühlte und dann seine Meinung kundtat zu dessen allzu schleppendem Gang: »Da kommt er«, sagte er ein paarmal. Er verbrachte die zweite Nacht der Agonie, indem er Dals Hand hielt. Hin und wieder griff er nach dem Glas Wasser und trank winzige Mengen von einem Löffelchen, kühlte sich selbst die Stirn mit einem Stück Eis, wechselte eigenhändig seinen Verband. Mehr noch als die Schmerzen, sagte er, mache ihm seine entsetzliche Angst zu schaffen, sie schnüre ihm die Kehle zu, drücke ihm das Herz ab. Hin und wieder bat er Dal, ihm Erleichterung zu verschaffen, ihn auf die Seite zu drehen oder ihm das Kissen zurechtzuschieben, gebot ihm aber gleich darauf Einhalt: »So ist es gut, ausgezeichnet, das ist genug, wunderbar!« oder: »Laß gut sein, ist nicht nötig, es genügt, wenn du mich am Arm etwas nach oben ziehst.« Dal riet ihm: »Schäme dich deiner Schmerzen nicht, schrei, das wird dir Erleichterung verschaffen.« – »Ich kann nicht, meine Frau wird mich hören, außerdem ist es lächerlich, sich von dieser dummen Sache besiegen zu lassen, ich will das nicht!« Am Morgen des 29. Januar wurde eine neue Bekanntmachung angebracht: »Der Kranke befindet sich in einem äußerst kritischen Zustand.« Er hatte einen schnellen, röchelnden Atem, sein Puls wurde von Stunde zu Stunde schwächer. An jenem letzten Morgen, dem Morgen des 29. Januar 1837, rief Puschkin mehrmals nach seiner Frau; das Sprechen bereitete ihm viel Mühe, und so beschränkte er sich darauf, ihre Hand zu halten. Zuweilen erkannte er sie nicht. Natalja war neben ihm, als Puschkin Danzas fragte, ob dieser glaube, daß er bald sterben würde, und er setzte hinzu:»Ich glaube es, zumindest wünsche ich es mir. Heute bin ich ruhiger, glücklich, daß sie mich in Frieden lassen, gestern haben sie mir arg zugesetzt.« Gegen Mittag verlangte er nach einem Spiegel: Er sah sich kurz darin an und schüttelte zum Zeichen seiner Mißbilligung eine Hand. Die Ärzte stellten fest, daß Arme und Beine bereits eiskalt waren. Auch das Gesicht erlitt eine entsetzliche Wandlung, und dennoch kam der Tod nicht. »*Tu vivras, tu vivras!*« wiederholte Natalja weiter, der die Ärzte nicht erlaubten, lange am Bett ihres Mannes zu bleiben. Er wartete auf den Tod, ausgestreckt auf einem Diwan, ein Knie angezogen, einen Arm unter dem Kopf – so hatte er sonst immer gedichtet. Gegen ein Uhr dreißig ließen sie die Chitrowo ans Bett: Jeliza war in Tränen aufgelöst, fiel auf die Knie. Als die Frau gegangen war, fragte Puschkin Dal noch einmal: »Sage mir, wird es bald zu Ende gehen? Ich langweile mich.« Und nach ein paar Minuten: »Schließt die Vorhänge, ich möchte schlafen.« Er schien wirklich eingeschlafen, als er plötzlich die Augen wieder aufschlug und nach Maulbeeren verlangte. Es waren aber keine im Haus, also eilte jemand fort, welche zu kaufen. Und er, ungeduldig, fast zornig, fragte: »*Moroschki, moroschki!*« Er wollte, daß seine Frau ihn füttere. Neben dem Diwan kniend, führte Natalja Nikolajewna den Löffel an seine Lippen, half ihm, zwei oder drei Beeren zu essen und ein wenig Saft zu trinken, und legte dann ihr Gesicht auf die Stirn ihres Gatten. Puschkin strich ihr über den Scheitel. »Na komm, es ist nichts, es wird ja alles gut.« Dann schickte er sie fort. »Ihr werdet schon sehen«, sagte Natalja Nikolajewna zu Spasskij, als sie das Arbeitszimmer verließ, »er wird leben, nicht sterben.« Dal fühlte noch einmal seinen

Puls: Er war nicht mehr zu spüren, und nun war bereits der ganze Körper kalt. Er näherte sich Shukowskij und Wijelgorskij und warnte sie: »Er stirbt.« Mit geschlossenen Augen sagte Puschkin: »Richte mich auf, höher, höher. Mach schon! Gehen wir.« Er erholte sich von dem Dämmerzustand, der seine Gedanken umnebelt hatte, und erklärte Dal gleichsam im Ton einer Entschuldigung: »Ich träumte, ich würde mit dir an den Regalen emporklettern, und da drehte sich mir der Kopf.« Nach ein paar Sekunden nahm er Dals Hand und flüsterte erneut: »Gehen wir doch, ich bitte dich, gehen wir zusammen!« Dann sank er wieder in die besinnungslose Mattheit zurück. Noch einmal erholte er sich und verlangte, auf die rechte Seite gedreht zu werden. Dal und Danzas griffen ihm behutsam unter die Achseln und richteten ihn auf, und Spasskij schob ihm ein Kissen in den Rücken. »So ist es gut«, sagte er, und dann: »Es ist vorüber.« Dal verstand die mit brechender Stimme gehauchten Worte nicht gleich und entgegnete: »Ja gewiß, es ist vorüber.« Aber sofort ahnte er seinen Irrtum: »Was ist vorüber?« – »Das Leben«, äußerte ganz deutlich der Dichter. Und dann: »Ich kann kaum noch atmen, ich spüre eine Last auf mir.« Seine Brust war reglos, da entrang sich ihr ein schwacher Seufzer. Kurz darauf – es war kurz vor drei Uhr nachmittags – schloß ihm Doktor Andrejewskij die Augen. Sie hatten Natalja Nikolajewna nicht ins Zimmer gelassen; am Bett standen Dal, Spasskij, Shukowskij, Wijelgorskij, Fürstin Wjazemskaja und Turgenjew. Um drei Uhr schrieb Turgenjew, während er in Puschkins Salon am Tisch saß, in sein Tagebuch: »Seine Frau will noch immer nicht glauben, daß er tot ist. Sie will einfach nicht. Und inzwischen haben wir unser Schweigen bereits gebrochen. Wir sprechen wieder mit lauter Stimme – und das Geräusch hallt entsetzlich in den Ohren, weil es vom Tode des Mannes spricht, um dessentwillen wir schwiegen . . .«

Das Tabaksdöschen des Botschafters

Dal: »Bei der Sezierung der Bauchhöhle fand man sämtliche Eingeweide heftig entzündet; doch nur an einer Stelle, die etwa so groß war wie eine halbe Kopeke, war der Dünndarm von Wundbrand befallen. Aller Wahrscheinlichkeit nach war dies die Stelle, an der die Kugel getroffen hatte ... Aus dem Einschlag der Kugel läßt sich schließen, daß der Getötete sich zu drei Vierteln abgewandt hatte und daß der Schuß von schräg oben kam ... Zeit und Umstände erlaubten es jedoch nicht, die Untersuchungen weiter auszudehnen ...«

Man schloß die Vorhänge und verhängte die Spiegel. Shukowskij rief einen Bildhauer wegen der Totenmaske. Der Leichnam wurde gewaschen, angekleidet, auf den Tisch des Speisesaals gelegt (»Wie leicht er ist!« wunderte sich Arkadij Rosset) und schließlich in eine Bahre gebettet, die mit purpurfarbenem Samt ausgeschlagen war. Es war der alte Graf Stroganow, der seit zwei Tagen zwischen dem Haus an der Mojka und der holländischen Botschaft hin- und herpendelte, um die ausstehenden Rechnungen zu begleichen, die ihm sofort nach Puschkins Ableben vorgelegt wurden. Er tat dies aus eigenem Antrieb, ohne zu knausern. War er vielleicht von Gewissensbissen geplagt, weil er seinem Freund, dem Botschafter, den fatalen Rat erteilt hatte? Absolut nicht. Alle verstanden, daß ein Duell nach Puschkins Brief unumgänglich war: »Schrecklich, schrecklich!« rief Alexander Turgenjew, als Jacob van Heeckeren, der ihm zufällig begegnete, ihm kurz den Inhalt schilderte. Und in diesen ernsten Stunden der Trauer und des Schmerzes dankten viele Freunde Puschkins dem Himmel, daß er zumindest das Leben von Georges d'Anthès verschont hatte.

Am späten Nachmittag des 29. Januar gedachten die Zeugen von Puschkins Agonie seiner, indem sie schweigend ihre Gläser erhoben. Sie waren im Haus eines gemeinsamen Freundes zusammengekommen: Das Essen zu Ehren Shukowskijs, der ausgerechnet an jenem Tag Geburtstag hatte, war zu einer wehmütigen Gedenkfeier geworden. Zwischen stummen Toasts und melancholischen Erinnerungen erörterte man die Zukunft Natalja Nikolajewnas und ihrer Kinder: Wo und wovon sollten sie leben? Schukowskij beschloß, an die Güte des Zaren zu appellieren. Mehrmals, so schrieb er ihm, habe der Verblichene den Wunsch geäußert, in Swjatyje Gory begraben zu werden, an der Seite seiner Mutter und in der Erde seiner Ahnen, doch nun drohte dem Gut Michailowskoje der Verkauf; und falls irgendein roher Provinzadliger es erstand, dem wenig gelegen war an Puschkins Grab, würden die Russen nicht einmal wissen, wo sie ihren Dichter beweinen sollten. Zusammen mit dem Andenken an Puschkin sollte auch seine Familie beschützt und vom Ruin bewahrt werden: Im Haus hatten sich zur Todesstunde alles in allem 300 Rubel befunden. Seine Majestät, wagte Shukowskij in aller Bescheidenheit anzudeuten, könne der Witwe helfen, die ersten Ausgaben für die Veröffentlichung der Werke des Verstorbenen zu bestreiten; die Einnahmen aus den Verkäufen würden ein bescheidenes Kapital ergeben für die unschuldigen Waisen. Die sofort angebotenen Maßnahmen von Nikolaj I. übertrafen die Forderungen und Hoffnungen Shukowskijs bei weitem: Bereits am 30. Januar wußte ganz Petersburg, daß der Herrscher der Familie des erschossenen Poeten aus freien Stükken geholfen hatte. Am 31. Januar bestätigte ein Erlaß den erhabenen Willen: Die Kassen des Reichs würden das Gut Michailowskoje von der Hypothek befreien, Puschkins Schulden begleichen, sein Gesamtwerk in Druck geben; neben der einmaligen Zahlung von zehntausend Rubel an die Witwe würde diese eine Jahresrente von eintausendfünfhundert Rubel erhalten; Puschkins Söhne sollten ins Pagenkorps aufgenommen werden und die gleiche Summe erhalten, bis sie eine zivile oder militärische Laufbahn einschlagen würden; für die Mädchen galt die Unterstützung bis zum Tage ihrer Vermählung. Rußland war gerührt, und die europäischen Höfe bewunderten erstaunt Nikolajs Milde: Der »gütige Engel« machte dem toten Dichter *le beau rôle* abspenstig. Wir glauben aber nicht, daß Puschkin sich diesmal geärgert hätte. Nicht einmal in seinen rosigsten Träumen hatte er sich je eine so glückliche Lösung seiner finanziellen Probleme ausgemalt. Seine Bücher fanden sogleich reißenden Absatz, so daß der Buchhändler und Verleger Smirdin allein zwischen dem 29. Januar und dem 1. Februar 1837 einen Umsatz von vierzigtausend Rubel erzielte.

Die Menge, die dem Dichter die letzte Ehre erweisen wollte, wuchs von Stunde zu Stunde, drängte sich vor der Eingangspforte, blockierte die angrenzenden Gäßchen. In diesen ungemein tristen Januartagen brauchte man sich in Petersburg nur in einen Schlitten zu setzen und die Worte »Zu Puschkin!« zu rufen, um zum Haus Nr. 12 an der Mojka gefahren zu werden; die Kutscher kannten die Adresse inzwischen auswendig. Gendarmen regelten den Verkehr der herbeiströmenden Besucher, die warteten, bis sie an der Reihe waren, durch den Dienstboteneingang ins Haus zu treten, Speisekammer, Arbeitszimmer und Salon zu passieren (ein Paravent verbarg die Tür zum Speisesaal, in dem sich Familienangehörige und Freunde versammelt hatten), um schließlich ins Vestibül zu gelangen: gedämpft schimmerndes Kerzenlicht, gelblicher Boden, gelbliche Wände, schwere, weihrauchschwangere Luft; an einem Ende des Katafalks ein Diakon, der Litaneien sang, am anderen Ende ein »Diener in dunkelblauem Frack mit Goldknöpfen, der das Haupt des Verstorbenen mit Kölnisch Wasser besprengte und den Besuchern den Hergang seines Ablebens schilderte.«

Vom Nachmittag des 29. Januar bis zum Abend des 31. Januar standen außer Freunden und Bekannten, außer dem gesamten denkenden und schreibenden Petersburg mindestens zehntausend Personen vor der Bahre. Die meisten dieser Menschen waren Unbekannte. Sie grüßten den Russen, der von der Hand eines Ausländers getötet worden war. Es kamen, schrieb Katherine Meschtscherskaja, »Frauen, Greise, Kinder, Studenten, Leute aus dem Volk, einige in *tulup*, andere regelrecht in Lumpen.« Es kamen, schrieb Sophie Karamzina, »Beamte, Offiziere, Kaufleute …« Einer dieser Unbekannten sagte zu Rosset: »Sehen Sie, Puschkin irrte sich, als er glaubte, seine Beliebtheit eingebüßt zu haben: Sie ist da, nur suchte er sie nicht bei den Menschen, deren Herzen ihm zugeflogen wären.« Schenken wir diesen letzten Worten unsere Aufmerksamkeit: Nur die Pietät brachte den Vorwurf zum Schweigen, als ob der Dichter durch sein Sterben die schuldhaften Händel mit der Aristokratie, den Mächtigen gesühnt hätte. »Armer Puschkin!« schrieb voller Schmerz der Zensor Nikitenko. »So bezahlte er das Recht, in den Salons der Aristokraten aus und ein gehen zu dürfen, wo er doch nur seine Zeit und sein Talent vergeudete, mit seinem Leben …«

In der gewaltigen Menschenmenge, die dem Dichter die letzte Ehre erwies, waren auch, wie durch einen düsteren Zauber dem Eis der Newa entstiegen, etliche Krokodile und vergossen heiße Tränen. Es beweinten Puschkin viele von denen, die ihn schon seit mehreren Jahren begraben und den Niedergang seiner Beliebtheit beschlossen hatten, die noch vor kurzem über den Seiten des *Pugatschjow-Aufstands* und des *Zeitgenossen* gegähnt hatten. Puschkin huldigte die neue plebejische Intelligenzija, die ihn bereits in wenigen Jahren durch die Hand ihrer Kinder erneut begraben würde im verstaubten Pantheon der reinen, zweckfreien Kunst, die sich selbst ad absurdum führt. Das Hinscheiden Puschkins, des »zweifachen Aristokraten – durch seine Geburt und seine öffentliche Stellung« –, rief die zweite Gesellschaft herbei, war ein stummer Appell an den dritten Stand.

338

Was die Leute in Lumpen betraf, so hatte die Meschtscherskaja aus Rührung wohl etwas übertrieben. Da besaß Nikitenko einen weit klareren Blick, als er vor der Kirche, in der die Feier begangen wurde, elegante Privatkutschen stehen sah und eine große Menschenmenge, »darunter nicht einen *tulup* oder einen *zipun* – auch keinen Schafspelz oder die groben Überröcke des vierten Standes.«

»Wie spät ist es?« hatte der todgeweihte Puschkin unentwegt gefragt. Es waren nicht nur die Schmerzen, die ihn quälten: Er kannte sein Land, seine Leserschaft. Wenn er in diesem Jahr, an diesem Tag starb, konnte er in einer riesigen Umarmung Verleumder und künftige Entthroner um sich scharen. Er übertraf sie in der eleganten Fähigkeit, den rechten Zeitpunkt zu wählen. Ohne Groll: Er verstand die Notwendigkeit dessen, was geschah und geschehen würde. Nicht umsonst war er der neue Geschichtsschreiber des russischen Imperiums. »Hier werde ich nicht leben, das weiß ich«, hatte Puschkin Dal erwidert, der ihn trösten wollte. Hier, in diesem Jahrhundert. Und so ging er von der Bühne, indem er mit einem letzten Aufflammen alexandrinischen Lichts – die Lebensverachtung, die andere Russen zu Beginn des 19. Jahrhunderts auf den Schlachtfeldern gezeigt hatten – seinen Schein über ganz Rußland warf.

»Mir wird übel, ich habe Durst, holen Sie den Priester, ich langweile mich, ich will schlafen«, hatte Puschkin während seiner Agonie gesagt: einfache, klare Sätze, passend zu seinem entsetzlichen Erlebnis. Sogar während des Deliriums, in dem sich ihm der Tod offenbarte als eine leider unbrauchbare Leiter auf zu hohe Bücherregale, hatte er kein Wort zuviel gesprochen. Am 29. Januar kurz vor drei Uhr verschwindet die Muse der Knappheit und Bündigkeit aus der russischen Literatur. Mit ihr verschwinden Lächeln, Liebreiz, Leichtigkeit. Und lange Zeit wird Finsternis herrschen. Was an jenem 29. Januar kurz nach drei Uhr kam, gehört bereits in eine andere stilistische Ära: das Rokoko des Absurden, die Sarabande der Zweideutigkeiten, die groteske Aufgeblasenheit, der lärmende Hanswurstenwitz, das

339

schrille Lachen zwischen frommen Tränen. Keiner soll uns nach dem, was wir erlebt haben, erzählen, daß Gogol kein realistischer Schriftsteller war. Hirngespinste einer vergeßlichen Nachwelt.

Dem Leichnam des Dichters die letzte Ehre zu erweisen, kam auch ein Student, von dem wir nur die Initialen kennen: P. P. S. Er fragte Wjazemskijs Sohn, ob er nicht das Porträt Kiprenskijs sehen dürfe, auf dem Puschkin heiter und voller Leben war; der Junge ging in den Salon und trug die Bitte weiter. Die Frau des Grafen Stroganow stürzte ins Schlafzimmer und rief, eine Horde Hitzköpfe aus der Universität sei ins Haus eingedrungen, um die Verantwortliche für die Tragödie zu beleidigen. Dann schrieb Julija Pawlowna Stroganowa ein Billett an ihren Gatten, der sich gerade in der Dritten Sektion befand, in dem sie ihn bat, er möge zum Schutze der armen Witwe Truppen schicken, da sie ansonsten den Ausschreitungen eines verantwortungslosen Lumpengesindels hilflos ausgeliefert sei. Das war aber gar nicht nötig: Der gewissenhafte Benckendorff hatte bereits Vorkehrungen getroffen. Außer den uniformierten Polizisten, die vor dem Palast der Wolkonskaja postiert waren, um die öffentliche Ordnung aufrechtzuerhalten, standen weitere Beamte in Zivil vor dem Katafalk; vielleicht war es einer von ihnen, der eiligst die Autoritäten informierte: Der Verstorbene trug statt der Kammerjunkeruniform einen schwarzen Frack. Der Zar mißbilligte Puschkins letzte Gewandung und sagte: »Das war gewiß ein Vorschlag Turgenjews oder Fürst Wjazemskijs.«

Die Beamten tarnten sich in der Menge, die vor dem Eingang wartete, belauschten die Gespräche der Menschen auf den Straßen und in den Häusern. Dann erstatteten sie Bericht: Das niedere Volk sei wütend auf den Ausländer, der es gewagt hatte, seine gotteslästerliche Hand gegen den Dichter zu erheben, und bewerfe die Fenster des Mörders mit Steinen. Neben dem verhaßten Franzosen wolle es auch den Ärzten eine Lektion erteilen – Polen, Deutsche, Juden! –, da sie den Dichter nicht zu retten vermocht hatten. Es werde öffentlich seinen Unwillen kundtun. Deshalb gelte es, die Wachsamkeit zu verstärken, um einen Tumult, einen Aufstand zu verhindern.

In Rußland war es verboten, über Verbotenes zu schreiben. Alle Welt wußte, wie Puschkin zu Tode gekommen war, aber die Zeitungen mußten über das Duell schweigen. »Er hat nach kurzen körperlichen Leiden das irdische Jammertal verlassen«: eine Unverträglichkeit von Gefrorenem, ein Kälteschock, eine Geschlechtskrankheit? Viele Zeitungen, erfaßt von plötzlicher Vergeßlichkeit, druckten im übrigen nicht einmal die Nachricht seines Todes. In den Tagen, die dem 29. Januar folgten, fanden die Zensoren keinen Augenblick lang Ruhe. Sie hatten genaue Anweisungen erhalten: In den Nachrufen seien allzu überschwengliche Lobesreden und apologetische Töne zu vermeiden. Lediglich dem *Russischen Invaliden* gelang es, ihnen in seiner literarischen Beilage ein Schnippchen zu schlagen. In einer mit Trauerrand versehenen Glosse ohne Unterschrift veröffentlichte er einen schmerzvollen Nachruf von der Feder Odojewskijs: »Die Sonne unserer Poesie ist erloschen! Puschkin ist tot, aus dem Leben gerissen in der Blüte seiner Jahre, auf dem Gipfel seines Ruhms!... Puschkin! Unser Dichter! Unsere Freude, unser nationaler Stolz!... Kann es wahr sein, daß wir Puschkin nicht mehr haben? Dieser Gedanke will uns einfach nicht in den Sinn!« Am folgenden Tag stellte Fürst Dondukow-Korsakow Krajewskij, den Redakteur des kühnen Blattes, zur Rede: »Was hat der schwarze Rand um die Todesanzeige eines Mannes zu bedeuten, der keinerlei Amt im Staatsdienst bekleidete? ... Die Sonne unserer Poesie!! Zuviel der Ehre, meinen Sie nicht? ... Mit ein paar Versen erklimmt man noch lange keine Gipfel des Ruhms, wie Sergej Semjonowitsch sich auszudrücken beliebte!« Krajewskij, der auch Beamter im Bildungsministerium und daher abhängig war von Sergej Semjonowitsch Uwarow, bekam einen formellen Verweis. Er wurde in die Dritte Sektion gerufen und erhielt eine offizielle Rüge, desgleichen Gretsch. Benckendorff hatte die kurze Mitteilung, die in der

Biene des Nordens erschienen war, zu emphatisch gefunden, nahezu panegyrisch: »... Von tiefem Schmerz erfaßt, finden wir nicht viele Worte. Rußland schuldet Puschkin Dank für seine zwanzigjährigen Verdienste auf dem Gebiet der Literatur und für eine Reihe glänzender, höchst wertvoller Erfolge mit Werken jeder Gattung ...«

In den von Natalja Nikolajewna verschickten Einladungen wurde angekündigt, daß das Begräbnis am 1. Februar um 11 Uhr in der Sankt-Isaak-Kirche stattfinden würde, die damals zwar noch nicht die herrliche Kathedrale war, die wir heute kennen, doch bereits eine schöne große Kirche neben der Admiralität, zu deren Pfarrei Puschkin gehörte, da er an der Mojka wohnte. Am Abend des 31. Januar ließ ein Offizier der Gendarmerie das Aufbahrungszimmer schließen und verkündete, daß aus Gründen der öffentlichen Ordnung die Überführung des Leichnams noch in derselben Nacht durchgeführt würde – in die Kirche am Marstall, nicht in die Sankt-Isaak-Kirche. Gegen Mitternacht kam ein dritter Polizeitrupp. Der ungewöhnliche Zug (etwa zehn Familienangehörige und Freunde des Dichters, die doppelte Menge an Gendarmen) bewegte sich wie eine Gruppe ängstlicher Übeltäter ohne Fackeln durch die verlassenen Straßen. An jeder Ecke standen Ordnungskräfte bereit, um etwaige Tumulte niederzuschlagen.

Am Morgen des 1. Februar standen viele herausragende Petersburger Bürger vor einem peinlichen Dilemma: In welcher Kleidung sollte man zum Begräbnis erscheinen? In Uniform oder Frack? Die Aufmerksamkeiten, mit denen der Zar die Familie des Dichters überhäuft hatte, zeigten, wie sehr er ihn geschätzt hatte; wer wußte zu sagen, ob der Herrscher sich nicht im letzten Augenblick dazu entschloß, dem verlorenen Sohn die letzte Ehre zu erweisen, und seine Empfindlichkeit, was Kleidung anbetraf, war allen hinlänglich bekannt: also Uniform. Aber die zwiespältigen Umtriebe Puschkins? Und war er nicht infolge eines Duells gestorben? Frack. Der Dichter bekleidete andererseits ein wenn auch bescheidenes Amt bei Hofe: Uniform. Endlich entschieden sich fast alle für die Galauniform mit Streifen, Sternen und sämtlichen Orden. Wer nicht von der Programmänderung informiert worden war, präsentierte sich in der Admiralität; die Fahrer der Equipagen mußten große Mühe aufwenden, um sich einen Weg zu bahnen durch die Menge an Studenten und Beamten, die trotz des ausdrückliche Verbots für Universitäten und Ministerien beschlossen hatten, am Begräbnis teilzunehmen, und nun auf den Marstallplatz zuströmten. In die kleine Kirche durfte nur eintreten, wer eine Einladung vorzeigen konnte. Jelisaweta Michailowna Chitrowo wies auf Männer, auf deren Fräcken ganze Trauben von Orden hingen, und sagte zu einer Bekannten: »Sehen Sie sich diese Leute an, ich bitte Sie, haben die denn kein Herz? Können die nicht eine Träne hervorquetschen?« Und dann zupfte sie einen jener Männer am Ellbogen und fragte: »Weshalb weinst du denn nicht, mein Lieber? Empfindest du keine Trauer um deinen Herrn?« Der Befrackte antwortete in aller Demut: »Mitnichten, Euer Hochwohlgeboren, ... wir, sehen Sie, sind doch nur die Angestellten des Bestattungsinstituts.«

Alexander Iwanowitsch Turgenjew an Alexandra Iljinitschna Nefedjewa, Petersburg, 1. Februar 1837:
»... *Ein Nachmittagsbrief.* Ich komme eben zurück aus der Kirche am Marstall, aus der Krypta, um genau zu sein, in der die Bahre für die Überführung bereit steht. Ich traf dort pünktlich um 11 Uhr ein, aber der Gottesdienst hatte bereits um 10.30 Uhr begonnen. Zahllose Menschen auf den Straßen, die zur Kirche und auf den Marstallplatz führten, aber man ließ die Leute nicht in die Kirche. Der Platz darin reichte mit Müh und Not für die adeligen Gäste. Eine Schar Offiziere aus dem Generalstab, Graf Orlow, Fürst Trubezkoj, Graf Stroganow, Perowskij, Suchozanet, Adlerberg, Schipow usw., Botschafter – der französische mit aufrichtig bewegter Miene, was jemanden, der hörte, daß nur wenige Aristokraten Puschkin beweinten, zu sagen bemüßigte: ›Barante und die anderen Herren *sont les seuls Russes dans tout cela*!‹ Der Gesandte Österreichs, die Botschafter

von Neapel, Sachsen, Bayern, alle mit ihren Gattinnen und ihrem Gefolge. Die hohen Ränge des Hofs, einige Minister: darunter auch *Uwarow*: der Tod stiftet Frieden. Schöne Frauen, darunter etliche, die derzeit sehr beliebt sind; die Chitrowo mit ihren Töchtern, Graf Bobrinskij; Schauspieler: Karatygin und andere. Journalisten, Schriftsteller – Krylow nahm als letzter Abschied von dem Leichnam. Sehr viele junge Leute. Der Archimandrit zelebrierte zusammen mit sechs weiteren Geistlichen die Messe. Gedränge vor dem letzten Kuß. Die Freunde trugen die Bahre vor die Kirche; doch es waren so viele, die von dem Dichter Abschied nehmen wollten, daß der Frack von Fürst Meschtscherskij in dem Gewühl zerrissen wurde. Auch Engelhardt, sein ehemaliger Lehrer am Lyzeum von Zarskoje Selo, war gekommen; er sagte zu mir: ›Das ist nun schon der achtzehnte von meinen Schülern, den ich zu Grabe geleite‹ – aus dem ersten Jahrgang des Lyzeums, wollte er sagen. Alle Freunde aus Lyzeumstagen waren da. Wir trugen die Bahre in das Kellergeschoß im anderen Hof; um ein Haar hätte man uns zerquetscht ...«

Bevor man den Sarg zunagelte, legten Wjazemskij und Shukowskij einen Handschuh neben den Leichnam: ein Stück gegerbte Haut, ein symbolisches Stück ihrer Seele. Die Autoritäten der Polizei, von den Spionen sofort informiert, verstanden ihn als Fehdehandschuh gegen die Institutionen, die Macht, den Zaren.

Am 2. Februar reiste Vicomte d'Archiac als diplomatischer Kurier nach Paris.

Am Morgen des 31. Januar war Shukowskij mit der städtischen Post ein anonymer Brief zugestellt worden: »... Ist es möglich, daß nach diesem Vorfall nicht nur Dantest bei uns geduldet wird, sondern auch der verabscheuungswürdige Heckern? Daß die Regierung mit Gleichgültigkeit die Tat eines Ausländers duldet, den sie verachtet, und den Burschen unbestraft läßt, diese überhebliche Null? Sie, als Freund des Verstorbenen ...

344

werden Ihr Möglichstes tun, damit die beiden aus dem Land gejagt werden ... die es gewagt haben, in der Person des Verstorbenen den nationalen Geist zu beleidigen ...« Am 2. Februar erhielt Graf Orlow, Mitglied des Staatsrats, den Brief eines Individuums, das mit K. M. unterzeichnet hatte; der Schrift nach zu urteilen war es derselbe, der Shukowskij geschrieben hatte, aber diesmal schlug er weit bedrohlichere Töne an: »Die Aberkennung sämtlicher militärischer Ränge und die ewige Verbannung Dantests als gemeiner Soldat können den Russen nicht über den absichtlichen, geplanten Mord an Puschkin hinwegtrösten; nein, der schnelle Hinauswurf von Heckern und die Anweisung, daß Ausländer fortan nicht mehr in russische Dienste treten dürfen, werden vielleicht ein wenig den Schmerz Ihrer Landsleute lindern und besänftigen ... Seien Sie gebeten, Seiner Majestät die Notwendigkeit nahezulegen, dem Wunsche aller zu entsprechen ... andernfalls, Herr Graf, werden wir die Schmähung des Volkes bitter rächen, und zwar bald.« Orlow beeilte sich, die Dritte Sektion zu informieren, und Benckendorff antwortete ihm sofort: »Dieser Brief ist sehr wichtig, er zeigt die Existenz und Aktivität der Gesellschaft.[1] Zeigen Sie ihn sofort dem Kaiser, und bringen Sie ihn dann wieder zu mir, damit ich die noch heiße Spur des Verfassers verfolgen kann.« Zu Benckendorff sagte Nikolaj I. aus unbekannten Gründen, daß er den Erzpriester Alexej Iwanowitsch Malow verdächtige, den, der in der Marstallkirche eine Grabrede hatte verlesen wollen, »eine niederschmetternde Strafpredigt gegen das grausame Vorurteil, dem wir den Tod unseres Dichters verdanken«, und der offenbar nicht die Erlaubnis erhielt, sein Vorhaben durchzuführen. Trotz gründlicher Nachforschungen der Dritten Sektion blieb der Urheber der beiden Briefe unbekannt und unbestraft. Wir werden uns des anonymen Patrioten als des ersten Russen entsinnen, der die These des absichtlichen Mordes vorbrachte, des Komplotts gegen eine ganze Nation und ihren Ruhm.

---

1 Er meinte: »der geheimen Gesellschaft«.

Sophie Karamzina an ihren Stiefbruder Andrej, Petersburg, 2. Februar 1837:

»... Im allgemeinen gibt es in dieser zweiten Gesellschaft eine Begeisterung, eine Trauer und eine Sympathie, die Puschkins Seele erfreuen müssen, wenn zumindest ein Echo von der Erde zu ihm ins Jenseits hinüberdringt; außerdem erhebt sich in der jungen Generation dieser zweiten Gesellschaft eine Woge der Empörung gegen seinen Mörder, werden entrüstete Drohungen laut; in der unseren dagegen findet d'Anthès etliche Verteidiger, während sich viele, was weit schlimmer und unfaßbarer ist, aufgebracht gegen Puschkin wenden. ... Samstag abend sah ich die arme Natalja ... die aussieht wie ein Gespenst ... Sie fragte mich sofort: ›Haben Sie das Gesicht meines toten Mannes gesehen? Welch sanfter Ausdruck, welch entspannte Stirn, welch gütiges Lächeln! Wirkte er nicht glücklich und zufrieden? Er sah wohl, daß es sich dort drüben gut leben läßt.‹ Und dann wurde sie von Weinkrämpfen geschüttelt und zitterte am ganzen Leib. Armes, bemitleidenswertes Geschöpf! Und welch eine Schönheit, sogar in diesem Zustand!...«

Am 2. Februar sollte eine Ehrenvorstellung stattfinden, unter der Leitung von Wasilij Karatygin: Der berühmte tragische Mime wollte ein Poem von Puschkin aufführen, *Der geizige Ritter.* Wegen des Trauerfalls wurde das Schauspiel jedoch verschoben und dann für immer vom Spielplan gestrichen.

Petersburg sprach nur noch von dem Duell. Der Hochadel zerfiel in zwei Lager. Einige gingen so weit, die Großzügigkeit des Zaren zu mißbilligen, waren erzürnt und abgestoßen: Der *Mob,* der herbeigeströmt war, um Puschkin die letzte Ehre zu erweisen, zeige doch deutlich genug, in welcher Schicht der Dichter Bewunderer und Schüler gefunden hatte und wessen ideologische Neigungen er teilte. Der Clan um Nesselrode ergriff offen Partei für Georges d'Anthès und spie Beleidigungen gegen den toten Dichter. Benckendorff wiederholte immer wieder, daß sich Puschkin in Tschjornaja Retschka »wie ein Rüpel« benommen hätte. Auf der Seite des jungen Franzosen standen auch dessen Regimentskameraden und viele romantische Seelen.

Aus dem Tagebuch von Marija Mörder: »Ich habe bereits zwei gegensätzliche Versionen von Puschkins Duell gehört, die eine aus dem Munde der Tante, die andere von Großmutter. Ich gebe Großmutters Schilderung den Vorzug, weil d'Anthès darin die Rolle des ritterlichen Helden spielt, Puschkin dagegen die des rauhbeinigen Rüpels . . . Ich glaube, daß B-n zu Recht behauptet, daß Frauen Dandys lieber mögen, aber mir ist d'Anthès nun einmal sympathischer als Puschkin . . . Man soll eben nie voreilig sein. Wenn d'Anthès nämlich nicht schon eine Frau hätte, dann könnte er jetzt Frau Puschkina heiraten oder entführen . . . Sie sagen, daß d'Anthès seinen Arm verlieren wird. Der Ärmste! . . . Man sprach über Puschkin. Frau K-wa verurteilt ihn . . . Sie sagte: ›Hätte er d'Anthès vor drei Monaten gefordert, als er noch nicht verheiratet war, nun, das hätte man ja noch verstanden; aber er tut es jetzt, nachdem d'Anthès die Schwester der geliebten Frau geheiratet hat, ein Opfer, um Frau Puschkinas Ehre zu retten, da sie doch die einzige Frau war auf Erden, zu der d'Anthès aufschaute wie zu einer unerreichbaren Göttin. Sie war die Seele seines Lebens, das Ideal seines Herzens . . .‹«

Am 30. Januar hatte Baron Heeckeren Graf Nesselrode geschrieben und ihn gebeten, bei Nikolaj I. für ihn einzutreten: Er erwartete mit Bangen »ein paar Zeilen der Vergebung seines persönlichen Benehmens« von Seiner Majestät, um sich dadurch bemächtigt zu fühlen, in Petersburg zu bleiben. Aber diese Zeilen erhielt er nicht. Am 2. Februar ersuchte derselbe Gesandte Baron van Soelen um die Erlaubnis, Rußland verlassen zu dürfen. »Wenn man mir eine bescheidene Bemerkung gestattet zu einer Angelegenheit, die mich persönlich betrifft«, schrieb Heeckeren, »so möchte ich sagen, daß ich eine Abberufung ohne neuen Auftrag als eine eindeutige Rüge meines Verhaltens empfände . . . Ich wünsche mir daher einen Ortswechsel, der nicht nur eine unselige Notwendigkeit befriedigt,

sondern auch beweisen würde, daß ich das Vertrauen nicht ganz
verloren habe, das mir der König so viele Jahre entgegenbrach-
te …« Bei jener Gelegenheit schrieb Heeckeren auch: »Als
treuer und ergebener Diener erwarte ich die Anweisungen Seiner Majestät, in der Gewißheit, daß … er 31 Jahre untadeligen
Dienstes, die ausgesprochene Bescheidenheit meiner persönlichen Ansprüche sowie die Ausgaben in Erwägung ziehen wird,
die mir meine neue Familie auferlegt, deren einzige Stütze ich
bin und die sich, angesichts der besonderen Umstände der jungen Frau meines Sohnes, schon bald vermehren wird.« Und wir
fragen uns, wie Heeckeren drei Tage nach der Hochzeit mit so
viel Gewißheit (und so wenig Takt) auf die »Umstände« seiner
Schwiegertochter verweisen konnte. Sollte Katherine Gontscharowa die Frucht ihrer Verfehlung bereits im Schoß getragen
haben, als sie zum Altar schritt?[1]

Am 3. Februar, vor dem Militärgericht, dessen Vorsitz Oberst
Brevern führte, begann der Prozeß »gegen Baron d'Anthès, gegen den Kammerherrn Puschkin und den Ingenieur und
Oberstleutnant Danzas aufgrund eines Duells, das von diesen
drei Personen geplant und von den beiden erstgenannten ausgeführt wurde.«[2]

Als Nikolaj I. am 3. Februar seiner Schwester Anna Pawlowna
schrieb, bat er sie, ihrem Mann Wilhelm zu berichten, daß er
ihm schon bald einen Brief senden würde, in dem er ihm die
Einzelheiten des »tragischen Vorfalls« zu schildern gedachte,
der Puschkins Karriere beendet hatte – mittels Kurier allerdings, weil die Angelegenheit »nicht die Neugierde der Post
duldete«. (Wie herrlich! Welch ein Land, dieses Rußland! Sogar
der Kaiser befürchtete, daß indiskrete Augen sich auf seine
Briefe senken könnten!) Am selben Tag noch schrieb Nikolaj I.

---

1 Wir vermuten es stark, auch wenn das offizielle Geburtsdatum von
Mathilde Eugénie de Heeckeren der 19. Oktober 1837 ist.
2 *Sic.*

348

an seinen Bruder Michail Pawlowitsch: »... Der Vorfall löste eine Myriade von Stellungnahmen aus, die meisten davon unglaublich dumm, allein die Verurteilung von Heeckerens Benehmen scheint mir Rechtens zu sein: Er hat sich tatsächlich wie ein niederträchtiger Schurke verhalten. Er spielte den Kuppler für d'Anthès, sobald Puschkin nicht dabei war, und suchte des Dichters Frau zu verleiten, sich d'Anthès hinzugeben, der – so Heeckeren – aus Liebe zu ihr schier verging ...« (Wie herrlich! Welch ein Land, dieses Rußland! Der Zar, der gestrenge Zensor, der jahrelang aus Puschkins Manuskripten schonungslos jedes verdächtige oder allzu gewagte Wort herausgestrichen hatte, der Gentleman, der in *Graf Nulin* den »Nachttopf« in einen »Wecker« umänderte, wiederholte nun in allen Einzelheiten die Schmähungen des Dichters.)

Der Zar hatte demnach Puschkins Verdächtigungen und »Indizien«[1] geglaubt: der tausendste Beweis für sein Vertrauen und seine Loyalität. Wir wären bereit, ihm zuzustimmen, wenn wir nicht wüßten, daß seine tiefe Verachtung für den holländischen Gesandten andere, weit ältere Gründe hat – die Depesche, die Heeckeren am 23. Mai 1836 nach Den Haag gesandt hatte. Nikolaj I. hatte nicht wenig Mühe aufwenden müssen, um seinen Schwager Wilhelm davon zu überzeugen, daß er ihn in keiner Weise beschuldigte, seine Frau schlecht zu behandeln, und noch mehr, ihm zu beweisen, daß der unglückliche Satz von Alexandra Fjodorowna bezüglich der »Neigungen des Prinzen von Oranien«, der es sich in den Kopf gesetzt hatte, seine Truppen vor Belgiens Grenzen zu stationieren, absolut keine Einmischung Rußlands in die holländische Politik bedeutete. Ebenfalls in jenem schicksalhaften Sommer des Jahres 1836 war

---

1 Und Fürst von Hohenlohe-Kirchberg konnte nach Stuttgart schreiben: »Was die anonymen Briefe anbelangt, so gibt es darüber zwei unterschiedliche Ansichten: Die, welche in der Öffentlichkeit größeres Ansehen genießt, weist auf U(warow). Die der Mächtigen stützt sich auf die Identifizierung von Zeichensetzung, Handschrift und Papier und bezichtigt daher H(eeckeren).«

Nikolaj zu Ohren gekommen, daß Baron van Heeckeren einigen Kollegen des diplomatischen Korps ganz im Vertrauen erzählt hatte, daß Wilhelm von Oranien behauptete, der lange Aufenthalt in Rußland habe seinen Kindern geschadet; sie hätten es 1834 besucht und seien bei ihrer Rückkehr, so sagte er, »allzu eingenommen von militärischen Gedanken, allzu begeistert von der absolutistischen Idee« gewesen, was in einem konstitutionellen Staat selbstverständlich nicht angehen könne. Der Streit zwischen absolutem Herrscher und konstitutionellem Monarchen, beide mit einer ausgesprochenen Schwäche für Kriege und Armeen, war am Ende friedlich beigelegt worden, aber Nikolaj hatte sich geschworen, die erste Gelegenheit beim Schopf zu packen, um sich dieser Kanaille von einem Botschafter zu entledigen. Die hatte er nun durch den Tod des »*trop célèbre Poushkin, le poète*« bekommen.

Faddej Bulgarin an Alexej Storoschenko, Petersburg, 4. Februar 1837:
»... Es tut mir leid um den Dichter, sogar sehr leid, aber als Mensch war er ein Ekel. Er gebärdete sich wie Byron und starb wie ein Hase. Seine Frau trifft moralisch keine Schuld. Du hast Puschkin ja gesehen: Konnte man diesen Mann lieben, zumal wenn er trank? ...«

Danzas hatte den Zaren um Erlaubnis gebeten, die sterblichen Überreste seines Freundes zur letzten Ruhestätte begleiten zu dürfen. Ein paar Tage lang hatte Nikolaj I. ein Auge zugedrückt, indem er zuließ, daß der Sekundant eines blutigen Duells nicht sofort der Gerichtsbarkeit übergeben wurde, aber am Ende mußte die Gerechtigkeit ihren Lauf nehmen. Er hatte daher Alexander Turgenjew die traurige Pflicht übertragen, der »ein alter Freund des Verstorbenen und ohne Beschäftigung« war. Und vor allem war er der Bruder eines Mannes, der wegen der Vorgänge 1825 in Abwesenheit zum Tode verurteilt worden war; ein anderer Bruder – auch an ihm haftete der Geruch nach Dekabrismus – hatte bereits in jungen Jahren in einem schmerzvollen, freiwilligen Exil das Zeitliche gesegnet. Als er Turgenjew am 22. Dezember auf dem Ball der Fürstin Barjatinskaja begegnet war, hatte der Zar so getan, als kenne er ihn nicht; jetzt entsann er sich ganz plötzlich wieder seiner Existenz, woran Rußland merkte, daß er die turbulente Jugend des Dichters mitnichten vergessen hatte. Puschkins Sarg würde von Gespenstern aus der Vergangenheit begleitet werden. Benckendorff setzte den letzten Pinselstrich auf das gelungene Bühnenbild, indem er noch eine Person hinzufügte, deren Identität wir aber noch verschweigen wollen. In der Nacht vom 3. auf den 4. Februar – erneut zu später Stunde, fuhr der Konvoi aus der Stadt, wie ein Abtransport von Missetätern, die der Gunst des Tageslichts nicht würdig waren: vorneweg die Kutsche eines Hauptmanns der Gendarmerie, dann der Leichenwagen (neben dem Kutscher saß der getreue Koslow auf dem Kutschbock), am Ende die *kibitka* mit Turgenjew und einem Postbeamten. Man war schon fast am Ziel der Reise angelangt, als Turgenjew an einer Poststation den Kammerherrn Jachontow traf, Adelsvertreter im Verwaltungsbezirk Pskow: Es war nicht weiter seltsam, daß er auf seine Ländereien zurückkehrte. Turgenjew trank Tee mit ihm, sprach über das Wetter, von den jüngsten Petersburger Neuigkeiten, von seiner tragischen Mission. Dann – es war inzwischen Abend geworden, und er durfte keine Zeit mehr verlieren – brach er wieder auf, während Jachontow noch in dem Wirtshause verweilen wollte, in dem es übel roch und dessen Wände schwarz waren von Ruß, das aber nach der langen Fahrt durch Eis und Schnee immerhin behaglich warm war.

»Winter! Der Bauer, frohlockend ...« Als er in Pskow ankam, begab sich Turgenjew sofort zum Haus eines alten Bekannten, Gouverneur Peschtschurow. Da man dort gerade ein Fest feierte, mußte er wohl oder übel daran teilnehmen. Kurz danach kam ein Bote in das Haus des Gouverneurs, um den dringenden Brief eines hohen Beamten der Dritten Sektion abzugeben – welch hohe Ehre für diesen bescheidenen kleinen Abend unter Freunden, der bereits von einem unerwarteten Gast bereichert worden war, der noch vor wenigen Monaten in Paris getanzt hatte! Um das ländliche Auditorium zu beeindrucken, las der Gouverneur mit lauter Stimme die Botschaft aus Sankt Petersburg vor: »Hochverehrter Alexej Nikititsch, der amtierende Berater des Staates, Herr Jachontow, der Eurer Exzellenz dieses Schreiben überreicht, will Euch Neuigkeiten aus Petersburg berichten. Der Leichnam Puschkins (Gott hab' ihn selig, diesen Aufwiegler!) wird in den Bezirk Pskow gebracht (Heilige im Paradies! Schon wieder Streit und Ungemach!), um auf dem Gut seines Vaters begraben zu werden. Ich habe Herrn Jachontow gebeten, Euch diesbezüglich die Aufgabe von Graf Alexander Christoforowitsch (Benckendorff? Welche Aufgabe, ich verstehe kein Wort!) zu übertragen, doch zugleich habe ich die Ehre, Eurer Exzellenz den Willen unseres Höchsten Kaisers kundzutun ...« Erst als er beim Wort »Kaiser« angelangt war, begriff Peschtschurow, daß er ein so wichtiges Dokument nicht öffentlich hätte verlesen dürfen. Er erbleichte, unterbrach sich jäh, ließ seine Gäste stehen, die das Nachsehen hatten, und reichte schweigend, mit einer dem Ernst des Ereignisses angemessenen Miene, das überaus vertrauliche Schreiben dem illustren Gast, der aus der Hauptstadt kam und mit Sicherheit mehr davon verstand als er. Er reichte es Turgenjew – ausgerechnet jenem Manne, dem hätte verschwiegen werden sollen, daß Benckendorff kurze Zeit vor ihm als höchst geheimen Boten den allzu frostempfindlichen Jachontow geschickt hatte. Und Turgenjew las leise für sich: »... den Willen des Höchsten Kaisers, daß Ihr jedwede Bekanntmachung oder Ehrung, kurz, jede Zeremonie zu unterbinden habt, bis auf jene, mit der, dem Ritus unserer Kirche gemäß, ein Edelmann zu Grabe getragen wird.« Es war überaus schwierig, jenen Edelmann zu begraben: Eine harte Eisschicht widerstand hartnäckig den Schaufeln der Bauern, die aus Trigorskoje und Michailowskoje gekommen waren, um das Grab auszuheben; es schien, als verweigere sich selbst die Erde einem Leichnam, der aller Welt unbequem war. So konnte der Mahagonisarg erst im Morgengrauen des 6. Februar begraben werden. Es weinten Turgenjew, Koslow, Marija und

Jekaterina Osipowa; es weinten weder der Gendarmeriehaupt-
mann noch die Bauern, die nur darauf warteten, sich mit einem
starken Schnaps aufwärmen zu können. Weder während der
Fahrt noch in Pskow, noch in Swjatyje Gory gab es die trium-
phalen Ehrenbekundungen, die von der Dritten Sektion befürchtet worden waren.

Benckendorff an Shukowskij, Petersburg, 6. Februar 1837:
»Sämtliche Dokumente, die das Andenken Puschkins beschmutzen könnten, müssen mir ausgehändigt werden, damit
ich sie lesen kann. Diese Maßnahme wird nicht etwa deshalb
getroffen, weil man dem Verstorbenen schaden möchte, sondern
einzig und allein wegen der Notwendigkeit, daß nichts der Regierung verborgen werden darf, deren Wachsamkeit sich an
jeden möglichen Gegenstand wenden soll. Sobald ich die Dokumente gelesen habe, sollte man welche dieser Art finden, über-
gebe ich sie in Ihrer Gegenwart dem Feuer. Aus demselben
Grund werden alle anderen Briefe, die vom Ausland dem Verstorbenen geschrieben wurden, wie Sie die Liebenswürdigkeit
hatten, vorzuschlagen, denen zurückgegeben, die sie sandten,
aber zuerst ist es unerläßlich, daß ich sie lese ...«

Bis Den Haag ihn mit einer neuen Gesandtschaft betraute (der
von Paris, wie er hoffte, oder der von Wien), bereitete Heeckeren
seine Abreise vor. Da er es für überflüssig hielt, alles mitzunehmen, was er in dreizehn Jahren angesammelt hatte, und er
außerdem die Ausgaben scheute, die der Umzug und das neue
Leben mit sich bringen würden, organisierte er in seinem Haus
eine private Auktion von Mobiliar, Porzellan und Silber. »Viele
nutzten die Gelegenheit, um ihn zu kränken. Zum Beispiel: Er
saß auf einem Stuhl, dessen Preis ausgeschildert war; ein Offizier erstand selbigen Stuhl, bezahlte ihn und zog ihn dem Baron
unter dem Hintern weg.«

Am 6. Februar entfernte Leontij Wasilewitsch Dubelt, der ober-
ste Chef des Gendarmeriekorps, die Versiegelung von Pusch-

kins Arbeitszimmer; ein Beamter ordnete die Dokumente des Dichters in eine Schatulle und ließ sie in Shukowskijs Wohnung bringen. Dieser hatte Benckendorff gebeten, ihn von der Ausführung der undankbaren Arbeit des Zensors in den Örtlichkeiten der Dritten Sektion zu befreien. Und am 7. Februar nahm die makabre Zeremonie der postumen Haussuchung ihren Anfang. Sie dauerte etliche Tage. Mit der Hilfe eines Schreibers lasen, durchsiebten und ordneten Shukowskij und Dubelt jene Dokumente. Es gab kein Durcheinander – zumindest nicht in Shukowskijs Gegenwart. Aber eine gewaltige Verachtung staute sich in seinem Herzen an. Gezwungen, in Puschkins Privatleben herumzuspionieren, hatte er entdeckt, daß ihm all die Jahre viele Leute zuvorgekommen waren. Und das half ihm, einige Dinge besser zu begreifen.

Am 8. Februar stellte Doktor Stefanowitsch fest, daß Georges d'Anthès' Gesundheitszustand eine Verlängerung des Hausarrests nicht rechtfertige und man den Angeklagten ins Gardekorps überführen könne.

Christian von Hohenlohe-Kirchberg an Graf von Beroldingen, Sankt Petersburg, 9. Februar 1837:
»... Unmittelbar nach dem Duell zwischen Herrn Puschkin und Baron d'Anthès sprach man sich zugunsten des letzteren aus, doch weniger als 24 Stunden waren ausreichend für die russische Partei, um ihre Sympathien Puschkin zuzuwenden, und es wäre inzwischen keinem anzuraten, auch nur das geringste Verständnis für seinen Gegner zu bekunden. Die Zeit wird die Gemüter beruhigen, aber es wird niemals gelingen, in eines Russen Herz echte Sympathie für einen Ausländer zu wecken. Was die Barone Heeckeren betrifft, so ist es wahr, daß sie alles taten, um die allgemeine Mißbilligung auf sich zu ziehen, und viele Personen, die Baron Heeckeren einst ihrer Wertschätzung für würdig befanden, müssen heute bedauern, dies je getan zu haben ...«

Am 10. Februar erschien Georges d'Anthès vor dem Militärtribunal. Man fragte ihn (auf französisch; aber nicht einmal ein Russe hätte diese komplizierte, grammatikalisch nicht ganz einwandfreie Frage verstehen können): »Welche Ausdrücke in den von Ihnen an Herrn Puschkin oder Frau Puschkin gerichteten Briefen bezeichnete der Dichter in seinem Brief an den holländischen Gesandten als Albernheiten?« Er antwortete: »Da ich recht häufig Madame Puschkin Bücher und Theaterkarten schickte, begleitet von kurzen Billetts, nehme ich an, daß unter letzteren einige seine Empfindlichkeit als Ehegatte verletzt hatten, was ihm Anlaß gab, sich ihrer in seinem Brief an Baron Heeckeren am 26. Januar als von mir geschriebene Albernheiten zu entsinnen.«

Als man ihn am folgenden Tag aufforderte, die Aussage vom 9. Februar zu ergänzen, trat Danzas in den Zeugenstand. Seine Worte wurden folgendermaßen zu Papier gebracht: »Vor Herrn d'Archiac begann Alexander Sergejewitsch Puschkin seine Erklärung mit folgenden Worten: Da er Briefe eines anonymen Verfassers erhalten hätte, für die er den holländischen Gesandten zur Rechenschaft gezogen, und da er erfahren habe, daß in der Gesellschaft ein Gerücht in Umlauf gewesen, welches die Ehre seiner Frau beschmutzt, habe er im November Herrn Leutnant d'Anthès zum Duell gefordert, auf den die öffentliche Meinung gewiesen. Doch als Herr d'Anthès vorgeschlagen habe, Puschkins Schwägerin zur Frau zu nehmen, habe dieser, von dem Duell absehend, als notwendige Bedingung von Herrn d'Anthès gefordert, daß zwischen den beiden Familien keinerlei Verbindung bestehen dürfe. Nichtsdestotrotz habe sich d'Anthès sogar nach seiner Hochzeit in dreister Weise Puschkins Ehefrau genähert, allerdings ausschließlich auf Gesellschaften, und hätten die Herren Heeckeren nicht aufgehört, jene Meinungen zu bestärken, die der Ehre des Dichters und der seiner Frau empfindlich geschadet hätten. Um dem ein Ende zu bereiten, habe Puschkin am 26. Januar den Brief an den holländischen Gesandten geschrieben, der die Ursache für die Forderung von Herrn d'Anthès gewesen.« Am 12. Februar wurde d'Anthès ein zweites Mal verhört. Unter anderem wurde er gefragt: »Wer schrieb im November und *danach*[1] an Puschkin Briefe im Namen eines Unbekannten[2], und wer war der Schuldige?« Er antwortete: »Ich weiß nicht, wer Herrn Puschkin die anonyme*n* Brie*fe*[3] im November und danach geschrieben hat ...« An jenem Tag erklärte d'Anthès auch: »Ich streite ab, das Duell umgangen zu haben, indem ich vorschlug, Puschkins Schwägerin zu heiraten ...« Doch Proteste und Erklärungen nützten herzlich wenig: Auch das Militärtribunal war der Ansicht, daß er aus Angst geheiratet hatte. Indem sie darauf verzichteten, die Witwe des Dichters zu verhören, handelten die Richter wie Ehrenmänner; außerdem wußten sie, daß ihre Ermittlung für viele eine reine Formsache war: Sie würden d'Anthès und Danzas zum Tode verurteilen, dann, wie es stets in solchen Fällen geschah, würde der Zar das Urteil in eine mildere Strafe umwandeln. Man kann also verstehen, weshalb sie alles schleunigst und mit möglichst wenig Aufsehen zu Ende bringen wollten. Wir haben auch nicht gehofft, etwas in dem Band zu entdecken, in dem 1900 die für das Duell Puschkin/d'Anthès relevanten Gerichtsakten veröffentlicht wurden: 160 Seiten mühsame, langweilige und zuweilen ärgerliche Lektüre – wegen der schwerfälligen Sprache, wegen der dickhäutigen Behäbigkeit der Verfahrensweise, wegen einiger unglaublicher Fehler (erst am 16. März, nach einem Hinweis von seiten der mit dem Fall betrauten Offiziere, entdeckte man, daß Puschkin Kammerjunker war und nicht Kammerherr, wie er stets bezeichnet wurde), wegen des Schiedsspruchs von makabrer Komik, der Angeklagte Puschkin sei am Halse aufzuhängen, bis der Tod eintrete, »die Strafe jedoch aufgrund seines bereits eingetretenen Todes nicht durchführbar«,

---

1 Die Kursivierungen stammen von uns. Wir fragen uns in der Tat, wie die Richter des Militärtribunals von der Existenz anderer anonymer Briefe wissen konnten, die Puschkin noch nach dem 4. November 1836 erhalten haben soll. Viele Zeitgenossen, wir erwähnten es bereits, erinnerten sich an den Umstand, doch während der Verhöre wurde nie darauf verwiesen.

2 *Sic!*

3 *Sic!*

wegen der tausendfach wiederholten Lügen der Angeklagten (klein die von Danzas, ein wenig größer die von d'Anthès). Doch als wir ein letztes Mal diese bedrückenden, überflüssigen Seiten lesen, fällt uns etwas auf. Der Kanzleibeamte Maslow wollte die Witwe Puschkin fragen lassen:

»1. Ob sie nicht wisse, wie jene anonymen Briefe ausgesehen, die ihr Gatte erhalten habe . . . 2. Welche Briefe oder Billetts der Angeklagte d'Anthès ihr, wie er selbst gestanden, geschrieben habe . . . wo sich all diese Schriftstücke nun befänden, *auch der Brief, den Puschkin von einem Unbekannten, ebenfalls im November, erhalten habe, in dem als Urheber des Streits zwischen dem Angeklagten d'Anthès und Puschkin der holländische Gesandte Baron Heeckeren genannt werde . . .*«[1]

Der Brief eines Unbekannten, »in dess . . . der Ges . . .« In eine menschlichere Sprache übersetzt: Ein anonymer Brief hatte Puschkin darauf aufmerksam gemacht, daß Heeckeren zwischen ihm und d'Anthès Zwietracht säen wollte – offenbar mit Hilfe der Urkunden. Unsere Augen glitten stets ein wenig achtlos über diese Zeilen hinweg, in denen wir vielleicht die Antwort finden auf die Frage, die uns so lange beschäftigt hat. Auf diesem Wege also erfuhr der Dichter – nicht durch das Papier, den Stil, die Schrift, das Siegel –, wer der Verfasser der Diplome war: Von einem weiteren anonymen Hanswurst! Endlich wird begreiflich, weshalb er niemandem sagen wollte oder konnte, welche Beweise er hatte, nämlich die Enthüllungen eines Menschen ohne Namen und ohne Gesicht. Aber ja, Fürst Dolgorukow! Das also war sein »doppeltes Spiel«: Er verschickte die Urkunden, dann sandte er dem Dichter, um sich noch mehr zu amüsieren, ein anonymes Schreiben, in dem er Heeckeren bezichtigte, die Urkunden geschrieben zu haben, und behauptete, am 2. November mit eigenen Ohren gehört zu haben, wie d'Anthès erzählte . . . und der Gesandte sagte . . . . Gemeinsam mit Nataljas Geständnissen, Jakowlews Erwägungen lenkte

---

1 Die Kursivierung stammt wieder von uns – wegen einer doch späten Überraschung.

jener Brief Puschkins Verachtung gegen den Adoptivvater von Georges d'Anthès. Wir könnten auch angeben, wann er ihn erhielt: am 12. November 1836. An jenem Tag, unerwartet für alle, zeigte er sich weniger steif, geneigt, mit d'Anthès zu verhandeln, und anderntags brüstete er sich vor Fürstin Wjazemskaja: »Ich weiß, wer die anonymen Briefe schrieb! ...« Und wir haben uns das Hirn zermartert! Von zahlreichen Enttäuschungen belehrt, bemühen wir uns, unsere Euphorie ein wenig zu dämpfen: und all diejenigen, die die Protokolle vor uns lasen? Waren sie alle blind, zerstreut? Geben wir es zu. Legen wir die Richtertoga des Teufels um. Von wem und wie sollte Maslow von der Existenz eines weiteren anonymen Briefes erfahren haben? Man sprach während der Verhöre doch nie darüber. Aus den Prozeßakten, die seit Jahrzehnten aufbewahrt werden, fehlen allerdings die Protokolle von Danzas' Aussage am 9. Februar: zwei Blätter, verschwunden, man weiß nicht wie noch wann, noch warum. Neben dem Gott der Belanglosigkeiten und Zufälle mußte noch ein anderer seine Hand im Spiel gehabt haben, dem viel daran gelegen war (woran? woran?), die Gedanken zu verwirren, auf eine andere Spur zu lenken. Ohne zu kapitulieren, lesen wir den Text, der sich als so kostbar erwies, wohl zum tausendsten Mal, diesmal aber wägen wir sorgsam Wort für Wort ab: Aus den spärlichen Berichten über das Verhör am 9. Februar scheint hervorzugehen, daß Danzas bei dieser Gelegenheit einzig die These vorbrachte, erst in letzter Minute in das Duell verwickelt worden zu sein, als er schon nichts mehr tun konnte, es zu verhindern. Doch wir entdecken auch, daß nicht alle Aussagen der Beschuldigten zu Protokoll gegeben wurden. Von wem und wie erfuhr Maslow von dem anderen anonymen Brief? Seinen Namen kennen wir nicht, auch nicht sein Patronymikon. Wir wissen nur, daß er ein Kanzleibeamter 13. Klasse war: ein Schreiber, der eine bescheidene Karriere gemacht hatte. Auch wissen wir, daß sein Russisch strauchelte, sich verwickelte, sich wand wie eine Schlange mit Zahnschmerzen. Ein Verdacht senkt sich boshaft auf unseren Hochmut: daß nämlich Maslow ein großer Fehler unterlaufen war und so dank einer allzu hastigen Gänsefe-

der aus den »Briefen eines ... Gesandten« »der Brief eines ...
Ges...« wurde. Daß das Erzeugnis der inzestuösen Vermählung
zwischen Bürokratie und Ignoranz, mit einer nunmehr wirklichen, autonomen Existenz ausgestattet, dann seinen langen
Weg durch die gerichtlichen Instanzen nahm, vielmals zitiert
von nicht minder achtlosen Menschen. Ein Gespensterbrief.
Hand aufs Herz, wir können nicht sagen, ob Maslow ein an-
alphabetischer Pfuscher und Tölpel war oder ein allzu gewissen-
hafter Diener der Gerechtigkeit. Und auch wenn uns die erste
Hypothese mehr fasziniert – Kanzleiwunder, Luftspiegelung eines Schreibers, Delirium eines Akaij Akaijewitsch –, streichen
wir das Urteil. Wer du auch seist, Hörer Maslow, ungeschickter
Schreiber oder eifriger Beamter, dir verdanken wir eine Idee,
die uns noch nie in den Sinn kam. Eine Idee, die es verdiente,
vertieft zu werden.

Die Unverschämtheit, Aufdringlichkeit und Torheit der Gendarmen und Spione Benckendorffs brachten sogar den sanften
Shukowskij auf die Palme. Er schrieb an den Chef der Dritten
Sektion: »... Ich habe von General Dubelt erfahren, daß Eure
Exzellenz Nachricht haben von einem Diebstahl von drei Päckchen, begangen von einem vertrauenswürdigen Menschen (*de
haute volée*). Ich ahnte sofort, um was es sich handelte ... Im
Salon, genauer gesagt unter meinem Hut, hätte man nicht drei,
sondern fünf Päckchen entdecken können ... es waren schlicht
die Briefe Puschkins an seine Frau ...« Und er nutzte die Gelegenheit, um Graf Benckendorff all das zu sagen, was er auf dem
Herzen hatte: »Zuerst werde ich von Puschkin selbst sprechen
... In den zwölf Jahren, seit der Herrscher ihn so großzügig
unter seine Fittiche genommen, änderte sich seine Lage nicht
im geringsten: Er blieb unter strenger, schmachvoller Aufsicht,
wie ein wilder Junge, den loszulassen man sich fürchtet ... In
dem sechsunddreißigjährigen Puschkin sah man noch immer
den zweiundzwanzigjährigen ... In Ihren Briefen finde ich Rügen, weil Puschkin nach Moskau fuhr, weil er nach Arsrum
fuhr. Wem schadete er damit? ... Und diese Rügen, die für Sie

so wenig zählen, bestimmten sein ganzes Leben: Er konnte sich nicht frei aus der Stadt entfernen, war des Vergnügens beraubt, Europa zu bereisen, konnte seine Werke nicht seinen Freunden vortragen ... Lassen Sie es mich freimütig sagen: Mit seiner persönlichen Protektion beabsichtigte der Herrscher, Puschkin ... und seinem Genie vollkommene Entfaltung zu gewähren; aber Sie haben diesen Schutz in eine Polizeikontrolle verwandelt ...« Shukowskij hatte begriffen, daß kein genialer, verantwortungsloser Jüngling gestorben war, sondern ein freier, müder Erwachsener. Als Toter inspirierte Puschkin den ergebensten russischen Untertanen zu Worten und Gedanken, die eines Frondeurs würdig gewesen wären.

Auch Wjazemskij verlor die Geduld, als er erkannte, daß in der Trauer der Freunde des Verstorbenen gewisse Salons und Kabinetts Verschwörung und Verrat rochen. Und er schrieb an den Großherzog Pawlowitsch: »... Was war von uns zu befürchten? Welche Absicht, welcher Hintergedanke war zu vermuten, ohne uns des Wahnsinns oder der Niedertracht zu bezichtigen? Es gab keinen absurden Plan, der uns nicht unterstellt worden wäre ... Welch eine Ignoranz, welch beschränkte Sichtweise, so über Puschkin zu urteilen! Was war denn an ihm politisch, an ihm, der doch in erster Linie Dichter, einzig und allein Dichter war? ... Und außerdem, was will es in Rußland schon bedeuten, wenn einer politisch, liberal, oppositionär denkt? Das sind doch *leere* Phrasen, die sich Polizei und Böswilligkeit aus fremden Wörterbüchern leihen, aber die hier bei uns nicht anwendbar sind. Wo sollte hier die Bühne sein, auf der man diese Leihrolle spielen könnte? Wo der offene Sinn für solch ein Glaubensbekenntnis? Um hier kein Verrückter, Liberaler, Oppositioneller zu sein, kann man sich nur noch dem Trappistenorden verpflichten, stumm werden und sich lebendig begraben ...« Nicht einmal Puschkin, wenn er mit der kaiserlichen Familie über dies und jenes redete, hatte sich jemals zuviel herausgenommen.

Am 19. Februar fällte das Militärtribunal das Urteil (Tod durch den Strang für d'Anthès und Danzas, Archivierung derselben Strafe für Puschkin) und übergab es zusammen mit den Prozeßakten den Autoritäten der Garde für die üblichen Gutachten.

Alexander Turgenjew an Praskowja Osipowa, Petersburg, 24. Februar 1837:

»... Am 16. Februar ist Natalja Nikolajewna abgereist ... Ich sah sie am Abend davor, und wir sagten einander Lebewohl. Ihre Gesundheit ist gar nicht so schlecht, sie erholt sich zusehends, auch seelisch. Wie es scheint, hat sich ihre Schwester Katherine von ihr verabschiedet, und jener verheimlichte die Tante nicht, was sie empfand, als sie sie sagen hörte: ›Ich vergebe Puschkin‹ ...«

Um den 20. Februar herum machte sich Benckendorff – »als Memorandum« – eine Notiz: »Ob nicht ein gewisser Tibeau, Freund von Rosset und Mitglied des Generalstabs, die Schweinereien über Puschkin geschrieben hat?« In diesen Tagen fragte er d'Anthès nach der Adresse des Lehrers, der ihm damals Russischunterricht erteilt hatte: ein Mittel, um die kyrillische Schrift des Gardeleutnants mit desjenigen Schrift zu vergleichen, der die Adressen auf den Diplomen geschrieben hatte. Um den ehemaligen Lehrer ausfindig zu machen, wandte sich d'Anthès an den einstigen Hausdiener von Otto von Bray-Steinburg; der Mann notierte auf ein Stück Papier die Anschrift eines gewissen »Wiskowskow«. Doch auch wenn d'Anthès es eigenhändig geschrieben haben sollte, wissen wir bereits, daß auf dem zweiten Blatt, das die Diplome enthielt, eine Hand dazukam, die des russischen Alphabets von Geburt auf mächtig war. Auch die Ermittlungen »gegen einen gewissen Tibeau« brachten keine besseren Egebnisse. Im Generalstab, berichteten die Beamten Benckendorff, trage niemand diesen Namen, während zwei Tibeaus als Berater bei der Post angestellt waren; den beiden braven Bürgern wurde daher eine russische Schriftprobe abverlangt: unschuldig. Nach dem zu urteilen, was in den Archiven der Dritten Sektion in einer dünnen Aktenmappe aufbewahrt wird mit der Aufschrift »Über die anonymen Briefe, die an Puschkin gesandt wurden«, endete alles hier. Wer aber hatte auf den Namen des mysteriösen Tibeau verwiesen? Ein Beamter? Noch ein anonymer Brief? Wenn man Postbeamte und Stabsoffiziere ausschließt, wenn man aus naheliegenden Gründen auch den Schurken ausschließt, an den sich der puschkinsche *Geizige Ritter* erinnert, als er seine Golddublonen betrachtet (»Und der hier? Der ist von Tibeau, diesem Betrüger / und Faulenzer. Wer mag ihm den gegeben haben? Gewiß hat er ihn gestohlen. Oder nein: / Des Nachts, in einem Hinterhalt, in einem Gebüsch ...«), kommt man auf den Gedanken, daß jemand den Thibeaut verdächtigte, der einmal die Karamzin-Brüder Geschichte lehrte und dann mit den Jungen und deren Familie weiterhin freundschaftlichen Umgang pflegte. Gebildet, belesen und regelmäßiger Gast des leutseligen Hauses am Michailowskaja-Platz, würde er genau auf die Beschreibung des Anonymen passen, wenn er kein Franzose wäre. Vielleicht war er aber auch nur der Sohn oder Enkel eines Franzosen (politischer Emigrant, Lehrer, Schneider, Schauspieler), bereits in jeder Hinsicht Russe, auch was den Gebrauch und die Kenntnis der Sprache anbelangte? Wir können darauf keine Antwort geben. Denn zu ihm kamen die Beamten Benckendorffs nicht. Sie kamen, soweit wir wissen, zu niemandem, und ihre Ungeschicklichkeit erfüllt uns mit amüsiertem Staunen. Den Verfasser anonymer Briefe zu finden ist nie ein leichtes Unterfangen, das weiß man, doch wir sprechen von der Dritten Sektion, dem vielleicht mächtigsten und größten geheimen Polizeiapparat im Europa des 19. Jahrhunderts.

Jekaterina Karamzina an ihren Sohn Andrej, Petersburg, 3. März 1837:
»... Du hattest recht, als Du annahmst, ich würde mich nun um die Puschkina kümmern, denn ich besuchte sie jeden Tag, zuerst mit einem Gefühl des tiefen Mitleids für ihren großen Schmerz, doch dann leider Gottes in der Überzeugung, daß sie

zwar im Augenblick erschüttert war, jedoch weder bleibende
noch tiefe Wunden davontragen würde. Es ist traurig, es sagen
zu müssen, und doch ist es wahr: Unser großer, guter Puschkin
hätte eine Frau gebraucht, die ihm mehr Verständnis entgegen-
gebracht, besser mit ihm harmoniert hätte ... Sie ist jetzt auf
dem Lande bei einem ihrer Brüder, davor war sie in Moskau, wo
ihr Schwiegervater lebt, der arme alte Mann, seit seine Frau
gestorben ist. Nun gut, sie ließ nichts von sich hören, fragte nicht
nach ihm, schickte ihm nicht einmal die Kinder vorbei ... Armer, armer Puschkin, Opfer der Leichtfertigkeit, Unvorsichtigkeit und Gedankenlosigkeit seiner jungen, schönen Frau, die
sein Leben verspielte, wahrscheinlich für ein paar Stunden der
Koketterie. Glaube nicht, daß ich übertreibe, ich will sie auch
nicht beschuldigen, denn Kindern gibt man ja bekanntlich nicht
die Schuld an dem Übel, das sie, ohne es zu ahnen, anrich-
ten ...«

Am 2. März hatte der holländische Außenminister Baron
Heeckeren mitgeteilt, daß er Petersburg verlassen könne, sobald
dort Johan Gevers angekommen wäre, der ehemalige Sekretär
an der Botschaft. Heeckeren bekam keine neue Gesandtschaft
angeboten: Es war der Niedergang, vielleicht das Ende seiner
diplomatischen Laufbahn. In Den Haag hatte man bestätigt,
daß im Augenblick der Naturalisierung (und nicht Adoption,
wie alle, auch Georges d'Anthès, meinten) des Leibgardisten
dieser dem holländischen Hochadel angehöre und er somit
nach Artikel 66 der Verfassung nicht berechtigt sei, in einem
ausländischen Heer zu dienen ohne besondere Erlaubnis des
Königs. Doch noch bevor der schlimme Verstoß entdeckt worden war, hatte ein englischer Kurier Wilhelm von Oranien jenen
Brief überbracht, der die Neugier der Post nicht ertrug. Heute
scheint sich jener Brief in Luft aufgelöst zu haben, doch mit
Hilfe der Antwort, die er provozierte, können wir Ton und Inhalt
erraten: »Das dünkt mir eine recht schmutzige Geschichte, wie
ich gestehen muß ... Heeckeren wird in keiner Hinsicht ein
Verlust für uns sein, Du und ich haben uns wohl all die Jahre

entsetzlich geirrt, was ihn anbelangt, vor allem hoffe ich, daß
der, der ihn ersetzen wird, aufrichtiger sein und keinen Vorwand
finden wird, um Depeschen zu füllen, wie Heeckeren es tat...«
Wer nicht wußte, was in diesen Tagen in Den Haag geschah –
und was im Sommer 1836 geschehen war –, dem schien die
Abberufung Heeckerens, die sehr nach einem unvollendet gebliebenen Hinauswurf aussah, die Bestätigung aller Beschuldigungen, die Puschkin in den beiden Briefen gegen ihn
vorbrachte, die nun schon seit geraumer Zeit, per Hand abge-
schrieben, in der Hauptstadt kursierten. Viele Petersburger
Adelshäuser hatten, nun da der Herrscher seine Einstellung geändert hatte (oder auch nur, um alte Rechnungen, alten Groll zu
begleichen), dem holländischen Botschafter ihre Türen verschlossen. Und der fühlte sich immer mehr den Verdächtigungen, Boshaftigkeiten und Anfeindungen seiner Umwelt ausgesetzt. Auch er hatte keine Ahnung, was die Häuser Oranien und
Romanow tatsächlich bewog, auf seine allzu phantasievollen,
allzu klatschmäuligen Dienste zu verzichten, wähnte sich ein
Opfer mißlicher Umstände, dunkler politischer Machenschaften. »Einer der hervorstechendsten und bekanntesten Wesens-
züge des Kaisers ist sein großer persönlicher Mut...«, schrieb er
am 5. März Verstolk van Soelen. »Doch nur wenige wissen, daß
dieser Herrscher auch dem Einfluß einer Partei unterliegt, der
er nicht ohne Grund mißtraut, weil ihm diese Partei vielleicht
schon bald ihr Joch auferlegt... der Anführer dieser Partei ist
Schukowskij... Ihn hat der Kaiser mit der Aufgabe betraut, die
Papiere von Herrn Puschkin zu untersuchen... doch in den
Schriften eines so aufwieglerischen Mannes hat man angeblich
nichts gefunden, was der Aufmerksamkeit wert gewesen wäre.
Dieses Ergebnis war für jeden, der Bescheid wußte, leicht vor-
herzusehen. Wie alle, deren Meinungen sich abzuzeichnen beginnen, begnügt sich die russische Partei heute noch immer
damit, Reformen zu verlangen; sie bekommt ihren Willen, aber
schon bald werden ihre Forderungen wachsen, wie auch ihre
Macht, und vielleicht ist die Zeit nicht fern, in der der Kaiser,
von einem Zugeständnis zum nächsten genötigt, seinen Wider-

stand aufgeben muß, um sich gegen seinen Willen einer Macht zu beugen, die wie jede Revolution zu Anfang schüchtern ist, dann fordernd und zuletzt nicht mehr aufzuhalten ...« Armer Shukowskij! Armer Nikolaj I.! Und zum ersten Mal bewundern wir den in Ungnade gefallenen Gesandten, dem der Groll den Weitblick des Propheten im fremden Land schenkte.

Am 11. März wurden die Prozeßakten zusammen mit den Gutachten hoher militärischer Würdenträger an den Kriegsminister weitergeleitet, der eine Woche später Nikolaj I. das Urteil über die endgültige Strafe verkündete: D'Anthès wurde zum einfachen Soldaten degradiert und in irgendeine ferne Garnison des Reiches versetzt, Danzas zu zwei Monaten Haft verurteilt. Nikolaj I. befahl: »Dem Urteil soll stattgegeben werden, doch der einfache Soldat d'Anthès, der kein russischer Untertan ist, soll von einem Gendarm, seiner Offizierspatente beraubt, außer Landes geleitet werden.« Am 21. März um neun Uhr nahm der Unteroffizier der Gendarmerie Nowikow den ehemaligen Gardeoffizier in Gewahrsam und begleitete ihn zur holländischen Botschaft, damit er sich von seiner Frau und seinem Adoptivvater verabschieden konnte. Kurz vor zwei Uhr nachmittags bestieg er mit ihm den dreispännigen Schlitten, der sie an die preußische Grenze bringen sollte.

Katherine de Heeckeren an ihren Gemahl, Petersburg (22. März 1837):
»... Ich kann mich einfach nicht an den Gedanken gewöhnen, Dich nun ganze vierzehn Tage nicht zu sehen, und ich zähle jede Stunde, jede Minute, die ich noch in diesem verfluchten Petersburg bleiben muß, wie gerne wäre ich schon meilenweit fort. Es ist entsetzlich, mir so das Herz herauszureißen, mein armer Liebling, sie schicken Dich auf den allerschlechtesten Straßen davon, bis Du Dir sämtliche Knochen brichst, hoffentlich kannst Du Dich in Tilsit etwas ausruhen; bitte, gib acht auf Deine Gesundheit und denke vor allem an Deinen Arm ... Gestern, nach Deiner Abreise, blieb Gräfin Stroganowa noch

ein Weilchen bei uns, die ja immer sehr gut und fürsorglich zu mir ist, ich mußte mich entkleiden, das Mieder aufschnüren und in meinen Morgenrock schlüpfen, wonach sie mich auf den Diwan legten und nach Rauch schickten, der mir gewisse Widerwärtigkeiten verabreichte und mir empfahl, auch heute noch liegenzubleiben, um den Kleinen nicht zu gefährden, der als ein respektvoller und zärtlicher Sohn rebelliert, weil sie ihm den hochverehrten Vater genommen haben ... Da ist eine Kammerzofe (die russische), die ständig von Deiner Klugheit und Deiner Erscheinung schwärmt, sie habe in ihrem ganzen Leben noch keinen Mann gesehen, sagt sie, der sich mit Dir vergleichen ließe, und sie würde nie vergessen, wie Du sie hättest Deine schlanke Taille im Gehrock bewundern lassen ...«

Für Heeckeren kam der Gnadenstoß: Der Zar verweigerte ihm die Audienz, die er ausländischen Ministern zu gewähren pflegte, wenn sie für längere oder kürzere Zeitspannen Rußland verließen; als würde das noch nicht genügen, ließ er ihm ein kostbares Tabaksdöschen überbringen, das mit seinem Bildnis verziert und mit Diamanten besetzt war – das übliche Geschenk für Botschafter, die aus dem Amt ausschieden. Die akkreditierten ausländischen Botschafter in Petersburg erhielten die Visitenkarte von Baron Jacob van Heeckeren-Beverweerd – mit der scheinheiligen Aufschrift »p.p.c.«[1], die mit der Feder hinzugefügt war – erst am späten Vormittag des 1. April, als der ehemalige Minister Hollands bereits mit der Schwiegertochter auf der Reise nach Königsberg war, wo sie Georges d'Anthès erwartete. Es war eine schmachvolle Flucht.

Puschkins Rache war vollbracht, und sie hatte die Augen der ganzen Welt auf ihn gelenkt. Die Zeit vom Nachmittag des 29. Januar bis zum Morgen des 1. April 1837 war für den Dichter eine einzige Folge von Triumphen gewesen. Nur eine winzige Kleinigkeit lief nicht zu seiner Zufriedenheit, obwohl er al-

---

1 *Pour prendre congé:* Zum Abschied.

les mit größter Sorgfalt vorbereitet hatte. Er war noch am Leben, als der kluge Doktor Arendt gesagt hatte: »Es ist ein Jammer, daß er nicht sofort tot war, denn seine Qualen sind unbeschreiblich, doch für die Ehre seiner Frau ist es ein Glück. Keiner von uns kann, nachdem er ihn gesehen hat, noch an der Unschuld seiner Frau und an der Liebe, die er für sie empfand, zweifeln.« Die Wjazemskijs, Shukowskijs und Turgenjews beeilten sich, jene edlen Worte, »Dich trifft keine Schuld«, zu verbreiten, die der Sterbende an seine Frau gerichtet hatte. »Vergessen Sie vor allem nicht«, schrieb Wjazemskij an Dawidow, »daß er uns, seine Freunde und Testamentsvollstrecker, mit einer heiligen Aufgabe betraute: den Namen seiner Frau vor Verleumdung zu schützen.« Wera Fjodorowna Wjazemskaja fand noch rührendere Argumente: »Um seine Frau zu rechtfertigen, wiederhole ich Ihnen nur einen Satz von Pater Baschanow, der sie nach dem Unglück jeden Tag sah ... und zu ihrer Tante sagte: ›Ich ringe mit mir, ihr ein nützliches Gefühl für die eigene Schuld zu belassen; denn für mich ist sie ein Engel an Reinheit ...‹« Aber selbst die Vollstrecker von Puschkins letztem Willen konnten die Tatsachen nicht gänzlich vertuschen, auch gelang es ihnen nicht, ihre eigene Meinung von Natalja Nikolajewna ganz zum Schweigen zu bringen. Sie habe, so erklärten sie, *lediglich* aus Leichtsinn, Unbesonnenheit und Koketterie gehandelt, eine in Wahrheit wenig überzeugende Entschuldigung, die eher den Verstorbenen vor dem postumen Ruf des *cocu* bewahrte als seine Witwe vor der gesellschaftlichen Verurteilung. Und auf die schöne Natalie, »Schmach und Schande aller russischen Frauen«, ergossen sich unaufhörlich Schimpftiraden, bis zu: »Schlepp dich in die öde Wüste / mit dem Fluch auf deiner Stirn! / Denn für deine bleichen Knochen / ist kein Platz in dieser Erde! / ... Wenn du Todesqualen leidest / und tausend bittere Tränen weinst, / wenn mit frevelnden Lippen / du sündige Gebete sprichst, / dann wird zu deinem Schmerzensbett / bei Nacht ein stummer Schatten treten, / und dereinst beim Jüngsten Gericht / mit blutigen Händen nach dir greifen!« Und eines Nachts im späten Winter 1837 erschien Puschkins stummer

Schatten tatsächlich in einem Schlafgemach, schritt näher in der Dunkelheit und erhob mit fürchterlicher Miene die blutige Hand – um den jungen Guber heftig an den Haaren zu ziehen, der sich diesen Fluch ausgedacht hatte. Er rächte nicht etwa seine kleine Frau – für sie hatte er bereits getan, was in seiner Macht stand –, sondern die Dichtkunst: Denn selbst im Tode konnten ihn holprige Verse, schlechter Geschmack, das Schreiben um jeden Preis und vor allem falsches Pathos, das für fast alle dichterischen Laster verantwortlich zeichnet, noch auf die Palme bringen.

Ein Sommer in Baden-Baden

Da sind sie nun alle wieder, glücklich vereint in den Briefen von
Andrej Karamzin an die Familie – wie in einem banalen Traum,
auf einem ärmlichen Thespiskarren, auf dem wenige Schauspieler viele Rollen spielen müssen und für den Schlußapplaus
mit den Kleidern, die sie zuletzt auf der Bühne trugen, vor den
Vorhang treten – einige davon Hauptdarsteller in unserer Geschichte. Die Barone Heeckeren, die Ehepaare Smirnow und
Borch, die Gräfin Marija Grigorjewna Rasumowskaja, sogar die
düstere, heimtückische Frau Zensura, der es gelang, Puschkins
Werke sogar noch nach dessen Tod zu verunstalten, und das auf
lange Zeit. Alle zusammen finden wir sie »glücklich und zufrieden« an einem renommierten Kurort Mitteleuropas, im Sommer 1837.

28. Juni: ». . . Als ich gestern spazierenging, begegnete ich d'Anthès und seiner Frau: Beide sahen mich an, grüßten aber nicht,
ich ging *als erster* auf sie zu, und dann stürzte sich d'Anthès
buchstäblich auf mich und ergriff meine Hand. Ich vermag
nicht zu sagen, welch gemischte Gefühle sich meiner Seele bemächtigten, als ich diese beiden Vertreter der Vergangenheit
erblickte, die mir so lebhaft vor Augen führten, was war und nie
mehr sein wird. Nachdem wir die üblichen Komplimente ge-
tauscht hatten, verließ ich sie, um mich anderen Leuten anzuschließen: In mir kämpfte mein russisches Herz gegen das
Mitleid, und ich weiß nicht, welch eine Stimme in mir für d'Anthès eintrat. Ich bemerkte, daß er auf mich wartete, und wirklich

kam er nach einer Weile wieder auf mich zu, hakte sich bei mir unter und führte mich durch die leeren Straßen. Nach kaum zwei Minuten hatte er bereits begonnen, mir in allen Einzelheiten seine unglückliche Geschichte zu erzählen, und wehrte sich leidenschaftlich gegen die Anschuldigungen, die ich, ohne ein Blatt vor den Mund zu nehmen, gegen ihn vorbrachte. Er zeigte mir eine Abschrift von Puschkins *schrecklichem* Brief sowie das Protokoll seiner Antworten vor dem Militärtribunal und beteuerte immer wieder seine Unschuld. Mit großem Nachdruck bestritt er, *nach* seiner Verlobung mit Katherine auch nur das kleinste Verhältnis mit deren Schwester gehabt zu haben, und beharrte darauf, daß die zweite Forderung ihn getroffen habe *comme une tuile qui lui est tombée sur la tête.*[1] Mit Tränen in den Augen erzählte er mir von Eurem Gebaren ihm gegenüber und wiederholte mehrmals, wie tief es ihn verwundet hätte ... Er fügte hinzu: ›*Ma justification complète ne peut venir que de Mme Pouschkine, dans quelques années, quand elle sera calme, elle dira peut-être, que j'ai tout fait pour les sauver et que si je n'y ai pas réussi, cela n'a pas été de ma faute, ecc.*‹[2] Gespräch und Spaziergang dauerten von 8 Uhr bis 11 Uhr abends. Mag Gott über ihn urteilen, ich jedenfalls werde weiterhin bekanntschaftliche wenn auch nicht wie ehedem freundschaftliche Beziehungen mit ihm pflegen – *c'est tout ce que je peux faire ...*«[3]

4. Juli: »... Am Sonntag fand bei der Poluktowa ein Ball statt – der erste, seit ich auf fremdem Boden bin, und dort versäumte der ehemalige Gardeoffizier keinen Tanz: die Mazurka mit Gräfin Borch sowie zahlreiche Walzer und französische Quadrillen mit englischen Damen ... Es berührte mich ganz eigenartig, als ich sah, wie d'Anthès mit seiner hochmütigen Leibgardisten-

---

1 »Als sei ihm ein Ziegelstein auf den Kopf gefallen.«
2 »Meine vollständige Rechtfertigung kann nur von Madame Puschkin kommen; in ein paar Jahren, wenn sie sich beruhigt hat, wird sie vielleicht sagen, daß ich alles getan habe, um sie zu retten, und daß es nicht meine Schuld ist, wenn mir dies nicht gelungen ist.«
3 »Das ist alles, was ich tun kann.«

miene dem Orchester die Mazurka und den *Cotillon* zu spielen
befahl ...«

15. Juli: »... Vorigen Sonntag ritten wir, Gräfin Borch, Madame
Desloges und mehrere Kavaliere, bis zu gewissen Ruinen auf
dem Gipfel eines Berges, von dem aus man weit ins Land hinein
blicken kann, man sieht von dort das Straßburger Münster wie
eine dünne Nadel aus dem Dunst aufragen, obschon es fünfzig
Werst weit entfernt ist. Wir waren alle heiter und glücklich, nur
die arme, liebenswürdige Gräfin war unruhig, weil ihr Gatte,
der uns in seiner Kalesche gefolgt war, wegen der holprigen
Straße nicht hatte weiterfahren können und zur Umkehr gezwungen war – *elle s'attendait à une scène pour le retour, et cela
ne lui a pas manqué.*[1] Die Leidensbittermiene *de ce vilain avorton
du mari*[2] verdarb der ganzen Gesellschaft (ich war der einzige
Russe) die gute Laune. Wir speisten fröhlich in einem Wirtshaus, wo d'Anthès, vom Champagner erhitzt, *nous donnait des
crampes à force de rire.*[3] A propos d'Anthès: *Il m'a tout à fait
désarmé en me prenant par mon faible: il m'a témoigné constam-
ment tant d'intérêt pour toute la famille*[4], er hat mir so viel von
euch erzählt, besonders von Sascha, ihn beim Vornamen nen-
nend, daß sich alsbald die letzten Wolken meiner Entrüstung
verflüchtigten, *et je dois faire un effort sur moi-même pour ne pas
être avec lui aussi amical qu'autrefois.*[5] Warum sollte er mich belügen? Nach Rußland wird er nicht mehr reisen, und hier ist er
doch unter seinesgleichen, zu Hause, da bin ich für ihn ein Niemand. Vor ein paar Tagen kam der alte Heeckeren zurück, das
erste Mal begegnete ich ihm am Roulette-Tisch, er hätte mir

---

1 »Sie war auf eine Szene gefaßt bei ihrer Rückkehr, die sie dann auch
prompt bekam.«

2 »dieser häßlichen Mißgeburt von Ehemann«

3 »uns Lachkrämpfe verursachte«

4 »Er hat mich vollständig entwaffnet, indem er für mich und die ganze
Familie unentwegt das lebhafteste Interesse bekundete.«

5 »Und ich muß mich sehr im Zaume halten, um nicht ebenso freundschaftlich mit ihm umzugehen wie ehedem.«

beinahe zugewinkt, aber ich tat so, als hätte ich ihn nicht gesehen. Dann begann er ein Gespräch mit mir, und ich antwortete ihm wie einem Fremden. Ich entfernte mich, um ihn nicht wie einen Bekannten behandeln zu müssen. D'Anthès besitzt genügend Takt, nicht von ihm zu sprechen. Diese Woche ist Gräfin Rasumowskaja aus Ems angereist, und wie Ihr Euch gewiß erinnert, war sie stets sehr freundlich zu mir. Ich habe sie ein paarmal besucht. Vorgestern bestiegen wir mit Alexandra Osipowa und ihrem Gatten eine Kutsche und fuhren nach Düsseldorf, um eine Ausstellung anzusehen, wo Osipow mehrere Gemälde erstand. Die Smirnows müßten in einer Woche zurück sein, und ich erwarte sie bereits mit Ungeduld ... Von ihnen erhielt ich den *Zeitgenossen* und las mit viel Vergnügen den *Reiter aus Bronze*. Schade, daß die schönsten Dinge der Zensur zum Opfer fielen ...«

Epilog

Katherine de Heeckeren starb auf Soultz am 15. Oktober 1843, von einem heftigen Kindbettfieber vorzeitig unter die Erde gebracht, nach der Geburt des Sohnes, den sie sich von ganzem Herzen gewünscht hatte; sie starb Gott dankend für das Glück, das er ihr nach der Hochzeit geschenkt hatte. Für die vier kleinen Waisen (Mathilde, Berthe, Léonie und Louis) sorgte liebevoll Tante Adèle d'Anthès, eine unverheiratete Schwester von Georges.

Nachdem sie achtzehn Monate auf Polotnjanyi Zawod verbracht hatte, kehrte Puschkins Witwe nach Petersburg zurück, um dort mit ihrer Schwester Alexandrina und den Kindern Marija, Grigorij, Alexander und Natalja zu leben. Am 24. Mai 1844 notierte Baron Korff in seinem Tagebuch: »Marie-Louise entweihte Napoleons Alkoven, indem sie Neipperg heiratete. Nach sieben Jahren Witwenschaft heiratet nun Puschkins Frau General Lanskoj ... Die Puschkina ist eine jener privilegierten jungen Frauen, die der Zar zuweilen mit seiner Aufmerksamkeit beehrt. Noch vor eineinhalb Monaten war er bei ihr, und infolge dieses Besuchs oder aus purem Zufall wurde Lanskoj sofort danach zum Kommandanten der Kaiserlichen Garde ernannt ... Zuvor war er Generalstabsoffizier im Regiment der *chevaliers gardes* ... Böse Zungen behaupten, er habe sehr intime Beziehungen mit der Frau eines anderen Kommandanten der *chevaliers gardes* gepflegt, der Poletika. Jetzt heißt es, er habe die *Politik* verlassen, um sich der Poesie hinzugeben ...« Am

16. Juli 1844 heiratete Natalja Nikolajewna Puschkina General Pjotr Petrowitsch Lanskoj, dem sie weitere drei Kinder gebar. Sie wurde eine vorbildliche Ehefrau und Mutter. Sie starb 1864.

1852 heiratete Alexandrina Nikolajewna Gontscharowa Baron Gustav Vogel von Friesenhof, Witwer der Patentochter von Xavier de Maistre und Sofja Iwanowna Zagrjashskaja, Tante mütterlicherseits der Geschwister Gontscharow. Mit ihm lebte sie auf dem Gut Brodany in Ungarn, wo sie 1891 starb.

Bis zu seinen letzten Tagen kümmerte sich Baron Jacob van Heeckeren-Beverweerd liebevoll und großzügig um seinen Adoptivsohn und dessen zahlreiche Familie. Nachdem er 1842 wieder in den diplomatischen Dienst zurückgekehrt war, blieb er lange Zeit niederländischer Botschafter in Österreich. 1875 verließ er aus Altersgründen die Diplomatie. Er starb 1884, im Alter von 93 Jahren.

Nachdem er Rußland gesehen hatte, kam Georges de Heeckeren in Frankreich alles »petit et mesquin« vor. Doch lebte er sich bald wieder ein in seinem Land, und in der zweiten Hälfte der 40er Jahre schlug er die politische Laufbahn ein. 1848 wurde er in die Nationalversammlung gewählt und im Jahr darauf in die Verfassunggebende Versammlung. Nachdem er die Sache der Legitimisten aufgegeben hatte, trat er für Prinz Louis-Napoléon Bonaparte ein, Präsident der französischen Republik. Im März 1852 wurde er Senator. Im Mai desselben Jahres löste er brillant eine heikle geheime Mission: Er sollte herausfinden, wie Österreich, Preußen und Rußland auf die Absicht von Louis Napoléon reagierten, sich zum Kaiser der Franzosen krönen zu lassen. Zu diesem Zweck traf er am 10. Mai 1852 in Berlin Nikolaj I., der ihm in einer Privataudienz seine Zufriedenheit zum Ausdruck brachte über die neue starke Regierung in Frankreich, jedoch seine Verwunderung äußerte über das Wiedererstehen des Kaiserreichs. Offensichtlich verbittert von der schlechten Erfahrung mit dem Adoptivvater seines Verhandlungspartners, befahl Nikolaj I., man möge »die Genauigkeit überprüfen, mit der Baron Heeckeren seine Worte weitergeben würde«.

»Im Duell zwischen Thiers und Bixio stand d'Anthès letzterem als Sekundant zur Verfügung.«

In Baden-Baden, wohin er häufig reiste, pflegte Georges de Heeckeren freundschaftlichen Umgang mit den dort verweilenden Russen. Während seiner langen Pariser Aufenthalte frequentierte er die große russische Kolonie, die ihren Sitz in der Hauptstadt hatte; so sah man ihn häufig im Salon von Fürstin Lieven, der Schwester von Graf Benckendorff, und in dem von Marie Kalergis, der Nichte von Kanzler Nesselrode. 1858, als Nikolaj Alexandrejewitsch Orlow heiratete, russischer Gesandter in Frankreich, schrieb Herzen: »Die *fine fleur* unserer Aristokratie feierte diese Hochzeit in Paris! Fürsten, von Rjurik abstammend oder von jüngerer Ernennung, Grafen, Senatoren, Literaten ... nahmen am russischen Bankett im Hause des Botschafters teil; ein einziger Ausländer war als ehrenvolle Ausnahme eingeladen: Heeckeren, der Mörder Puschkins! Man zeige mir Poschechonesen, Irokesen, Liliputaner oder Deutsche, die weniger Taktgefühl besitzen! ...«

»Sobolewskij erzählte, er habe d'Anthès gesehen, lange mit ihm geplaudert und ihn schließlich gefragt: ›Jetzt ist die Sache doch längst ein alter Hut, hatten Sie nun intime Beziehungen zur Puschkina oder nicht?‹ – ›Selbstverständlich‹, soll d'Anthès geantwortet haben.«

Am 28. Februar 1861 schrieb Mérimée vom Senat aus, wo gerade eine turbulente Sitzung stattgefunden hatte, an Antonio Panizzi: »Nach H. de la Rochejaquelein bestieg Heeckeren die Rednertribüne, der Mann, der einst Puschkin erschoß. Er ist ein

Mann von athletischem Wuchs und deutschem Akzent, strengem und doch raffiniertem Aussehen, und ein ganz durchtriebener Bursche. Ich weiß nicht, ob er seine Rede vorbereitet hatte, aber er trug sie wunderbar vor, mit beeindruckender, kontrollierter Leidenschaft. Der Sinn seiner Worte, was den auf Italien bezogenen Teil anbelangt, ist folgender: Frankreich und sein Kaiser waren schon immer Opfer der Piemonteser Machenschaften. Cavour, Vittorio Emanuele und Garibaldi stecken allesamt unter einer Decke ...«

»D'Anthès war durchaus zufrieden mit seinem Schicksal und sagte im nachhinein mehr als einmal, daß er seine glänzende politische Karriere einzig und allein dem Umstand verdanke, des Duells wegen aus Rußland verbannt worden zu sein; wäre nicht dieser unselige Zweikampf gewesen, so hätte ihm eine alles andere als beneidenswerte Zukunft als Kommandant in irgendeinem russischen Provinznest geblüht, mit großer Familie und wenig Geld.«

Da er geschickt zu wirtschaften verstand, konnte Georges de Heeckeren unter dem Zweiten Kaiserreich sein Vermögen mehren, indem er es in Banken, Versicherungen, Eisenbahngesellschaften, Schiffahrts- und Gasunternehmen anlegte. Nach 1870 schied er aus der Politik aus. Er beschäftigte sich jedoch weiterhin, wenn auch als Privatmann, mit den Vorgängen in der Welt. Am 1. März 1880 schickte der russische Botschafter in Paris ein verschlüsseltes Telegramm nach Petersburg: »Baron Heeckeren-d'Anthès übermittelt eine Nachricht, die er in Genf aus sicherer Quelle erfahren haben will: Die Genfer Nihilisten behaupten, daß am kommenden Montag ein folgenschwerer Schlag ausgeführt wird.« (Vielleicht verschonte diese Information Alexander II., einst Zögling des gefährlichen Shukowskij, vor dem tausendsten Attentat – doch bereits ein Jahr später würden die Nihilisten ihr Ziel nicht verfehlen.)

»Elle était si autre que le reste des femmes!« erklärte d'Anthès als alter Mann seinen Freunden, und als er sich die Theorie ferner Erinnerungen noch einmal durch den Kopf gehen ließ, gestand er: *»J'ai eu toutes les femmes que j'ai voulues, sauf celle que le monde entier m'a prêté et qui, suprême dérision, a été mon unique amour«.*[1]

Senator Georges de Heeckeren starb am 2. November 1895 in Soultz, umgeben von Kindern, Enkeln und Urenkeln. Er war 83 Jahre alt. Von seinem Liebesleben nach dem Tod seiner Frau ist nichts bekannt. Im Familienarchiv seiner Nachkommen liegt lediglich die Kopie eines Briefes, den ihm am 10. Juni 1845 eine gewisse »Marie« aus Moskau gesandt hatte. Es ist eine maschinegeschriebene Kopie, begleitet von einer detaillierten Beschreibung des Briefformats, der Initialen, des Stempelzeichens. Schade, daß das Original verlorenging: Wir hätten kontrollieren können, ob das Datum tatsächlich »Juni 1845« war und nicht etwa »Juni 1844«, wie wir stark vermuten.[2] »Marie« schrieb: »... Ich bin davon überzeugt, daß Sie ein Ehrenmann sind, Georges, und so zögere ich keinen Augenblick, Sie um ein Opfer zu bitten. Ich verheirate mich, und ich möchte eine gute, ehrbare Ehefrau sein, da der Mann, den ich heiraten werde, es verdient, glücklich zu sein – ich flehe Sie an, verbrennen Sie die Briefe, die Sie von mir erhalten haben, zerstören Sie mein Bild. Bringen Sie dies Opfer für meine Sicherheit, meine Zukunft. Ich bitte Sie darum im Namen der wenigen Tage des Glücks, die ich Ihnen gab. Sie brachten mich dazu, über mein Leben nachzudenken und über die wirkliche Berufung einer Frau. Sie wollen Ihr Werk doch nicht zerstören, indem Sie mir die Umkehr zum Guten verwehren – schreiben Sie mir nicht mehr, ich darf keine einzige Zeile erhalten, die mein Mann nicht lesen

---

1 »Sie war so ganz anders als die übrigen Frauen! Ich bekam jede, die ich begehrte, nur die nicht, die die ganze Welt mit mir in Verbindung bringt und die, welch eine Ironie des Schicksals, meine einzige Liebe war.«

2 »Marie«? Ein Deckname für »Natalie«: In Moskau lag schließlich noch immer Postdirektor Bulgakow auf der Lauer.

könnte. Ich wünsche Ihnen alles Glück, das ich Ihnen nicht zu geben vermochte. Jetzt sind wir für immer getrennt, seien Sie gewiß, daß ich niemals vergessen werde, daß Sie es waren, der mich bekehrte, daß ich Ihnen die guten Gefühle schulde und die vernünftigen Gedanken, die ich nicht kannte, bevor ich Ihnen begegnete ... Noch einmal, leben Sie wohl, Georges.«

Anhang

Das im August erscheinende Buch wird den vollständigen An-
hang (Quellen, Danksagung, Namenregister) enthalten.

Pétersbourg le 2 Janvier 1856

Mon bien cher ami Je Suis vraiment
coupable de n'avoir pas repondu de suite
aux deux bonnes et amusantes lettres que tu
m'as écrite, mais vois-tu, la nuit a Danser,
la matinée au manège, et l'après midi a
Dormir, voila mon système depuis 15 jours
et j'en ai au moins encore autant en perspective
et aqui est que tout ai l'ai que je
Suis amoureux fou! oui fou tu ça ne sais
me donner de la bile, je ne te nommerai pas par
aqui une telle pour te perdre, mais rappelle
toi la plus délicieuse créature de Pétersbourg
et tu sauras son nom, et aquil y a
de plus joint dans ma position, Hut quelle
aussi m'aime et vous ne pouvons pas nous
voir doit impossible jusqu'à présent car
la mois est d'une jalousie révoltante
je te confie cela mon bien cher comme a mon
meilleur ami et pro aque je sais que tu
prendra part a mon chagrin mais au nom
de Dieu pas un mot a personne ni aux
informations pour savoir a qui je fais la
cour, tu la perdrai sous le vouloir et
moi je serais inconsolable, car vois tu
je ferais tout au monde pour elle —

seulement pour lui faire plaisir de la
vie que je mène depuis quelque temps
et me rapproche de tous les moments, l'aimer
et ne pouvoir le lui dire qu'entre deux révérences
de toute la danse et une chose affreuse? j'ai peut-être
tort de te confier tout cela et tu le trouveras
de bêtes mais j'ai le cœur si gros et si plein
que j'ai besoin de l'épancher un peu je
suis sûre que tu me pardonnera cette folie
et conviens que c'en est une; mais
il m'est impossible de me raisonner quoique
j'en aie bien besoin, cet amour empoisonne
mon existence. mais rassure toi je suis
peut-être et je l'ai été tellement j'en que
ça me... que le sens n'y prennent que
elle et à moi (elle porte le même nom que
la Dame qui t'écrivait à mon sujet) quelle
était ma déespoire mais que le Prêtre et la
famine soient réunis des villages. tu
vois bien prendre maintenant s'il est possible
de perdre la raison pour une pareille creature
surtout lorsqu'elle vous aime! je te répète
encore pas un seul mot à Brage
parce qu'il est en correspondance avec Fabrebon
et il suffirait d'une indiscrétion de sa part
à feu son époux pour nous perdre tous

Les Dieux! Les Dieux seuls [savent] ce qu'il
pourrait arriver; aussi mon très cher [ami?]
je compte les jours où tu dois revenir, et
les [8?] mois que nous devons passer encore loin
loin de l'autre me paraîtront des siècles, ce[la?]
dans ma position l'on a absolument besoin de
quelqu'un qu'on aime pour pouvoir lui ouvrir
son cœur et lui demander du courage, voilà
pourquoi j'ai mauvaise mine, [sans?] cela
[jamais?] de la vie je ne me suis mieux porté,
physiquement que maintenant mais j'ai la
tête tellement monté que je n'ai plus un
instant de repos ni nuit, ni jour, ce [qui] a
qui me donne un air malade et triste
Et non mon [ami?] tu as [eu?] raison de ne rien dire dans
ta dernière lettre qui me [vienne?] de ta part [serait?]
[ridicule?], en effet [puisque?] tu ne m'en fais part
[tous?] les jours, et n'est pas par la que [je?] [résiste?]
la [voiture]; le plus, eh bien mon cher, tu ne
m'avais pas permis, je m'en [suis?] il m'avait
été impossible de sortir de chez moi [?] de même
d'homme les [Russes?] prétendent qu'il m'a fait
aussi froid [Et?] le seul cadeau que je
voudrais que tu me rapporte de Paris [ce]
sont des gants — et des [ch...] de fil [de] laine [?]
c'est un [tissu?] composé de soie et de laine [?]
se porte très agréable, et très chaud, et je
[crois?] que cela ne coûte [pas cher?], si c'était le
contraire [admettons?] que je n'aye rien dit